〈政治思想研究　第18号〉

政治思想における「保守」の再検討

政治思想学会 編

風行社

まえがき

『政治思想研究』第一八号をお届けする。特集のテーマは、例年のごとく前年の研究大会（二〇一七年五月二七日と二八日に早稲田大学早稲田キャンパスで開催された）のテーマで、「政治思想における「保守」の再検討」である。大会における報告を基にした、五本の論文を今号は掲載することができた。特集全体として、大会における【シンポジウムⅡ】のテーマ「保守の多様性」を表すものとなったように思える。「保守」ないし「保守主義」という言葉は、広義の現代政治思想において極めて重要なものであり、政治思想学会のような団体が学問的な検討を加えるにふさわしいものだといえる。ただ、政治的語彙に関する学問研究の現代的な課題は、権威的な定義を決定することよりは、理に適った意味の多様性を示し、その適切な用法の提示を批判的に試みることにあるように思える。したがって本書の読者には、この特集を起点として、「保守」の意味をめぐる理性的な論争を、さらに継続していただきたい。

二〇一七年六月二五日に、日本と韓国の政治思想学会による共同研究会が、立教大学池袋キャンパスで開催された。この研究会はこれまで二言語で開催されてきたが、今回はすべての報告が英語でなされ、*"Justice Reconsidered"*というテーマの下、九本の論文が集まった。いずれも高い水準のものであり、研究会は大成功に終わった。幸いにして本号には韓国側の論文を一本、日本語化した上で掲載させていただくことになった。

前号に続き、本号にも公募論文の応募が多数あった。厳正な審査の結果、七本の論文が掲載されることとなったが、その内の六本が政治思想学会研究奨励賞受賞論文となる。したがって前号と同様、極めて多くの方々に査読の労を担っていただいた。幸いにして今回も、ほとんどの方が査読の依頼に快諾していただき、適正な報告書を提出していただいた。ここに心よりの感謝を申し上げたい。今年もまた、査読者のあいだでの評価に差があるケースがあり、編集委員会における最終審査で時間を取ることになった。正直を言うならこれは委員にとってかなりの負担であるが、政治思想研究が置かれた社会的な状況を鑑みるとき、これは果たすべき責任の大きい仕事であり、委員の方々は厭うことなくこの作業を遂行していただいた。委員会主任としてお礼を申し上げる。

公募論文の審査に関して現在、便宜上「西洋政治思想史」「現代政治理論」「東洋日本政治思想」という枠組を立てている（これは正式な区分ではないが、本学会の内実をある程度反映するものだといえるだろう）。今回は第三分類の論文が残らなかったが、それは元々の応募数も少なかったこともあり、特別な意味があるわけではない。近年の傾向としては、第二分類の応募数が増加している。これは若手の研究領域の分布を反映していると思われる。私的に気になったのは、この分類の論文群に、他の分類のものと比べて、テーマの収斂が見えることである。つまり、いわばトレンドの存在がうかがわれるのであり、これは現代政治理論研究が良くも悪しくもインダストリー化していることを表している。これを「（正常）科学化」として評価すべきかどうか、といった問いは、政治思想研究の学界の今後を考えていく上で、今後検討されていくべきものとなるであろう。

いずれにせよ、活発な公募論文の応募があるという状況は、学会の活力の現れである。会員の皆様には引き続き多くの応募を期待したいが、公募論文審査の進め方に関しては、改めて巻末の【論文公募のお知らせ】をご確認いただきたい。特に「応募用紙」の項目に関して、今回も細かな修正を施したが、これは公正な査読審査をスムーズに進めるために必要なことなので、どうかご協力をお願いする。

書評については、会員による学術的な単著で、過去二年以内に刊行されたもののなかから、編集委員会での審議を経て、一〇冊をとりあげた。書評執筆を引き受けていただいた方々に深く感謝する。

二年間勤めた学会誌の編集責任の仕事から、ようやく解放される喜びを感じている。既に記したように、これは重大な責任を伴う任務である。大過なく勤められた（と思える）のは、多くの方々が協力してくれたからにほかならない。編集委員の方々とは、今回もメールを通じてお願いをすることがほとんどであったが、つねに迅速かつ適切に対応していただいた。そして学会の事務局にも、つねにサポートをいただけた。皆様にお礼を申し上げる。編集作業の全般にわたって、風行社の犬塚満氏にお世話になったことを深く感謝する。また、一般財団法人櫻田會からは、いつものように出版助成を受けた。長年にわたるご支援に、心よりお礼申し上げたい。

編集主任　山岡龍一

政治思想における「保守」の再検討（『政治思想研究』第18号）〈目　次〉

【書評】

バークは保守主義者なのか

——佐藤一進

一

いかなる人間であれ、いかにすれば、自分の国を白紙にすぎないもの、自分の欲するままに、その上に何を殴り書きしても構わないものとみなすほど、傲慢の調子を上げられるのか、わたしには理解も及ばない。……善き愛国者や真の政治家は、いかにすれば、自分の国に現存する素材で最善がなしうるかを、つねに考える。保存しようとする性向と、改善する能力とがあいまったもの、これが、わたしにとって、政治家の規準である。[1]

人間の諸行動と、人間の諸事象に関わる、いかなる事柄についても、まるで、あらゆる関係性を剝ぎ取られたかのように、まったく剝き出しのまま、形而上学的な抽象性の中に孤立させ、単純な観点に立ち、その対象を支持したり、称讃したり、はたまた非難したりすることなど、わたしにはできない。一部の紳士諸君は、それを何事でもないと遣りすごすが、まさに、もろもろの状況こそ、あらゆる政治原理に、固有の色彩と際立った効果を付与する。[2]

エドマンド・バークのこうした言説に体現されるように、保守主義は、裸の理性に信をおかず、思弁的な理論や理想を排し、実践感覚から遊離した理知への惑溺を警戒してきたとされる。理論よりも実践に優位を与える保守主義者の究極の在り処《トポス》は、なるほど、研究室や書斎ではなく、議場の演説台や交渉の卓上であろう。

しかし、理性や思弁への批判、さらには拒絶のあまり、保守主義には、自覚的な主義（ism）としての理論化を避けてきた、という側面があるのも事実ではないか。そのことは、とりわけ、わが国において保守主義が、しばしば「保守」や「保守派」、あるいは「保守思想」などと、「主義」を除去ないし省略されながら、言い換えられてきたことにも看取される。

ところが、理論としての概念化を十分に果たしてこなかった保守主義の意味内容は今日、国内外で、また、アカデミズムにおいてもジャーナリズムにおいても、拡散の傾向にないであろうか。否、それどころか、有意味な思想としての保守主義は、もはや終焉しているとすら言うべきではないであろうか。とすれば、それはなぜなのか。

バークは、保守主義が論じられる際、その始祖、あるいは「原点」として、ほぼ必ず言及されてきた。(3) しかし、バークの受容史と解釈史を整理する犬塚元によれば、「バークに依拠すれば、特定のタイプの保守主義、あるいは「本当の」保守主義が一義的に導き出せるわけではない(4)」。また、「今日、真剣な歴史家は誰も、バークが近代保守主義の父であった、という陳腐な話を繰り返しはしないであろう(5)」との言も提示されている。本稿では、こうした認識に教えられながらも、それらとはまた異なる視角から、すなわち、今日の保守主義の意味内容の拡散傾向、ないし保守主義の輪郭の融解、あるいは保守主義の終焉について、その理論的な遠因を推し測るという狙いから、バークの言説に見られるいくつかの特質を批判的に検討したい。したがって、若干の思想史的な考察を含むものの、本稿の基本的な狙いは、保守主義の理論的な分析にあるが、本稿は、その素描にとどまるものである。

二

改革するための保守であれ、保守するための改革であれ、いずれの場合にも、何らかの変更の際には、「統治理論に頼ることが、たしかに必要となる」[6]とは、バークの言葉である。保守さるべき対象の価値を検証しつつ顕在化させ、その重要性を輿論に対して説得する試みは、ポピュリズムや反知性主義との謗りを潔しとしないかぎり、受け手の情緒や直観への訴えのみならず、その理性への訴えともなるべきであり、そのためには、相応の論理を欠くことができない。

保守さるべき価値を導き出す論理の筋道を推論するのは、理性の役割であり、その筋道の体系が理論となるとすれば、つまり、保守主義とて理性と理論を切り捨て去りえないとすれば、むしろ、人間の知的かつ道徳的な不完全性の認識、また、それに立脚する理性や理論の専横に対する指弾は、保守主義の初歩ではあっても、決して本領ではあるまい。言い換えれば、現実から遊離した理性の夢を戒めるだけでは、他方で、言語と理論による、保守さるべき価値の探究についての怠惰に堕しかねない。その傾きは、広範かつ急速な流動性が所与となり、もはや生活世界の安定的な持続が常態とは言えない現代社会において、いっそう強くなる。してみれば、今や、理性に司られる合理主義の限界の認識よりも、いっそう根源的な保守主義の理由はいかなるものであり、保守の対象とは何であろうかが問われなければならない。

バークと並び、保守主義者として言及される頻度の高いマイケル・オークショットの場合、それは、人間行為における理性と合理性に対する、徹底した懐疑主義である。シニシズムとさえ呼びうるオークショットの見解においては、個人の理性はおろか、慣習や伝統さえもが政治的災厄の元凶となりうる。[7]というのも、近現代において、政治の理論と実践は、あらかじめ設定された目的を規準に、その効果が測られる「道具性（instrumentality）」の原理に支配されており、もはや、慣習、制度、そして法は、社会全体の目的に奉仕する道具の体系と化しているからである。[8]社会の究極目的が設定されうるのであれば、個人の生の目的も同様となる。そうした観念の根底には、人間には何らかの共通の本性がある、という想定が潜んでいる。しかし、一定の人間本性を仮定して、生の目的、社会の目的に適う結果をもたらす営みが政治であるとなれば、その規範の源泉が才人の理性であれ、共同体の伝統であれ、個人は特定の善き生の型を強制される。それは、近代的な合理主義の政治であって、保守主義の政治ではない。

それゆえ、理性のみならず、人間本性の存在という想定が、さらには、伝統さえもが懐疑されなければならない。懐疑主義を貫く政治は、政治的動物としての人間の完成を目指すものでは決してなく、人間の知的ないし道徳的な不完全性を埋め合わせようとするものでもない。かといって、オークショットは、人間の完成や救済の可能性を全否定するのでもない。むしろ、普遍的な人間本性という想定が拒否されるからこそ、各人が自由に各様の完成や救済の道を選び取り、歩むことを可能とするべく、共通善や社会の終局目的を設定することなきまま、既存の慣習から共有さるべき最低限のルールが選び出され、それが「法」として保たれる。これが、懐疑主義的な保守主義の政治である。そこにおいて遂行さるべきは、「うわべだけの秩序（superficial order）」[9]の維持にとどまる。

正義への情熱、善き社会へ向けての努力はどうなるのであろうか。オークショットに従えば、個人が私的に正義や善を追求する生の余地は、残されてしかるべきである。しかし、集団的営為としての政治は違う。個人の夢想が政治と結びつくところに、悪夢は生み出されてきた。いかに麗しい理想や目的であれ、つねに懐疑的に扱い、承認された慣行としての法（ルール）を尊重する深慮こそ、統治者に不可欠の資質である。なぜなら、「ルールの長所は「正しいこと」ではなく固定していることにある」[10]のだから。言い換えれば、法も慣習も伝統も、その正しさゆえに従うとするのは、その誤りゆえに従わないとするのに劣らぬ愚行となる。

こうしたオークショットを、保守的であるとは言いえても、保守主義者と呼ぶことは不適切である。というのも、自覚化された理念と、理論体系とを備えた主義となることは、一貫して頑なに拒絶されているからである。何らかの終局目的（*telos*）に向けて、政治と人間を道具化しながら、「企業的結社（enterprise association）」としての「統一体（*universitas*）」へと、集産化ないし組織化（マルティン・ハイデガーの言う'Ge-stell'に相当しよう）する近代政治への、徹底した抵抗を貫くオークショットは、しかし、「公民的結社（civil association）」としての「社交体（*societas*）」の構造に関して保守的ではあれど、その価値に関しても保守的であろうか[11]。かりに後者について是であるとしても、オークショットが保守すべしとする価値の具体的な内実は、決して一つでも実体的でもない、メタ・レベルの価値としての「自由」以上のものではなく、その個別の様態の多様性に他ならない。「とある振る舞いの伝統（a tradition of behavior）」には「倣うべき模範、実現するべき理想、従うべき規則などない。部分によっては変化に時間がかかるが、変化しない部分はない。一切が無常なのである」[12]。

三

ひるがえって、構造的保守と価値的保守に関して、バークはどうであろうか。

まずバークは、一定の人間本性の存在を自明視した。つまり、人間本性を無ないし不定形とはみなさないバークは、自然法と自然権の観念を保持しており、「自然法なき保守主義」[13]とも評されるオークショットと異なる。ただし、バークにおける人間本性論、そして自然法－自然権の議論は、トマス・ホッブズやジャン＝ジャック・ルソーが理論的に設定する自然状態に見出されるそれとは異なり、文明社会に内在し、社会状態と不可分のものである。「文明社会なくして、人間は、その本性において可能な完成に達する可能性をまったくもたないばかりか、そこから遠い地点にかすかに接近することさえ叶わない」[14]。

また、人間の主観的要求に発する、自己保存の権利としての自然権から自然法を導出するホッブズらとは対照的に、「上位の法」として自然法を語るバークにおいて、自然権は自然法に従属している。「上位の法は、いかなる共同体の力能、あるいは全人類の力能をもってしても変更しえない」。なお、この法は「神の意志」に発する「不変の法」[15]とされ、それに従うべき人間は、本性によって「宗教的動物」[16]でもある。「宗教は、文明社会の基礎であり、すべての善とすべての慰めの源泉」[17]とされる所以である。

こうした議論の上に、「偏見（prejudice）」の擁護が展開される。バークによれば、イギリス国教会こそは、「われらが偏見の第一のものであり、理性を欠いた偏見ではなく、深遠かつ広大な叡智を内包している」[18]。教会制度をはじめとする「理性折り込み済みの偏見」は「古い偏見」であり、「それがより永続し、より広範に普及したものであればあるほど、われらはそれを慈しむ」[19]。バークの言う「宗教の精神」は、時間の経過の中で教会制度という身体を備え、国家を聖別する機能を通じて、「古来の国制（ancient constitution）」と一体化してきた[20]。こうして、教会制度は、「国制全体の基礎となっており、国制と、また、そのすべての部分と、解きがたく結びついている」。[21]

ジョン・G・A・ポーコックによれば、古来の国制論の概要は、次の三点に集約される。第一に、イングランドのすべての法はコモン・ローである。第二に、コモン・ローは、イングランドの慣習に起源し、法廷で宣言され、解釈され、適用される。第三に、すべての慣習の起源は「記憶を超えて（immemorial）」おり、すべての法は記憶を超えた古来の慣用である。これらに立脚する国制＝憲法（constitution）とは、法を宣言し、解釈し、適用する司法権を法的に分配する体系を意味する。[22] ここに「時効（prescription）」と「便宜（expediency）」という、コモン・ロー由来の二つの原理が提示される。バークは言う。時効は、「永い慣行を通じて、その草創においては暴力的であった政府を、合法的な政府へと円熟させる」。便宜は、「あらゆる正当な政府がそこにその生誕を負い、その上に自らの存続を正当化」する原理であり、「しばしば異なる善の間の均衡、ときには善と悪の間の妥協、さらには悪と悪の間の妥協の中」に、権利の保証と利益の確保を図る。[23]

バークによれば、フランス革命とは対極的に、名誉革命は、「われらが古来の疑問の余地なき法と自由を維持するため、また、法と自由に対するわれらが唯一の保証たる統治の古来の国制を維持するためになされた」。[24] 名誉革命とは、カトリシズムの復権を画策したジェイムズ二世に抵抗して、古来の国制を救出せんとした火急の措置である。それは、プロテスタントによる王位継承の原則として定着してきた古来の国制への復帰と、そのさらなる定礎として遂行された。そこで力強く作動したのが、「保守と修正の二つの原理」[25]である。記憶を超えた古来の国制と、漸進的ながらもダイナミックに成長する文明社会という二つの構造の中に、法と自由という価値、すなわち、法の支配の下での自由という価値の所在を見ているかぎりで、バークにおいて、構造的保守と価値的保守は併存し、整合している。[26]

四

しかし、問題は残される。それは、バークの古来の国制論に、ひいては、それを支える歴史観と自然観に由来する。

記憶を超えた国制は、定義上、その起源が忘却されている。[27]のみならず、記憶を超えた国制の起源は、忘却されるべきですらある。というのも、慣習と伝統は、その起源の忘却によってこそ、その権威をいっそう強固なものとするからである。

美学者としてのバークによれば、「崇高（sublime）」の感覚は、恐怖の情念から喚起されるが、「ある事物をきわめて恐ろしいものとするには、概して曖昧さが必要であるように思われる」[28]。記憶を超えた久遠の過去の彼方に鎮座する祖先たちと、彼らの事績は、その輪郭を決して具体的に明確化しえない対象であるがゆえに、現在の感覚からすれば恐怖の対象となり、結果として、崇高な存在者となる。[29]バークは、国制の革新を企図する野望や虚栄を、こうした古来の国制から喚起される崇高と畏怖の念で掣肘しようと試みる。「あたかも、列聖された父祖たちの眼前であるかのようにつねに行為すれば、それ自身は無秩序と過度へと導きゆく自由の精神も、畏怖すべき厳粛さでもって和らげられる」[30]。「国教制度による国家の聖別は、自由な市民たちに健全な畏怖心を抱かせるためにも必要である」[31]。

こうした観点からすれば、過去に関する詳細かつ広範な知識は、現存する伝統的な国制の権威を減じる結果、内乱や革命の温床ともなりかねない。バークは明言する。

> 歴史は、悪用されると、教会内や国家内の諸党派に攻撃用と守備用の兵器を提供し、不和と敵意を残存ないし再燃させ、内戦の狂乱に油を注ぐ手段を供給する武器庫となりかねない。歴史は、その大部分が、高慢、野望、貪欲、復讐、情欲、叛乱、偽善、抑制なき激情、あらゆる無規律な欲望の連なりなどによって、この世界にもたらされた不幸から構成されている。[32]

過去の総体は、先人たちの徳や功績、栄光よりも、むしろ先人たちの犯した悪徳や誤謬、汚辱に満ちている。そのため、歴史は、現在の保存の企てと、現在の変革の企ての双方に対し、等しく根拠となる先例を提供する。したがって、歴史に関しては、不幸な記憶よりも、幸福な忘却が望ましい。それどころか、現存の国制に活きた善き伝統を保守するためには、不都合な過去の隠蔽すら辞さないのが、古来の国制論に則る保守主義者であろう。かりに、「国家の犯した誤謬」の再検証が不可避となる場合であっても、それは、「父の傷に対するごとく、敬虔な畏怖心と慄きながらの配慮をもって[33]」なされなければならない。

しかし、善き伝統や慣習と、悪しき過去や因習との取捨選択の規準は、どこからやってくるのであろうか。たとえば、時効と便宜の原理は、伝統の有効性と価値を判断する根本規準とはなりえない。どれほどの長期間にわたって、いかなる国制が存続すれば時効となるのであろうか。いかなる状況で、いかなる利益が便宜に叶うのであろうか。その規準は、コモン・ローや古来の国制論の内部からは自律的に調達されえず、その都度ごとの状況にきわめて強く規定され、左右される。

ここでバークが依拠するのが、「自然（nature）」の観念である。「自然の範型に倣って作動する国制上の政策によって、われわれは、財産や生を享受し、伝達するのと同じ仕方で、われらが統治と諸特権を受領し、保持し、伝達する」。「自然の方法を国家の行為の中に保持することによって、われわれは、改善するに際して、決してまったくの新奇ずくめとならず、維持するに際して、決してまったく陳腐となることもない[34]」。

バークの言う「自然」には、個別具体としてのコモン・ローや古来の国制の枠組みを超越する普遍性が備わっている。しかし、バークにおいて、自然状態が社会状態であるのと同様、自然は、政治実践の問題に関わるや否や、世俗統治における慣習的権威と化す。というのも、「自然は、われわれに、個々人をその年齢ゆえに、また、その祖先のゆえに尊敬すべきことを教えるが、われわれは、その原理の上に、われらが政治上の諸制度に対する尊敬を醸し出す」からである。

さらにバークは述べている。「われわれの作為としての制度を、自然と一致させる同じ計画を通じて」、「われわれの自由を遺産とする観点から考えることからもたらされる、この他いくつかの、しかも、少なくない恩恵を抽き出してきた[35]」。こうして、実際上、自然な規準は歴史過程へと包摂され、歴史に内在化する。慣習的な国制と、既存の文明社会は、政治的かつ宗教的な動物としての人間本性（人間的自然）に由来し、それにまさしく適合した真の自然状態に他ならない。こうしたバークの保守主義は、歴史主義的と評して差し支えないであろう。

しかし、歴史は、たえず紡ぎ出されるばかりでなく、ときに大きく揺れ動く。その過程において、構造(constitution)が劇的かつ根本的に変容を余儀なくされるとき、そこに備わっていた価値の持続性は、いかに保守されうるのであろうか。そこに、構造の不可避な変化に際して、いかなる価値を、いかにして保守するのかという、保守主義者の自覚的な意志と選択に基づく、探究と実践の余地は残されているのであろうか。

この問いに関して、バークの言説からえられる示唆は、否定的なトーンを帯びている。[36] 偶然性を多分に孕んだ歴史過程は、人間のきわめて狭い視野や、限られた理性、儚い意志を超えている。そこに善性をもたらすのは、時間を超越した神の意志の他にない。バークは明言している。「商業の法則は自然法であり、神の法である」[37]。「時間さえ与えられれば、類としての人間は、ほとんどつねに正しく行動する」[38]。「道徳判断という原因の真の効果は、つねに直接的とは限らない。それどころか、当初の瞬間には有害に見えても、より隔たった作用では優れていることもあり、また、その卓越性は、当初にもたらされた悪しき効果からも生じうる」[39]。とすれば、現在の眼からすれば、暴挙、害悪、ないし汚辱と思われる政治的企図(すなわち、バークにおいてはフランス革命)の作用と帰結が、永き時間の経過の中で、まさに時効によって、卓越性や善性を備える可能性は排除されない。そうした作用は、「摂理(Providence)」として顕現することになる。

もし、人事に大変革がなされるべきならば、それに人間の精神は適応させられるであろう。一般の輿論と感情は、その方向に引きつけられよう。それを、あらゆる恐怖、あらゆる希望が推し進めるであろう。また、そのとき、人事における、この強力な潮流に反抗し続ける人びとは、単なる人間の計画に対してではなく、むしろ摂理の神意そのものに対して、抵抗するように見えるであろう。そんな人びとは、確固として不動なのではなく、天邪鬼な頑固者となるであろう。[40]

フランス革命の進行を経過した、バーク晩年のこうした摂理観は、アダム・ファーガスンによって端的に表明された、「人間の行為の結果であって、何ら人間の意図の遂行ではない制度[41]」という秩序観念が、歴史的長期の偶然的な因果作用から生成する、善き政治秩序の正当化に応用されたものである、とも解釈されている[42]。こうした摂理の観念に司られる歴史観と自然観に立脚するかぎり、フランス革命のような「大変革」に対して、原理的な批判と抵抗を貫徹することは、困難を極めよう。そこにおいて、保守主義者は、「天邪鬼な頑固者」と成り果てるのではないであろうか。

五

バークの思想と言説の構成要素の総体は、アイルランド出身の成り上がり者とも評される、その複雑なアイデンティティにも反映されるとおり、きわめて多岐にわたる。とはいえ、伝統と慣習を核とする保守主義について考察する際、バークに即するならば、コモン・ローと古来の国制の言説を基軸に選択するのが定石ではあろう[43]。

ただし、それらをバークにおいて支える摂理観が世俗化するならば、言い換えれば、神意が人間の知性の範疇を超越してなどおらず、神意が恩寵として顕現することの意味を人間は理解しうるとなれば、すなわち、超越性を内在性へと降下させ、そこに受肉させせながら封じ込めるならば、記憶を超えた国制の来し方も行く末も、保守主義者の手を離れ、見えざる手に委ねられることになるのは必定である。そうした状況を、「無規定の内在性の領野」と呼ぶミシェル・フーコーの言を借りれば、そこにおいて、保守主義者は、「彼がそれに対して何もすることができず、彼が予測することも不可能であるような、自然の偶発事に依存する」ことになる。すなわち、保守主義者は、「制御不可能で、明示不可能な一つの全体」、「事物の流れであり、世界の流れであるような、全体に依存している[44]」。それは、「何らかの変更の手段をもたない国家には、自らを保守する手段がない[45]」とするバークの意に反して、そうした「手段」を擲つことを意味しないであろうか。

それを今日に接続すれば、人間の意志や実践が歴史を紡ぎ出すのではなく、「市場の力が、人間に代わって歴史をつくる[46]」ことになるのではないか。そのとき、保守主義者は、構造についても、価値についても、保守することはできなくなっている。というよりも、そこにおいて、保守する意志は放棄されている。こうして、保守主義者でなくなる。してみれば、記憶を超えた慣習に究極の根拠をおく保守主義は、もはやすでに終焉しているということ、また、「われわれは伝統を、もはや伝統的な仕方で擁護することはできない」ということの認識に立った上で、保守主義者には、次のような方針が、まずもって要請されるのではないであろうか。すなわち、「ラディカルなまでに保守的であれ」、あるいは「保守的なまでにラディカルであれ」[47]。

（1）Edmund Burke, *Reflections on the Revolution in France*, Hackett, 1987, p. 138（半澤孝麿訳『フランス革命の省察』みすず書房、一九七八年、一九七頁）. 傍点はバークによる強調。以下、同書は*RRF*と略記する。

（2）*RRF*, p. 7. 邦訳一二頁。

（3）最近の例としては、宇野重規『保守主義とは何か――反フランス革命から現代日本まで』中公新書、二〇一六年、九頁、一三頁を参照。

（4）犬塚元「受容史・解釈史のなかのバーク」中澤信彦・桑島秀樹編『バーク読本――〈保守主義の父〉再考のために』昭和堂、二〇一七年、三五頁。なお、本稿の基となる報告原稿が発表された、二〇一七年度政治思想学会研究大会シンポジウムⅠ「保守主義の誕生」において、数々の有益なご批判とご教示を頂戴した。フロアからご質問とご批判をお寄せくださった各氏、また、討論者を務めていただいた犬塚元氏に、あらためて真率に感謝いたします。

（5）David Bromwich, *The Intellectual Life of Edmund Burke: From the Sublime and Beautiful to American Independence*, The Belknap Press, 2014, p. 19.

（6）Edmund Burke, Speech on Duration of Parliaments, in *The Writing and Speeches of Edmund Burke, Vol. III*, Clarendon Press, 1996, p. 589（「議会任期の短縮法案についての演説」中野好之編訳『バーク政治経済論集――保守主義の精神』法政大学出版局、二〇〇〇年、三七六頁）. 以下、同訳書は「中野編訳」と略記する。

（7）中金聡「モンテーニュとオークショット――懐疑主義的保守主義の系譜」野田裕久編『保守主義とは何か』ナカニシヤ出版、二〇一〇年、一二九頁。以下、オークショットについての記述も同論文を参照。

（8）Michael Oakeshott, *On Human Conduct*, Clarendon Press, 1975, p. 116.

（9）Michael Oakeshott, *The Politics of Faith and the Politics of Scepticism*, Yale University Press, 1996, p. 32.

（10）*Ibid*,. p. 76.

（11）ミヒャエル・エンデ『エンデ全集　十五　オリーブの森で語り合う』丘沢静也訳、岩波書店、一九九七年、九五‐九六頁。なお同書では、「構造に関する保守」が、実際は価値に関しての破壊を実行しているとされるが、本稿ではそうした評価はとらず、保守に関する分析枠組みとして二つの概念を用いる。

（12）Michael Oakeshott, *Rationalism in Politics and Other Essays*, New and Expanded Edition, Liberty Press, 1990, p. 61（嶋津格ほか訳『［増補版］政治における合理主義』勁草書房、二〇一三年、一四八頁）.

（13）澁谷浩「自然法なき保守主義――マイケル・オークショット」飯坂良明ほか編『現代の政治思想――課題と展望』理想社、一九八一年。

（14）*RRF*, p. 86. 邦訳 一二五頁。

（15）Edmund Burke, Tracts relating to Popery Laws, in *The Writings and Speeches of Edmund Burke, Vol. IX*, Clarendon Press, 1991, p. 455.

（16）*RRF*, p. 80. 邦訳 一一五頁。

（17）*RRF*, p. 79. 邦訳 一一四頁。

（18）*RRF*, p. 80. 邦訳 一一七頁。

（19）*RRF*, p. 76. 邦訳 一一一頁。

（20）*RRF*, p. 81. 邦訳 一一七頁。

（21）*RRF*, p. 87. 邦訳 一二六頁。

（22）John G. A. Pocock, Burke and Ancient Constitution: A Problem in the History of Ideas, in his *Politics, Language and Time: Essays on Political Thought and History*, The University of Chicago Press, 1989, p. 209. p. 211.

（23）*RRF*, p. 145. 邦訳 二〇八‐二〇九頁。*RRF*, p. 54. 邦訳 七九‐八〇頁。なお、ここでの記述は、拙著『保守のアポリアを超えて――共和主義の精神とその変奏』NTT出版、二〇一四年、二三二頁、二四三‐二四五頁にもとづく。

（24）*RRF*, p. 27. 邦訳 四一頁。傍点はバークによるイタリックでの強調。

(25) *RRF*, p. 19. 邦訳 二九頁。

(26) ただし、バークにおける価値としての自由は、オークショットにおけるメタ・レベルでの自由や、いわゆる消極的自由と必ずしも同一ではない。というのも、バークは一定の人間本性を前提とし、「すべての徳と完全性のためのパートナーシップ」としての国家を、高次の人間的価値の源泉に位置づけた上で、その内に自由という価値の実現を見ているからである。*RRF*, p. 85. 邦訳 一二三頁、および、半澤孝麿「解説」、同訳『フランス革命の省察』みすず書房、一九七八年、四〇四‐四〇七頁を参照。

(27) 以下の記憶と忘却、崇高をめぐる議論は前掲拙著、二三三‐二三七頁にもとづく。また、以下も参照。犬塚元「時間軸において伝えること――西洋政治思想史における「伝統」をめぐるナラティヴ」川崎修編『伝える――コミュニケーションと伝統の政治学』風行社、二〇一二年、二一一‐二一六頁。Stephen K. White, *Edmund Burke: Modernity, Politics, and Aesthetics*, New Edition, Rowman & Littlefield Publishers, 2002, pp. 27-33. Bruce J. Smith, *Politics & Remembrance: Republican Themes in Machiavelli, Burke, and Tocqueville*, Princeton University Press, 1985, pp. 109-113.

(28) Edmund Burke, *A Philosophical Enquiry into the Origin of Our Ideas of the Sublime and Beautiful*, University of Notre Dame Press, p. 58（中野好之訳『崇高と美の観念の起原』みすず書房、一九九九年、六四頁）.

(29) ただし、バークの言う「崇高」の観念は、恐怖が想像等によって間接的に喚起される場合に生起するものであり、直接的な身の危険に伴う恐怖はただ恐怖の情念でしかない。

(30) *RRF*, p. 30. 邦訳 四五頁。

(31) *RRF*, p. 81. 邦訳 一一八頁。

(32) *RRF*, p. 124. 邦訳 一七七頁。

(33) *RRF*, p. 84. 邦訳 一二二頁。

(34) *RRF*, pp. 29-30. 邦訳 四四頁。

(35) *RRF*, p. 30. 邦訳 四五頁。傍点引用者。

(36) 以下の摂理をめぐる記述は、拙論「シュトラウスのバーク――なぜ近代性の危機は抗うほどに増幅されるのか」石崎嘉彦・厚見恵一郎編著『レオ・シュトラウスの政治哲学』ミネルヴァ書房、近刊の一部にもとづく。

(37) Edmund Burke, Thoughts and Details on Scarcity, in *The Writings and Speeches of Edmund Burke, Vol. I*, Clarendon Press, 1997, p. 137（水田洋訳「穀物不足にかんする思索と小論」『世界大思想全集 社会・宗教・科学思想篇 11 バーク』河出書房、一九

五七年、二六二頁).

(38) Edmund Burke, Speech on a Motion for a Committee to inquire into the State of the Representation of the Commons in Parliament, in *The Works of the Right Honourable Edmund Burke*, vol. 7, 1890, p. 95(「下院代表の状態を調整する委員会開催要求の動議についての演説」中野編訳、四四七頁).

(39) *RRF*, p. 53. 邦訳 七八頁。

(40) Edmund Burke, *Thoughts on French Affairs*, in *Further Reflections on the Revolution in France*, Liberty Fund, 1992, pp. 254-255(「フランスの国情についての考察」中野編訳、六九二頁). 傍点引用者。

(41) Adam Ferguson, *An Essay on the History of Civil Society*, Cambridge University Press, 1995, p. 119(大道安次郎訳『市民社会史(上巻)』白日書院、一九四八年、二三八頁).

(42) Leo Strauss, *Natural Right and History*, The University of Chicago Press, 1953, pp. 316-318(塚崎智・石崎嘉彦訳『自然権と歴史』ちくま学芸文庫、二〇一三年、四〇五‐四〇八頁). ただし、小松春雄によれば、バークの摂理観は世俗化していない。小松春雄『イギリス保守主義史研究――エドマンド・バークの思想と行動』御茶の水書房、一九六一年、三一八‐三二〇頁を参照。

(43) ただし、筆者は、バーク思想の根幹へと、コモン・ロー思想を位置づけることに不適切さを見出している。前掲拙著、一九〇‐二〇五頁、二三九‐二四六頁を参照。

(44) Michel Foucault, *Naissance de la biopolitique, Cours au Collège de France, 1978-1979*, Gallimard, 2004, pp. 280-281(慎改康之訳『生政治の誕生――コレージュ・ド・フランス講義 一九七八‐七九年度』〈ミシェル・フーコー講義集成Ⅷ〉筑摩書房、二〇〇八年、三四一頁).

(45) *RRF*, p. 19. 邦訳 二九頁。

(46) John G. A. Pocock, *The Discovery of Islands: Essays in British History*, Cambridge University Press, 2005, p. 286(犬塚元監訳『島々の発見――「新しいブリテン史」と政治思想』名古屋大学出版会、二〇一三年、三七一頁).

(47) Anthony Giddens, *Beyond Left and Right: The Future of Radical Politics*, Polity Press, 1994, p. 49(松尾精文・立花隆介訳『左派右派を超えて――ラディカルな政治の未来像』而立書房、二〇〇二年、七〇頁). ジョン・グレイもまた、真の保守主義者には、「真のラディカルになること」の他に選択肢はないとしている。John Gray, 'The undoing of conservatism', in John Gray & David Willetts, *Is Conservatism Dead?*, Profile Books, 1997, p. 63.

伝統の発見、社会の保全、統治の持続

――モンテスキューにおける保守主義的モーメント

●――押村　高

はじめに

一思想家を保守主義者として位置付け得るかどうかは、保守をどう定義するかによる。かれ／彼女を保守主義の先駆者として描くためには、保守主義を指し示す言説が彼らの独創であったか否かを見極める必要もあろう。そこで本稿では保守主義をいくつかの構成要素に分節化して、それぞれの要素がどれだけモンテスキュー思想の中心を形作っていたかを明らかにする。同時に、保守主義的な傾向性を帯びたそれらの主張がどの程度モンテスキューの独創であったかを検討することで、主題への解答に代えたい。

保守とは、一般的にいえば変化、革新、進歩に懐疑的な態度を隠さずに、伝統的な価値観やアイデンティティを擁護する思想や運動を指す。近代の保守主義が、思想としてはバークによるルソー社会契約論に対する反論、ヘーゲルのカント的普遍道徳律に対する批判を源流とし、運動としては伝統主義者によるフランス革命への応答をプロトタイプとしていることについて、思想史研究者に異論はないであろう。さらに近代の脈絡で保守主義が語られる場合に、その話者が想定する要素を以下の四つに整理することにも大方の賛同が得られるはずである。

まず、保守主義によると、社会へ持続的に生起する問題に対しての、暗黙の共有された解法、また社会慣習や「言葉には言い表せない期待」に根付いた解法が伝統である。[1] ひとはそれに対し自己の存在についての負い目を感じ、敬意を払う。それはまた忠誠の対象ともなり、ひとが進んで従いたいと思うような権威にも高まる。保守のこのような態度は「何かに対抗して」表明されるのが通例であるが、その場合の保守主義の主要な標的とは、理性的な一般原理や終局目的からのみ政治を論じようとする合理主義、また道徳的行為の源泉が理性的動機のみにあると考えるような主意主義である。[2]

伝統といわれるものの多くが実は人為的な発明物であることを、イギリス思想の文脈で明るみに出したのはホブズボーム（Eric Hobsbawm）であった。[3] しかし、保守主義者の歴史的探求が過去を忠実に反映したものでないことが示されたからといって、かれらの痛手になるわけではなく、またその非論理性が証明されたことにもならない。[4] むしろ保守主義者は、現代への有意性という観点を通じて想起された過去、つまり歴史の断面を伝統として表象しているのであり、過去を抽出しナラティヴとして呈示するという点で自覚的に規範へコミットしているのである。

もとよりこの傾向は、君主国イギリスの政治思想の伝統において顕著であろう。すなわち、マグナ・カルタ以来のコモンローや慣習法の伝統を持つイギリスにおいては、法は制定されるものではなく「発見する」ものであるという中世立憲主義、コウク（Sir Edward Coke）の中世法と近代法の連続性の強調、あるいは想像上の「旧き佳き国制」のイメージが呪縛力を保っている。イギリスの保守主義者たちには、このような自己理解が大陸との差別化意識とセットになって共有されており、合理的推論ではなくして歴史的探求が政治的思慮の源泉であるという信念は、F・v・ハイエク、M・オークショット、J・グレイ、R・スクルートンにまで流れ込んでいる。

つぎに、政治の基底を成す「社会」を有機的な全体として捉え、政治空間より重視するという思考法も、保守主義に特有なものといえるであろう。社会は伝統が積み上げた壮大な業績（achievement）であり、また諸個人による無数の行為の集積や微調整の産物にほかならない。その意味で社会は、倫理的行為や社会的道徳が成員によって反復実践されることを保障し、政治という上部構造の持続性と予測可能性を担保する。さらに、この意味における社会はまた、より下部にある自然に根差しており、ひとびとが自然の与えた叡智や教訓に従って生きることを可能とする。

そこから生まれる政策論的な主張とは、以下である。すなわち、人間の人格や自由は社会的な構築物であり、秩序と安定についての教訓が人間の理解を越えるほど複雑な形で社会に堆積しているからには、政治が「外部から」そこに手を加えようとすれば取り返しの付かぬ過ちを犯す、というものだ。統治に携わる者は、社会の中に身を置き、知的のみならず芸術的なセンスをもってその複雑性を感得すべきであり、すべからくそれを損なうことの危険性をわきまえておくべし、というのである。その意味で自立した共同体も、個人の自由がもたらすものではなく、義務と諸価値が湧いて出るような、そして人格がアイデンテンティを確立するさいにそこに頼らざるを得ないような、自由の前提条件であった。(5)

急激な改革、とくに時々の思い付きによる立法を梃子にした社会改革に対する懐疑は、古代のクリュシッポス、キケロなどにその由来があり、「社会あるところに法あり」で定式化される法すなわち自生的習わしという捉え方、あるいは一二世紀イングランドの「国王さえも恣意的に立法を行う自由を持たない」という慣習優位論、あるいはモンテーニュの「習慣を改変すべきではない」という主張（後述）として一八世紀以前にも展開されていた。(6) さらに二〇世紀にハイエクが、社会を組織ではなく自生的秩序ととらえ、ナチズムの社会工学、また共産主義や福祉国家の社会正義思想が権力行為でもって秩序を攪乱する危険と背中合わせであることを指摘したのも、この伝統の上に立ってのことであろう。

第三に、現在の政体や統治形態を標準とし、多少の不都合を耐え忍んでもそれを堅持することが人間の幸福に適うとみなす立場も、保守的態度として位置付けることができよう。この場合に保守主義が依拠するのは、理性的にみて良い制度こそが持続可能になるという期待理論ではなく、ある制度は持続し、長期間維持されてきたというまさしくその理由によって適切なものとみなすことができる、という帰結主義である。

かれらの標的とは、いうまでもなく革命や改革を待望し、より良いものを人為的に生みだそうとする思想や運動であった。したがって、保守にとって社会契約論は現実を無視したユートピアを越えるものではなく、それはまた、不断の微調整や再調整を必要とする統治行為に「最終かつ永遠の解答」を持ち込み、数世紀という時間によってしか築くことのできない体制や制度への「信頼」を台無しにする。

もっとも、統治の持続という意味で保守を語る場合に、近代とそれ以前で論理の位相が異なるという事実を逸してはならないであろう。すなわち、アリストテレス、プラトンにとっては、統治の持続こそが政治術の目的であった。かれらが目的をそのように設定したのは、善き政体は自ずから安定を享受することができ、静止に向かうという確信があったからだ。

一方、近代市民革命以降の思想においては、進歩が政治の目標の一つに加えられ、むしろ改革の必要性が自明とみなされている。そのため、現体制を維持する側が「護ることの正当性」を挙証し、変えることの不具合を立証しなければならなくなった。モンテスキューがまさしく前者から後者への転換点に身を置いていることからして、かれに保守主義を読み込む場合には、この位相の転換について充分な注意を払う必要があるかもしれない。

最後に、とくに「近代の」保守主義は、存在するもののすべてが保全に値すると考えるような中世的な自然主義、また存在がそのまま当為に高まると考えるような自然主義と距離を置くための、何らかの契機をも含んでいなければその名に値しないであろう。このことはまた、モンテスキューの保守的思考が「旧き佳き体制」の焼き直しに過ぎなかったのか、あるいは自己改良が可能な、かつ環境の変化に対応する保守主義を志向していたのか、を判断するさいに重要な要因となろう。

たとえば、習慣や世情が家父長的なものからリベラルなものへ変化した場合に、あるいは国民が奴隷制を道義的に不適切なものと思い始めたような場合に、その変化を統治や政治に取り込む仕組みが確保されていなければ、保守主義は退嬰や停滞を導くだけに終わる。逆にいえば、保守主義者ヘーゲルが歴史に読み込んだような、「世界精神」の形成への参与という上方向への運動を、モンテスキューは理論に組み入れることができたのかという問いがここでは重要となってくる。

以上が、近代という文脈における保守主義の公約数についての予備的な考察である。以下ではこの四点について、モンテスキューの思想との関わりを検討したみたい。

なお、モンテスキューの思想を評価するさいに、法服貴族（noblesse de robe）というかれの階級利害に注目し、イデオロギー的スタンスとしてかれを保守に位置付ける流れも存在する。[7] モンテスキューの政治思想が、フランス革命期の運動家たちによって、愛国派や共和派に敵対するような「後ろ向きの思想家」として読まれたことを主な根拠とするこの解釈は、これまでフランス思想研究者から一定の支持を得てきたものではある。しかし、保守主義的な思考の由来を辿るという本稿の主旨からは若干外れるので、これについての検討（批判）は省くこととする。

一　伝統の発見

伝統の重視という意味でモンテスキュー思想を保守に位置付けるとすれば、『法の精神』序文の一節がその例証となるであろう。かれはその著書の目的について触れ、「もしも私が、万人をして、自分の義務、自分の君公、自分の祖国、自分の法律を愛するための新しい理由を知るように仕向けることができ、人が自分の住んでいるそれぞれの国、それぞれの政体、あるいは、自分の占めているそれぞれの地位について、よりよく自らの幸福を感得しうるように仕向けることができるならば、私は自分が生けとし生けるもののうちで最も幸福なものと思うであろう」（*E.L.*, Préface）と述べている。

啓蒙の世紀の喫緊の課題であった「君主の絶対化」を阻止するための思想戦略として、モンテスキューは、政体のあるべき姿を呈示すること、また社会契約論によって社会を理論的にリセットすることのいずれも、有効であるとはみなさなかった。代わりにモンテスキューは、リシュリューとそれに続くルイ一四世の治世をフランク王国以来の旧き佳き伝統と対比しつつ、もって前二者が「伝統から逸脱している」点を浮き彫りにするという手法を採用した。

モンテスキューに従えば、フランス君主制とその自由精神の母胎はチュートンの森とゴート族起源のフランク王国にあり、フランスは少なくとも「百年戦争」までその旧き佳き伝統のもとにいた。しかし、戦争という混乱時に、国民がイギリスへ強い嫌悪を抱いたことが「国王の強大化へ、長いこといかなる嫉妬も抱かない」原因となり、その機に乗じ

てシャルル七世が絶対王制への足場を築いたのである。(8)

フランスの伝統について、モンテスキューは封建制の基本的性格を解明した『法の精神』第三〇編、第三一編においてより詳細に論じている。ここでは、かれの発見しようとした伝統が、具体的にはフランス封建法の生成過程とその体系の卓越性であったことが明らかになる。かれはいう。「封建法の景観は、見事な景観である。古い樫の木が聳え、人の目には遠くからその繁みがみえる。近付けば、その幹がみえる。しかし、その根がどこにあるかわからない。その根を発見するためには、大地を掘らなければならない」(*E.L.*, XXX-1)。

モンテスキューによれば、フランク族によるガロ＝ロマンの征服は、征服者が被征服者を長期かつ全面的に隷従させたことを意味しない。むしろ、ゲルマン人には部族法を適用し、ローマ人にはローマ法で臨むという法属人主義が採用されるなど、多元的な法制が敷かれた。フランク王国は一時期、下層民の一部を奴隷の状態においたが、のちのカペー朝フランスによる「農奴解放」のための勅許状の慣習のお陰で、この悪弊が取り除かれた。その結果、ヨーロッパには「人民の公民的自由、貴族と聖職者の特権、国王の権力の三者がよく協調を保つ」とモンテスキューが表現する、理想的政体が訪れたのである。モンテスキューはかくして、「この協調が持続した時代のヨーロッパの各地域ほど、見事に制限付けられた政体」が地上にあったとは思われない、とまで筆を走らせる(*E.L.*, XI-8; XXVIII-45)。

モンテスキューはこのように、フランス統治の起源や標準を明らかにして、なお絶対化の野望を隠すことのないフランス君主と側近に対しては、伝統からの乖離がいかに無思慮で、彼等自身を不幸にするものかを暗示する。そのさい、かれの論理構成にとって特徴的なこととは、当時のゲルマニスムとロマニスムの論争に深くコミットしながらも、古ゲルマンや古ローマといったクラシックな時代を模範とするのではなく、諸力の配合と協力によって緩やかに自生したポストクラシックの法制を理想としていることであろう。

すなわち、フランスの自由の起源については、ブランヴィリエ（Anne Gabriel Henri Bernard, comte de Boulainvilliers）がすでに、thèse nobiliaire と呼ばれる解釈を呈示していた。フランク族が征服者としてローマを支配し、チュートンの森からローマの帝制や専制とは異なった王権、つまりその起源において家長、領主、首領の持つ特権により制約されるような王権をクローヴィスが持ち来たり、抑制された王権の精神がフランスに根を下ろした、というのがそれである。ブランヴィリエによれば、これとは対照的に封建王制時代とはゲルマン的自由の伝統が破壊を被る時代であり。国王による領主権簒奪という策謀の歴史であった[9]。

一方、thèse royale の主唱者デュボス（Jean-Baptiste Dubos）によると、古フランスの王クローヴィスには、初代ローマ皇帝アウグストゥスの継承者としての絶対的な権力が与えられており、その権限こそがフランス王権の起源をもたらしたと解釈される。かれの学説において、フランク族による征服はローマとゲルマンの連携であり、いわばフランク族がローマ法に同化する過程であったのに反して、封建時代は王権の弱体期をよいことに貴族が領地を不当に占拠し、各領地内で専制を働いた時代であった[10]。

モンテスキューは、その両者による過去の叙述を、起源において正しいとされるもののみを基に歴史を描写するという、誤った中世解釈として退ける。『法の精神』の末尾において、フランク王国の諸法には権力を制限するという精神がみられる点、またカペー朝、ヴァロワ朝の時代に、その権力の絶妙な配分により王権の絶対化ばかりでなく宮宰の専横、領主階級の圧政、僧侶階級の横暴が同時に阻止されてきた点を論証し、かれらへの批判に充てている（*E.L.*, XXVIII-37, 38, 43; XXXI-7, 28）。

それらの論証過程においてモンテスキューは、シャルル七世やルイ一一世による国王権限の絶対化という企図が、一五世紀を境にフランスが自由精神を失ってゆくきっかけとなった点をも詳細に明らかにした。モンテスキューにとって、この歴史研究の果実はまた、フランスの政体が諸力の合意を通じて変化をもたらすような体制に復帰すべきであるというかれの信念、さらに王国の立法・裁判の形式の多元性を護り、伝統的な中間階層として貴族と高等法院を保全すべきであるというかれの主張を、側面から支持すると思われた。

二　社会の保全

「私が筆をとったのは、いかなる国であれ、その国に確立されているものを非難しようがためでは決してない。いかなる国民もこの本（『法の精神』）の中にそれぞれの格率の理由を見出すことであろう」（*E.L.*, Préface）。このように言うモンテスキューは、社会に確立されているもの、すなわち慣習による合意を得たもの、特段の不都合の無い限り人々が捨て去ろうとしないものに対して敬意を払うように要求している。かれはまた、社会の根底で、かれが習俗（mœurs）と名付けるものがその存続と維持に貢献していることを指摘した。

この社会の下部構造としての習俗についていえば、モンテスキューより先に、法との関係でその主題を扱った思想家にモンテーニュがいる。かれは、『随想録』第二三章「習慣（coutume）のこと及びみだりに現行法規をかえないこと」において、次のように綴っている。「一つの政体はいわばいろいろな部分が緊密に結合してでき上がった建物のようなもので、全体がその影響を感じないようにその一部分を動かすことは、とうていできない[11]」。

社会や政体の有機的な組成について、モンテスキューがボルドー同郷の先達モンテーニュに倣っていたことは疑いないだろう。モンテスキューの先行者としてモンテーニュは続ける。「わたしは改革が嫌いである、それがどんな顔をしていようとも。それは当然のこと。現にわたしはそのはなはだ有害な結果を幾つも見ている[12]」。

『ペルシア人の手紙』においてモンテスキューは、モンテーニュのこの思想をなぞる形で、「習俗のほうが法律に比べて、より善良な公民をつくる」（*L.P.*, CXXIX）と断言している。また『わが随想』には、「習俗は法律以上に一国民の幸福に貢献する」とある[13]。このような習俗と法律の対比は、集団道徳や倫理という観点から見たときに、善良さを政治や立法で創ることはできず、「習慣付け」によってしか人間が道徳的に生きられないことをも示している。

以上のような前提に立ってモンテスキューは、「諸国民の習俗や習慣は、道徳に反しないならば、一方が他方より優れていると判定することはできない」と論じ[14]、また、ヨーロッパの国王たちは、その点を教訓としてわきまえているがゆえに、「習俗や宗教と衝突することを望まない」(*L.P.*, CII) とも指摘する。

習俗の法律 (立法) に対する優越を証明するのに、モンテスキューはまた、古代ローマ共和制の興亡という史実を動員している。なるほど、リキニウス、クィントゥス・ファビウスらローマの立法者たちが案出した法律は、領土を拡大し、外敵を打ち負かすには実に巧妙かつ都合よくできていた。しかしモンテスキューにしてみれば、ローマの力が法律の巧みさにあったとみることは、歴史における立法の役割を過大評価している。むしろローマの偉大さは、「規律、習俗の厳正さ、いくつかの習慣の不断の遵守にあった」(*C.G.R.*, VIII)。

実際に、それら諸法律の目的や効果は「大国民を作ること」で、「統治することではなかった」(*Ibid.*, IX)。やがて拡大が富を生み、習俗は腐敗し、共和国の衰退は避け難いものとなる。その結果、「最も賢明な法律ですら」ローマを再興することはできなかった (*E.L.*, XXIII-23)。この教訓をモンテスキューは「法律を犯すより、習俗を乱したために滅亡する国家のほうが多い」(*C.G.R.*, VIII) という格率として記し、習俗が「法律と同じほど威厳をもって支配する」と定式化している (*Ibid.*, XXI)。

モンテスキューは、このような史実へ引照することで、時の君主制がフランス習俗との適合性を失いかけている点に注意を向けさせようとした。一方でかれは、東洋的な専制とは異なって、フランスにおいては習俗が完全に堕落したわけではなく、それが穏和や健全さを保っているという確信を抱き続けたのである。これこそが、フランスに穏健な君主制を蘇生させることが可能であるとモンテスキューに考えさせた理由である。

三　統治の持続

保守は統治者に対し、制度の変更を企てるさいには慎重な態度で臨むように助言する。モンテスキューも、変更そのものを悪とみなすわけではないが、変更がもたらし得るあらゆる結果を現体制の不都合と秤量してから新しい法律を起草、制定するように提案している。モンテスキューはいう。「ある国家の構造の全体にわたって天才的に洞察しうるほどの幸運に生まれついた人たちだけが、その改革を提案する資格があるということであろう」(*E.L.*, Préface)。

「国家の構造の全体」には、体制、憲法、制度、法律のみでなく、かれの独特な言い回しである政体の「原理」(principe)、すなわち政体を活性化する人間の情念、M・ウェーバーならばエートスと呼ぶであろうものが含まれる。モンテスキューにとっては、むしろ「原理」こそが政体の独立変数であり、規定要因でもあった。しかも「原理」である被治者の性情は、その国の「一般精神」(l'esprit général)に由来し、それは究極において今日われわれが文明や風土とみなすものとも関係している。したがってそれは、不動と判断してよいほど変化が緩慢である。

このことの論理的な帰結として、統治者の人数や道徳的な態度が、さらにその政策がこの「原理」に馴染まない場合に、政体は安定性を欠くことになる。より長期的にみるならば、「原理」の手助けを得られない体制は人民に拒絶され、排除される。他方で、住民の政治的態度が政体を活性化するように働いているならば、政体は衰退や腐敗を免れ、内部の軋轢も政体には影響を及ぼさない。政体と人民の性情との「適合性」から統治の持続を考えるというモンテスキューの視点は、かれの政体論をきわめてユニークなものに仕立てている。

この点に注目し、プラトン流の統治術とモンテスキューのそれを比較したH・アレントによると、前者が最高の政府の形態を「不変にして不動」とみなしていたのに対し、後者は活動を「鼓舞する」(inspire)人間の情念がなければ政体が持続可能になることはないと考えていた(15)。

「原理」との適合性という視点を欠き、国民の「一般精神」という発想を持たぬまま最善の政体を追究したアリストテレス、また、暴君の出現で王制が僭主制に転落すると考えたアリストテレスをモンテスキューは批判する。モンテスキューにしてみれば、アリストテレスはギリシアという一様な文化構造ないし同一の習俗の上で演じられる王制から僭主制への形態変化を、政体の変更と取り違えていた。いわくアリストテレスは、「君主の美徳や悪徳のような偶然的な事柄」によるか、あるいは「簒奪や継承といった外在的な事柄」で政体を区別してしまったのである(*E.L.*, XI-9)。

いずれにしてもモンテスキューにおいては、政体の規定要因として、社会の気質や人民の性情が為政者の数や道徳的態度よりはるかに重要であり、構造にとってより本質的な意味を持っていた。ヘーゲルの民族精神(Volksgeist)へも影響を及ぼしたこの発想は、現代のコミュニタリアンが採用する共同体固有の倫理、習俗、慣習、伝統、流儀といった考え方へも接近している。共同体の集合的自我が政治社会の維持、存続、安定に果たす機能を明らかにしたという意味で、モンテスキューは保守主義の先駆者と呼ばれるに値する。

モンテスキューはこの主張を、政策論としても展開している。すなわち、為政者が自らのアイデアをもとに政体へ改良や変更を加えるような作業は、その影響が「原理」にまで及ぶ場合には推奨されない。名誉を大切にする臣民に対して共和的な改革を企てる為政者、またそこから貴族身分を取り払おうとする専制君主がその好例である。このことを思い起こさせるためにモンテスキューは、国家が「原理」を保持しつつ国制を変更するなら、それは「矯正された」ことになるが、国制の変更とともに「原理」を失う場合には、それを「腐敗」とみなすべきだと述べる（*E.L.*, XI-13）。

とはいえ、モンテスキューのこの考え方が、「穏和な立法」というかれのいま一つの政策目的との矛盾を抱えていたことも見逃すわけにいかない。すなわち、君主制では名誉を保全し、共和制では徳を涵養しなければ政体が変調をきたすと判断していたのはともかく、かれはまた、「専制」において人民が「原理」としての恐怖（crainte）を忘れるならば、それは専制であることを止めて無政府状態に堕すると説いている。専制の自己維持の要件も人民の性情にあることを認めた点で論理的に一貫してはいるが、他方でかれは、専制君主に対してまで体制の永続化を推奨し、恐怖を増幅するような立法を奨励していたことになる。

専制との関連でいえば、「原理」の政体安定に果たす作用を見出すさいに、モンテスキューが台頭しつつあった主権論、わけても立法権こそが国家の要であると解釈するＪ・ボダンの主権論、あるいは法を主権者の命令と捉えるホッブズ流の法理論、そして法律を恣意によるものと言い放ったＪ・ドマの法思想のもたらす破壊的な結果を意識していたことは疑いない。[16]

しかもそれらの権力論が、「中庸も、修正も、妥協も、条件も、代替物も、折衝も、建言も存在しない」専制（*E.L.*, III-10）と親和性を持つ点をモンテスキューが感知していたことも、間違いないだろう。主権という社会改良の究極の「手段」が独自の論理を持ち始めることを危惧したモンテスキューにとって法学や政治学の目的とは、そのような手段で社会を改変しようという誘惑に駆られる統治者に対し、保全や持続という立場から警鐘を鳴らすことでもあった。

ホッブズ的な立法万能主義あるいは実定法主義への批判は、モンテスキューの思想に貫流している。かれのみるところ、ホッブズの主権者命令説は、「あらゆる美徳と悪徳を、人間がなす法の制定に依存させた」[17]。これはモンテスキューによれば、集団的道徳の内容が「人間意思」の法である「実定法」によって決まるという恐るべき見解を意味した。

とはいえ、この立法万能主義は、ホッブズを生んだ当のイギリスにおいて、権力の分立という機構的工夫によってある程度は抑制されている。モンテスキューはこの点を、『法の精神』第一一編六章において、民会による立法権の伸張が原因で衰退したローマとの対照を用いて詳細に描き出すのである。しかし、かれの暮らしたフランスにおいては当時、高等法院の王令登記権が君主の策謀によって脅かされ、なお司法権は未成熟なままであり、しかも王令が「かくのごときは朕の意思なり」で結ばれるなど、人意による立法が法の唯一の淵源となり、社会を台無しにする危険は現実のものとなっていた。

しかしながら、モンテスキューが他方で、武器としての立法権を携えた近代人の持つ改革願望を不可逆なものともみなしていた点もまた疑いようのないところである。「各社会のための国制の法がある。社会は統治なしには存続し得ないであろう。「個々の力すべての結合が政治状態（l'état politique）と呼ばれるものを形成する」とグラヴィナがまことに正しくも言っている」(*E.L.*, I-3) という一節が示すように、かれが近代国家の主権国家的性格を捉え損なっていたわけでもない。

したがって、モンテスキューを単なる伝統主義者や復古主義者の範疇へ分類することは適切であるとは言えない。主権国家胎動の背後に立法意欲の飛躍的な増大を感知していたからこそ、モンテスキューは自然法思想、旧き佳き政体、慣習法などへの単純な復帰を説くに留まらず、法という営みへ「穏和の精神」を注入することを目的とした『法の精神』を著わさずにはいられなかった、と言い得るかもしれない[18]。

四　自然主義と保守主義——後代への影響から

保守主義の先駆者モンテスキューを単なる伝統主義者として位置付けるのは適切とは言えない点をみたが、同様にかれを自然主義者として分類することもまた、『法の精神』の意図や目的を誤解することにつながる。最後にこの点を、サヴィニー（Friedrich Carl von Savigny）やヘーゲルがモンテスキューの保守的なアプローチをどのように読み込み、受け継いだかという点を題材に検討してみたい。

いわゆる歴史学派と言われる一九世紀初期ドイツのローマ法学者サヴィニーは、普遍的理性に適った立法行為を標準とみなすC・ヴォルフの『自然法及び万民法』に対する批判から、実定法の歴史を掘り起こす作業に赴いている。その過程でモンテスキューの『法の精神』にも言及し、「立法の完全な歴史を呈示した唯一のもの」という賛辞を呈していた。(19)

サヴィニーによると、法の源泉は一体をなす民族が保持する意識であり、イギリスのコモンロー学派が説くような正しい行為の反復などではない。実定法はその全体から湧き出る一部であり、個々の法律もまた、歴史有機的に発展する民族意識のもとに置かれたときにその意味を理解することが可能となる。(20) サヴィニーのみるところ、このことをかれ以前に認識し得たのはモンテスキューであった。

サヴィニーはまた、歴史性を捨象した社会契約論的な法理論へ批判の照準を合わせることで、保守主義へ合流している。すなわちルソーの説くような社会契約は、自足的な個人という前提から社会を構成しようとするため、その理論によって描かれる国家が諸個人の集合物に貶められる。社会契約論では、社会や国家を「通じて」しか持ち得ない立法権を各個人が持つことになってしまう。(21)

それではサヴィニーにとって、裁判行為や立法行為の意義はどこにあったのか。むしろかれは、民族精神という個別性を、権利の道徳的性格という普遍的形式と融合させるところに裁判官の役割を、また自然法を実定法の形へ具象化させることに立法者の役柄を見出した。そのためかれは、所有権に普遍的な権利の性格を与えようとしている。

このようにサヴィニーの法理論では、「存在するもの」や民族精神の全面的肯定が避けられており、外部的な批判の契機が確保されている。その点でかれの法理論は、コモンロー理論や中世由来の慣習を礼賛するような考え方とは決別している。しかしながら、基本的に立法者を習慣や伝統の代弁者、実定法への変換者とみるサヴィニーの法思想は、なお自然主義と呼ばれるものの範囲に留まっていた。

一方、ヘーゲルの保守主義は、社会契約論的な思考と自由主義的な法理論への批判から生まれたものではあるが、一方でこのような自然主義とも距離を措いている。なるほどかれは言う。民族の精神は「多くの段階を含み、さまざまな個別の条件のもとで、あらゆる面にわたってこの世に浸透してくるので、政治体制はその結果としてうまれる」[22]。

したがって、ヘーゲルにおいて「イギリスの政治体制はイギリス人にふさわしい。イギリスの体制をプロイセン人に押しつけようとするのは、プロイセンの体制をトルコに押しつけようとするのと同じように、ばかげたこと」であった[23]。さらにヘーゲルは、「いわゆる自由主義者たち」は「抽象的原則にもとづいて体制を作りだした」ため、フランス、スペイン、ポルトガル、ピエモンテ、アイルランドで「破産している」と指摘した[24]。

とはいえ、ここで留意すべきは、ヘーゲルの『法哲学講義』が、長い歴史と伝統を持ち、現に存在する政治体制の全体を、理性的なものとして肯定しているわけではない点であろう。かれが強調したのは、政治において存在したことのないものを「存在させること」の無謀と、前提とすべき政体がそこに存在するという事実である。いわく、「すでに政治体制が存在することを前提としてさきの問いが発せられるのなら、体制を作るというのは、体制を変えるという意味しかもたず、しかも、なんらかの体制が前提となる以上、当然のことながら、変えるというのは、体制に相応しい変化しか考えられない」[25]。

言い換えると、かれの独特な概念としての「世界精神」への参与の過程において、「高次の意識」[26]があらわれ、それが立法者や世論、一般大衆に浸透するにしたがって政体は変容を経験する。それは、上方向への変化を生みだすきっかけになるのだという。つまり、歴史的な運動という観点からみると現体制は自己克服の契機を宿し、それが主権者の自己決定に反映される形で政体は発展を開始するのである。そのような役割を果たした立法として、ヘーゲルはユスティニアヌス法典、フリードリヒ大王の法令、ナポレオン法典に高い評価を与えている。

しかるにモンテスキューの保守主義は、いわゆる国民の一般精神の存在と内容を伝統に即して明らかにすることのみを目指し、一般精神が法律に「反映される」と解釈したという意味で自然主義の枠内にとどまっていたのか。それとも、ヘーゲルの言う意味での「体制に相応しい」変化が体制をむしろ強化するという観点から、変化の可能性を考えていたのであろうか。保守主義へのモンテスキューの貢献がいかなるものであったかを考えるさいに、鍵となる疑問である。

その疑問を解明するにはまず、当時の「人間性」の考え方の水準に悖ると思われた法慣習に対して、モンテスキューが規範的ないし人道的な立場から変更を提案している点が参照されるべきであろう。伝統や自然に対しモンテスキューが保った距離感を示すのが、奴隷制度に関する高踏的な批判である。奴隷制度に関しては、『法の精神』第一五編「市民的奴隷制についての法律は風土の性質とどのように関連しているか」で展開されていた。

そこでは、奴隷的支配権の正当化として用いられてきた根拠、すなわち征服の結果、売買の契約、奴隷の親からの出生は、いずれも奴隷制擁護の事由として薄弱であることが述べられる。モンテスキューにおいて、奴隷制のより尤もらしい起源は「風土」に基づくものと考えられるが、その理由とて、到来しつつある自由な社会の「理性」に反することが論ぜられる。[27]

モンテスキューは、当時三角貿易の形で実際に有用性を認められ、時間による承認を得ていた奴隷制度について、「あくまでも法の作り方が悪かったから」(*E.L.*.XV-8) それが定着することになったのだと述べる。より一般的にモンテスキューは、法慣習と受容されている倫理的意識との乖離について触れ、「民事の法律は鎖を設けるが、自然法はつねにそれを断ち切る」と論じている。[28] つまりかれは、事実上の不平等に対抗して、権利上の平等を具現する「賢明な立法者」を要請することで、時代の標準を成す人間性についての考え方と伝統との乖離に対処しようとしている。

いずれにしても、法律や制度を論ずるさいに、風土、習俗、伝統に必要度を上回る参照を与えれば、「体制に相応しい」変化のきっかけが見失われる。そのような危険を、モンテスキューは感得していた。そのかぎりにおいて、自然主義の陥穽を免れた近代の保守主義もまた、モンテスキューによって拓かれたとみてよいであろう。

結びにかえて

モンテスキューの生きた時代に、ルソーの『社会契約論』は出版されていない。フランスに革命の予兆を感じ取るものさえいなかった。その意味では、モンテスキューの直面した状況はバークのそれと同一ではなかろう。しかしながらモンテスキューは、その歴史的イマジネーションによって、近代的統治が社会契約論的な「社会の白紙からの構成」、また主権を手にした統治者の思い付きに発する社会の改変、さらには一つの階層が立法権を振り翳して行う急激な改革、へと向かうことを洞察し、その破壊的な効果を感じ取っていたのである。

したがってモンテスキューは、善き政治を成り立たしめるものは社会や習俗の穏和であること、伝統や習俗との軋轢を生む改革はほどなく社会によって拒絶されること、もたらし得るメリットを上回るデメリットを改革が生む可能性を常に意識しておくべきこと、立法者は良き法律を作るまえに法律を不要にする条件を模索すべきこと、などの点を歴史を想起しつつ明らかにした。このような態度と発想こそが、後代の保守主義へモンテスキューが無限の着想を提供し得た理由であり、かれが保守主義の一角に位置付けられるゆえんである。

その限りでは、アメリカ独立革命の思想家、またフランス「一七九一年憲法」ないし「一七九五年憲法」の起草者よりも、現代国家の挫折の主因を「立法と(慣習)法の混同」や「構成主義の妄想」に求め、『法、立法、自由』の冒頭にモンテスキュー『法の精神』の一節「個々の知的存在は、自らが作った法律を持ちうるし、自らがつくったものでない法律を持つ」を掲げたハイエクが、モンテスキューの保守精神の心髄を正確に掴みとっていた。(29)

〔イタリック記号は、以下の著作の略記である〕

L.P.………*Lettres persanes*, 1721

C.G.R.……*Considérations sur les Causes de la Grandeur des Romains et de leur Décadence*, 1734

E.L.……*De l'Esprit des Lois*, 1748

これら三著作からの引用文の邦訳については、以下を参照した。

根岸国孝訳『ペルシャ人の手紙』筑摩書房（『世界文学大系』16）、一九六〇年。

井田信也訳『ペルシア人の手紙』中央公論社（『世界の名著』34）、一九八〇年。

井上幸治訳『ローマ盛衰原因論』中央公論社（『世界の名著』34）、一九八〇年。

田中治男、栗田伸子訳『ローマ人盛衰原因論』岩波文庫、一九八九年。

根岸国孝訳『法の精神』河出書房新社（『世界の大思想』23）、一九七四年。

野田良之、田中治男ほか訳『法の精神』全三巻、岩波書店、一九八七—八八年。

（1）Roger Scruton, *How to be a Conservative* (London & New York, Bloomsbury, 2014), p. 21.

（2）Alain Finlayson, Conservatism, in Finlayson (ed.), *Contemporary Political Thought: A Reader and Guide* (Edinburgh: Edinburgh University Press, 2003), pp. 156-159.

（3）Eric Hobsbawm & Terence Ranger (ed.), *The Invention of Tradition* (Cambridge: Cambridge University Press, 1983).

（4）Michael Oakeshott, *On History and Other Essays* (London: Blackwell, 1999)（添谷育志・中金聡訳『歴史について、およびその他のエッセイ』風行社、二〇一三年）、二一頁。

（5）Introduction: What is Conservatism? in Roger Scruton (ed.), *Conservative Texts: An Anthology* (London: MacMillan, 1991), pp. 8-9.

（6）この点は、保守主義が現状のみを擁護し、改革の意義を根本から否定していることを必ずしも意味しない。B・ディズレーリに象徴される、改革が伝統に即した「よりいっそう安全な」ものであることを希求する「進歩的保守」という発想については、以下を参照せよ。Michael Freeden, *Ideologies and Political Theory* (Oxford: Oxford University Press, 1998), p. 332.

（7）「『法の精神』はおそらくアリストクラート層の座右の書とみなし得る」といったG. Lefebvre, *Quatre-vingt-neuf* (Paris: Éditions Sociales, 1939) から、モンテスキューを旧体制の擁護者として位置付けたF. L. Ford, *Robe and Sword: The Regrouping of the French Aristocracy after Louis XIV*（Massachusetts: Harvard University Press, 1953）を経て、モンテスキューが「時代遅れの諸権力を回復することだけを望んだ」としたL. Althusser, *Montesquieu et le problème de la constitution française au XVIIIe siècle*（Paris: Presses Universitaires de France, 1959）などが、モンテスキューの出自や生い立ちと、フイヤン派などの保守層へ果たしたモンテスキューの歴史的機能によって、かれの保守的立場を裏付けている。

（8）これらの解釈は、「私がフランス史について書こうと思ったことの断章」という標題のもとで、*Mes Pensées*, 595-596 に書き留められている。*Œuvres Complètes*, texte présenté et annoté par Roger Caillois, 2 volumes（Paris: Gallimard, 1949-51）, I, pp. 1094-1099.

（9）Boulainvilliers, *Histoire de l'ancien gouvernement de la France*, 3 volumes（La Haye et Amsterdam, 1727）, I, pp. 25-33.

（10）Dubos, *Histoire critique de l'établissement de la monarchie française dans les Gaules*, 3 volumes（Amsterdam, 1735）, III, p. 328 et suiv.

（11）モンテーニュ『随想録』関根秀雄訳、白水社、一九八五年、二〇九頁。

（12）前掲書、二〇九頁。慣習の支配力について述べた以下の一文も、モンテスキューの保守主義的思考を先取りするものといえる。君主制に慣らされた人たちは「運命が彼らにいかに変革の便宜を与えても、いな彼らが非常な困難の末にようやく或る君主の束縛から脱しえたその時でさえも、彼らは再び同様の苦労を重ねて、またもや別の君主をかつぎあげる。彼らは、心から君主権を呪う気にはなれないのである」。同、二〇四頁。

（13）*Mes pensées*, 1802, Œ. C., I, p. 1431.

（14）*Voyage de Gratz à Haye*, Œ. C., I, p. 767.

（15）Hannah Arendt, *The Promise of Politics*（New York: Schocken Books, 2005）（高橋勇夫訳『政治の約束』筑摩書房、二〇〇八年）、九三—九八頁）。モンテスキューを論じたこの章のタイトルは「モンテスキューによる伝統の修正」（Montesquieu's revision of the tradition）である。

（16）S. Goyard-Fabre は、ボダンについての研究書（*Jean Bodin et le droit de la république*, Paris: Presses Universitaires de France, 1989）の中で、法恣意説を採用した思想家の代表として、ボダン以外にドノー（Doneau）、J・ドマ、ホッブズを掲げている。

（17）*Défense de l'Esprit des lois*, Œ. C., II, p.1123.

（18）モンテスキューが主著の標題をなぜ「法論」とせずに「法の精神」としたかについての解釈の詳細は、以下を参照されたい。

押村高『モンテスキューの政治理論―自由の歴史的位相―』早稲田大学出版部、一九九六年、第二章および終章。

（19）*Vorlesungen über juristische Methodologie*, 1802-42, issued and introduced by A. Mazzacane（Frankfurt am Main: Vittorio Klostermann, 1993）, p. 159.

（20）Cf. A. Brockmöller, 'Legitimation of Law by a Theory of Sources of Law?: On the Current Relevance of Savigny's Theory of Sources of Law', in Elspeth Attwooll and Paolo Comanducci, *Sources of Law and Legislation*（Stuttgart: Franz Steiner Verlag, 1998）.

（21）Frederick C. Beiser, *The German Historicist Tradition*（Oxford: Oxford University Press, 2011）, pp. 249-251.

（22）ヘーゲル『法哲学講義』長谷川宏訳、作品社、二〇〇〇年、五二四頁。モンテスキューの「一般精神」がヘーゲルの「民族精神」に与えた影響についての詳細は、次を参照せよ。G. Planty-Bonjour, 'L'esprit général d'une nation selon Montesquieu et Volksgeist hégélien,' in Jacques. D'Hondt（éd）, *Hegel et le siècle des Lumières*（Paris: Garnier, 1975）, pp. 7-24. なお、モンテスキューの法思想がヘーゲルに与えた全般的な影響については、『法哲学』の一試論とみなされる「自然法講義」Hegel, *Lectures on Natural Right and Political Science*, translated and edited by J. Michael Stewart and Peter C. Hodgson（Oxford: Oxford University Press, 2012）におけるヘーゲルによるモンテスキュー『法の精神』の頻繁な引用をみれば明らかである。

（23）同書、五二七―二八頁。

（24）同書、五二五頁。

（25）同書、五二三頁。

（26）同書、五二八頁。

（27）体制に相応しい変化を生むこと以上に、風土や自然に由来するとされる人間の怠惰や残虐さの矯正をモンテスキューが立法者に要請している例として、以下がある。「このような風土に暮らす諸人民は、われわれの風土に暮らす諸人民よりも、賢明な立法者をよりいっそう必要とする」（*E.L.*, XIV-3）。

（28）*Mes pensées*, 1935, Œ. C., I, p. 1469.

（29）F. A. von Hayek, *Law, Legislation and Liberty*（London: Routledge & Kegan Paul, 1973）, Vol. I, Rule and Order, p. v. 第一巻「法と秩序」においては、「私が手掛けたかったことを実行に移すとすれば、モンテスキューが一八世紀に為したのとほぼ同じことを、二〇世紀に為す必要がある」と述べている。*Ibid.*, p. 4. モンテスキューとハイエクの継承関係については、以下を参照せよ。

Gottfried Dietze, 'Hayek on the Rule of Law', in Routledge Library, reprinted edition（New York: Routledge, 2003）, pp. 107-146.

リベラリズムに背いて

——ネオコン第一世代による保守主義の模索

●——井上弘貴

一　本稿の課題設定

本稿は、いわゆる「ネオコン」と総称される知識人たち、とくにその第一世代であるアーヴィング・クリストル（Irving Kristol, 1920-2009）、ノーマン・ポドレッツ（Norman Podhoretz, 1930- ）、ジーン・J・カークパトリック（Jeane J. Kirkpatrick, 1926-2006）の三名の思想を、第二次世界大戦以後のアメリカ合衆国〔以下、本稿ではアメリカと略記する〕の国内社会の変容という歴史的文脈のなかに位置づけなおし、新保守主義《ネオコンサーヴァティズム》（neoconservatism）と呼ばれる思想潮流が戦後アメリカにおいて形成されるに至った契機を再検討する(1)。

ネオコンをめぐっては、G・W・ブッシュ政権下の対外政策に影響を及ぼしたネオコン第二世代のインパクトによって、日本でも二〇〇〇年代にひろく関心を集めた(2)。ネオコンの知識人たちの世代を横断した、アメリカの対外政策をめぐる態度表明の検討はもちろん現在でも重要であるだろう。ただし、この思想潮流を総体として把握するためには、ネオコン第一世代のリベラルからの転向と深く関係する、戦後アメリカ社会の変容とかれらのそうした変容についての同時代的考察との連環を検討することもまた、同様に重要である。

戦後のアメリカにおけるネオコン第一世代の知識人について検討する際に、まず踏まえるべきことは、かれらのうちの少なくない者たちが、周囲から思想的に転向を果たしたとみなされた後でさえ、自分たちをリベラルであると長らく規定し続けた、ということである。(3) クリストルのようにネオコンという呼称を積極的に自分のものとして受け入れていった者もいる一方で、ポドレッツが同時代において指摘しているように、『コメンタリー』誌〔一九四五年創刊〕や『パブリック・インタレスト』誌〔一九六五年創刊〕に集った知識人のなかのある一定の者たちは、一九六〇年代から一九七〇年代の「ニューポリティクス・リベラリズム」と呼ばれるリベラリズムは、リベラルの名に値しないものであり、多くの重大な点で実際には反リベラルでさえあると考えていた。(4) かれらネオコン第一世代の知識人たちは、自分たちこそがニューディール・リベラリズムの後継者であると理解していた。(5) その意味で、かれらの採った「保守」という旗幟は、すくなくとも当初においては、変質した――かれらにはそう思われた――リベラリズムから距離をおくための、きわめて名目的なものであった。

二　ホワイト・エスニックとしてのネオコン第一世代

ひろく知られているように、ネオコンの知識人たちと、いわゆる「ニューヨーク知識人」と呼ばれるユダヤ系知識人たちとは大きく重なりあっている。(6) 本稿に即せば、クリストルとポドレッツはまさにそのふたつの円の重なりのなかに位置している。ただしネオコン第一世代は、すべてユダヤ系で占められているわけではない。カークパトリックがエヴロン・カークパトリックと結婚する前の姓はミドルネームのとおりジョーダンであるが、彼女はオクラホマ出身のアイルランド系である。(7) その他にも、たとえば同じくネオコン第一世代に属するマイケル・ノヴァク（Michael Novak）は、ペンシルヴァニアに生まれた、スロヴァキア系移民の二世である。このように、ネオコン第一世代を構成する知識人たちは総じて、ユダヤ系のみならず、その他の東欧系やアイルランド系から成っており、かれらはいわゆるワスプではなく、「ホワイト・エスニック」と呼ばれる出自を有している。(8)

カトリック信徒であるという理由からアイルランド系は歴史的に長らく差別を受け、新移民に属するユダヤ系や東欧系の移民一世たちは、世紀転換期の北部諸都市のスラムで底辺の生活を送り、その後続の世代もまた主流社会に同化していくに際しては多くの困難を経験してきた。ネオコン第一世代が戦前のオールド・ライトやその後継者であるペイリオコンのような競合する他の保守たちとは異なり、ニューディール・リベラリズムを評価し続ける理由は、そのようなかれらの出自ならびに社会的上昇の軌跡と密接に関連するが、かれらのエスニシティとしての位置はまた、ニューポリティクス・リベラリズムを生みだした公民権運動と深く結びついた黒人たちをめぐる、かれらの認識とも切り離すことができない。

たとえば、初期の代表的エッセイである「私の黒人《ニグロ》問題——そしてわれわれの問題」(一九六三年)のなかでポドレッツは、戦前のブルックリンのゲットーで黒人たちと同じ学校に通いつつ、かれらからしばしば暴力を受けた少年時代を回想している。ポドレッツ少年は、ユダヤ人は金持ちで黒人は迫害されていると言われているのを聞き、理解に苦しむ。(9) そうした物言いは、自分の周囲で起きていることから大きくかけ離れていたからである。それと同様に、大人になったポドレッツは、黒人が自分たちの看守であるという意識にとらわれ、白人は黒人にたいして罪の意識を有しつつもそれを自覚化しないが故に、両者の意識はそれぞれ、憎悪に転化しているのだという心理学的な説明を聞いて困惑する。(10) 同様に貧しかった白人が何故、黒人から自分たちの看守であるとみなされることがあっただろうか。あるいはまた、遅れてアメリカにやって来たイタリア系やユダヤ系の移民が、黒人の搾取や奴隷化にどれほど貢献したというのか。ポドレッツの答えはどちらも否であった。(11)

自伝的な回想を含めたポドレッツの批評と比較すれば、一九六六年九月一一日付『ニューヨークタイムズ・マガジン』誌(『ニューヨークタイムズ』紙の日曜版別冊)に掲載された「今日の黒人《ニグロ》は昨日の移民のごとし」という論考のなかでクリストルは、ホワイト・エスニックの知識人による黒人理解を、当時において拡充されつつあった貧困対策プログラムにたいする批判、さらには同時代の社会変容にかんする分析と連動させつつ、より社会科学的な視点のもとで示している。

この論考をつうじてクリストルは、南部での公民権運動から波及して今や北部諸都市を黒人たちの異議申し立てが席巻しているなか、南部から北部へと国内を移民してきた黒人たちは、アイルランド系やユダヤ系のような国外からの移民集団と同様の経路をアメリカ社会のなかで辿るのか、それともかれらは特別な病理的境遇に置かれているのか、という問題提起をしている。クリストルの回答はそのタイトルのとおり、黒人たちは特別な病理的存在ではなく、国外からであれ国内からであれ、移民としての境遇という点では自分たち——すなわちホワイト・エスニック——とまったく同様であるというものだった。

クリストルは当時この論考を、ベーシック・ブックス社の主任編集者という肩書で寄稿した。クリストルはそうした編集者の経験として、黒人の書き手が黒人の貧困や病理を描けば売れるチャンスが見込める一方で、仮に中産階級《ミドルクラス》の黒人家庭の不安を、共感をもって書いたとしてもそのようなものは誰も読みたがらないと指摘している[12]。だが、クリストルにしたがえば、実際には今日においては毎年、数多くの黒人たちが貧困から脱し、少なくない者が、収入と雇用上の地位という両方の観点から中産階級に上昇している。さらに言えば、そもそも黒人たちのスラムそれ自体が、かつて自分たちの親の世代が北部の都市に定着した際に住んだそれに比べれば、格段に改善されている。クリストルは、今日において都市の黒人スラムの居住密度は、以前よりも低くなっており、アイルランド系、イタリア系、ユダヤ系がかつて住んでいたスラムのそれよりも、相当に低くなっていると主張している[13]。それにもかかわらず、白人たちにとって黒人たちの境遇が悪く感じられるのは、白人たちの暮らしがかつてに比べて相対的に良くなったからであるというのが、クリストルの理解だった[14]。

このような理解を踏まえたうえで、クリストルがさらに指摘するのは、貧困の黒人層を対象におこなわれている諸々の社会政策は、依存という悪循環を断ち切ることを目的としているものの、実際にはそうした政策それ自体が、福祉への依存の世代間継承をもたらしている、ということであった。この点でも強調されるのは、イタリア系やアイルランド系との対比である。かつてアメリカ社会は、たとえいかにそれが不快なものであろうと、貧乏人たちに労働の規律を強いた。仮にこうした考えをわれわれが捨てることがなかったら、「依存の連鎖（cycle of dependency）」を目にすることはなかっただろうとクリストルは言う[15]。

しかし、アメリカ社会は今や変質してしまったようにクリストルにはみえた。仮に黒人たちに向けられる偏見の眼差しが、白人の移民たちにかつて向けられたそれよりも強いものだとしても、黒人たちは特別な病理的存在ではなく戦後アメリカ社会の変容のなかにこそ問題の根本はあるとクリストルには思われた。クリストルは実際にこう指摘している。

今日におけるアメリカの黒人《ニグロ》の本当の悲劇は、かれが貧乏である、あるいは黒人であるということではなく、かれが遅れてやって来た者であり、黒人たちが直面している安定した高度に組織された社会の同化させる力が、過去数十年のなかで顕著に衰えてしまったということなのである。[16]

そのような黒人の貧しさには、ケネス・ガルブレイスの言う「ゆたかな社会」のなかで主観的な側面と客観的な側面とがあるとクリストルは主張している。主観的な側面とは、クリストル自身がすでに触れたように、あるいはまたポドレッツの回想のなかでも言及されていたように、かつては明らかに暮らし向きの良くないたくさんの貧しい白人たちが、黒人たちの周囲にはいたということである。それにたいして、今日のアメリカ社会における貧しい黒人たちの「孤独な惨めさ」は、心理的な重荷となっているということである。[17]

これにくわえてクリストルが客観的側面として挙げるのが、「疑似専門化（pseudo-professionalization）」という当時のアメリカ社会の新しい傾向である。クリストルによれば、それはほとんど批判的注目を受けていないものの、その帰結はきわめて有害である。その疑似専門化とはすなわち、配管工が「衛生施設エンジニア」と呼ばれるようになるような、実際の仕事はそれほど高度化していないにもかかわらず、一見して専門性やスキルが要請されるようになっている雇用上の変化のことである。クリストルが典型的な例として挙げているのは、消防士や施設作業員のようなニューヨーク市の現業職員の雇用変化である。これらの職には、かつてであれば要求されなかったような職業訓練が今日では求められており、職それ自体は変わっていないものの、新規参入の障壁は上がっている。[18] それゆえにクリストルは、黒人たちに適切な職を提供することではなく、その職に適切な黒人たちを提供することへと社会政策は転換しなければならないことを説いた。

クリストルが求めた政策転換の是非はともかく、一九六〇年代におけるポドレッツとクリストルの主張から、ふたつの点を確認しておきたい。第一にそれは、仮に白人主流社会への同化が圧倒的に容易であったとしても、ホワイト・エスニックの社会的ないしは経済的上昇が黒人たちと同じスタートラインから始められなければならなかったということは、ポドレッツやクリストルにとって譲ることのできない事実であったということである。黒人たちに比してのホワイト・エスニックの同化の成功は、自分たちの有している労働への献身や家庭道徳の遵守の優位を証し立てるものでもあった[19]。また、歴史的迫害に苦しんだ東欧のユダヤ人の子孫として、自分たちがアメリカで生を受ける前にワスプの白人たちが作り出した奴隷制の歴史的余波を引き受けることは、端的にできかねるということだった。

第二に、疑似専門化をめぐるクリストルの指摘に端的に示されているように、ネオコン第一世代は戦後アメリカ社会の変容、とくに社会の高度化ないしは複雑化の影響にたいして鋭敏な感覚を有していたということである。後述するように、ニュークラスの台頭とその社会的意味をめぐるかれらの議論とこうした感覚とは、密接に関連することになる。

三　政策の「意図せざる帰結」に向き合う

福祉こそが黒人たちを依存の連鎖に追いやり、かれらの自立を妨げているという前節のクリストルの主張は、ネオコンの誕生を準備していく論理であった。その主張の妥当性の検討は置くとして、本稿が強調しておきたいのは、ネオコン第一世代の知識人たち、とくに社会科学的な方法に依拠しようと努めていた者たちは、「政策知識人（policy intellectual）」として戦後アメリカの政策形成ならびに政策実施のなかで、理論やアイデアに基づくさまざまな政策がしばしば政策立案者の意図とは異なる帰結をもたらすことに直面したということである[20]。ダニエル・パトリック・モイニハン（Daniel Patrick Moynihan）、あるいはネイサン・グレイザー（Nathan Glazer）は、この点を指摘した代表的論者である。

グレイザーが指摘するように、かつては政策にかんして何がなされようとも明らかに得るものがあり、政策に期待されることはまだ少なかった。社会科学の知見という点で知られていることは少なく、そうであるがゆえに逆説的に政策立案者は、期待と、さらには自信さえもって自らの課題に取り組むことができた。それにたいして、今日われわれが取り組む必要がある諸問題は、絶対的な意味でそれほど深刻ではないにもかかわらず、かつてのそれらと比較して厄介さは増え、関係者に諍いをもたらすものばかりである。しかも社会の複雑さが増大すればするほど、自分たちが有することを望むよりも少ない知識で行動せざるを得ないという逆説にわれわれは陥る。(21)

このような、われわれの知識が追いつくことのできない社会の複雑さの増大にたいして、社会政策が有効性を取り戻すための道筋としてグレイザーが『社会政策の限界』のなかで結論として挙げたのは、伝統的な慣行の廃止を罰する社会政策を発展させることであり、さらには「新しい伝統の創造と構築」をおこなうことだった。すなわちそれは、伝統的な家族の解体を促すような政策の撤回を促す立場へと、あるいはまた、連邦政府の集権的な権限にかえて連邦主義や州権をあらためて評価する立場へと、グレイザーを誘うものだった。(22)

そのグレイザーは政策のもたらす意図せざる帰結について論じている。グレイザーが例として挙げているのは、政府による貧困対策プログラムである。こうしたプログラムでは、専門家主義の悪しき効果を克服するためのひとつの方法として、コミュニティ・アクションのさまざまな団体の活躍と増加が期待されてきた。しかしグレイザーの主張がもしも正しければ、コミュニティ・オーガナイザーたちは、かれらが奉仕すべきクライアントのニーズとは必ずしも関係のない、かれら自身の要求をおこなうべつの利益集団になってしまった、ということである。(23)

意図せざる帰結について明示的に論じたネオコン第一世代の知識人として、後述するニュークラスとの連環において、カークパトリックに本稿ではとくに焦点を当てておきたい。ネオコンへと転向していった知識人たちのそのような転向をもたらした転機や出来事は、個人の水準においても集合的な水準においてもひとつに限定されるものではないものの、(24)同時代の政治状況との関連でのひとつの画期が、民主党の変容——とカークパトリックたちにみえたもの——にあったことは知られている。たとえリンドン・ジョンソン大統領の「偉大な社会」プログラムに多くの問題があったとしても、当時において民主党支持のリベラルだったネオコン第一世代の知識人にとって、民主党はなおも支持するに値する政党だった(25)。なぜなら、ジョンソンは共産主義という悪と対峙するために、ヴェトナムへの介入を断固としておこなっているとかれらには思われたのであり、その後継者であるヒューバート・ハンフリーもまた、反共主義を継承する候補者であったからである。

それにたいして、一九七二年の大統領選で最終的に民主党の候補者となったジョージ・マクガヴァンは、明白に容共主義の立場をとる政治家であり、カークパトリックらにとって支持し難い存在だった。カークパトリックらはマクガヴァンの敗北後、民主党の正常化を期待して、当時の民主党においてリベラルかつ反共主義の急先鋒だったヘンリー・〝スクープ〟・ジャクソン（Henry “Scoop” Jackson）と連絡をとりあい、党内のニューレフト勢力に対抗するための「党内多数派連合（Coalition for a Democratic Majority, CDM）」に参加した〔本稿の主たる対象である三名ともに参加〕。そのカークパトリックらは、ふたたび大統領選の年である一九七六年にはジャクソン支持を表明しつつ、カーターの勝利が確定した後は、その年の一一月に、イェールの法学者であるユージン・V・ロストウ（Eugene V. Rostow）らによって設立された「現在の危機にかんする委員会（the Committee on the Present Danger, CPD）」に合流していった(26)。この委員会は超党派の集団であったが、のちにこのCPDからは、軍備管理軍縮庁長官になったロストウや国連大使になったカークパトリックをはじめ（一九八一年二月から一九八五年四月まで在任）、共和党のレーガン政権に閣僚として参画した知識人を多数、輩出することになる(27)。

カークパトリックは一九六〇年代から一九七〇年代の民主党のみならず共和党をも含めたアメリカの政党政治の現状に危機を感じ、一九七八年にワシントンDCの保守系シンクタンクであるアメリカン・エンタープライズ・インスティテュート（AEI）からリーフレットを刊行している。このなかで、カークパトリックが強調したのは、大統領候補の選出をデモクラシーという観点からもっと完璧なものにしたいとの意図でなされた改革が、「政党という制度の解体を加速させるという意図せざる効果（the *unintended* effect）を有した(28)」ということである。

一九六八年のシカゴでの民主党の党大会では、その年のジョンソンの不出馬表明とその後のロバート・ケネディの暗殺、さらには党大会を取り囲んだ反戦デモと――リチャード・デイリー市長の命令による――警官隊との衝突という騒然とした状況のなか、予備選挙を経てこなかったハンフリーが、マクガヴァンを抑えて民主党の大統領候補に選出された。このような選出のプロセスは、党のエリートに牛耳られた不透明なものであるという批判が巻き起こり、党内に設置された「マクガヴァン＝フレイザー委員会」での議論を経て、党大会に参加する代議員の選出の透明化が図られた。この改革はすぐに共和党にも波及することとなったが、この改革によって大統領選挙では、各州において党大会の前におこなわれる予備選挙の比重が決定的に高まることになった。(29)

こうした改革は当初、政党内部の隠然たる腐敗を終わらせ、より直接的なデモクラシーをアメリカの政党政治にもたらすことが期待された。だが、カークパトリックにしたがえば、実際に生じたことは伝統的な政治的エリートが影響力を失っていくかわりに、新たに台頭してきたメディアやコミュニケーションの専門家たちが予備選挙を左右するようになり、大衆と政治エリートとの懸隔がますます増大した、ということだった。地元とのつながり、組織運営のスキル、仲間への忠誠といったものの政治的価値は劇的に低下したのにたいして、新たに台頭してきた専門家たちの有する説得のスキル、自己プレゼンテーションの巧みさといったものが影響力を高めるようになった。(30)

カークパトリックによれば、地域における予備選挙の実施は、ボランティアへの依存を深めるのみならず、予備選挙での勝敗を、候補者個々の組織とそうした組織の中核を占める市場調査やコミュニケーション・テクノロジーのスキルを有した専門家たちに依拠するようになった。そうした専門家たちは政党からは独立しており、収入の面でも政党に依存していないがゆえに、政党はかれらをコントロールすることができない。このことから生じる帰結は、組織にほとんど関心のない人間がその組織の諸々の政策に影響を及ぼすことが可能になるということであった。まさにこの点にカークパトリックは、容共的なマクガヴァンが支持を集めてしまうような政党の弱体化の原因を見た。

こうした分析を踏まえてカークパトリックが主張したのは、諸々のルールが帰結を形成するという事実は、それらルールが望ましい結果をもたらしうるということを意味しないということであった。予備選挙による党内政治の透明化を目指した政党政治改革は、原理原則の純粋な追求を目指しつつ、自分たちの想定するような方向へと制度を変化させることは可能であると考える、すなわち政治にたいする「合理主義的」アプローチの限界を露呈させたものであるとカークパトリックには思われたのである。それゆえに、一連の改革をつうじてカークパトリックは、「合理主義的な精神によって鼓舞された改革は、きわめて意図せざる諸々の帰結（utterly unintended consequences）を生み出す傾向がある」ということを強く認識するに至った。[31]

もちろん、意図せざる帰結という表現は別として、そこで言われている意図と結果のずれや齟齬は、グレイザーやカークパトリックたちが初めて見出したものではまったくない。それらは表現や形を変えて、それこそ古くから見いだされ、指摘されてきたことは言うまでもない。[32] ただ、リベラリズムという原理を個々の具体的な政策へと落とし込んでいくなかでかれらは、複雑さの増大していく戦後アメリカ社会のなかであらためて、政策という文脈のなかでこのずれや齟齬に向き合うことを余儀なくされた。その一方で、リベラリズムにとどまる仲間の知識人たちは、政策の帰結を見ずに原理にとどまることで維持可能な合理主義を、今なお楽観的に抱いているようにかれらにはみえた。そうした他――原理にとどまることでリベラルであり得ている――知識人たちへの苛立ちと、反共主義に端を発する危機意識とが合流するとき、カークパトリックに端的に見られるように、ネオコンへの転向という契機が生じたと言える。

カークパトリックが意図せざる帰結に象徴される政治にたいする「合理主義的」アプローチを批判する際に、現在の政治を支配しつつある新しい専門家たちの台頭を併せて指摘していることはすでに見たとおりである。カークパトリックは、現在の政党政治のなかで求められるスキルの変化ならびに政党政治というゲームのルール変更と、戦後アメリカの経済と文化の構造的な変容とを関連させつつ、この専門家たちの属する新しい階級の隆盛について、つぎのように述べている。

> テクノロジーと社会の変化は、余暇とボランティア政治に参加する傾向を有する、広範かつ教育を身につけた中産階級を生み出した。しかもそれと並行する諸々の文化変容は、この集団が有するコミュニケーション・スキルの威信を高めたが、そうした諸々のスキルと傾向に合うルールの採用〔予備選挙のこと〕がなければ、この新しい階級《ニュークラス》

（new class）は全米の政治における現在の支配を達成できなかっただろう。[33]

予備選挙が呼び込んだ意図せざる帰結に乗じて政党政治の支配をもくろむ新しい階級として定義されるこのニュークラスは、カークパトリックだけでなく、多くの知識人たちによって当時、重大な関心をもって論じられていった。[34] 本稿でさらに見ていくように、このニュークラスならびにニュークラスと対峙する自分たち自身をどのように位置づけるかという課題が、かれらのネオコン転向のまたもうひとつの重要な要因を形成していった。[35]

四　ニュークラスと敵対文化に立ち向かう

ネオコンという呼称を拒否する者が当初は多かったなかにあって、積極的にその呼称を自らのものとして受け入れたのはクリストルだった。ニューヨーク市立大学（City College of New York）で学んだ若き日には社会主義の理想を抱いていたクリストルが、その後のリベラルへの転向からさらに進んでそのような呼称を受け入れた理由の一端は、一九七八年に出版された論文集である『資本主義に万歳二唱（*Two Cheers for Capitalism*）』から読みとることができる。そのタイトルに示されているように、クリストルは福祉国家的な修正を含めたうえでの資本主義を肯定的なものとして受け入れることを、この論文集の序文で宣言している。ただし、そのような修正資本主義の肯定的受容は、万歳三唱ではなく二唱にとどめるという抑制されたものだった。このクリストルの抑制的な肯定は、資本主義社会それ自体が自らに二唱以上を求めないという、クリストルの理解から生じるものだった。

クリストルにしたがえば、「資本主義は人間の精神がこれまで抱いたなかで、もっとも公共の秩序についてロマン的でない構想」[36]である。というのも資本主義は、貴族的な価値であれ宗教的な価値であれ、それらの追求を個人的な関心の領域に任せておくからである。それにたいして、ユートピア的な基準によって実際の社会秩序を判断する習慣が、近代の政治的想像力にはあまりにも深く浸透しているが、このような習慣はきわめて有害であるとクリストルは批判する。

クリストルにとって、資本主義という「社会秩序についてのこの非凡な構想」の特長は、なによりもまず「それがうまくいっている」という点であり、第二には、それが個人的自由と相性が良いという点であった[37]。ただ、逆説的にも資本主義の成功は、それ自体が独自の欲求不満を育んでしまう。すなわちこの体制がうまく機能し、ゆたかで自由になればなるほど、それは「実存的な」負荷を個人にかけてしまう。実存的な悩みを抱えた今日の若者は社会に反抗し、ライオネル・トリリングが言うところの「敵対文化（the adversary culture）」に参加しやすくなる。それゆえにクリストルにとって、現在の社会に必要であると思われたのは、伝統という道徳的権威であり、そのような権威を支える何らかの公共的な仕かけであった[38]。

クリストルはもうひとつ、資本主義が発展することでもたらされる制度的な問題についても指摘をおこなっている。その問題とは、資本主義は発展するにつれて、政治、経済、教育といったあらゆる分野においてこれまでになかった規模で、大規模な官僚機構に支配されるようになりつつある、ということである。アメリカにおいて「リベラル」と呼ばれる人びと、あるいはヨーロッパで「社会主義者」ないしは「社会民主主義者」と呼ばれる人びとは、福祉国家を拡張していく延長線に、自発的な協同社会としての、オルタナティヴな社会主義をしばしば構想する。しかし、二〇世紀の現実世界において、そのようなものは存在せず、実際に存在しているのは官僚主義的な集産主義でしかないことをクリストルは強調するに至った[39]。

ニュークラスについてのクリストルの理解は、以上のようなユートピア主義批判と一体となった修正資本主義の抑制的な受容、ならびに官僚機構の全般的浸透をめぐる批判的な社会分析と密接に連関したものであった。実際にクリストルはニュークラスの集団的な利害について、こう論じている。

…「ニュークラス」は科学者、弁護士、都市計画家、ソーシャル・ワーカー、教育者、犯罪学者、社会学者、公衆衛生医などから成り立っている。かれらのうちの相当な数は、民間セクターではなく公共セクターを拡大することに自分たちのキャリアを見出している。実際にこの公共セクターこそ、かれらが好むものなのだ。あるひとが言ったように、かれらは「理想主義的」である。すなわち、個人の金銭的な報酬にはあまり関心がなく、自分たちの階級の集団としての力に関心がある。[40]

クリストルによれば、かれらニュークラスは、経済にかんすることを除けば「リバタリアン」であると言ってよいほど個人の自由を祝福し、善き生の構想という点ではアナーキーですらある。その意味でかれらは、改革志向であり「革新的」にみえる。だが実際には、かれらはある「隠された計略（hidden agenda）」に基づいて行動しているという。その計略とは先の引用にも見られるように、さまざまな経済にかんする決定を市場から切り離し、政治的なセクターに移転させようというものである。こうした動きは今日、メディアによって称賛されているが、そのメディア自体が、まさにニュークラスの構成員たちから成り立っているとクリストルは批判している。

そのメディアもそうであるが、今や主たる企業は個人経営者の所有する私的な存在ではなく、専門的な経営者によって決定がなされる「疑似公共的」なものになっている。クリストルにとって、企業のそのような組織的な変容がもたらしうる危機とは、大企業が公共セクターに徹底的に統合され、ある種の「国家資本主義」と呼びうる体制転換が生じてしまうことだった。仮にこうした転換が起きたならば、それはアメリカ人たちが伝統的に享受してきた個人の自由にたいするもっとも大きな潜在的脅威になるとクリストルはみなした。[41]この体制転換によって国家の権力と決定権を掌握するのは、言うまでもなくニュークラスである。クリストルにしたがえば、そうしたニュークラスは、経済界にたいする「明白な敵対的な意図〔敵意〕（certain adverse intentions）」[42]を有している。クリストルにとって敵対文化は、若者だけのものではなくひろくニュークラスのものでもあった。

ニュークラスと敵対文化との関連は、ポドレッツによっても同じく批判的に論じられている。ポドレッツは、黒人の場合は理解できるとしても、一九六〇年代の裕福で特権をもった若者――バークレイやコロンビアやハーヴァードの学生たち――が自分たちを抑圧され虐げられた少数者であると考え、自分たちの国にたいして憎しみに満ちた敵対心を向けることほど困惑をもたらすことはないと述べている。[43]しかも、仮に譲歩してそうした若者たちの主張を理解できるものだとして、かれらについて肯定的に書きたてるメディアや学者がいることにポドレッツは苛立ちを隠していない。ポドレッツは「さらに言うなら、かれら自身が特権的な集団なのであり、影響力と威信をともなった、きわめて実入りの良い地位に大半の場合は就いている」[44]と書いている。そのうえでポドレッツは、かれらが何故アメリカにたいして敵対的であるのかをめぐって、議論を一九世紀に溯上させる。

南北戦争後の数十年間のあいだの急速な工業の発展にともなって、アメリカは徐々に、ポドレッツの言葉を借りれば「ビジネス文明」――「ビジネスクラス」があらゆる種類の権力をもつ社会――になった。それとともに成長していったのが、ビジネスが生み出す新しい秩序にたいする批判者となっていった知識人や芸術家たちである[45]。

かつて知識人はアメリカの人口全体からすれば、取るに足らない少数者だった。だが、第二次世界大戦後の高等教育の急激な拡大にともなって、数百万の若者たちが知識人の培ってきた敵対的な文化にさらされるようになったとポドレッツは主張する。知識人コミュニティに所属する、あるいはその直接的な影響を受ける人びとの急激な拡大こそが、一九六〇年代の状況の真に新しい要素であるとポドレッツは指摘している[46]。過去において芸術家や知識人たちはビジネスマンと比較して軽蔑されていたが、今日では一般的に高い威信を得るようになった。著作のペーパーバックは多く売れ、それらは場合によっては学校や大学で教えられている[47]。そのような知識人にあこがれを感じる裕福な若い知識人候補たちが、自分たちを黒人と対比させつつ主張しようとしている本当のことは、「かれらは自分たちのものだと思っている政治権力の「公平な取り分」を否定されている」ということであるとポドレッツは主張した[48]。

本稿の冒頭でも触れた、同時代においてニューポリティクスと呼ばれている政治潮流は、ポドレッツの理解するところでは「黒人ならびに貧者とニュークラスの連合」であった。ポドレッツにしたがえば、そのニューポリティクスはカークパトリックの見立てと同様に、マクガヴァンの大統領選挙によって、敵対的な文化がそれまでに結びついたどのような政治運動よりも実際の権力へと限りなく近づいたと思われた。さらに言えば、敵対的な文化にかんするかぎり、それは政治的領域よりもむしろ、観念の世界でこそ前進をみているというのがポドレッツの分析だった。その敵対的な文化とニュークラスとの密接な関連をめぐって、ポドレッツはつぎのように述べている。

観念をめぐる戦争のなかでの敵対的な文化の亢進はあきらかに、ニュークラスの政治的利益にかなう。というのも、この国の経済生活が私的な事業から、国家が統制する事業へと移行するにつれて、権力はビジネスマンではなく、専門職のインテリあるいは技術職のインテリがもつようになるからである。(49)

現在は観念がビジネスを動かす時代であり、さらには政治をも動かす時代になりつつある。この時代において、敵対的な文化を梃子のように用いて権力を手中に収めつつあるのがニュークラスであり、そのようなニュークラスが権力を握れば、敵対的な文化こそがアメリカの主流な文化になるだろう。それはクリストルの指摘を踏まえれば、善き生の構想をめぐるアナーキーの蔓延を招来させるものである。また、とくにユダヤ系アメリカ人にとって、対外政策という点でそれはイスラエル批判のさらなる高まりを潜在的にはもたらすものになりかねない。

敵対的な文化とニュークラスがもたらすこのようなアメリカ社会の危機に歯止めをかけることが自分たちの役割である。ポドレッツは今やそう考えていた。かくして、『コメンタリー』誌や『パブリック・インタレスト』誌に集う知識人たちは「自由、デモクラシー、物質的繁栄、すなわちあらゆる私的な人間のまっとうさに欠かすことのできない基盤としての中産階級の諸価値を擁護するためにあらわれた」(50)のだとポドレッツは明確に述べるに至った。

カークパトリックのニュークラス分析もまた、権力と観念との結びつきをとらえたポドレッツと共通する分析を含んでいる。カークパトリックによれば、相対的に高い水準の教育と収入を有し、言語とコミュニケーションのスキルを要求される専門職を占めているニュークラスは、象徴をめぐる環境と、理念的なものと現実的なものとの関係のコントロールとに政治的な関心をもっている集団として規定される。(51)そのうえでカークパトリックによるニュークラス分析は、政党政治の変容をめぐる自らの議論と連動していく。

カークパトリックにしたがえば、急速な社会変化の時期には政治制度が変化するにつれて、新しい種類の人びとがそれ以前には気づかれていなかった政治的な機会を見出す。アメリカの政治に起きているのは、そのような新しい人びとの集団による新しい機会の獲得であり、具体的にはそれがニュークラスの台頭である。この台頭はアメリカ社会における教育と職種の変容であるとともに、政治における「象徴スキル」[52]の威信の増大をも反映しているとカークパトリックは捉えた。

カークパトリックのニュークラスをめぐる議論の特徴は、社会の制度を抽象的な原理に従わせようとする点で、すなわちカークパトリック自身の表現に沿えば、政治にたいする合理的主義的アプローチを採用する点で、ニュークラスの構成員は政治的信条の左右を問わず、イデオロギー横断的に存在していると理解するところにある。[53]そのような合理主義的アプローチは、クリストルやポドレッツも指摘してきた敵対文化と親和的である。その敵対文化の重要な傾向としてカークパトリックは「抽象的な基準にそってさまざまな制度や慣行を測るという知識人の習慣」を挙げている。[54]抽象的な基準からすれば現実の制度や慣行は、抜きがたく不満足なものであるとみなされることになるだろう。今日のアメリカ社会を一〇年前のアメリカ社会や他の社会と比較すれば、アメリカ社会はそれなりに成功しているとみえるかもしれない。だが、正しい秩序という抽象的な原理にそって測るなら、アメリカ社会は失敗しているとみなされるだろう。そこから生じるのは、現状にたいする不満と幻滅であり、一方的に現実の断罪をおこなう道徳主義である。[55]

大学進学者の増大やメディア技術の発達にともない、アヴァンギャルドな文化が社会に広まることで、それまで一部の人間にとどまっていたブルジョア道徳にたいする敵対的な態度が、一九六〇年代における反エスタブリッシュメントの政治、つまりニューポリティクスの基盤になったとカークパトリックは理解した。ここから派生したことはカークパトリックによれば、まず、政党や政府といった既存の制度にたいする大衆的な信頼の喪失とシニシズムの高まりである。しかしカークパトリックは、ニューポリティクスは思わぬ副産物を生みだしたことも指摘している。それはすなわち、ニュークラスそれ自体の内部から、ニューポリティクスや敵対文化の危険性に気づき、伝統文化の擁護を開始した知識人たちがうまれていったということである。そうした知識人たちが、自分自身を含めた「ネオコンサーヴァティヴの運動」に集った人びとであることは言うまでもない。[56]

そのうえでカークパトリックが挙げているのは、伝統的な価値や制度にたいする攻撃は、既存のリベラリズムと保守主義という従来の区分の消滅を明るみに出したということである。ニュークラスの構成員は政治的信条の左右を問わず、イデオロギー横断的に存在しているのであれば、この結論に到達するのは、カークパトリックにとってなかば必然のことであった。カークパトリックの理解するところでは、伝統的な価値を攻撃しているのは、ポドレッツも指摘したように相対的に特権を有している若者や人びとである。それにたいして、既存の制度の擁護にまわっているのは、財産も教育も地位も相対的に低い人びとである。ここから今や明らかになったのは、今日のリベラリズムとは、「特権を有する人びとのイデオロギー」であり、翻って保守主義こそが「特権を有していない人びとの立場」となったということである。(57) カークパトリックにとって伝統的な価値や制度を保守すべきなのは、まさにそうすることによって、こうした特権を有していない人びとの側に立つことが同時代において可能となるからであった。

戦後のアメリカ社会の変容のなかで、思想の配置図は大きく変化したとクリストルにもポドレッツにもカークパトリックにも思われていた。そのなかにおいて、新しい階級支配を確立しつつあるニュークラスの政治的誘惑とは全体主義の誘惑に等しいと思われた。(58) もしそれが事実であるなら、批判的な知識人としての立場を維持するということは、リベラルと保守という既存の枠組みにとらわれることなく、ニュークラスという新たな支配階級の敵意と攻勢から自らと人びとを防御するために、言論という武器を手にとることを今や意味したのである。

五　保守すべき基盤を模索する

ネオコン第一世代にとって保守主義という旗幟は、意図せざる帰結、ニュークラス、敵対文化とともに浮かび上がってきた「ニューポリティクス・リベラリズム」から自覚的に距離をおくための立場として選択されたものであった。その意味でかれらにとっての保守主義は当初、消極的かつ防御的な様相を色濃く帯びるものであった。

しかしながらネオコン第一世代は、そのような消極的な選択から一歩進み、具体的に保守すべき伝統的な価値や制度を積極的に模索する試みに、その後は踏み出すことになった。アメリカ社会のなかにあってどのような価値や制度を保守すべき基盤として選び出すかは論者によって幅があり、ここでは網羅することはできないものの、本稿が焦点を当ててきたネオコン第一世代の論者に即すなら、そのような基盤として再発見されたものの筆頭こそ、アメリカ合衆国憲法と、その憲法制定という過程で花開いたフェデラリストの政治思想であった。

たとえばカークパトリックは、社会や人間の根本的な変革であり政治体制の転換であった二〇世紀の革命と比較するなら、アメリカ独立革命は肯定的な意味でそれとは大きく異なるものであったと主張している。カークパトリックにしたがえば、建国の父祖たちはヨーロッパから啓蒙思想を受容したとはいえ、英国を経由し、かつ専制にたいする抵抗の経験を経験したという「二重の遺産」によって、その思想は穏健なかたちに修正がなされ、一八世紀的な楽観主義、合理主義、個人主義は、英国の伝統に特徴的な、共同体、権威、慣習についての感覚とアメリカでは調和していった。しかも独立革命によって主権の基盤の変化が生じたものの、それはフランス革命やボリシェヴィキの革命とは違い、過去との断絶を含まなかった。すなわちアメリカは、「英国の国制と同じ道徳と政治の諸原理に根拠づけられた」とカークパトリックは強調している(59)。

カークパトリックによれば、このような英国との道徳的かつ政治的な連続性の維持によってアメリカが受け継いだもののこそ、政府は強力であるべきだが、それはたとえ強力ではあっても法の支配、被治者の同意、個人の諸権利によって制限されるべきであるという信念であり、二〇世紀においてはしばしば革命とともにもたらされたユートピア的な期待にたいする懐疑である(60)。ハミルトンやマディソンやジェイはアメリカ例外主義に陥ることなく、歴史はそれ自体として繰り返すものではないとしても、賢き者たちは歴史がもたらす教訓を無視してはいけないことを強調した。『ザ・フェデラリスト』のさまざまな篇で示されているように、そのような歴史の教訓のひとつは、党派の発生や自己利益への拘泥は「人間の本性」に根差しているがゆえに、政治の問題に完璧な解決策など存在しないということであるとカークパトリックには思われた(61)。

したがって、賢慮や自由への愛は必要であるとみなされるが、共和主義の統治にとってそれは十分条件ではない。アメリカの民衆の徳は、人間の弱さがもたらす政治的効果を統御するという課題にとって十分なものではなく、適切に制定された憲法だけが、そのような課題に応えることができる。[62] かくして、神のもとでの有徳な人々による熟慮（deliberation）こそがアメリカの政治的伝統の核にはあるとみなしたウィルモア・ケンドールらの議論を自らの主張のなかで参照しつつも、カークパトリックは最終的に立憲的保守主義に近似した立場を採るにいたった。[63]

ただし、ニュークラスそれ自体の内部から、ニューポリティクスや敵対文化の危険性に気づき、伝統文化の擁護を開始した知識人たちがうまれたことを、おそらく自らもそうした知識人のひとりに含めてカークパトリックが論じたことは本稿の前節ですでに指摘したところであるが、カークパトリックが立憲的保守主義を論じる際の用語や論理のなかには、リベラリズムとの連続性がなお見てとれることは指摘できる。カークパトリックがアメリカ合衆国憲法とフェデラリストの政治思想の意義を、アメリカにおける社会的エンジニアリングの先駆として肯定的にまとめているつぎのような箇所に、たとえばそれは垣間見ることができる。

> 進歩は可能であるが不可避ではない。人間の本性は改善されるかもしれないが完璧ではない。民衆は自己統治に十分なほど有徳ではあるが、われわれが民衆を（あるいは自分たちを）完全に信頼できるほどには有徳ではない。これらの信念の組み合わせが、社会的エンジニアリングにたいするアメリカの国民的な態度の基礎として働いている。アメリカの憲法は、そのような社会的エンジニアリングの典型例である。[64]

さらに、こうした箇所の後に続けて見ることのできる、「不屈の努力と「実験的方法」の正しい使用があれば進歩は可能であるという確信は、アメリカの政治的伝統をよく表しているさまざまな特徴のうちのもうひとつである」[65]というカークパトリック自身によって強調が付された一節、あるいはまた、「連合規約に体現された合衆国の最初の取り組みが失敗した後も、プラグマティックな問題解決は、アメリカという国家の創設者たちがふたたび挑戦をすることを促した」[66]といった後段の一節も挙げることができるだろう。アメリカ政治思想史の系譜のなかでジョン・デューイに代表される実験主義的なプラグマティズムは、通常はリベラリズムを支える論理として節合されてきた。これにたいしてカークパトリックはそれを、ユートピアへの夢想に傾斜する合理主義的アプローチを回避する保守の優位性と連環させるにいたった。

クリストルにとっても、アメリカ独立革命とアメリカ合衆国憲法は、依拠すべきアメリカの政治的伝統を示すものとして一九七〇年代に肯定的に捉えかえされた。アメリカ独立二〇〇周年の時期にあたる一九七八年に書かれた「成功した革命としてのアメリカ革命」のなかに、クリストルの主張は端的に見出すことができる。

クリストルにしたがえば、あらゆる革命には「激情（passion）」がともない、アメリカの独立革命においてもそれは例外ではなかったとはいえ、こうした激情が政治哲学の根本的問題にたいする真剣な思考のもとに服従したという点で、「アメリカ革命」は例外的であった。熱狂なき革命は不可能だとしても、この熱狂は「アメリカ革命」において、懐疑や内省によって抑制された。これは革命をおこなうにあたっては奇妙な精神状態かもしれないが、成功する革命をおこなうには正しい精神状態であり、この点を理解しづらいと感じるとすれば、それはわれわれの政治的想像力が未成熟であることを物語っているとクリストルは指摘している[67]。

政治的想像力の成熟という観点からクリストルがまず挙げるのは、アメリカにおいて独立革命をなしとげた人びとはその後、選挙で選ばれて高い地位に就き、全員がベッドのうえで平穏に亡くなったというロマンのかけらもない平凡な事実である。『裏切られた革命』のような感傷的な物語を生みださなかったこの平凡さこそ、クリストルはアメリカ独立革命が成功したことの証左であるとみなしている[68]。ロマンを排除した政治的想像力という、クリストルが資本主義を評価するに至ったのと同じ観点からアメリカ独立革命が評価されている点は、指摘しておく必要があるだろう。

次いでクリストルが挙げるのが、「アメリカ革命」が相対的に無血の革命であったという点である。もちろん戦場で多くの民兵が命を落とし、王党派は財産を失い、あるいは亡命を余儀なくされたかもしれない。しかし独立革命後、王党派が反革命の大義によって処刑されるということはなかった。クリストルはトクヴィルを引きつつ、アメリカ独立革命は、「法と秩序への愛に」特徴づけられるものだったと述べている[69]。

これにくわえてクリストルは、ハンナ・アーレントの『革命について』の議論を参照しつつ、反乱ではなく革命の名に値するものは「アメリカ革命」をおいて他になかったという点に同意する。アメリカ独立革命においてはモブが権力を奪取することはなく、かれらは革命の政治的ダイナミズムのなかであくまでも周縁にとどまり続けた。主導権は懐疑や内省によって抑制された人びとの掌中に一貫してあった。この点を踏まえてクリストルは、「成功する革命は、革命を実際にはまったく欲しておらず、自分たちが嫌々ながらそれをしていることに自覚的な人びとによってもっともよく成し遂げられる」と主張する。アメリカ革命はまさに、そのような「嫌々ながらの革命（reluctant revolution）」だった。[70]総じて、アメリカに革命は本来的には必要なく、すでに実際に長く営まれていたアメリカ的な生活様式に政治制度をさらに一致させるための好機とはなったが、それ以上でもそれ以下でもなかったというのがクリストルの理解であった。

とは言え、本来的には反乱と呼ばれるべきものが革命とみなされるようになった今日、アメリカ独立革命が象徴する、メイフラワー誓約から独立宣言、そして憲法制定に至るアメリカの政治的伝統にこめられたメッセージを、われわれアメリカ人は思い出す必要があるとクリストルは強調した。そうした革命のメッセージとは、「自己規律のある民衆は、秩序ある自由が経済的繁栄と政治参加の双方を促す、そのような政治的共同体を創造することができる」[71]というものである。すなわちクリストルにしたがえば、自己統治という果実を享受するためには、われわれは「大衆」であることをやめ、共通の生き方に愛着をもち、共通の価値を共有し、異なる社会階級間のあいだであっても相互の信頼と共感を有する、そのような「民衆」になることをアメリカの政治的伝統は求めてきたのである。[72]

そのうえで、アメリカ独立二〇〇周年という画期に際してクリストル自身がさらに読者に求めたのは、アメリカの政治制度はうまく機能しているとして、それが何故うまく機能しているのかをあらためて思い出すことだった。それはクリストルにとって、デモクラシーと共和主義の違い、ならびに後者の道徳的な優位を確認することを具体的には意味した。激情の支配を許し、政治家を多かれ少なかれデマゴーグにし、人びとを政治的財の創造よりも経済的財の消費に向かわせるデモクラシーは「寛容（permissive）」であり、シニカルですらあるというのが、クリストルの判断だった。[73]

かくして、ニュークラスと敵対文化によって不条理とアナーキーを強めつつあるアメリカ社会を前にして、あるいはまた、「疑似専門化」や意図せざる帰結にからめとられてしまう公共政策の隘路に直面してクリストルは、それらを打開する——ホワイト・エスニックのなかには現在でも厳然と引き継がれていると思われた——自己規律ある民衆の原像を、アメリカ独立革命やアメリカ合衆国憲法のなかに遡って見出すに至った。

もちろん、カークパトリックとクリストルだけを取り上げても、ネオコン第一世代のなかの力点や見解の違いは散見される。カークパトリックはアメリカ例外主義には慎重であったが、クリストルはそれを受け入れているようにみえる。カークパトリックにとってアメリカの政治的伝統は、合理主義的あるいはユートピア主義的思考にたいする知的抑制という観点から主として立ち返るべきものに映った一方で、クリストルにとってそれは、激情や「寛容社会（permissive society）」にたいする道徳的抑制という観点から主として復権されるべきものに映っていた。

そのような違いはあれども、ネオコン第一世代はそれぞれ、保守すべき基盤を模索し、リベラリズムからの離脱を名実ともに果たしていくことになる。この世代的取り組みの蓄積として、続くネオコン第二世代は、戦後ニュー・ライトの系譜を直接受け継ぐ知識人たちとともに、保守主義者として共同歩調をとるに至るのである。

六　結語

本稿はクリストル、ポドレッツ、カークパトリックという、ホワイト・エスニックに出自をもつネオコン第一世代の三名の思想的転向の契機を、意図せざる帰結、ニュークラス、敵対文化という象徴的な概念によって分析的に叙述した。そのうえで本稿は、とくにクリストルとカークパトリックをつうじて、かれらが自分たちの拠って立つべき確実性の基礎として、アメリカ独立革命ならびにアメリカ合衆国憲法を再発見していったことを跡づけた。

戦後アメリカの保守主義研究で知られるジョージ・H・ナッシュは、そうした戦後アメリカの保守主義をすべて包含する定義があるとは思わないと述べる一方で、それはクローゼットにとじこもった哲学ではなく、ひとつのアクティヴィズムの勢力であったと指摘している。すなわちそれは、世界を理解するためのものではなく、世界を変えるためのものであった。(74) ナッシュの理解を敷衍するなら、戦後アメリカに限ってではあれ保守主義とは、少数の例外を除き、共産主義とリベラリズムに抗しつつ別様の社会変革を模索する、内側に対立をはらみつつも緩やかに連携した改革思想の別名であった。本稿の考察が明らかにしたことは、ネオコン第一世代によるネオコンサーヴァティズムもまた、かれらの模索は当初は防御的なものであれ、その例に漏れるものではなかったということである。

（1）ネオコンをめぐる先行研究としては、第一世代の形成をひとつの知識人運動として把握したピーター・スタインフェルスによる同時代的な研究がある。Peter Steinfels, *The Neoconservatives: The Men Who Are Changing America's Politics* (New York: Simon & Schuster, 1979). この著作は近年、副題が変更され、著者自身の新しい序文も追加されて再版されている。Peter Steinfels, *The Neoconservatives: The Origins of a Movement* with a new foreword, *From Dissent to Political Power* (New York: Simon & Schuster, 2013). ネオコン第一世代の検討を中心にすえたものに限定すれば、近年の主な研究書としてその他に以下のものがある。Gary J. Dorrien, *The Neoconservative Mind: Politics, Culture, and the War of Ideology* (Philadelphia: Temple University Press, 1993); Mark Gerson, *The Neoconservative Vision: From the Cold War to Culture Wars* (Lanham: Madison Books, 1997); Murray Friedman, *The Neoconservative Revolution: Jewish Intellectuals and the Shaping of Public Policy* (Cambridge: Cambridge University Press, 2005).

（2）二〇〇〇年代に書かれたネオコンにかんする論考ならびにネオコンに検討を加えた文献は日本においても数多い。代表的なものとして古矢旬『アメリカ 過去と現在の間』（岩波新書、二〇〇四年）や中岡望『アメリカ保守革命』（中公新書ラクレ、二〇〇四年）などが挙げられる。坪内祐三『同時代も歴史である——一九七九年問題』（文春新書、二〇〇六年）は、文芸批評の観点からポドレッツについて論じている。また、橋本努『帝国の条件——自由を育む秩序の原理』（弘文堂、二〇〇七年）では、クリストルの妻であり、本人もまたネオコン第一世代の知識人であるガートルード・ヒンメルファーブ（Gertrude Himmelfarb, 1922- ）が詳細に検討されている。なお、本稿が対象としているネオコン第一世代にかんする先駆的な研究としては、佐々木毅『現代アメリカの保守主義』（岩波書店、一九八四年）をまずなによりも挙げなければならない。本稿が以下で取り扱うニューポリティクス、ニュークラス、ネオコンによるアメリカ革命の再発見といったトピックは、佐々木のこの著作のなかですでに同時代的に言及がなされている。本稿はこれらを含む一連の象徴的な概念の分析的重要性を継承したうえで、ホワイト・エスニックをめぐる文脈などを加味しつつ、ネオコン第一世代の転向の契機を重視して解釈の再検討を試みるものである。

（3）ネオコンという呼称は、ニューヨーク市立大学クイーンズ校で教鞭をとり、民主的社会主義の立場を採ったマイケル・ハリントン（Michael Harrington, 1928-1989）が、もはやリベラルとはみなせない同時代の一群の知識人たちにたいして、一九七三年に『ディセント』誌〔一九五四年創刊〕のなかで批判的に用いたのが最初である。Gerson, *ibid.*, p. 6. ハリントンらネオコン第一世代に批判的な『ディセント』誌の知識人たちは、ニュー・コンサーヴァティズムという呼称もかれらに同時代的に用いている。以下の論文集はその典型例である。Lewis A. Coser and Irving Howe eds., *The New Conservatives: A Critique from the Left*（New York: The New York Times Book, 1973).

（4）Norman Podhoretz, "The Adversary Culture and the New Class," in B. Bruce-Briggs ed, *New Class?*（New York: McGraw-Hill, 1981), p. 30. かれらが自分たちの呼称として積極的に当時引き受けたのが「ネオリベラル」（"Neo-liberal"）というそれである。この当時のネオリベラルという呼称には、今日のそれと連続する政治的立場だけでなく断絶している政治的立場も含まれており、注意が必要である。

（5）ネオコン第一世代に先立って、ニューディールを受け入れたうえで保守を標榜した人びとは、フランク・S・マイヤーのような『ナショナル・レヴュー』誌〔一九五五年に創刊〕のニュー・ライトの知識人たちから、ニュー・コンサーヴァティズムと呼ばれた。Frank S. Meyer, *In Defense of Freedom and Related Essays*（1962; Indianapolis: Liberty Fund, 1996). ニュー・コンサーヴァティズムに含まれるのは通常、ピーター・ヴィーレック（Peter Viereck）やクリントン・ロシター（Clinton Rossiter）が代表的であるが、マイヤーはラッセル・カーク（Russell Kirk）をもこの集団に含めて批判しており、戦後アメリカの保守の知識人内部のヘゲモニー争いを注意深く選り分けて、今日では分類上のカテゴリーとして抽出する必要がある。マール・ユージーン・カーティ（Merle Eugene Curti）のような同時代の知識人史家は、同時代の知識人評価をそのまま受け入れて分類している。その場合にはジョン・H・ハロウェル（John H. Hallowell）らも、ニュー・コンサーヴァティズムの代表的論者として組み入れられる。Merle Eugene Curti, *The Growth of the American Thought*, Third Edition（1982; New Brunswick: Transaction Publishers, 2004), pp. 772-773.

（6）ニューヨーク知識人に関する文献としては以下のようなものがある。Terry Cooney, *The Rise of The New York Intellectuals: Partisan Review and Its Circle*（Madison: The University of Wisconsin, 1986); Alexander Bloom, *Prodigal Sons: The New York Intellectuals and Their World*（London: Oxford University Press, 1986); Alan Wald, *The New York Intellectuals: The Rise and Decline of Anti-Stalinist Left from The 1930s to The 1980s*（Chapel Hill: The University of North Carolina Press, 1987); Hugh

Wilford, *The New York Intellectuals: From Vanguard to Institution*（Manchester: Manchester University Press, 1995）. 邦語の研究文献としては、以下を参照のこと。矢澤修次郎『アメリカ知識人の思想――ニューヨーク社会学者の群像』（東京大学出版会、一九九六年）、堀邦維『ニューヨーク知識人――ユダヤ的知性とアメリカ文化』（彩流社、二〇〇〇年）、秋元秀紀『ニューヨーク知識人の源流――1930年代の政治と文学』（彩流社、二〇〇一年）、清水晋作『公共知識人ダニエル・ベル――新保守主義とアメリカ社会学』（勁草書房、二〇一一年）。

（7）カークパトリックの伝記的側面については以下の文献を参照のこと。Peter Collier, *Political Woman: The Big Little Life of Jeane Kirkpatrick*（New York: Encounter Books, 2012）.

（8）本稿では公民権運動に触発されたかれらホワイト・エスニックの「エスニック・リヴァイヴァル（ethnic revival）」について詳細に論じる紙幅がない。その詳細については以下の一連の研究文献を参照いただきたい。Eric L. Goldstein, *The Price of Whiteness: Jews, Race, and American Identity*（Princeton: Princeton University Press, 2006）; Matthew Frye Jacobson, *Roots Too: White Ethnic Revival in Post-Civil Rights America*（Cambridge: Harvard University Press, 2006）; Richard Moss, *Creating the New Right Ethnic in 1970s America: The Intersection of Anger and Nostalgia*（Madison: Fairleigh Dickinson University Press, 2017）.

（7 Norman Podhoretz, "My Negro Problem: And Ours," in Thomas L. Jeffers ed., *The Norman Podhoretz Reader: A Selection of His Writings from the 1950s through the 1990s*（New York: Free Press, 2004）, p. 53（井上謙治・百瀬文雄訳『行動と逆行動』荒地出版社、一九七〇年、二二九―二三〇頁）.

（10）Podhoretz, ibid., p. 58（前掲訳書、二三六頁）.

（11）Podhoretz, ibid., p. 59（前掲訳書、二三六頁）.

（12）Irving Kristol, "The Negro Today Is Like the Immigrant Yesterday," in *New York Times Magazine*（September 11, 1966）, p. 124.

（13）Kristol, ibid., p. 128.

（14）Kristol, ibid., pp. 128-130.

（15）Kristol, ibid., p. 132.

（16）Kristol, ibid., p. 138.

（17）Kristol, ibid., p. 138.

（18）Kristol, ibid., p. 140. クリストルは、こうした障壁の形成は労働組合と経営側の協力によってもたらされたと主張している。

（19）クリストルはいわゆる「モイニハン報告」に依拠し、黒人家庭を今日の白人家庭と比べるのではなく、かつての白人家庭と比較する必要を指摘したうえで、黒人家庭が白人家庭に比べて安定と継続性を欠いた単位であること、黒人家庭の問題が子どもの多さに主に由来するものであることを主張している。Kristol, ibid., pp. 134-136.

（20）ポドレッツにしたがえば、ダニエル・ベル（Daniel Bell）、シーモア・マーティン・リプセット（Seymour Martin Lipset）、ジェイムズ・Q・ウィルソン（James Q. Wilson）もそこに加えることができる。こうした一連の人びととクリストルによって一九六五年に創刊された『パブリック・インタレスト』誌それ自体の目的が、ポドレッツが指摘しているように「公共政策を分析すること、とくにその限界と帰結を分析すること」にあった。Norman Podhoretz, *Breaking Ranks: A Political Memoir* (London: Weidenfeld & Nicolson, 1979), p. 286.

（21）Nathan Glazer, *The Limits of Social Policy*（Cambridge: Harvard University Press, 1988）, pp. 6-7. グレイザーはこれを「知識のパラドックス（the paradox of knowledge）」と呼んでいる。なお、この著作の冒頭の章は、『コメンタリー』誌に一九七一年に掲載された以下の論考が基になっている。Nathan Glazer, "The Limits of Social Policy," in *Commentary* vol. 52, no. 3（September 1971）.

（22）Glazer, *ibid.*, pp. 50-52.

（23）Glazer, *ibid.*, p. 6. それにたいしてグレイザーが評価したのは、「ゆたかな社会」がもたらした中産階級の厚みに支えられる新しいボランタリズムである。Glazer, *ibid.*, pp. 135-138.

（24）たとえばポドレッツの転向ならびに『コメンタリー』誌の政治的立場の変化は、ベンジャミン・バリントが指摘しているように、ひとつには一九六〇年代後半におけるブラック・パワー・ムーブメントの高まりのなかで、それまでのようなアフリカ系とユダヤ系との連帯や連携に亀裂がはいったことと関連している。もうひとつのさらに決定的な転回点が、一九六七年に生じた六日間戦争、いわゆる第三次中東戦争である。イスラエルの圧倒的な勝利に終わったこの戦争によって、ユダヤ系アメリカ人社会のなかから反シオニズムが一掃される一方、ニューレフトからはパレスチナ支持と連動して、イスラエルをファシズムと同一視する激しい批判がなされた。こうした左派からの批判のなかで、一九六〇年代の終わりにポドレッツは、イスラエルとユダヤ系をカウンターカルチャーから防衛するために、アメリカにおける「中産階級の価値（middle-class values）」の積極的擁護を決意するようになった。Benjamin Balint, *Running Commentary: The Contentious Magazine that Transformed the Jewish Left into the*

Neoconservative Right (New York: Publicaffairs, 2010), pp. 107-116.

(25) ただし、クリストルはすでに一九六八年の段階で共和党のニクソン支持を表明し、モイニハンは一九七七年から民主党のニューヨーク州選出の上院議員になるものの、ニクソン政権では大統領顧問、のちにはインド大使〔フォード政権では国連大使〕を務めている。

(26) 本稿の主たる対象である三名のなかでは、カークパトリックとポドレッツがこれに参加した。

(27) この委員会は、一九五〇年代に同名のものが設立されており、一九七〇年代のものは、一九五〇年代の委員会と一定の人的な継続性を有しつつも、あらためて立ち上げられたものである。このふたつの「現在の危機にかんする委員会」を包括的に取り扱った研究として以下のものがある。Jerry W. Sanders, *Peddlers of Crisis: The Committee on the Present Danger and the Politics of Containment* (Boston: South End Press, 1983).

(28) Jeane J. Kirkpatrick, *Dismantling the Parties: Reflections on Party Reform and Party Decomposition* (Washington: American Enterprise Institute for Public Policy Research, 1978), p. 3. このリーフリットの論考は後に、以下のカークパトリックの論文集に再録されている。Jeane J. Kirkpatrick, *Dictatorships and Double Standards: Rationalism and Reason in Politics* (New York: Simon & Schuster, 1982).

(29)「マクガヴァン＝フレイザー委員会」での議論をはじめとして、予備選挙の比重の高まりをめぐる歴史的経緯については以下の最近の研究書に詳しい。Elaine C. Kamarck, *Primary Politics: Everything You Need to Know About How America Nominates Its Presidential Candidates* (Washington DC: Brookings Institution Press, 2016).

(30) Kirkpatrick, *ibid.*, p. 13.

(31) Kirkpatrick, *ibid.*, p. 24.

(32) たとえばノヴァクは一九七二年に『コメンタリー』誌に寄稿した「ふたたびニーバーが必要とされている」という論考のなかで、ラインホールド・ニーバーに仮託させて、政策の帰結と意図の善悪との不一致をつぎのように述べている。「善き人びとが政策にかかわり、さらには見事にかかわるも、その社会的帰結が、どこであれ、遅かれ早かれ、大いなる悪をもたらすことがある。悪しき意図をもった残酷な者たちが、しばしば社会的な善をもたらすこともある。純粋な意図、高い目標、汚点のない精神の急進主義は、かれらがきわめて道徳的に高潔な行動であるとみなすものがもたらす、さまざまなあいまいな帰結から、かれらを赦すものにはならない」。Michael Novak, "Needing Niebuhr Again," in *Commentary* vol. 54 no. 3 (September 1972).

（33）Kirkpatrick, *ibid.*, p. 13.

（34）ニュークラスという概念それ自体は、共産主義体制が特権的な官僚集団による支配へと堕落していることを批判したユーゴスラヴィアの政治家であるミロヴァン・ジラスの著作をつうじて、当時の西側知識人のあいだで普及し、ジラスの用法とは異なったかたちで援用されていった。本稿では、この点について詳細に論じる紙幅はないものの、下記のジラスの著作（英訳）をさしあたり参照いただきたい。Milovan Djilas, *New Class: Analysis of Communist System* (1957; New York: HBJ Books, 1985). アメリカにおけるニュークラスの先駆的な著作は、一九六〇年代のデイヴィッド・T・バズロン（David T. Bazelon）のものが知られている。バズロンは『コメンタリー』誌や『ディセント』誌への定期的寄稿者として知られ、弁護士として出発しつつ、後年はニューヨーク州立大学バッファロー校で政策科学の教授を務めた。David T. Bazelon, *Power in America: The Politics of the New Class* (New York: New American Library, 1967).

（35）ニュークラスにかんする邦語の先駆的な言及としては、佐々木前掲書に加えて以下を参照いただきたい。佐々木毅『アメリカの保守とリベラル』（講談社学術文庫、一九九三年）、三九—四一頁。

（36）Irving Kristol, *Two Cheers for Capitalism* (New York: Basic Books, 1978), p. x. 本書の訳書として朱良甲一訳『活路』（叢文社、一九八〇年）がある。

（37）Kristol, *ibid.*, pp. x-xi.

（38）Kristol, *ibid.*, p. xi.

（39）Kristol, *ibid.*, p. xiii. なお、クリストルをはじめとするネオコン第一世代は基本的に、現行のアメリカを含めた修正主義的資本主義が官僚主義的な集産主義に陥る危険性を指摘しつつも、ニューディールの成果を否定するという立場には立たない。それにたいして、ニュー・ライトにとっても、あるいはまたオールド・ライトとその後継者であるペイリオコンにとっても、ニューディール・リベラリズムは集産主義として否定の対象だった。なお、保守主義内部におけるネオコンとペイリオコンとの競合について論じた邦語の研究としては、漆畑智靖「アメリカ保守主義運動に関する一考察（1）——保守主義運動の敗者の視点から」（『恵泉女学園大学紀要』第二三号、二〇一一年）や、井上弘貴「ドナルド・トランプに先駆けた男——サミュエル・T・フランシスのペイリオ・コンサーヴァティズム」（『アメリカ研究』第五二号、二〇一八年）がある。

（40）Kristol, *ibid.*, p. 15.

（41）Kristol, *ibid.*, p. 22. クリストルは、旧来の「ブルジョア道徳的」エートスと対比される「官僚的物取り的」エートスを見出し、それを文化的退廃のひとつの兆候として挙げている。

（42）Kristol, *ibid.*, p. 27.

（43）Podhoretz, "The Adversary Culture and the New Class," p. 19.

（44）Podhoretz, ibid., p. 20.

（45）Podhoretz, ibid., p. 22.

（46）Podhoretz, ibid., p. 23.

（47）Podhoretz, ibid., p. 24.

（48）Podhoretz, ibid., p. 28.

（49）Podhoretz, ibid., p. 30.

（50）Podhoretz, ibid., p. 30.

（51）Jeane J. Kirkpatrick, "Politics and the New Class," in B. Bruce-Briggs ed, *New Class?*, p. 33. この論考も後に、Jeane J. Kirkpatrick, *Dictatorships and Double Standards* に再録されている。

（52）Kirkpatrick, ibid., p. 34.

（53）Kirkpatrick, ibid., pp. 37-38.

（54）Kirkpatrick, ibid., p. 39.

（55）このような観点からカークパトリックは、一九六〇年代のマクガヴァンや反戦運動だけでなく、一九五〇年代のマッカーシズムをも、ニュークラスがもたらした政治の変容の一環に含んでいる。Kirkpatrick, ibid., pp. 42-44.

（56）Kirkpatrick, ibid., p. 44.

（57）Kirkpatrick, ibid., p. 45.

（58）Kirkpatrick, ibid., p. 47.

（59）Kirkpatrick, *Dictatorships and Double Standards*, p. 216.

（60）Kirkpatrick, *ibid.*, p. 217.

（61）Kirkpatrick, *ibid.*, p. 221.

（62）Kirkpatrick, *ibid.*, pp. 226-227.

(63) Kirkpatrick, *ibid.*, p. 226. カークパトリックが参照しているのは以下の文献である。Willmoore Kendall and George W. Carey, *The Basic Symbols of the American Political Tradition* (Baton Rouge: Louisiana State University Press, 1970).（土田宏訳『アメリカ政治の伝統と象徴』彩流社、一九八二年。）

(64) Kirkpatrick, *ibid.*, p. 227.

(65) Kirkpatrick, *ibid.*, p. 227.

(66) Kirkpatrick, *ibid.*, p. 234.

(67) Irving Kristol, "The American Revolution as a Successful Revolution," in *Reflections of a Neoconservative: Looking Back, Looking Ahead* (New York: Basic Books, 1983), p. 81.

(68) Kristol, ibid., p. 83.

(69) Kristol, ibid., pp. 83-84.

(70) Kristol, ibid., p. 85.

(71) Kristol, ibid., p. 89.

(72) Kristol, ibid., p. 89.

(73) Kristol, ibid., p. 93.

(74) George H. Nash, *The Conservative Intellectual Movement in America Since 1945* (1976, Wilmington: ISI Books, 2006), p. xiii-xiv.

【付記】本稿は科学研究費助成事業（基盤研究C）「環大西洋保守主義思想の形成と展開——社会改革思想との競合の思想史的検討（研究課題番号17K03541）」の研究成果の一部である。

米国オバマ政権末期におけるイスラーム認識の新潮流――「イスラーム国」の衝撃を受けて

●――池内　恵

はじめに

米国の政治思想は、保守主義と自由主義の競合と対立を基本的な対立軸としている[1]。保守主義と自由主義の間の主要な争点としては、通常は、政府と市場の関係などをめぐる政治経済的なものや、国際秩序とその中での米国の役割など対外政策をめぐるもの、そして中絶や進化論の是非など宗教と政教分離原則の間の調和と相克をめぐるもの[2]などが挙げられる。本論文では、保守主義と自由主義の対立の、これまで政治思想研究の対象としては認知されてこなかった重要な争点として「イスラーム論」があり、それが近年に興味深い変化を遂げていることを指摘する。

この論文では、米国の主要メディア上のイスラーム論の過去の支配的な通念の基本構図と主題を概観した上で、近年の新しい潮流の所在を特定し、その文脈と意義、政治的・政策的な波及を検討する。冷戦後の米国の国際政治・戦略論におけるイスラーム論では、自由主義の普遍性の観点から、イスラーム教もまた、何らかの形で自由主義に収斂していくという認識が、主要メディアでは有力だった。保守主義の立場から、イスラーム教の固有の規範の存在を重視し、イスラーム世界が欧米の近代の規範や政治体制とは相容れないとする主張もしばしば提起されたが、主要メディア上での支配的な言説とはならず、大統領の演説や発言でも基本的に採用されてこなかった。

ここに変化が生じるきっかけとなったのが、二〇一四年六月の「イスラーム国」の台頭である。イラクでモースルを占拠し、次いでシリア東南部のラッカを中心とした領域を支配して、国際政治の主要な課題となったことにより、「イスラーム国」は米国を筆頭とした主要国の外交・安全保障上の政策課題となった。それにより、米国において、「イスラーム国」の政治的・軍事的な背景・環境条件や組織的な能力だけでなく、その正統化の根拠となるイスラーム教の理念に関しても、活発に議論が行われるようになった。

活性化した議論において、イスラーム教と政治の関係について、特に戦争やテロリズムといった政治的暴力との関係について、通説を再検討する動きが生じた。この再検討によって、教義の典拠テキストが人間の認識と行動を左右する力をより重視する一方で、人間の側が自由に宗教解釈を変更し、テキストの支配を超越する可能性については、より悲観的にとらえる解釈が台頭した。それにより、自由主義の普遍性を強く主張し、イスラーム教もまた自由主義に屈するという従来の通説は、根底で揺るがされた。

ここで扱う米国のイスラーム論の変化は、中東やイスラーム教に関する専門家にのみ向けられたものではなく、広く一般に向けて、あるいは米国のメインストリームの政策論への含意を明瞭に込めて、展開されている。イスラーム論の変化、特にイスラーム教の政治との関係、特にその中でも自由主義や民主主義とどのように関わるかについての認識の変化は、米国の自由主義や民主主義の理念の普遍妥当性や、世界の隅々までの適用可能性に関する認識の変化と直結している。そうであるがゆえに、これらの議論は米国の国際関係をめぐる政治思想の重要な要素なのである。

支配的な論調に変化を迫った新しい議論の中核にあるのは「『イスラーム国』はイスラーム的か?」という単刀直入な問いかけである。この問いかけは、耳目を集めるに十分な政治的に挑発的なものであるだけではなく、思想的にも、イスラーム教と政治との関係に関する重要な課題に迫ったものである。イスラーム教と政治の関係、特に戦争やテロリズムとの関係は、米国の支配的なメディアにおける従来の議論の場においては、取り組みが可能なかぎり避けられてきた。この問いかけを公の議論の場で活発に行うようになったこと自体が、米国のイスラーム論における変化を意味する。この問いかけの内実を検討し、問いに対するどのような答えが、米国の政策論壇において、暫定的にではあれ、導き出されたかを、本論文は検討する。

本論文は中東などのイスラーム世界における、ムスリム自身によるイスラーム思想史の展開そのものではなく、米国の政策論壇において、イスラーム思想をめぐってどのような議論が展開されてきたかについての、思想史研究の試みである。その意味で、通常の「イスラーム政治思想史」の範疇を外れており、正確に言えば「米国におけるイスラーム教をめぐる政策論の思想史」ということになる。(3) このような対象の選定と問題の設定は、イスラーム教やイスラーム世界との関係を重要な課題とする現代の国際社会において、最有力な主体である米国の政策を方向づけ、根拠づけている思想を解明するという意味で、一定の意義を持ちうると考える。

本論文では、オバマ政権の二期目（二〇一三年一月—二〇一七年一月）を、その中でも特に「イスラーム国」の台頭の後である二〇一四年以降に着目し、米国の政策論壇に現れた、イスラーム論の新しい潮流を特定し、その文脈や理論的根拠を明らかにする。注目するのは、米国の中道リベラル派の論調を基調とする『アトランティック』誌に発表された論考であり、そこに連なるアカデミックな思想研究者やシンクタンクの政策論者の著作である。

本論文は、次の五つの節から構成される。第一節は前史である。「イスラーム国」の台頭を受けてイスラーム論に新たな議論の潮流が現れる以前の、米国の政策論壇におけるイスラーム論の趨勢を概観する。冷戦終結時に提起されたフランシス・フクヤマの『歴史の終わり』で提起された、イスラーム教を本質的には、あるいは正しい発展の末には自由主義・民主主義に収斂していく、欧米における支配的な理念と究極的には同一のものとする認識と、サミュエル・ハンチントンの『文明の衝突』に見られる、イスラーム教を基礎として形成された文明を、近代西洋文明とは異質のものとする認識の双方が存在するが、前者が政策論としては優位性を保ってきたことを示す。第二節では、近年に提起されるようになった、支配的なイスラーム論への修正を目指す新しい議論の潮流を、『アトランティック』誌二〇一五年三月号に掲載されたグレアム・ウッドの「イスラーム国は本当は何を望んでいるのか？」を代表例として検討する。第三節は、ウッドの議論に代表される米国のイスラーム論の新潮流の理論的根拠として、マイケル・クックの『古来の諸宗教と近代の政治』を検討し、理論的な思想史研究の作品の政治的な含意を特定する。第四節では、クックの理論面での論証を踏まえて、対イスラーム政策論に新機軸を打ち出したシャーディー・ハミードの『イスラーム教という例外』を取り上げる。

本論文では、『アトランティック』という一般向けの有力メディア上で展開されるジャーナリズムの報道と、プリンストン大学に所属するアカデミックなイスラーム思想史研究の成果としての学術書、そしてワシントンＤＣの政策シンクタンクに身を置く研究員の提起する政策論という、性質の異なる文献を扱う。しかしアカデミックな場で教育を受け研究のトレーニングを積んだ政策論者がシンクタンクで政策論を練り、それを専門書や報告書だけでなくジャーナリズムの報道に様々な形で載せることで、米国社会に政策論が提起され、周知され、実際の政策として実施されていく。この一連の過程に、この三者は不可分に組み込まれている。この三者の間に米国のイスラーム認識が形作られていく過程を分析する試みでもある。三者の間の関係は一方的ではあり得ず、三つの場のそれぞれの論理によって一定の自律性をもってイスラーム論が展開されていくが、それらがしばしば相互に依拠し合い、影響を及ぼしながら、米国のイスラーム論が変化していく。「イスラーム国」の衝撃を受けて、米国の政策論壇におけるイスラーム論にどのような変化が及んだか、その一端を解明することが、本論文の思想史研究としての課題である。

一　米国のイスラーム論の基本構図

ここで取り上げる米国のイスラーム論とは、米国の政治的な議論の文脈の中でイスラーム教を対象化し、「イスラーム教とは何であるか」を認定し、それに対する米国の立場からの価値判断を下し、対イスラーム世界の政策の指針を示すという一連の作業の一部あるいは全てに関わる議論である。

これは政治思想研究の対象としては通常のものではないと受け止められるかもしれない。しかし冷戦終結後の米国の政治思想が国際社会を認識し、その中での米国の役割を論じる時、イスラーム教をどのように認識し、イスラーム世界のあり方をどのように評価し、それと米国との関係を論じることは、潜在的に、あるいは時には顕在的に、重要な課題の一つであった。それは米国の掲げる理念が世界の隅々まで普遍的に妥当するか否か、適用可能か否かを論じる際の試金石であり、また米国の自画像を描く際に比較対照される他者の代表例の一つであった。

イスラーム認識が、米国の政治思想において常に重要な課題であったとは言えない。第二次世界大戦から冷戦期までは、ファシズムや東側陣営が、米国の政治思想が国際社会を認識し、その中での米国の戦略的・理念的な位置と役割を構想し、そしてそれに基づく政策を論じていく際に、参照される対抗勢力であり競合陣営だった。米国の理念を定義する際に参照される他者としての存在でもあった。冷戦期には、イスラーム世界は米国にとって脅威、あるいは競合陣営・対向勢力として認識されるほどの存在感を持って台頭しておらず、ごく専門的な場を除いては、議論の的となることは稀であった。

冷戦中に、例外的に、米国の世界戦略の中でイスラーム世界の重要性が認識され、イスラーム教の性質、特に政治との関係が断片的、曖昧にも問題化されたのは、イラン革命とソ連のアフガニスタン侵攻の際に限られる。一九七九年にパフラヴィー朝のシャーを亡命させたイラン革命の激化の過程で、同年一一月四日に発生したテヘランの米大使館占拠・人質事件をきっかけに、米国とイランは現在に至る敵対関係に入る。イスラーム革命を宣言し、一時は革命の輸出も標榜したイランに対抗するために、イスラーム教への関心も一時的に高まった。ただしこれはイスラーム教とその思想そのものに関する深い考察を政策論の文脈ではほとんど喚起せず、漠然と「米国に敵対するイランのシーア派は狂信的であり、それに比して米と同盟関係にあるサウジアラビアのスンニ派は穏健である」といった、イスラーム思想に関する基礎的な知識に基づかない印象を、米国の一般世論と論壇に漠然と広めるにとどまった。

一九七九年一二月末のソ連軍のアフガニスタン侵攻により、アフガニスタン内戦は冷戦の最前線となった。アフガニスタン侵攻を異教徒・背教者のマルクス主義者によるムスリムの支配とみなしたジハード戦士（ムジャーヒディーン）の流入を米国が支援したことで、一時的に、イスラーム教を信じる勢力を米国の同盟者とする印象が、大衆文化に広まった。一九八八年公開のシルベスター・スタローン主演のアクション映画『ランボーⅢ』（日本語版ではタイトルに「怒りのアフガン」が加えられている）が、スタローンが演じる米国人の主人公の盟友として描き、最後の場面の献辞にも「勇敢なジハード戦士（To the Brave Mujahideen Fighters）」にこの映画を献呈するとあるように[4]、一時的に、ジハード戦士は米国にとって友好的な勢力として描かれた。しかしこれも、ジハードがイスラーム教の思想において何を意味するか等はほとんど議論されないままに広まった漠然とした印象にとどまる。

イスラーム世界が米国の国際政治・戦略にとって潜在的な脅威と認識され、イスラーム教が価値規範としてリベラル・デモクラシーの対抗勢力ともなりうる存在として認識され、議論の的になったのは、冷戦の終結後だった。一九八〇年代末に、米国の国際政治・戦略上の脅威としてのソ連と東側陣営が消滅したことによって、残された数少ない脅威として多てイスラーム世界が認識されるようになっていく。その一因は、東側陣営の崩壊と冷戦の終結によってもたらされた多幸感に水を差す形で、一九九〇年のイラクによるクウェート侵攻が生じ、翌年に湾岸戦争が戦われたことだろう。イスラーム世界を米国に対する潜在的な新たな脅威とし、そこにイスラーム教が及ぼす影響を議論の的とする傾向が、政治思想に現れ始めた[5]。

冷戦後の最初期に現れ、その後も多くの反論や変更を経ながらも、オバマ政権期の半ばまで持続したのは、冷戦の勝利により自由主義の普遍性が証明されたという観念を、イスラーム世界にも敷衍し、イスラーム教が体制理念としてリベラル・デモクラシーに、イスラーム世界においてさえも優越的に対抗することを否定する議論である。代表的な議論は、フランシス・フクヤマの『歴史の終わり』だろう。フクヤマは東欧の民主化運動が勢いを増す一九八九年の夏に『ナショナル・インタレスト』誌に寄稿した論考「歴史の終わり?」[6]で打ち出した、リベラル・デモクラシーが体制理念として、競合する理念・イデオロギーに最終的に勝利したとする説を拡張・補強して、一九九二年に『歴史の終わり』[7]を刊行した。この著作でフクヤマは、リベラル・デモクラシーは君主政治やファシズムや共産主義、独裁制などの競合する体制・理念をことごとく退けた「あるべき政権の普遍的かつ唯一の基準」[8]であることを示した、と主張する。その上でフクヤマは、残されたほぼ唯一の、リベラル・デモクラシーに潜在的に挑戦し競合しうる理念として、イスラーム教を検討する。フクヤマはひとまず次のことを認める。

イスラム教が自由主義や共産主義と同様、独自の道徳律や政治的・社会的正義の教えをもとに体系的かつ一貫したイデオロギーを作り上げているのは事実である。イスラム教は、特定の人種や民族集団の構成員にとどまらず広く全世界の人々をとらえるだけの潜在的な魅力をもっている。しかもこの宗教は、イスラム世界の各地でリベラルな民主主義を現実に打ち破り、直接にその政治的影響力が及ばない国にとっても自由主義に対する深刻な脅威となってきた。(9)

その上で、取り立てて具体的な根拠を示さずに、フクヤマはイスラーム教の挑戦と競合の可能性を退ける。

しかしながら、最近になってイスラム教がその勢いを回復し、どれほどの力を見せつけたとしても、この宗教は、結局のところイスラム文化圏以外の地域では実質的な影響力を持ち合わせていないのである。イスラムによる文化征服の時代は、すでに過ぎ去ったと考えてよい。この宗教は、異端に走った者たちの信仰を取り戻せはしても、ベルリンや東京やモスクワの若者の共感を得ることはない。十億に近い人々——世界人口の五分の一——がイスラム文化に属してはいるが、彼らはその理念水準において、リベラルな民主主義には到底太刀打ちできていない。(10)

なぜイスラーム教が民主主義に太刀打ちできていないと言いうるのか、その根拠について、この引用箇所の末尾に付された注では「テロリストによる爆弾攻撃や銃弾によってリベラルな民主主義に挑戦することは可能だが、それは重大であっても本質的な挑戦とはならない」(11)と補足されている。そしてフクヤマは、イスラーム教は、リベラル・デモクラシーに挑戦するどころか、むしろ「膝を屈しつつある」と論じていく。

実際、長い目で見ればむしろイスラム世界の方が自由主義の理念に膝を屈しつつあるように思える。過去一世紀半にわたって、この自由主義は数多くの熱狂的な回教徒を魅きつけてきたのだ。近年のイスラム原理主義の復活はある意味で、伝統的なイスラム社会が自由主義にもとづく西欧的価値観の大きな脅威を認識してきた結果なのである[12]。

イスラーム教が潜在的にリベラル・デモクラシーの魅力に対抗しうるという可能性を否定し、イスラーム教もまたリベラル・デモクラシーに膝を屈しつつあると、論証というよりは強弁することにより、フクヤマはリベラル・デモクラシーが体制理念の最終形態であるという、この本の主要な論点の論証を終える。

リベラルな民主主義に代わる有効な選択肢はないとする私の論文「歴史の終わり」("The End of History?")の示唆に対しては多くの人から憤りに満ちた批判がおこなわれた。彼らはイスラム原理主義や国家主義、ファシズムその他多くの可能性を指摘したのである。だがこれらの批判者のうち誰ひとりとしてそれらの選択肢がリベラルな民主主義より「優越」していると信じてはいなかった。また論文をめぐる論争のなかでも、私の気づくかぎり誰ひとりとして、自分がよりよいと考えている別の社会組織形態を指し示してはくれなかった[13]。

フクヤマのイスラーム教に関する議論には、論理的に欠けている部分がある。フクヤマは言葉を重ねて、イスラーム教がリベラル・デモクラシーに優越する魅力を有しないと論じる。しかしそれは常に「イスラーム世界の外」の話であり、イスラーム世界の中では依然としてイスラーム教の規範が優越的なものとして多数によって受け止められ続け、イスラーム教の規範に基づいた体制理念が信奉される可能性について、触れていない。イスラーム教が米国において、あるいはフクヤマがおそらく意図的に選択して引用する「ベルリンや東京やモスクワ」において、リベラル・デモクラシーに優越する理念として受け止められていないことは自明のことだろう。しかし「カイロやイスタンブールやテヘラン」においてイスラーム教がリベラル・デモクラシーに敗北したか、膝を屈しつつあるかどうかを、フクヤマは不問に付し、リベラル・デモクラシーの普遍性を結論づけるのである。

このように、フクヤマのイスラーム論は重要な部分で論証に難がある。しかしその主張するところは明確である。リベラル・デモクラシーこそが普遍的な体制理念であり、現在の中東などイスラーム世界の中心部での受容はどうあれ、イスラーム教も普遍性においてリベラル・デモクラシーには及ばず、体制理念として、やがては置き換えられる存在であるという。フクヤマの議論は、論証の細部にどれだけ不明確な部分や飛躍があれども、冷戦後の米国の国際政治・戦略論の有力な前提を形作っている。この前提によって、体制理念としてのリベラル・デモクラシーが唯一残された普遍的なものとみなされるがゆえに、論理的に演繹して、イスラーム教の体制理念としての可能性は否定される。

一九九〇年代に、フクヤマの自由主義的な普遍主義に対して、保守主義的なリアリズムの観点から最も有力な反論と留保を提示したのは、サミュエル・ハンチントンの『文明の衝突』[14]だろう。

ハンチントンは一九九三年に『フォーリン・アフェアーズ』誌に論考「文明の衝突?」を寄稿し、それに加筆して一九九六年に『文明の衝突』を刊行した。ここでハンチントンは、冷戦後に民族紛争や地域紛争が勃発したことを踏まえ、国際政治の重要な要素として、文化に由来するアイデンティティの重要性を論じる。アイデンティティを決定する基盤として文明の概念が提示され、米国がヨーロッパと共に属する、キリスト教に由来する西欧文明が、イスラーム教に基づくイスラーム文明や、儒教に基づく中華文明などと並存する世界像を提示した。その中でもイスラーム文明と中華文明が、西欧文明に挑戦する可能性のある潜在的な脅威となりうることが明瞭に示唆された。

ハンチントンの「文明の衝突」論については多くの批判があるが、ここでは民主主義の全世界への普遍性を主張したアマルティア・センと、オリエンタリズム批判の立場からのエドワード・サイードの議論のみに言及しておこう。センは民主化の世界への広がりこそが二〇世紀の最も重要な出来事であって、文化や文明や国家に限らず民主主義は普遍的に受け入れられうると主張した[15]。サイードはイスラーム教とその規範・理念がそもそも複数の形でありうると主張して、「西洋」と対比される単一のイスラーム教とその文明を措定すること自体を否定した[16]。

これらの普遍主義的な自由主義の擁護の議論に対比されると、ハンチントンの「文明の衝突」論は文化相対主義的な立場を取り、普遍主義から距離を置いたものである。国際政治論のリベラリズムの立場からフクヤマの『歴史の終わり』があからさまに表明した、自由主義を普遍的なものとして、それが必然的に拡大していくことを想定した世界認識に、修正を迫ったものといえる。ハンチントンのイスラーム認識は、イスラーム世界を米国に対する脅威として認識することを促進するという意味でイスラーム世界に敵対的であると批判されうる。しかし同時に、米国が属する西欧文明の価値の唯一性・普遍性を前提としておらず、イスラーム教の規範・理念が、少なくともイスラーム世界の中では、普遍性を持って受け止められていることを認識し、今後も欧米の近代の規範・理念に「屈する」ことなく挑戦を続けることを想定している。これは異なる規範・理念へのある種の顧慮の姿勢を示していると言える。宗教など伝統的な規範や慣習の持続性や有用性を重視する、保守主義的なイスラーム認識と言えよう。

フクヤマにせよハンチントンにせよ、冷戦終結からさほどの時を経ず、米国の単独覇権が絶頂期にあり、イスラーム世界からの具体的な挑戦を受けることはほぼ想定されていない時期に議論を提起した。そのため、イスラーム教やイスラーム世界についての議論は、自由主義の理論の普遍性に関する知的探求や、保守主義的なリアリズムに立脚した世界認識の中での潜在的な脅威の指摘にとどまり、具体的な政策論や、特定の政策を正当化する理論やレトリックには結実しなかった。

しかし二〇〇一年の九・一一事件は、米国に、イスラーム教の規範を信奉した集団を具体的な差し迫った脅威として認識し対処することを迫った。ここでブッシュ政権の外交・安全保障問題に関するイデオローグとしてネオ・コンサーバティブの論客たちの存在感が表面化した。ネオ・コンサーバティブの思想家たちは、一方でハンチントンが描いたような世界の文化的な断層を認識しつつ、他方でフクヤマが主張した自由主義の唯一の普遍的な体制理念としての価値を主張し、それが中東にも受け入れられるべきであり、それを米国が介入によって促進すべきであると主張した[17]。この二つの議論は、特にイスラーム世界に関しては、相互に矛盾を含むはずである。しかし、ネオ・コンサーバティブの思想家たちは、自由主義と保守主義のイスラーム認識を、両者の齟齬と対立を残したまま橋渡しし、軍事介入によってリベラル・デモクラシーを妨げる障害を中東から取り除くことを、矛盾を解消する解決策として主張した。

ネオ・コンサーバティブはブッシュ政権の外交政策に、特にその掲げる理念やレトリックの面で、影響を及ぼしたと見られる(18)。ブッシュ大統領は九・一一事件の直後、米国連邦議会上下両院合同会議に向けて演説した(19)。この演説のイスラーム認識を見てみよう。ブッシュ大統領は、九・一一事件の攻撃を行った主体がアル＝カーイダであると断定した上で、米国人に向けて、この組織のイスラーム教との関係を次のように理解するようにと論じる。

テロリストたちはイスラーム過激主義の末梢的な形態を実践している。これはムスリムの学者たちとムスリムの聖職者の大多数によって拒絶されている形態だ。イスラーム教の平和的な教義から逸脱する末梢的な運動なのだ。

ブッシュ大統領は次いで「私はここで全世界のムスリムに直接語りかける」と前置きをして、さらにイスラーム教についての認識を述べる。

我々はあなたたちの信仰を尊重する。あなたたちの信仰は百万人のアメリカ人によって自由に実践されている。その教義は善きものであり、平和的なものだ。アッラーの名において悪行をなすものは、アッラーの名を冒瀆しているのだ。テロリストたちは彼ら自身の信仰の裏切り者だ。実質的には、イスラーム教そのものをハイジャックしているのだ。アメリカの敵は、我々の数多くのムスリムの友人たちではない。我々の数多くのアラブ人の友人たちでもない。我々の敵は、テロリストの過激なネットワークであり、それらを支援するあらゆる政府なのだ。

ここに明確にされているのは、ムスリムの大多数が信奉するイスラーム教と、アル＝カーイダなどテロリストが信奉する「末梢的な」イスラーム教の過激な分派との二分法である。大多数が信奉する本来のイスラーム教の教義は平和的で、テロリズムなどの戦争や暴力に関わる行為とは一切無縁とされ、テロリストは何らかの逸脱的な分派を信奉しているとされる。

ブッシュ大統領は九・一一事件を受けて、アル＝カーイダを匿うターリバーン政権を放逐するためにアフガニスタンに軍事介入を行うのみならず、二〇〇三年三月にはイラク戦争に踏み切る。短期間でフセイン政権を崩壊させた[20]ブッシュ大統領は、イラク戦争で最も緊密な同盟国であったイギリスを訪問し、ロンドンのホワイトホール宮殿で演説した[21]。この演説でブッシュ大統領は中東の「独裁と過激主義」を終わらせて自由をもたらす介入主義を論じた。ここでブッシュ大統領は、自由主義と民主主義の普遍性を強く主張し、それを米国の介入によってもたらすことを正当化した。ここで注目すべきは、ほかならぬ中東に自由主義と民主主義を広めることの特段の重要性である。ブッシュ大統領は「この地域にかかっているものはとりわけ大きい（The stakes in that region could not be higher）」と論じ、その理由を次のように述べる。

すでに世界の多くに到達している民主主義の革命に、もし拡大中東地域も加わるならば、この地域の数百万人の生活が改善する。紛争と恐怖の潮流は、その根源で絶たれるだろう。

自由主義と民主主義の普遍妥当性が、これらの理念が実践されていない最後に残された数少ない地域である中東に、やがては内側から受容されることにより、最終的に証明されるという信念が、フクヤマの『歴史の終わり』においては表明されていた。この普遍性への信奉をブッシュ大統領は受け継ぎつつ、米国の軍事的介入によって外部から強制することで実現する意志を、ここで示したと言えよう。

同時に、ハンチントンが『文明の衝突』で描いたように、中東地域で自由主義や民主主義がそれほど受け入れられていない現実も、ブッシュのホワイトホール演説は認める。「歴史の進展は急速には進まない」「我々の民主的な発展も漸進的なものだった」とした上で、「中東諸国の先にはかなり長い道のりがある」とする。中東諸国における政府機構の不全、法の支配の欠如、宗教的経済的な自由の欠如、政治参加の不全、自由なメディアの欠如、女性の自由の欠如等々を並べ上げ、これらの「自由の欠如（freedom deficit）」と総称される政治的・社会的・経済的な前提条件の制約から、普遍的である自由主義・民主主義を中東諸国が受け入れることを妨げる阻害条件になっていると論じる。

それにも関わらず「しかし、変化はすでに始まっている」とブッシュは断定する。「モロッコからヨルダンからカタールまで」選挙や女性の擁護や政治的多元主義などを含む改革が行われている、それは各国政府が神権政治と独裁が偉大さをもたらさないと理解し始めているからなのだ、という。

我々が中東で目撃している民主的な前進は、外から押し付けられたものではない。我々が望むさらなる前進もまた外から押し付けられるものとはならないだろう。自由は、その定義から、それを選ぶ者たちによって自ら選ばれ、防衛されなければならないのだ。

事実関係の認識として、モロッコやヨルダンやカタールでこの当時に行われていた「改革」が民主化というにふさわしい内実を持つのか、それが米国などによる「外から」の圧力抜きではたして実行され得たものなのかは、本論文の議論の対象ではない。問題は、それらが自発的に採用されたものであるという認識をブッシュ演説が表明していることである。この認識に基づき、あたかも自明であるかのように、イスラーム教は自由主義と民主主義に反しないという言明が導かれている。

中東の人々は高度な文明と、個人の責任を重んじる宗教を、そして自由への必要を、我々と同じだけ深く共有している。人類の五分の一が自由にふさわしくない、と考えるのはリアリズムに反している。それは悲観主義であり、見下しである。我々はそのような考えは一切持っていない。

しばしばあることだが、自由主義と民主主義の区別はなされず、民主化に結びつくとされる曖昧な事例を根拠に、イスラーム教と米国の理念が、自由主義的・民主主義的な規範・理念との親和性において同等であることが論じられていく。ここに現れているのは、イスラーム教がキリスト教などの米国で支配的な宗教と本質的に異なるはずがなく、イスラーム教が本来のあり方では自由主義に反するはずがないという信念である。フクヤマが、特に根拠を上げずに、イスラーム教もまたリベラル・デモクラシーに「膝を屈する」はずであると論じていたことを考えれば、この観念はブッシュ大統領に特有のものではないと言えよう。

この信念は、党派を横断して引き継がれている。オバマ政権は、中東への介入に関して言えば、少なくともレトリックの上では、ブッシュ前政権と一線を画した。イスラーム認識についても、ブッシュ大統領に比して、より共感的な姿勢を目指した。しかし、中東の諸問題、特にテロリズムはイスラーム教とは無縁であるという姿勢をブッシュ前大統領から引き継いでいる。オバマはさらにこれを徹底し、「イスラーム」という語をテロリズムの事象を論じる際には極力用いないという独自の配慮をその任期を通じて行なった。[22]

例えば、二〇一四年九月一〇日に行った「イスラーム国」への対処策を論じた演説を見てみよう。

> ここで二つのことを明らかにしよう。「イスラーム国[23]」は〝イスラーム的[24]〟ではない。いかなる宗教も、無辜の民を殺害することを容認しない。そして「イスラーム国」の犠牲者の大多数はムスリムだ。そして「イスラーム国」は、決して国などではない。[25]

ブッシュ大統領がアル＝カーイダの「末梢的な分派」と本来のイスラーム教を分離して見せたのと同様に、オバマ大統領が「イスラーム国」を「イスラーム的ではない」と断定する。九・一一事件以来、米国がイスラーム主義によるテロリズムに向き合う中で、公式見解として形成され、維持されてきた、米国のイスラーム論の基礎の部分である。

二 「イスラーム国」はイスラーム的か？

アル＝カーイダから「イスラーム国」に至るイスラーム主義勢力を「イスラーム的ではない」「末梢的な分派」とし

てイスラーム教そのものの本来のあり方から逸脱した存在として論じる通説は、「イスラーム国」がイラクとシリアで領域支配を広げ、世界各地から呼応者を呼び覚ましていく過程で、変化を迫られた。「イスラーム国」の性質と由来についての議論が盛んに行われるだけでなく、そこに「本来の」イスラーム教がどのように関係するかについての議論が、惹起された。そこから、「本来のイスラーム教」が政治や軍事にどのように関係するかについて、通説を再検討する議論が提起されていった。フクヤマに始まり、ネオ・コンサーバティブからブッシュ大統領を経て、リベラル派のオバマ大統領にも共有されてきた、自由主義の普遍性はイスラーム世界にも適用されうると想定し、イスラーム教は本来的に自由主義に反しないとする信念が、再検討に付されたと言える。

特に話題を呼び、議論を喚起したのが、ジャーナリストのグレアム・ウッドが『アトランティック』誌二〇一五年三月号に寄稿した論考「『イスラーム国』は本当は何を望んでいるのか?」[26]である。ここでウッドは「『イスラーム国』はイスラーム的である」というテーゼを掲げ、通説に挑戦した。

ウッドは通説を次のように批判する。「イスラーム国の中世的な宗教的性質を否定するための、善意からの、しかし不正直なキャンペーン」がある。通説では、イスラーム国をイスラーム教の中世における起源やテキストと結びつけることを避けるために、ことさらに「イスラーム国」やその前身のアル=カーイダを「近代の世俗的な世界の産物である」と認識する。ウッドのまとめ方で言えば、通説は「ジハード主義者は近代の世俗的な人々であり、近代の政治的関心を、中世の宗教的な装いで覆い隠している」と認識する。ウッドはアル=カーイダについてはこのような認識も妥当だとする。しかし「イスラーム国」はこれとは異なって「七世紀の法的な環境に戻り、究極的には終末を到来させる」ことを狙っているのだ、という。

真実はこうだ。イスラーム国はイスラーム的なのだ。それも非常にイスラーム的なのだ。もちろん、イスラーム国は中東やヨーロッパの不満を持った人口の中のサイコパスや夢想的冒険家を引きつけた。しかしイスラーム国の最も熱心な支持者たちが説く宗教は、イスラーム教の一貫した解釈に由来し、学識深い解釈にすら由来するのだ。[27]

ウッドはイスラーム思想の研究者やイスラーム主義の思想家・活動家にインタビューし、「イスラーム国」の行動や宣言が、イスラーム教の正統的な典拠テキスト、すなわちコーランやハディース（預言者の言行録）やそこから導かれたイスラーム法規範（シャリーア）に依拠していると論じていく。イスラーム国による決定や、施行された法は、「預言者の方法」と呼ばれる正統的なテキストとその解釈に由来しているという。

ウッドは「イスラーム国」の台頭に対する欧米の反応と、イスラーム世界の反応の双方を批判する。欧米では、「多くはこの集団が自ら主張しているように敬虔だとは信じたがらない。あるいは、この集団が行動や声明で示すように、後ろ向きで、黙示録的であると認めたがらない」。

ウッドはこの「懐疑主義」には一定の根拠があるという。

> 過去において、欧米人はイスラーム教徒が古来の啓典に盲目的に従っていると非難した。このことを学者たちは正当に嘆いた。その代表はエドワード・サイードであり、彼は、ムスリムを「古代的」なものと呼ぶのは、大抵は単にムスリムを貶めるもう一つ別のやり方だった、と指摘した。

ウッドによれば、オリエンタリズムへの批判を受けて、学者たちはイスラーム教のイデオロギーではなく、それが信奉される条件をなす、政治・経済・社会・国際関係の条件に目を向けるようになった。ウッドも「イスラーム国」の台頭を説明するために、これらの要素を考慮することは不可欠と論じる。しかし同時に、これらの物質的・環境的条件のみに目を向け、宗教イデオロギーを一切無視すれば、「ワシントンやベルリンで宗教的イデオロギーが意味を持たないのだから、同様に、ラッカやモースルでも同様に意味を持たないはずだ」と決めつけることになり、今度は「別種の欧米のバイアス」に陥ることになる、と警告する。実際には「覆面をした処刑吏がアッラー・アクバルと口にしながら背教者を斬首している時、時には、彼はそれを宗教的な理由で行なっている」という事実を認めなければならないというのである。

イスラーム諸国でもまた、表向きは「イスラーム国」のイスラーム教との関係を全否定することが多い。これに対してウッドはプリンストン大学の中東研究の教授バーナード・ハイカル（Bernard Haykel, 1968-）[28]に取材する。ハイカルのコメントは明快である。

プリンストン大学の学者であり、この集団の神学に関する主要な専門家であるハイカルは、私に言った。イスラーム国を非イスラーム的だと呼ぶムスリムは、「困惑し、政治的に正しい、糖衣錠に包まれた宗教観を抱いている」。それによって彼らは「彼らの宗教が歴史的に、そして法的に要求しているものを怠っている」。イスラーム国の宗教的性質を否定する議論は、ハイカルによれば「宗教間対話というきわめてキリスト教的な馬鹿げた話の伝統に端を発する」。

ハイカルによれば、イスラーム国はイスラーム教のテキストを歪曲している、という主張はばかげており、意図的な無知によってしか維持できない。「イスラームは平和の宗教だ」という「おまじない」は、「イスラーム国」がイスラーム教徒の正統的なテキスト解釈の方法に依拠していることを意図的に無視している。「イスラーム国」は他の全てのスンニ派のムスリムに共有されているテキストと方法を共有しており、「この連中も、他の誰とも同じだけの正統性を持っている」という。

ここで論じられているのは、奴隷制や磔刑や斬首といった「イスラーム国」が実行し、欧米からの強い非難を浴びた事柄だが、これらはムハンマドがイスラーム教団の成立期に自ら指導した行為の中に含まれており、コーランやハディースに盛り込まれている。「イスラーム国」は初期イスラーム教団の規範と慣行の例外的な一部分を摘み食いしたのではなく、中世の伝統の中心を丸ごとそのまま現代に持ち込んでいる、とハイカルはウッドの取材に答えて示していく。

ウッドは専門家やイスラーム主義者自身にインタビューし、「イスラーム国」がカリフ制による領域支配とイスラーム法の施行や、終末の近い将来における到来、戦争とそのための戦略論のいずれにおいても、コーランやハディースに依拠し、イスラーム法学の有力な解釈に基づいて行なっていることを確認していく。

このような通念への批判には政策論的な含意がある。通念に従って「イスラーム国」のイスラーム性を否定することにより、米国の対「イスラーム国」政策が不適切なものになっているのではないか、という批判である。

ムスリムはイスラーム国を拒絶できる。ほとんど全てのムスリムが拒絶するだろう。しかしイスラーム国が実際に宗教的であること、終末を信じている集団であること、打ち負かすためにはその神学を理解しなければならない、ということを否定するかのように装うことで、米国はイスラーム国を過小評価し、愚かな対抗策を採用することになっている。

イスラーム国がイデオロギー的に純粋であり、正統性があるということは、対策をする上で不都合ではあるが、好都合にもなりうる、とウッドは論じる。それは「純粋であるからこそ、我々はこの集団の行動を予測できる」からである。

イスラーム国は公然とその計画を誇示する。全てではないが、十分に。であるから、注意深く彼らの言うことを聞けば、彼らがどのように統治し拡大しようとしているか、その意図を我々は推測できる。

「イスラーム国」がイスラーム的であるという不都合な真実を受け止めることで、米国は「イスラーム国」の行動を理解し、予測できるようになり、そこから「イスラーム国が過剰な熱狂のうちに自壊することを促進するような対処」を見出すことができる、というのが、ウッドがこの論考で主張する政策的含意である。

中道リベラル派の論調を基調とする『アトランティック』の誌上で、このような問題提起がなされたことは意義深い。ハンチントンが「文明の衝突」論で相対主義的な文明論を唱え、イスラーム教の固有な価値規範の政治的な影響力の認識を迫ったのと同様に、ウッドも『アトランティック』誌に掲載された論考で、イスラーム教の本来の教義が、「イスラーム国」に目的意識や正統性を与えていることへの認識を迫った。両者は共に、保守主義的な宗教と伝統文化への認識に基づくリアリズムのイスラーム論を提起したと言えよう。

三　イスラーム教の特有な政治性

しかしイスラーム思想を専門としないウッドが、何を根拠にこのようなイスラーム論を展開し得たのだろうか。この節では理論的根拠を提供していると見られる、イスラーム思想研究の専門家の著作を特定し、その政治的含意を論じたい。

『アトランティック』誌に掲載された論考のなかで、ウッドは二種類の情報源を明示し、直接的に引用している。第一はイスラーム主義の活動家や思想家であり、第二はイスラーム思想を対象とする研究者である。活動家・思想家として取り上げられているのは、英国のムハージルーン運動（Al-Muhajiroun）の指導的な人物であるアンジェム・チョーダリー（Anjem Choudary, 1967-）や、オーストラリア出身でカソリックから改宗した著名説教師ムーサー・セラントニオ（Musa Cerantonio, 1985-）などである。これらの活動家・思想家の発言の解釈の手掛かりを、ウッドは、前述したように、プリンストン大学の中東研究の教授バーナード・ハイカルや、プリンストン大学で博士号を取得し当時ブルッキングス研究所に所属していたウィリアム・マッキャンツ（William MacCants, 1975-）[29]に取材しており、「イスラーム国」の統治の手法や終末思想がイスラーム教の正統的なテキストに裏付けを持ったものであることを、彼らのコメントを参照しながら論じている。

ハイカルとマッキャンツが明確に「イスラーム国」のイスラーム性を主張できた根拠には、両者に影響を及ぼしていると思われる第三の人物への言及が欠かせない。それはプリンストン大学でハイカルの先任の同僚であり、マッキャンツの博士論文の指導教官でもあった、イスラーム思想史の教授のマイケル・クック（Michael Cook, 1940-）[30]である。

クックは二〇一四年に『古来の諸宗教と現代の政治　比較の視覚の中でのイスラーム教の事例』[31]を刊行している。この著作は「イスラーム国」が台頭するよりも前に刊行されているが、「イスラーム国」あるいは近現代のイスラーム主義の諸勢力のイスラーム性をめぐる議論を左右する含意を備えている。ウッドの論考では直接に言及されていないものの、ウッドの論考、あるいはそこで引用されたハイカルやマッキャンツの議論を、理論的に下支えした著作とみられる。まずクックの思想的な背景を略述しておこう。クックは英国生まれのイスラーム思想史家で、ロンドン大学東洋アフリカ研究学院（SOAS）でバーナード・ルイスに師事した。ルイスは一九七四年―八六年にプリンストン大学教授を務めたが、その退任の年一九八六年にクックがプリンストン大学教授に着任し、現在に至っている。

クックがルイスに師事し、プリンストンにおいてもその後継者と見られることは、米国における政治的な立場を間接的に物語る。エドワード・サイードがオリエンタリズム批判を行う際に、主要な論敵としたのはバーナード・ルイスだった。前述した、サイードがハンチントンの「文明の衝突」論のイスラーム認識を批判した際にも、ハンチントンのイスラーム認識の根拠がルイスの議論にあることが指摘された。サイードは、自由主義的な観点から、イスラーム教が単一のものではなく、人間社会の多様性や個人の自由意思によって無数の形態がありうるとする。これに対してルイスは保守主義的な観点から、規範の典拠となるテキストの持続的な影響を強調する。ルイスの系譜に属するクックは、イスラーム教のテキストの政治的な影響力を重視した保守主義的な議論を、新たな形で提示したと言える。「イスラーム国」の存在感が増す中で、クックの保守主義的な議論に呼応した議論が、中道リベラル寄りの論者の間にも喚起されていく。その例が、前述したウッドの『アトランティック』論考であり、次の節で取り上げるシャーディー・ハミードの『イスラーム教という例外』だろう。

クックが『古来の諸宗教と現代の政治』で取り組むのは、イスラーム教は他の宗教に比して特に政治的であるのか否か、という課題である。これは抽象的な課題にも見えかねないが、著者自身が明確に設定する文脈と問題意識から、現代の対イスラーム政策に直結する政治的含意を意図していることは明らかである。イスラーム教がもし他の宗教に比べて政治的であるならば、そしてその政治に戦争やテロが含まれるのであれば、「イスラーム国」をはじめとした暴力的な政治運動もまた、イスラーム教に何らかの根拠を持つとみなされる可能性が高まるからである。この本は冒頭で端的に課題を描き出す。

二一世紀初頭を生きる誰もが、ニュースを追っていれば、古来の諸宗教が現代の政治に重要な役割を果たしていることに気づくだろう。しかしこれらの宗教の政治的役割は、決して、同等なものではない。中でも特に明らかなのが、イスラーム教は今日、他のいかなる競合者よりも、政治的に目立っているということである。しかしなぜそうなっているのだろうか？　現代の文脈で政治的に活発なムスリムの個人あるいは集団にとって、イスラーム教を援用することがより魅力的になるような、何らかの形式的な、あるいは実質的な性質が、イスラーム教の伝統には備わっているのだろうか？　そしてそれは他の宗教的伝統には見出せないものなのだろうか？(32)。

イスラーム教の政治的な役割が他の宗教に比して目立つが、それは「本来の」イスラーム教のテキストや規範の体系に由来するものなのだろうか。イスラーム教は他の宗教に比べて特に政治的なのだろうか、というのがこの本の問いかけである。同じ問いかけをクックは次のようにも言い換える。

インドやラテン・アメリカの現代政治を完璧に理解するために、マーダヴァやトマス・アキナスのような中世の大家について聞いたことがなくても良いが、現代のイスラーム世界の政治を理解するためにイブン・タイミーヤについて聞いたことがないようでは望み薄だ、ということに理由はあるのだろうか？(33)

これが現代世界の大きな問いであるにも関わらず、「イスラーム世界の政治についての多くの文献は、この問題に取り組んでいないか、あるいは乱暴に取り組んでいる(34)」というのがクックの問題意識である。

イスラーム教が特に政治的であるのか否かを判定するために、比較の対象として選ばれるのは、インドのヒンドゥー教と、ラテン・アメリカのカソリックである。これらはイスラーム教と「第三世界の大規模な人口が信奉している伝統[35]」という条件を等しくしている。これはイスラーム教の宗教と政治の関係について論じる時に、しばしば無自覚に、先進国であり超大国である米国のプロテスタントやユダヤ教との比較が行われることに異を唱え、より適切な比較対象を選定したものといえよう。

クックは宗教が政治に及ぼす影響を次のような比喩で表現する。

私はしばしばこのように考えたい誘惑に誘われる。宗教の伝統とは一式の電気回路であり、政治を志す者は、この回路にスイッチを入れるかどうか選択するのだ、と。あるいは、メニューだと考えてもいい。政治を志す者たちはそこから選ぶ。それはすなわち、古来の宗教は、メニューと同じように、近代の信奉者たちに一まとまりの選択肢を示す。それは選択を決定はしないものの、確かに選択を制約する。[36]

この引用箇所の末尾には注がついており、レストランの「メニュー」という比喩について、プリンストン大学の同僚のイスラーム思想研究者カースィム・ザマーンからは「選択の自由を誇張している」可能性が指摘されたという。それを踏まえてクックは「メニューは渡されるものの、ウェイターが『当店のスペシャル』を盛んに推してくるような状態を考えたほうがいいのかもしれない」と記している。[37] すなわち、我々は政治的に自由に選択しているように見えて、実際には宗教によって制約を課され、方向づけられているというのである。

クックは序文で、この本の議論が前提にしていることをいくつか挙げる。ここで挙げられる前提は、この本が現代の政策論的なイスラーム論に対して持つ政治的な含意を端的に示したものと言える。

第一の前提は、宗教の相違は政治への影響の相違をもたらすということである。これは一見して当然のようにも見えかねないが、米国のイスラーム論の文脈では、通念に対する批判である。イスラーム教が特に政治に対して影響を持つということは、米国の支配的な言説では否定されることが多い。これに対してクックは「言うまでもなく、ある人の宗教伝統がイスラーム教なのか、ヒンドゥー教なのか、キリスト教なのかの相違は、意味を持つと私は考えている」と述べた上で、「この前提は私には常識と思われるが、全ての人が同意するわけではないのだろう」と記す。そして「これに同意しない人にも、この本が付随的な形で有益となることもあるだろう」と、皮肉を加える。[38]

第二の前提は、宗教の伝統遺産すなわち教義テキストに対する現代の解釈の幅には限界があるということである。現代の欧米では、あたかも教義のテキストには無限の多様な解釈が可能であるかのような議論が支配的である。イスラーム教についても、コーランやハディースのテキストに何がどう書かれているかよりも、人間の側で解釈する営みがより重要とされ、解釈は変化していくことが当然視される。テキストそのものは変化しないにしても、教義の体系は近代において人間の解釈により構築されたものとする考え方が支配的である。しかしクックはこれを否定する。

宗教の伝統は、あたかも解釈者が自由に作り変えられるパテのようなものだという考え方に私はほとんど共感していない。あたかも遺産は誰かの思い通りの意味を持つものとして解釈され通用し、あらゆる解釈は信者にとって同程度に確からしいものであるかのような考え方には。遺産は、解釈者によって、あるいはその他の圧力の下で、確かに変わる。しかし変化は緩やかなものであり、かなり強い慣性の力に抗してのものである。[39]

ここでクウェンティン・スキナーの「政治で行うことが可能なものは、一般的に、正統化可能なものに限られている。しかし、正統化できると望めるものは、既存の規範的な原則の範囲内で可能な経路に依存している」という一節を援用する。[40]

第三の前提は、アイデンティティの一定性である。伝統遺産と同様に、アイデンティティもまた、現代の欧米においては、可変性があり、構築されるものと考えられている。しかし人々が生命を賭すほどに重要な集合アイデンティティについては、そのような見方は正確ではないという。

アイデンティティは、価値と同様に、変わることができるし、変わる。しかしアカデミックなレトリックでしばしば言われるように、絶え間なく移り変わってはいない。理由は簡単である。共有されている通貨のように、共有されているアイデンティティは、人々の相互の主張の根拠なのである。アイデンティティにある程度の安定性がなければ、それはハイパーインフレを起こした通貨のようなもので、無意味になる。[41]

第四の前提として、世界で単一のイスラーム教というものはなく、無数のローカルな異なるイスラーム教がある、という考え方にも異を唱える。「私の手法は、同様に、『イスラーム教などというものはない』という見解とは袂を分かっている」[42]。これもまた、自明なようでいて、米国のアカデミアではむしろ否定されることの多い見解である。

このような前提の上でクックは、まず政治的アイデンティティの形成において、イスラーム教が他の宗教に比して特有の重要性を持つと論じる。クックはまず、近代の国際社会では言語を共通項としたエスニシティを基盤としたネイションが西欧で形成された。そこでは世俗主義が基調となり、宗教は政治的アイデンティティの紐帯としては後景に退いた。ネイションの概念は非欧米の世界に広められたが、各地の状況の相違によって、異なる種類の政治的アイデンティティが形成された[43]。ここでイスラーム教が支配的な中東と、ヒンドゥー教が支配的なインド、カソリックが支配的なラテン・アメリカが比較される。これらの地域のネイションの形成の相違は、宗教の政治的アイデンティティとの関わりの相違によってもたらされる。イスラーム世界では宗教を紐帯としたムスリムの政治的アイデンティティが前近代において優越していた。中でもアラブ人はイスラーム教を紐帯としたムスリムとしての政治的アイデンティティが、近代に育った言語を紐帯としたアラブ人のネイションと分かち難かった。それに対してイラン人やトルコ人は、ムスリムとしての政治的アイデンティティは言語によるネイションとの間で緊張を孕んでいた。しかし宗教による政治的アイデンティティはムスリムの間で持続し、言語によるネイションの形成と並存した[44]。

それに対してインドでは、言語の面からも宗教の面からも拡散し統一性に欠けている。言語によるエスニシティが多数存在する一方、ヒンドゥー教はカーストによって帰属する人間集団を分断しており、一体の政治的アイデンティティを形成しにくい。そのためヒンドゥー民族主義は、宗教ではなく文化的な紐帯による民族主義であり、そこに宗教的な遺産をちりばめている。[45] ラテン・アメリカのカソリックになると、政治的アイデンティティの核になることがほとんどなかった。[46]

クックはこれに続き、(1)社会規範、(2)戦争法規、(3)異教徒の扱い、(4)政治体制のそれぞれについて、イスラーム教がムハンマドの時代において国家を設立し軍事遠征を行い、異教徒を支配しており、それがコーランやハディースの原典テキストに記され、規範の体系を形作って維持されてきたことから、ヒンドゥー教やカソリックに比して顕著に詳細に政治規範を持っていることを示す。そして歴史からも、テキストの構造からも、初期の時代と典拠テキストに回帰する原理主義がイスラーム教の場合は特に正統化されやすいことを、[47] 典拠テキストが長時間にわたって形成されたため、初期の時代に回帰することが困難であって、文化的な民族主義は出てくるが原理主義が出てきにくいヒンドゥー教[48]や、カソリック教会の権威に従うという根本的なところが保守主義的であり、典拠テキストに回帰する原理主義への転換が原理的に困難であるカソリックと比較の上で、示していった。このようにして、クックは、現代世界においてイスラーム教が特に政治に大きな役割を果たしていることの原因を、宗教の成立の経緯と典拠テキストそのものに求めたのである。

四　イスラーム例外論の挑戦

クックは『古来の諸宗教と現代の政治』で、保守主義的な観点からのイスラーム論の理論的根拠を再提示したと言えるが、そこからいかなる政策論が導き出されるかについては明示的・直接的には論じていない。「イスラーム国」が国際政治の最重要課題として見られるようになったのも、この著作が刊行された二〇一四年三月よりも後のことだった。

しかしクックが比較思想研究で、イスラーム教が他の宗教に比して特異な政治性を持つことを学術的に論証していたことは、「イスラーム国」が大きな国際政治の問題となって以後の米国の議論に影響を及ぼしたと考えられる。ウッドが「『イスラーム国』は本当は何を望んでいるのか?」を著すに際して取材し依拠したのが、クックの同僚のハイカルと、クックの元で博士号を取得したマッキャンツであり、両者が「イスラーム国」の宗教的な正統性を論じるための理論的な拠り所が、クックによって提供されていた。ハイカルやマッキャンツに依拠したことで「『イスラーム国』は本当は何を望んでいるのか？」の議論は信憑性を増し、大きな話題を呼ぶことになった。クックの理論書が、同僚や弟子のイスラーム専門家の議論を通じて、中道リベラル派の主要メディア上の議論に影響を与えることで、米国のイスラーム論の保守主義的な旋回が可能になった。

クックの理論書の影響に端を発する米国のイスラーム論の保守主義的な旋回は、より明確な政策論として提起されるに至っている。二〇一六年に、クックの『古来の宗教と現代の政治』を直接参照しつつ、中東・イスラーム世界に対する米国の外交政策論として、新機軸を打ち出した著作が現れた。マッキャンツと同じくブルッキングス研究所に所属するシャーディー・ハミードによる『イスラーム教という例外』(49)である。ハミードはエジプト系アメリカ人で、現代中東政治を専門とし、二〇一四年には「アラブの春」以後のエジプトなどでの、民主化を背景にした非自由主義的なイスラーム主義の台頭を分析した『権力の誘惑——新しい中東におけるイスラーム主義と非リベラルな民主主義』(50)を刊行している。ハミードは『アトランティック』誌に二〇一四年一〇月に「『イスラーム国』の魅力の根源」を寄稿しており、内容はウッドの二〇一五年三月号の「『イスラーム国』は本当は何を望んでいるのか？」と同じ方向性のものだった。(51)『イスラーム教という例外』の刊行に際しても、『アトランティック』誌にその内容を縮約した論考「イスラーム教は例外なのか？」(52)を寄稿しており、同僚だったマッキャンツと同様に、『アトランティック』誌との関係の深さを窺わせる。

ハミードは『イスラーム教という例外』で、自由主義の全世界での普遍性を自明とする政治学一般に支配的な論調と、特に、それを中東に適用する議論を批判する。

ハミードはまず「宗教には意味がある（Religion Matters）」と問題提起する。(53)これはクックが四つの前提の筆頭に挙げた、宗教の相違が政治への影響の相違をもたらすという認識を、現代中東政治の分析に適用したものと言ってもいいだろう。

私を含めた政治学者は、宗教とイデオロギーとアイデンティティを、「二次的な現象」であると考えがちであった。それらは物質的な要因の、ある組み合わせによって生み出されている、と考えてきたのである。(54)

ハミードは次のように指摘する。自爆犯を論じる時、政治学者は、「累積した失敗による抑鬱」「経済的な苦境に対する不満」「国内政治における抑圧」「外国勢力による占領」等々を原因として分析することが通常である。確かに、それらも要因ではあるだろう。だが全ての要因ではない。自爆犯はしばしば、自爆して死ぬことに宗教的な意味があると信じて自爆しており、政治・経済・社会・国際的背景は様々であって、決定的な要因とは言えない場合も多い。そこから「宗教には意味がある」とハミードは改めて提起する。

ハミードが批判するのは、政治や国際関係の原因をほとんど自動的に物質的要因へと還元する、あるいは物質的利益を求める個人の欲望に基づく合理的選択に還元する、近年の政治学者の姿勢である。

あまりにも頻繁に、我々は外国の紛争を見る時に、紛争が、その中核においては、政治であり権力であり資源の配分をめぐるものであると前提にしてしまう。それらは我々のアメリカの経験と結びつけて理解しやすいからだ。宗教がもし意味があるのならば、それは衣装であり、もっと低劣な、金やエゴや権力や支配への人間の衝動が、宗教という衣装をまとっているのだ、と。従って、宗教とは、方法であり、手段であって、それは利用され、乱用され、操作されるものであるのだ、と。であるから宗教はものごとの第一原因ではなく、「一つの」の根本原因ですらないのだ、と。もし万が一、見たところ誠実に信仰を表明していても、その表明を行なっている個人は虚偽意識に取り憑かれているのかもしれず、宗教の高貴な目的のために物事を行なっていると当人が考えていても、「実際には」何かもっと単純でかなりロマン的ではないものごとによって衝き動かされているのだ、といった具合に考えてしまう。(55)

ハミードは「イスラーム国」の台頭は、「リベラルな決定論（liberal determinism）」が中東の現実の説明に失敗してきたことの劇的な現れであると論じる。「リベラルな決定論」によってハミードは「歴史は、より合理的で世俗的な未来に向かって進む」という信念のことを指す[56]。リベラルな決定論を廃することによって、ハミードは米国の中東政策論に支配的だった自由主義的な通念を批判し、保守主義的な観点を取り入れた新たな指針を示す。

ハミードは「もちろん、イスラーム教は、他のものと同じように、現在の姿や過去の姿とは異なるものになりうる」と、保守主義的な議論が陥りがちな本質主義的な決定論からは距離を置く。そしてイスラーム教が政教分離を進め世俗主義的な原則を受け入れるような大きな思想の変化が生じる可能性も、原理的には存在すると、入念に留保を行う。しかしその上で、次のように言い切っている。

ここでの要点は、このようなシナリオが不可能だということではない。しかしそれはありそうもない、ということだ。分析者と政策立案者はありそうもない帰結を望み続けることができる。しかし起こりそうもない出来事が連続して起こるという前提の上に、地域情勢の長期的な評価を行うことはできない[57]。

また、こうも言い切る。

もし私の見通しが誤っていて、世俗的でリベラルな秩序が実際に勝利したとしても、それにはかように長い時間がかかるのであり、しかもかくも多くの「もし」に依存している。であるから、そのような期待をこの地域の分析と政策立案に取り入れることは、ほとんど意味がない[58]。

世俗化が中東において近い将来には起こりそうもないという、保守主義的なリアリズムの認識に基づいて、ハミードは中東政治を決定づける、従来は等閑視されがちだった二つの要因を指摘する。第一に、七世紀のイスラーム教の「設立時のテキスト（foundational texts）」が、宗教と政治の関係をめぐる規範を定式化しており、それが現在も影響力を持っているということ。第二に、一九二四年にオスマン帝国が崩壊してカリフ制の政体が消滅したことで、イスラーム教の政治に関する理念に適合した政体が失われて後、設立時のテキストに定式化された規範に合致した政体の模索が、中東の国内・国際政治における重要な課題として存在していることである。[59]

むすびに　政策への影響

米国の主要なメディアにおけるイスラーム論は、「イスラーム国」の台頭と世界各地からの呼応という現象を受けて、イスラーム主義の過激派組織は本来のイスラーム教から逸脱した末梢的存在であるとする、従来の通説の自由主義的な前提を疑う保守主義的な旋回を始めた。これは萌芽的な潮流であり、大きな話題を呼んではいるものの、米国のイスラーム論・イスラーム認識を塗り替えたとまでは言えない。しかし米国のイスラーム世界に対する外交・安全保障政策の根幹をなす理念的な枠組みに、一定の変化をすでに及ぼしていると見ることができる。

例えばこれをオバマ大統領の最終年度の発言に見てみよう。二〇一六年一月一二日、オバマ大統領は最後の一般教書演説を行なった。[60]そこで、中東情勢について次の認識を示した。ここで本論文において注目するのは次の部分である。

中東は、一世代はかかる変容の過程にある。その根源は、数千年に遡る紛争に根ざしている。

ここでオバマは、中東の紛争の原因を、近現代の政治・経済・社会的な問題を超えた「数千年に遡る」ものとしている。明示的ではないものの、宗教を含む、なんらかの原初的な変更し難いものに中東の紛争の原因を帰す、本質主義的な立場に近づいている。最後の一般教書演説に込められたオバマの真意を推し量る手がかりとして、『アトランティック』誌二〇一六年四月号に掲載された、ジェフリー・ゴールドバーグ編集長がオバマとの長時間の会話に基づいて著した記事「オバマ・ドクトリン」が参考になる。[61] ゴールドバーグ編集長との私的な会話でオバマは「イスラーム教が近代と折り合いをつけ、キリスト教を変化させた改革の一部を経ない限り、イスラーム主義のテロリズムへの包括的な解決はない」という感慨を漏らしたと言う。このインタビューでのオバマの発言を抜粋した記事[62]によれば、オバマは一方で「イスラーム教の暴力的な、狂信的な、虚無的な解釈をする一つの派閥が——小さな派閥が——ムスリムの共同体の中にある。それは我々の敵であり、打ち負かさなければならない」と述べて、「イスラーム国」などの暴力的な集団がイスラーム教の「小さな派閥」であるとする。他方で「また、イスラーム教全体がこの解釈に挑戦し、孤立させる必要がある。そしてイスラーム教徒のコミュニティの中で、イスラーム教が平和的な近代社会においてどのように役割を果たすかについて、活発な議論を行う必要がある」と述べ、イスラーム教やイスラーム教徒のコミュニティは暴力的な思想や勢力と無関係ではないという認識を示す。退任を間近にした二〇一六年四月のオバマは、二〇一四年九月の演説とは、根本の部分では大きく異なるイスラーム認識を、ここで表明していることになる。

　本論文で扱ってきた、プリンストン大学のマイケル・クックの理論書からシャーディー・ハミードの政策論へ至る流れ、そしてグレアム・ウッドによる主要メディアの媒体における問題提起とその及ぼした波紋が、オバマの発言の変化と直接的な影響関係があるのかどうか、ここでは解明することができない。オバマ大統領は政治家としての意図をもって発言していると考えられ、その発言の変化がオバマ自身の思想の変化を直接に反映すると仮定することはできない。

　オバマは、中道リベラル派の政治的立場からも、ゴールドバーグ編集長との親密な心を許した関係をうかがわせるインタビュー記事からも、『アトランティック』誌の論調に親和性がある。この雑誌を政策論を一般社会に向けて発表する媒体として活用してきたハミードやマッキャンツと、オバマの発言との間に、なんらかの影響関係があると推測することはできるが、断定することはできない。ここでは、ワシントンの中道リベラル派のイスラーム論において、オバマ政権二期目の後半において変化の兆しが見られたこと、マイケル・クックの理論書を基礎にして、『アトランティック』誌やブルッキングス研究所を拠点とする政策論者やジャーナリストが通説に挑戦する議論を提示し、それに並行して、オバマ自身もその公的・政治的発言において、イスラーム論に修正を加えるに至ったことを指摘するにとどめたい。

なお、この論文ではオバマ政権の末期までを対象にしているが、二〇一六年の米大統領選挙においてトランプ候補はイスラーム主義勢力によるテロや紛争をイスラーム教により直接的に結びつける議論を行い、それらの勢力を「過激なイスラーム教テロリズム（Radical Islamic Terrorism）」とことさらに強調して呼んで見せることを、大統領選挙における主要な主張の一つとして採用した。二〇一七年一月二〇日の就任演説[63]でもトランプはこの用語を採用している。同年五月のサウジアラビア・リヤード訪問の際の演説ではこの用語の使用を避けるなど、一定の柔軟性は示しているものの、この用語の使用を是とする真意は隠されていない。[64]自由主義的な信念からイスラーム教を米国の価値規範と本来的には同一であるとみなす通念や、イスラーム教とテロリズムは無縁であるとしてきた、従来の米政権が維持してきたレトリックを、これは大きく逸脱する。二〇一六年の米大統領選挙は、イスラーム認識のあり方とその表現が選挙の重要な課題として浮上したおそらく初めての事例である。本論文で議論してきたイスラーム認識をめぐる政治思想の展開と、そこに含意されてきた政策論の発展のうえで、トランプ当選という事象とトランプ大統領の公的発言が、どのように位置づけられるかは、興味深い課題である。これについての探求は別の機会に譲りたい。

（1）佐々木毅『現代アメリカの保守主義』岩波書店、一九八四年。佐々木毅『アメリカの保守とリベラル』講談社、一九九三年。会田弘継『追跡・アメリカの思想家たち』新潮社、二〇〇八年。中山俊宏『アメリカン・イデオロギー　保守主義運動と政治的分断』勁草書房、二〇一三年。

（2）森孝一『宗教からよむ「アメリカ」』講談社、一九九六年。森本あんり『反知性主義　アメリカが生んだ「熱病」の正体』新潮社、二〇一五年。堀内一史『アメリカと宗教――保守化と政治化のゆくえ』中央公論新社、二〇一〇年。飯山雅史『アメリカ福音派の変容と政治――一九六〇年代からの政党再編成』名古屋大学出版会、二〇一三年。松本佐保『熱狂する「神の国」アメリカ大統領とキリスト教』文藝春秋、二〇一六年。

（3）ただし、「イスラーム思想史」の「正統」な担い手が、中東などのイスラーム世界の各国に住むイスラーム教徒に限られるかと問えば、そうとも言い切れない。ここでは「イスラーム思想史」の担い手についての議論は控え、別の機会を待ちたい。

（4）なお、この献辞は近年に販売されているＤＶＤ等では「勇敢なアフガニスタンの人々へ（To the Gallant People of Afghanistan）」と改められている。

（5）冷戦期の東側陣営に代わる脅威としてのイスラーム世界やイスラーム教の認識を批判する論集としては、例えばJochen Hippler and Andrea Lueg（ed.）, *The Next Threat: Western Perceptions of Islam*, Pluto Press, 1995がある。

（6）Francis Fukuyama, "The End of History?" *The National Interest*, Number 16, Summer 1989, pp. 3- 18.

（7）フランシス・フクヤマ『歴史の終わり』上・下巻、渡部昇一訳、三笠書房、一九九二年。

（8）フクヤマ、上巻、九七頁。

（9）フクヤマ、上巻、九七頁―九八頁。なお邦訳書を引用する際の「イスラム」「イスラーム」の表記は邦訳書に準拠し、この論文内で統一を図っていない。以下同じ。

（10）フクヤマ、上巻、九八頁。

（11）フクヤマ、上巻、二九五頁。本文九八頁の注9。

（12）フクヤマ、上巻、九八頁。

（13）フクヤマ、上巻、二九五―二九六頁。本文九九頁の注10。

（14）Samuel P. Huntington, "The Clash of Civilizations?" *Foreign Affairs*, vol. 72, No. 3, Summer 1993, pp. 22-49. Samuel P. Huntington, *The Clash of Civilizations and the Remaking of World Order*, Simon & Schuster, 1996. サミュエル・ハンチントン『文明の衝突』鈴木主税訳、集英社、一九九八年。

（15）Amartya Kumar Sen, "Democracy as a Universal Value," *Journal of Democracy*, Volume 10, Number 3, pp. 3-17.

（16）Edward Said, "The Clash of Ignorance", *The Nation*, October 4, 2001（https://www.thenation.com/article/clash-ignorance/）.

（17）ネオコンサーバティブの思想家たちのイスラーム認識については、様々な論者たちの細部における差異や矛盾も含めて、次の論文に詳しい。Timothy J. Lynch, "*Kristol Balls*: Neoconservative Visions of Islam and the Middle East," *International Studies*, March 2008, Volume 45, Issue 2, pp. 182-211.

（18）ブッシュ政権の外交・安全保障政策がどの程度ネオコンサーバティブの影響によって策定され決定されたかについては議論が分かれる。ここでは決定された政策をどのように理論的に整序し、正統化したかという、理念やレトリックの面に議論を限定している。理念やレトリックに関する限りでは、ネオコンサーバティブの影響は明瞭というべきだろう。

（19）"Address Before a Joint Session of the Congress on the United States Response to the Terrorist Attacks of September 11," September 20, 2001（http://www.presidency.ucsb.edu/ws/?pid=64731）.

（20）同年五月一日にブッシュ大統領は、米航空母艦アブラハム・リンカーンの艦上で兵士たちに向けた演説で「イラクでの大規模な戦闘は終了した」と謳い上げている。これはさほど時を置かずして批判を受ける。"Bush makes historic speech aboard warship," CNN, May 2, 2003（http://edition.cnn.com/2003/US/05/01/bush.transcript/）.

（21）"Remarks at Whitehall Palace in London, United Kingdom," November 19, 2003（http://www.presidency.ucsb.edu/ws/index.php?pid=812&st=&st1=）.

（22）"Obama: Why I won't say 'Islamic terrorism,'" CNN, September 29, 2016（https://edition.cnn.com/2016/09/28/politics/obama-radical-islamic-terrorism-cnn-town-hall/index.html）.

（23）ここで原文は「イスラーム国」をＩＳＩＬとしている。「イスラーム国」については英語でもＩＳＩＬやＩＳＩＳやＩＳなど呼称が様々であり、日本語での訳も「ＩＳ」であったり、あるいは「イスラミックステート」と呼ぶなど様々であるが、本論文では訳語を「イスラーム国」に統一する。原文である特定の呼称を採用していることが特に意味を持つ場合には、論文で言及する際にも呼称を使い分ける必要があるが、本論文での議論に関する限り、そのような差異を読み込む必要がないと判断したからである。

（24）原文でISIL is not "Islamic."と引用符が付されている。

（25）"Statement by the President on ISIL," The White House, September 10, 2014（https://obamawhitehouse.archives.gov/the-press-office/2014/09/10/statement-president-isil-1）. "Obama's Full Speech About ISIS," *The New York Times*, September 11, 2014（https://www.nytimes.com/video/world/middleeast/100000003107090/obama-addresses-the-nation-about-isis.html）.

（26）Graeme Wood, "What ISIS Really Wants," *The Atlantic*, March, 2015（http://www. theatlantic.com/magazine/archive/2015/03/what-isis-really-wants/384980/）.

この論考は『アトランティック』誌の紙媒体の二〇一五年三月号に掲載されたが、ウェブ版では二月中に公開されており、様々な反応も二月中からウェブ版に依拠して行われている。本論文もウェブ版を参照する。

（27）Wood, "What ISIS Really Wants."

（28）主著に、Bernard Haykel, *Revival and Reform in Islam: the Legacy of Muhammad al-Shawkānī*, Cambridge University Press, 2003がある。

(29) 博士論文はWilliam F. McCants, *Founding Gods, Inventing Nations: Conquest and Culture Myths from Antiquity to Islam*, Princeton University Press, 2011として刊行されている。「イスラーム国」の終末論による動機づけについては、William McCants, *The ISIS Apocalypse: The History, Strategy, and Doomsday Vision of the Islamic State*, St. Martin's Press, 2015を刊行している。

(30) マイケル・クックの思想史家としての業績は、次のウェブサイトに詳しい。"Michael Cook: Statement from the Holberg Committee" (http://www.holbergprisen.no/en/michael-cook/statement-holberg-committee).

(31) Michael Cook, *Ancient Religions, Modern Politics: The Islamic Case in Comparative Perspective*, Princeton University Press, 2014.

(32) Cook, *Ancient Religions*, xi.

(33) Cook, *Ancient Religions*, xi.

(34) Cook, *Ancient Religions*, xi.

(35) Cook, *Ancient Religions*, xi.

(36) Cook, *Ancient Religions*, xii.

(37) Cook, *Ancient Religions*, xii, note 2.

(38) Cook, *Ancient Religions*, xv.

(39) Cook, *Ancient Religions*, xv.

(40) Cook, *Ancient Religions*, xv. ここで引用された一節の出所はQ. Skinner, *Liberty before Liberalism*, Cambridge University Press, 1998, p. 105.

(41) Cook, *Ancient Religions*, xv.

(42) Cook, *Ancient Religions*, xvi.

(43) Cook, *Ancient Religions*, pp. 1-2.

(44) Cook, *Ancient Religions*, p. 52.

(45) Cook, *Ancient Religions*, pp. 120-121.

(46) Cook, *Ancient Religions*, p. 154.

(47) Cook, *Ancient Religions*, pp. 377-378.

（48）Cook, *Ancient Religions*, p. 400.

（49）Shadi Hamid, *Islamic Exceptionalism: How the Struggle Over Islam Is Reshaping the World*, St. Martin's Press, 2016. この本については、池内恵「イスラームという『例外』が示す世俗主義とリベラリズムの限界」『アステイオン』第八七号、二〇一七年一一月、一七七―一八五頁で詳細に書評を行なっており、本論文での記述もそれに重なる部分がある。

（50）Shadi Hamid, *Temptations of Power: Islamists and Illiberal Democracy in a New Middle East*, Oxford University Press, 2014.

（51）Shadi Hamid, "The Roots of the Islamic State's Appeal," *The Atlantic*, October 31, 2014（https://www.theatlantic.com/international/archive/2014/10/the-roots-of-the-islamic-states-appeal/382175/）.

この論考のリード文は「『イスラーム国』の台頭はイスラーム教と関係している。問題は『どのように？』である」となっている。

（52）Shadi Hamid, "Is Islam 'Exceptional'?" *The Atlantic*, June 6, 2016（https://www.theatlantic.com/international/archive/2016/06/islam-politics-exceptional/485801/）.

この論考のリード文には「一四世紀前の出来事が、如何にして現在も宗教と政治との関係を形作っているか。そしてそれが中東の将来に何を意味するか」とある。

（53）Hamid, *Islamic Exceptionalism*, p. 9.

（54）Hamid, *Islamic Exceptionalism*, p. 9.

（55）Hamid, *Islamic Exceptionalism*, p. 21.

（56）Hamid, *Islamic Exceptionalism*, p. 11.

（57）Hamid, *Islamic Exceptionalism*, pp. 26-27.

（58）Hamid, *Islamic Exceptionalism*, p. 27.

（59）Hamid, *Islamic Exceptionalism*, pp. 5-6.

（60）"Remarks of President Barack Obama – State of the Union Address As Delivered," The White House, January 13, 2016（https://obamawhitehouse.archives.gov/the-press-office/2016/01/12/remarks-president-barack-obama-%E2%80%93-prepared-delivery-state-union-address）. "Transcript of Obama's 2016 State of the Union Address," *The New York Times*, January 12, 2016（https://www.nytimes.com/2016/01/13/us/politics/obama-2016-sotu-transcript.html）.

(61) Jeffrey Goldberg, "The Obama Doctrine: The U.S. President Talks Through His Hardest Decisions About America's Role in the World," *The Atlantic*, April 2016 (https://www.theatlantic.com/magazine/archive/2016/04/the-obama-doctrine/471525/).

(62) Andrew McGill, "Obama on the World: How the President Thinks About Foreign Policy, in His Own Words," *The Atlantic*, March 10, 2016 (https://www.theatlantic.com/international/archive/2016/03/obama-doctrine-quotes-foreign-policy/424281/).

(63) "The Inaugural Address," The White House, January 20, 2017 (https://www.whitehouse.gov/briefings-statements/the-inaugural-address/).

(64) "'Radical Islamic terrorism,' Trump said over and over. But not in Saudi Arabia," *The Washington Post*, May 22, 2017 (https://www.washingtonpost.com/news/the-fix/wp/2017/05/22/radical-islamic-terrorism-trump-said-over-and-over-but-not-in-saudi-arabia/?utm_term=.928cd0d961d9).

中国社会主義国家における「保守」と「守旧」

――「左派」を基軸とする思想状況をめぐり

●――石井知章

はじめに

K・マンハイムによれば、「保守主義」という思考様式が一つの潮流として現れたのは近代以降であり、「保守主義」という言葉自体が近代的起源をもつものである。それは通常、普遍的人間の本性としての「伝統主義」と特殊な歴史的近代現象としての「保守主義」との二つに区分される。[1] このうち前者は、旧来のものを墨守し、更新に携わるのを嫌うような人間の心的素質を指しているという意味で「守旧」として理解でき、かつM・ウェーバーがかつて「伝統主義」と呼んだものにほぼ重なる。「自然的保守主義」とも称されるこの「伝統主義」の立場を、マンハイムは「普遍的な人間の特性」を示すカテゴリーとして用いた。いいかえれば、「保守主義」は歴史的コンテクストで理解される「保守」と、普遍的に見出される人間性のあり方としての「守旧」との二つの概念に分けられることになるが、これが現代中国においても例外でないことはいうまでもない。ちなみに、この理解は現代中国で「保守主義」について考察した数少ないリベラル派知識人の一人、劉軍寧（元中国社会科学院、二〇〇二年、リベラリズムをめぐる発言で解雇）のそれとも一致している。[2] マンハイムは次のようにいう。

「旧来のものの墨守のみを意味する、このような伝統主義によって、人はまったく正当に、それが一切の改革主義に反対し、一切の志望された革新化への努力に反対する本源的態度であることを主張できる。さらにまた、それが「普遍的人間的」であること、その原初形態は、「原始民族」において、継承された生活形式の墨守が、じつに〔その生活形式を〕変更するときには起るであろう呪術的不利益にたいする不安と密接に関連しているということを主張できる」(3)。

このようにマンハイムは、普遍的人間性のなかに見出せる「守旧」としての「伝統主義」が現代においても存在しており、しばしば「意識の呪術的要素の残滓」と結合しているという。ここで「伝統主義」的行為は、政治的もしくはその他いかなる種類の保守主義とも結びつかない。たとえば、政治的に「進歩的」な人でも、その政治的信念となんらかかわりなく、特定の生活領域ではきわめて「伝統主義」的に行為できる(4)。したがって、「守旧派」とは何らかの改革・革新の動きに対して、現状維持を望む勢力、およびその従来の考えの側にある勢力のことを意味し、通常、「改革派」が既得権益をもって保身を追求する反対勢力に対して、ネガティブな意味合いで使われる。「保守派」とは異なり、「守旧派」がそれとして自称されることがほとんどないゆえんである。中国との関連でいえば、「守旧」という概念が、近代以降においてもこの「意識の呪術的要素の残滓」と重なっているという点が重要である。ここでは、現代中国でしばしば使われる「左派」(=保守派)と「右派」(=改革派)という対立軸を背景にして、さらに前者のなかで「保守」と「守旧」というサブカテゴリーに二分される思想状況について考察する。

一　近・現代中国における「保守」と「守旧」

仮に「保守主義」という言葉が近代起源のものであるとしても、では近代中国において「保守」と「守旧」とはいかなる意味合いをもっているのか。かつて清末における「変法自強運動」で、洋務派は「改革派」、反対派は「守旧派」

と呼ばれていた。なぜなら、近代中国において、バークのいう真正なる「保守主義」は事実上存在せず、それはしばしば「守旧」と同一視されてきたからである。

日清戦争での敗北によって清の弱体化が明白になると、西欧列強と日本の侵略が激化し、中国分割による利権の争いを招いていく。国内においては「洋務運動」が広がり、「中体西用」で君主による専制政治を改め、変革の必要性を訴える若い知識人勢力が拡大していった。だが、劉軍寧の見るところ、「中体西用」を擁護した人々ですら本来の「保守主義」者とはいいがたく、じつは「開明的保守派」、あるいは「穏健改革派」であったにすぎない[5]。それは儒学など中国の伝統学問を基礎として（中体）、西洋の学問や技術を利用していこうというものだったが（西用）、伝統的政治体制を残したまま西洋の模倣をするだけで、結局は失敗に終わった。

さらに康有為らの変法派は、日清戦争に勝利した日本を模範として、明治時代の議会制立憲君主政を熱望し、その樹立を目標に掲げていく。この変法運動では、梁啓超や譚嗣同ら、さらに日清戦争で功を成し遂げた袁世凱らを集めて変法派を形成し、民間人の立場から光緒帝に接近した。だが、光緒帝と変法派には、西太后ら「守旧派」を抑える十分な力はなく、広い社会的支持も得られないまま、さらに変法派の情報を漏らすなど袁の背信行為によって、逆に西太后から信任を得ることとなった。こうしたなか、「守旧派」は一八九八年九月、ついに変法派に対する弾圧を決行し、この革新運動はわずか一〇〇日余で挫折した（戊戌の政変）。かくして変法派は一掃され、西太后の摂政が復活、排外主義を主張する「保守派」政権によって変法運動は衰退していったのである。

ここできわめて興味深いのは、この体制改革運動（戊戌変法）において康有為や梁啓超が儒教を「孔子教」として国教化する方向を模索していた、ということである。これは通常、中国における伝統的「守旧派」が、「現世順応型」伝統主義（M・ウェーバー）としての儒教に「支配の正当性」とそのためのイデオロギー的根拠を求めていたとされるのとはイメージが大きく異なっている。ここでは西洋の宗教改革と明治日本の天皇制国家の経験を踏まえながら、人格的カリスマが創造した世界宗教へと儒教を解釈し直すことで、偶像破壊的な革新性を呼び覚まし、社会革命を準備し、中華帝国を近代国家へと大きく転換しようとしたのである。この試みは失敗に終ったものの、「意識の呪術的要素の残滓」としての「秘教的儒教」を革命思想に通じる宗教イデオロギーに再編成しようとした彼らの構想は、現代中国の近代化プロセスにおいても少なからぬ陰影を残すことになった。たしかに、「保守」と「守旧」との区別が中国で可能になったのは近代以降であるが、「戊戌の変法（政変）」はその最初の、そして近・現代中国において恐らく唯一の、のちに長く機能することとなる「保守主義」をめぐる基本的思想軸を形成した象徴的ケースであるといえる。ここでは中国の伝統主義をつねに根拠づけていた「守旧」としての儒教が、いわば形を変えて「秘教的儒教」として生まれ変わったのである。[6]

二　現代中国における「保守主義」とは何か

たしかに近代以前には「保守主義」という言葉が存在しなかったばかりか、劉軍寧が指摘したように、現代社会主義中国では「保守主義」という言葉そのものが長く否定的にしかとられなかったために、それについての研究もきわめて疎かにならざるを得なかった。保守主義、自由主義、社会主義の三つが現代世界を形作るイデオロギーであるとすれば、鄧小平以前の中国において、ルソーの急進主義がもてはやされることがあっても、バークの保守主義に関心が寄せられることはほとんど皆無であった。[7]この場合の急進主義とは、いうまでもなくマルクス・レーニン主義、そして毛沢東主義に裏付けられた政治的ラディカリズムのことを指しているが、それが社会主義中国において、さまざまな悲劇をもたらしてきたことはいうまでもない。たしかに、すべての人民を西洋近代の「資本主義」だけでなく、もう一つの「意識の呪術的要素の残滓」たる中国の前近代的「封建主義」からも解放し、マルクス・レーニン主義の思想に基づく新たな文化を創出するというのが、毛沢東による当初の狙いであったのかもしれない。しかも、ここでは「秘教的儒教」が形を変えた毛沢東主義の革命思想として構想されていたというのも事実であろう。

だが、実際にはそうした理念とはまったく裏腹に、全国規模の非合理的な社会的混乱が広範囲にもたらされていく。初期社会主義段階での大躍進政策の失敗によって国家主席の地位を失った毛沢東は、文化大革命（一九六六―七六年）という「上から」の扇動（「大民主」）によって一般大衆を劉少奇ら政敵への攻撃に駆り出し、自らの権力を取り戻そうとした。その結果、この中国共産党内部での権力闘争によって、数十万から一〇〇〇万人に及ぶ一般大衆が生命を失い、さらに一億に及ぶ人々が何らかの犠牲を余儀なくされ（第十一届三中全会での公式見解では、「文革時の死者四〇万人、被害者一億人」）、新たな文化の創出どころか、中国の多くの貴重な文化的遺産が破壊され、極度の政治的・社会的混乱と経済的停滞がもたらされたのである。さらに、「宗教はアヘンである」というマルクスの言葉の誤った解釈に基づいて、あらゆる宗教が徹底的に否定され、教会や寺院、廟、その他の宗教的文化財も広範囲に破壊されていった。「保守」と「革新」という基軸でいえば、文革終結後、毛沢東主義を中心に「革命的」であることが「左派＝保守」とされる一方、鄧小平など一定の市場主義を取り入れた経済政策をとる「改革」派は「右派＝革新」とされていく。ここでも既述の「秘教的儒教」は、毛沢東主義が社会主義体制下で新たな「正統イデオロギー」となってからも、その思想的根底においては「意識の呪術的要素の残滓」、あるいは「旧来のものの墨守」として機能していたことになる。

三　「秘教的儒教」と親和的な毛沢東主義という逆説

では、毛沢東主義は、いったいいつ、いかにして「守旧」を象徴する儒教の伝統主義と結びついて「秘教化」していったのか。一般的には文革の際、儒教は徹底的に批判され、排斥されたと理解されている。たしかに表面的にはそのような破壊的局面が多く見られるが、実際の思想的背景はもっと複雑なものである。

そもそも中国は古代よりつねに世界の文明大国であり、東アジア地域における「普遍的」文明を代表していた。こうした中華思想に基づく中国中心主義の地位は、一九世紀半ばに覆され、ヨーロッパ文明が世界的覇権を獲得したことによって、中国は徐々に周縁化し、グローバルな普遍史の中の特殊な一事例となった。清朝末期以降の中国は、西洋のような近代的普遍国家になることを目指していたが、新中国を築いた毛沢東は、西洋文明に対して大きな反抗心を抱くに至る。その目的の根底にあるのは、儒教、しかも道教や民間宗教を含んだ「秘教的」儒教を共産主義化するということであった。いいかえれば、「超近代」を目指すもっとも「革命的」であるはずの運動が、じつはもっとも「保守的」な、いわば「前近代的」な儒教（＝守旧）の論理と背後で結びつくという逆説がここに成立したことになる。

この非西洋的「モダニティ」の追求は、欧米の資本主義文明を転覆させ、さらにソ連という社会主義の「正統」からも離反し、中国の特殊な歴史文化の伝統を継承しようとする試みであった。このように、毛沢東の「モダニティ」は、ポピュリズム的運動の常態化と宗教にも似た「秘教的儒教」としての「革命精神」の全体主義的動員によって、国力の増強と国民の均質化を実現しようと企図したのである。たとえば、毛沢東の人民公社構想や文革の基本文書となった「五七指示」（一九六六年）には、「五斗米道」の思想の他に、春秋戦国時代の儒家による「礼記・礼運編」の影響が見られる。ここでは、「大同」という中国式ユートピアが語られ、歴史の流れが「拠乱世、昇平世、太平世」という三つの段階を経るという歴史発展論とともに、孔子こそ「太平世」の実現を目指し、周王朝の転覆を構想した革命家であると示唆されていた。とりわけ、康有為の『大同書』は、「礼記・礼運編」に近代的解釈を施し、中国の政治体制改革の方向性を示した書物とされている。人々が衣食住にも困らず、道（地面）に落ちた物を拾う人さえいないという「大同世」の議論に若き毛沢東が言及したとき、すでに彼が『大同書』の一部を読んでいたことを物語っている。しかも、毛沢東の主義とは、儒家だけでなく、道家、墨家、農家、陰陽家、仏家という諸家思想の総称でもあった。このように、人民公社（コミューン）を「大同社会」というユートピアと重ねつつ、毛沢東は広義の儒教概念である「秘教的儒教」を共産主義化していたのだといえる。(8)

さらに、ポスト文革時代における九〇年代の「文化保守主義」も、いわば民国期の中国思想史における新儒家への回帰を通して、中国西洋文化調和論の歴史的価値を再評価し、人類の普遍的文明と儒教伝統との接続を試みるものであり、その力点はいかに「内聖」（儒家の理論）から「外王」（民主と科学）を切り開くかにあった。ここで問われているのは、伝統的儒家思想がいかにして近代的価値に適応し、かつそれを生み出すことができるのかである。したがって、文化民族主義が追求するものも、西側社会科学の系譜を中国的独自性としての中国の言説にいかに転化させ得るのかということであった。(9)

四 「新左派」の成立とこれまでの経緯

一九八〇年代から今世紀に至るまでの二〇年の間、中国の知識人たちは二度にわたる論争を経験してきた。その最初が、八〇年代末の自由主義と新権威主義との間の思想的論争であり、次が九〇年代以降の「自由主義派」と「新左派」との間の論争である。それらは中国がいかなる政治選択をなし、いかなる発展目標をもつべきか、あるいは一連の重要な国際、国内問題をめぐって異なる価値、思想傾向が生じたことによって、大きく二つの勢力に分岐していったことに端を発する。[10]「四人組」の追放によって中共中央は、文革における誤りを公式に認め、さらにそれによって政治的迫害を受けた人々の名誉回復を行ったものの、「建国以来の党の若干の歴史問題についての決議」（一九八一年）でさえ、その後の政策の重点を経済建設、および市場経済政策の発展に置くにとどまっている。いいかえれば、いわゆる「左派」（毛沢東主義）の思想とは、「功績第一、誤り第二」という言葉に象徴されるように、これまで根本的に否定されることは一度もなかったのである。それどころか、「二つのすべて（毛沢東の決定と指示を変えない）」論や「姓社姓資」（社会主義か資本主義か）論などは、市場主義経済に対する批判が行われるたびに繰り返され、こうした「左派」の思想とは、むしろ挫折しそうになるたびに復活してきたのだといえる。なぜなら、私有化と市場経済を推し進める鄧小平の政治的基盤を覆すためには、毛沢東のカリスマ的権威を用いるしか、他に有効な手立てがなかったからである。この意味で、中国での「左派」という基軸は、「支配の正当性」の根底でつねに潜在的「正統」（Orthodoxy としての Legitimacy）概念の一つとして機能していたことになる。だが、「旧左派」はいかんせん、理論的創造性に欠いており、つねに情緒的かつ道徳的批判といった、過去の教条的理論を用いることしかできず、文革を再評価するという問題提起はまったく説得力に欠け、空虚な戯言としてしか扱われてこなかった。

これに対して「新左派」は、「旧左派」の立場を継承しつつも、「旧左派」とともに「烏有之郷」（重慶事件以降閉鎖）といったネット上のサイトを世論形成の陣地としてきたものの、これら二つの言説体系の源はかならずしも同じものではない。「新左派」が依拠するのはもはやマルクス・レーニン・毛沢東ではなく、しばしば彼らが引用するのも西側のネオ・マルクス主義、ポスト植民主義、そしてポスト・モダニズム理論である。「新左派」の論者の言説は、多くの場合、西側の諸文献の引用でちりばめられ、中身も晦渋をきわめてはいるものの、その問題提起には具体性にかけ、「リベラル派」からはしばしば、中国社会の現実からは乖離し、思想的消化不良をおこしているとの批判を受けている。

中国における「新左派」の誕生は、崔之元、甘陽が一九九三年、香港の『二十一世紀』で中国の現実について論じた評論、および汪暉が韓国の『創作と批評』において発表した「現代中国の思想状況とモダニティ問題」にまで遡る。その後、楊平は『北京青年報』（一九九四年七月）で崔之元の「新進化論・分析的マルクス主義・法学批判・中国の現実」を論評しつつ、「中国に新左翼が生まれた」と宣言した。さらに、『二十一世紀』（一九九六年二月）には、崔之元、甘陽らに反駁を加える「中国の新左派とポスト学」と題した張隆渓らの論文が掲載され、正式に「新左派」という言葉が論壇に登場することとなった。

中国の「新左派」とは、一般的に、汪暉、崔之元、甘陽、王紹光、劉小楓を代表とする知識人群像のことを指しているが、そのなかでももっとも活発な評論活動を繰り広げてきたのが、汪暉と王紹光の二人である。たいへん興味深いことに、「リベラル派」がみな自らを多かれ少なかれ「リベラリスト」と公言しているのに対して、「新左派」はそのように呼ばれることを好んでおらず、たとえば汪暉は、自らを「批判的知識人」と称し、甘陽は「自由主義左派」と呼んでいる[11]。重慶事件という薄熙来の解任劇（二〇一二年）を契機に、「新左派」に対する風当たりは急激に厳しさを増したものの、そうした逆境に立たされれば立たされるほど、むしろ「新左派」は、逆に自らの政治的主張を旧左派（＝保守派）とともに強めるといった傾向がある。日本においても柄谷行人らが、とくに汪暉とともに、現執行政権との親和性の強い、いわば現代中国的コンテクストでいう「新保守主義」的言論活動を展開している。しかしながら、この「新左派」とは、彼らの自称とは裏腹に、中国における「左派＝保守派」の流れを汲むものであって、西側の左翼がもつような進歩的、批判的、反体制的な意味合いがまったく存在していない、という点がもっとも重要である[12]。

五　「リベラル派」と「新左派」との対立の基本構図

この三〇年間にわたって国家の開発戦略として採用してきた「改革・開放」政策の下、中国では「社会主義市場経済」という名の新自由主義的な経済システムが拡大していった。このことが二桁成長という高度な経済発展を実現する一方、とりわけ都市と農村との間の貧富の格差を急激に拡げていったことはいうまでもない。グローバリゼーションが急速に進展した一九九〇年代の後半以降、こうした社会的不公平さの発生原因とその是正のための方策をめぐり、その問題の根源を市場経済化の不徹底と見る「リベラル派（新自由主義派を含む）」と、市場経済化を資本主義化そのものととらえる「新左派」とが対立してきた。

両派の対立は主に、（1）「リベラル派」が「効率性」を重視するのに対し、「新左派」は「公平さ」を重んじ、（2）「リベラル派」が公平性の基準として「機会の平等」を、「新左派」が「結果の平等」を取り上げ、（3）「リベラル派」が不公平社会を生み出した原因を市場経済化の不徹底と政府の市場への不適切な介入であるとしつつ、私有財産制の確立と市場主義原理に基づいた所得の分配の必要性を主張するのに対し、「新左派」は私有財産と市場経済化自体を問題視し、公有制の維持を提唱し、（4）「リベラル派」がグローバル化を基本的に肯定するのに対し、「新左派」は反対の立場をとるというものであり、二つの陣営ではこれら四つを主な基軸として、多くの論争が繰り広げられてきた。この思想・学問レベルでの論争では、前者が基本的に大勢＝体制派を占めつつも、とりわけ二〇〇八年の経済危機以降、農村では農地を失い、はるばるやってきた都市では不安定な職さえ失うといった農民工や、先進国並みに拡大する非正規雇用、そしてワーキングプアといった社会的現実の展開など、いわば「新自由主義」的市場経済政策の行き詰まりをめぐって対立してきたといえる。(13)

だが、毛沢東時代に駆使された国家統制の論理の「部分的」導入によって新自由主義を批判する「新左派」の台頭とは、清末の洋務運動（「中体西用」）以来、往々にして「前近代的」なものをその内に含む伝統主義へと回帰する中で「革新」が図られてきた中国では、ある意味で、きわめて自然な成り行きともいえる社会現象であった。ちなみに、中国の社会主義市場経済を新自由主義の一形態とみなす議論は、D・ハーヴェイの『新自由主義』（作品社、二〇〇七年）でも扱われたことから、いまでは一般的な見方として、中国国内ばかりでなく、国際的にも広く受け入れられている。だが、だからといって、こうした「新左派」と「リベラル派」との対立が、共産党以外の民主党派のような具体的政党を背景にして、具体的政治運動を展開しているわけでも、目に見える政治勢力として定着しているわけでもない。

とはいえ、実際の政治のレベルでは、旧社会主義的原理の復活を唱える「新左派」の論理でさえ、市場経済至上主義に対する有効な対抗手段とはなれずにきたというのが、これまでの厳然たる事実である。それは一言でいえば、その政治的主張が毛沢東主義を讃える「旧保守派」の言説を抽象的レベルで「批判的に」補完するものにとどまっていることに由来している。たとえ「新左派」がどれほど「主観的」にそのことを否認したとしても、その政治的機能を多かれ少なかれ「客観的」に果たしながら現実化しているのが重慶事件（二〇一二年）である以上、その基本的主張に対する結果責任（M・ウェーバー）が厳しく問われることは、国内的にも、国際的にも、本来的に免れ難いことである。こうした「新左派」に対して、たとえば、代表的「リベラル派」の哲学者である李沢厚は、「中国がまず反対すべきなのは封建主義であるにもかかわらず、「新左派」は資本主義に反対している」と指摘している。[14]

これに対して汪暉（清華大学教授）は、おそらく批判の矛先が自分に向けられていることを敏感に察したからであろうが、重慶事件を批判した「文革の再演」論が「何の根拠も持たない」ものであり、「それは空洞化したイデオロギーに基づいて作り出されたもの」として、「新たな新自由主義改革のための政治条件」を作り出している、などとする自己弁護の論を公然と表明している。[15]だが、こうした汪暉をはじめとする「新左派」の立論とは、以下で見るように、中国における「近代」と「前近代」の意味を根本的に履き違えた、きわめて巧妙なレトリックであるにすぎない。

六 「新左派」とその文革をめぐる言説の問題性

その最近の著作である『世界史のなかの中国』（青土社、二〇一一年）で、これまで「新左派」の旗手としての役割を果たしてきた汪暉は、「脱政治化」という言葉をキーワードにして、世界史的コンテクストにおける中国革命史のなかでも、とりわけ六〇年代のもつ特別な意味について問うている。

汪の見るところ、世界レベルでの二〇世紀の政治とは、政党と国家を中心に展開しており、その危機は政党と国家という二つの政治形態の内部において生まれたものである。近代政治の主体（政党、階級、国家）が、いずれも「脱政治化」の危機にあるという状況下で、毛沢東主義への回帰によって新たな政治主体をもう一度さぐってみようとするプロセスには、政治領域を再規定しようとするプロセスが随伴することになるという。だがこれは、一党独裁体制下にある現代中国において、毛沢東時代の前近代的手法によって現在の人権抑圧的政治プロセスがまるごと隠蔽されてしまうほど高度に「政治化」されていることを、完全に包み隠すものである。毛沢東思想の「歴史的遺産をもう一度持ち出して揺り動かそうとすること」は、「未来の政治発展に向けた契機」を含んでいるどころか、「文革の再演」としての重慶事件（二〇一二年）が如実に示しているように、それとはまったく逆に、二〇世紀的なもの以前の前近代への後退をもたらすものである。[16] 仮に「新たな政治主体」を探るプロセスに「政治領域の再規定」が前提にされるのだとしても、その作業に不可欠なのは、六〇年代の毛沢東ではなく、むしろ八〇年代の胡耀邦、および趙紫陽への回帰であってもいいはずなのに、これまで汪をはじめとする「新左派」の知識人、そしてそれを支えている柄谷行人ら日本の一部の知識人たちは、その可能性にすら触れようとはしない。

汪によれば、二〇世紀中国の政治は「政党政治」と密接に関係し合っており、政党自身がいわば普遍的な「脱価値化」のプロセスの中に置かれていた。したがって、政党組織の膨張し、政党構成員の人口に占める割合の拡大が、その政党の「政治的価値観」の「普遍化」を必ずしも意味しなくなったとしても、汪にとっては、まさにそのこと自体が中国共産党を含めた「普遍的」現象なのだ、というわけである。政党は日増しに国家権力に向かって浸透と変化を遂げ、さらには一定程度、「脱政治化」し、機能化した国家権力装置へと変わっていったのだという。ここで汪は、一党独裁の「中国共産党」をいかにして「西洋近代」の多元的国家における多党制の下での「政党」と同一化するかに問題を集中していく。すなわち汪は、この「二重の変化」を「党＝国家体制」から「国家＝党体制」への「転化」と称し、前者には政治的態度が含まれるが、後者では権力を強固にすることに専ら力が注がれるとした。かくして「政党の国家化のプロセス」は、二〇世紀中国に生まれた「党治」体制を、国家中心の支配体制へと転換するが、それはまた必然的に「国家の政党化」のプロセスでもあるという。[17] だがこのことは、西側の多元的政党との問題の恣意的共有化によって、党独裁の中国共産党にこそあてはまるという事実を価値的に「中性化」するものであるといわざるを得ない。[18]

七　再び現代中国の「保守主義」をめぐり

かつてバークは政治家として絶対王政を批判し、議会政治を擁護したが、それは彼が「保守主義」の擁護者であったとしても、無条件にアンシャンレジームを墨守し、その更新に携わるのを嫌うという意味での「守旧派」ではなかったからである。たとえば、彼がフランス革命（一七八九年）を厳しく批判しつつ、イギリスの名誉革命（一六八八年）を支持したのも、人民主権説の立場からではなく、イギリス古来の憲政原理を尊重し、民族固有のアイデンティティを保持するという立場からであった。こうした議論を踏まえて、劉軍寧もまた、本来の「保守主義」とは「均整のとれた価値システムをなす一つの政治イデオロギー」であるとしている。[19] それは戦後の西側社会で往々にして左派に奪われた「リベラル」のことではなく、ある種の伝統主義のうえに、モンテスキューやアダム・スミス、バーク、トクヴィルなどに遡る「古典的リベラリズム」を加味したものである。

これに対して、「守旧」としての「保守主義」は、すべての文化的かつ政治的伝統を合理的かつ実現可能なものとして、かつて過去に存在した「黄金時代」が再現可能であると考えるのに対して、他方、急進主義は未来にこそこの「黄金時代」が存在すると考える。[20] ここで急進主義は、直接民主主義と同一化しさえするものの、市民社会的リベラル・デモクラシーをけっして受け入れない。なぜなら、急進主義によるユートピア革命が「急進的」であるゆえんは、それに依拠した「革命」が教会、会社、民間団体といった社会集団、そしてそれらを育成する市場、財産権、経済的自由、結社の自由などの社会的土壌のいっさいを排除することにあるからである。これに対して、イギリスの名誉革命のような現実主義的「革命」とは、市民社会をもたらす自由を擁護し、かつそれらを発展させ、市民社会によって一元的政治社会の権力を制約するものであるという[21]。

劉の主張する「保守主義」にとってとりわけ重要なのは、自由と権威との関係性におけるバランスの確保である。自由と権威とは永久の矛盾であって、両者の間の緊張が調和することはできても、消失することはあり得ない。この関係性において、権威のない自由は放縦へ、自由のない権威は専制へと導かれやすい。なぜなら、中国というコンテクストにおいて、「保守主義」の思想内部で自由と権威とのバランスを失った場合、「保守主義」は「専制主義」へ容易に転じていくからである。「保守主義」の伝統によれば、この両者の関係性において、自由は権威よりも優先順位が高いがゆえに、権威にかかわるすべての社会集団は自由の育成を主要な目標とするよう求められる。自由とは人間の存在条件であると同時に政治的目的でもあるがゆえに、社会・政治制度の優劣をめぐる尺度も、自由の領域が縮小するのか、それとも拡大するのかという判断に基づいているのである[22]。

近・現代中国において健全な「保守主義」が育たなかったのは、明らかに自由とその伝統が欠如していたことを意味している[23]。たとえば、中国の文化保守主義者は、自由そのものをけっして否定しているわけではないが、保守的文化伝統主義にあまりにも力を注いだことで、事実上、文化的守旧（「守成」：既成のものを守る）に陥ってしまったのである。それは全面的に中国の伝統を否定するのではなく、伝統に内在する自由の「成分」や「因子」に関心を寄せることによって、すでに命を失っている政治的ユートピアを志向する政治権力に自らを委ねてしまい、宗教的イデオロギーを扱ううえでの「政教一致」すら追い求めているのだという[24]。これらは明らかに、毛沢東主義という「秘教的儒教」に依拠した「左派」や「新左派」などを念頭に行われた、リベラリズム擁護の立場からの、中国における狭義の「保守（守旧）主義」に対する批判であろう。

おわりに

マンハイムが指摘したように、「意識の呪術的要素の残滓」は、「保守主義」のもう一つの側面である「守旧」という伝統主義に深く結びついている。この普遍的局面は、現代中国において、秘教化された儒教と毛沢東の急進主義とがマルクス＝レーニン主義という共産党の正統イデオロギーの背後で結びつくことによって現実化していった。政治的に「進歩的」な人でも、その政治的信念となんらかかわりなく、特定の生活領域で「伝統主義」的に行為できることがある種の「保守主義」として示される普遍的パターンの一つであるとすれば、現代中国における「新左派」の言説とそれがもたらした政治的結果は、このマンハイムの洞察の正しさを少なからず証明しているといえる。かつて日本を含む世界各国で毛沢東の思想に共鳴しつつ「新左翼」運動にコミットした人々も、その「急進主義」的運動によってもたらされたさまざまなネガティブな結果を直視し、その思想的根拠を反省的に探っていけば、劉軍寧の指摘する「古典的リベラリズム」に支えられた健全なる「保守主義」の未成熟という問題性に自ずといきつくはずである。ところが、実際にはそのような認識は必ずしも一般的とはなっておらず、むしろかつての「急進主義」の再評価が中国の「新左派」とともに形を変えて、現代日本の「左派」とも連携しつつ、ますます抑圧的になっている中国の現執行体制にきわめて親和的な言説を提供するという奇妙な現象が繰り返されている。[25]

これはいうまでもなく、文革後ですら、毛沢東主義が中国共産党史の中ではこれまで一度も正式に否定されたことはなく、むしろこの「左派＝保守派」の論理が「正統」と「異端」との区分のきわめて困難な思想的基軸として、現代中国社会主義国家における「支配の正当性」の根底に深く残存したことに由来している。しかも、この思想的基軸は、「前近代」と「近代」との接点（洋務運動、戊戌変法）ですでに作られていたという、長い歴史を持つものだったのである。近・現代中国における「革命」がつねに「守旧」としての伝統主義、すなわち中国独自のコンテクストにおける現実的思想基盤に依拠しなければ不可能であったことは、そもそも伝統中国における「革命」そのものが被支配者による支配者への転成という「近代革命」ではなく、新たな支配者である皇帝による旧支配者（＝旧皇帝）の代替という「易姓革命」であったこととときわだったパラレルをなすものである。しかも、このこと自体が、すでにして中国での政治文化という伝統主義的システムの一部をなしているという点が重要であろう。

もう一人のリベラル派の重鎮である徐友漁（元中国社会科学院）によれば、こうしたことの背景には、「反専制」、「反封建」を主要なテーマとしていた五四運動以降、この運動を支える精神の根底にあったはずの自由主義の思想が中国社会にきちんと根付かないまま、途中で立ち切れになってしまったという歴史的事実がある。一九二〇年代から三〇年代にかけて、一部の先駆的リベラリストが社会主義を擁護するようになると、それが一定の社会主義的「修正」を受けるプロセスで、「リベラルなもの」が「社会民主主義」としてのみ現実化し、「政治上の民主と経済上の社会主義」を唱えるといった、大きな思想的変化を遂げることとなった。だが、一九三〇～四〇年代にかけて、ついに社会民主主義と共産主義（ボルシェビズム）とが拮抗・対立すると、最終的には「専制的」共産主義が勝利を収めることで、自由主義と社会民主主義とのいずれもが、この半世紀余りの間、ことごとく「異端」としての扱いを受けることになったのである。共産党支配下の中国では、自由主義の思想的基盤が社会に定着することがなかったため、独立自主の立場で憲政を支えるだけの力とはなりえず、逆にリベラル・デモクラシーを「虚偽のイデオロギー」とみなし、「平等」という言葉の下で「専制主義」を容認しさえする脆弱さを孕んでいたのだという。こうした状況を是正するために、徐友漁も劉軍寧と同様に、あらゆる政治判断にリベラリズムの論理を優先すべきであると考えていることはきわめて興味深い。曰く、「中国大陸の憲政の前景にある基本原理と価値の選択にとって、論理的順序と時間的順序の区別はなく、われわれは自由主義を社会民主主義に先んずる地位におかなければならないのである[26]」。

（1）カール・マンハイム（森博訳）『歴史主義・保守主義』（恒星社厚生閣、一九七四年）、八〇頁。
（2）劉軍寧『保守主義』（東方出版社、二〇一四年）、一頁。

(3) 前掲『歴史主義・保守主義』、八〇頁。
(4) 同。
(5) 前掲『保守主義』、二五九頁。
(6)「秘教的儒教」については、緒形康「秘教的な儒教への道——現代中国における儒教言説の展開」、拙編著『現代中国のリベラリズム思潮』(藤原書店、二〇一五年所収)を参照。
(7) 前掲『保守主義』、二五六—二五七頁。
(8) 前掲『現代中国のリベラリズム思潮』、四五一—四五三頁。
(9) 許紀霖「最近十年間における歴史主義的思潮」、前掲『現代中国のリベラリズム思潮』所収を参照。
(10) 蕭功秦「〈新左派〉与当代中国知識分子的思想化」、公羊主編『思潮——中国〈新左派〉及其影響』(社会科学出版社、二〇〇三年所収)、四〇一頁。
(11) 蕭三匝『左右為難——中国当代思訪談録』(福建教育出版社、二〇一二年)、一五六—一五七頁。
(12) 周保松「リベラル左派の理念」、前掲『現代中国のリベラリズム思潮』所収を参照。
(13) リベラル派と新左派の論争については、拙稿「重慶事件における新左派の役割と現代中国リベラリズムの政治思想史的位置」、『文化大革命の遺制と闘う——徐友漁と中国のリベラリズム』(社会評論社、二〇一三年所収)を参照。
(14) 前掲『左右為難——中国当代思訪談録』(福建教育出版社、二〇一二年)、七頁。
(15)『世界』、二〇一二年七月。
(16) 汪暉(石井剛・羽根次郎訳)『世界史のなかの中国』(青土社、二〇一一年)、一一〇頁。
(17) 同、三九—四〇頁。
(18) 汪暉批判の詳細については、拙稿「中国近代のロンダリング——汪暉のレトリックに潜む『前近代』隠蔽の論理」、『中国革命のパラダイム転換——K・A・ウィットフォーゲルの「アジア的復古」をめぐり』(社会評論社、二〇一二年所収)、および張博樹「中国新左派批判——汪暉を例にして」、前掲『現代中国のリベラリズム思潮』所収を参照。
(19) 前掲『保守主義』、一九頁。
(20) 同。
(21) 同、一六七頁。現代中国における市民社会の意味合いについては、石井知章・緒形康・鈴木賢編著『現代中国と市民社会——

普遍的〈近代〉の可能性』（勉誠出版、二〇一七年）を参照。

（22）前掲『保守主義』、一六七頁。

（23）同、二五九頁。

（24）同、二六四頁。

（25）これについては、拙稿「現代中国におけるリベラリズムと〈普遍的近代〉」、前掲『現代中国のリベラリズム思潮』所収を参照。ただし、戦後日本における「リベラルなもの」がマルクス主義から「推進力」を得ているとした丸山真男の議論を踏まえれば、この問題は柄谷行人ら一部の「左派」に限らず、しかも日中間に限定せずに、もう少し掘り下げて検討する余地があるのかもしれない。丸山にとって、中国などのアジア社会においてコミュニズムの力によってかえって「近代化」が遂行されているという現象は、共産党が必ずヘゲモニーをとって、共産党独裁政権をしいて、それが主体となって「近代化」するのではなく、共産党が「推進力」になるということを意味していた（丸山真男「ある自由主義者への手紙」への「追記・補註」、『現代政治の思想と行動［新装版］』未來社、二〇一二年、五一四―五一五頁）。いいかえれば、日本の戦後民主主義における「リベラルなもの」とは、西側の資本主義体制を支えるリベラル・デモクラシーという「右」からではなく、むしろマルクス主義という「左」から推進されているという逆説が、アジア社会の政治文化として広く存在していることになる。日本においても長期にわたって形成されてきた「左」・「右」の座標軸をめぐる「逆説的」思考の枠組みがこの議論の前提にあるのだとすれば、問題の根はもっと深いというべきである。

（26）徐友漁「自由主義還是社会民主主義」、同『与時代同行』（復旦大学出版社、二〇一〇年所収）、一六五頁。

朝鮮後期における公共性

――「損上益下」の理想を中心に

●――ユーブルラン

一　記憶の伝承

弾劾による政局の混迷が深まりつつあった二〇一七年の三月に、韓国のある主な日刊紙では次のような記事が載せられた。我々にろうそく集会とはいかなる意味を持つか、と。該当コラムの論者は、「朴槿恵・崔順実ゲートにおいて私が自信を持って掲げられるのは、あの感動的なろうそく集会である。…［これは］間違いなく三・一運動や四・一九革命、そして光州民主化運動及び六月民衆抗争に至る民主化、民権運動の綿々たる流れに新たなる里程表をたてた歴史的快挙」だと主張している(1)。

コラムの主張の通りに、この示威活動が本当に人類の歴史上に類を見ないほどの民衆の抵抗であるかどうかはあまり重要ではない。むしろ注目すべきところは、社会にとってこうした「分水嶺となる事件(2)」がどのような系譜に配置され、またそれによって共同体の中でいかなる含意を付与されたかである。そこで（コラムの）論者は、韓国における歴史上初の民衆大会であった一八九八年の「万民共同会」をその系譜の「起源」として持ち上げる。言うまでもなく百余年の年月を挟んで、両者には無視のできない違いが数多く存在している。しかし、官僚や知識人だけではなく学生や白丁に至るまで、文字通りに「社会を構成するすべてのもの」が自発的に結集して時局に対する改革案を提示し、また政府の陰謀や弾圧にも非暴力的に立ち向かった点で、今のところの平和的ろうそく集会の礎となったということである。

このような系譜の構築は、実は今日に至って初めて登場したわけではない。例えば一九二〇年代の植民地朝鮮のある雑誌では、万民共同会を次のように思い出している。

> 鍾路で万民共同会を開いて…政府の過ちを列挙しながら演説をしたところ、その勢いは猛獣が咆哮するが如く、霹靂が落ちるが如く聴衆を高揚させ、その叫びと拍手の音がソウル中を揺るがした。市民は布を出して幕を張り、婦女子は簪や指輪を抜いて必要な経費を支援した。その時の形勢は、たとえ大軍と言えどもどうしようもないほどで、これは朝鮮にとって初めての快事であった。(3)

またほぼ同じ時期のある雑誌では、万民共同会が置かれていた歴史的脈絡について当時の朝鮮の人々はどのように考えていたのか、民生の面で最も重要な政策であった「換穀制度」を事例にして次のように説明している。元々この施策は糧食が足りなくなる春から夏の時期（春窮期）に、農民を救済するために穀物の備蓄分を貸し与えるという慈善的な意図から始まったものであった。ところが、特に十九世紀に入ってからは政治全般の混乱とともに、むしろ一般民衆の富を「脅し取る方便」として悪用されるに至った。

> …［益々酷くなる搾取に］一般民衆の恨みの声は天高くまで届いていた。初めには地方官に切々と訴えたが、結局のところ例外なく民乱（百姓一揆）を起こすようになった。（中略）このような民乱は一八六〇年頃に絶頂を迎え、政府がやむを得ず非難の的となった施策を廃止させてからやっと事態は収拾に向かった。それより全国に改革への熱望が充満しはじめたが、［完全に解決仕切れなかったせいで］ついには壬午軍乱（一八八一）や東学乱（甲午農民戦争・一八九四）が勃発するに至った。(4)

要するに、万民共同会は十九世紀の間に絶え間なく繰り返された民の愁訴や抵抗のあげくに到達した、民衆による改革要求の一つの頂点に他ならないとの認識であった。

上記の引用で端的に現れるように、韓国社会の中で集団的訴えや抵抗をめぐる「記憶の伝承」は長い伝統を持つものとして見なされており、またろうそく集会に至るまで共同体の危機のたびにその意識をより高めてきたという点で特徴的である。ではこのような抗議の枠の中で、かくも多くの人々を動かせるほどに幅広く共有されていた「判断基準」とはいかなるものであったのか。これまで社会の底流に綿々と流れてきたその当・不当への公共の意識こそ、韓国的脈絡における正義感覚の源泉であろう。

これについて考察するために、本稿では公共性に関連する当時の何らかの抽象的理論や学説の分析より、それが現実の中で実際にどのように適用され、また作動したかの方に注目しようとする。なぜなら具体的施策をめぐる為政者と被治者との現場における相互作用や葛藤のうちにこそ、当・不当に関する当時の朝鮮における社会的意識がありのままに現れるはずだからである。

そこで本稿では、朝鮮時代全般に亘って百姓に対する民生政策の最も根本たる原理として位置づけられていた「損上益下」の理想と、それを実際に具現するための政策的努力を手がかりにした。なかでも「節約（及びに支出の抑制）」を中心に、主に政策的方向として想定されていた「損上」に比べて、庶民に対する直接的施策に当たる「益下」の方に焦点を合わせた。それによって当時社会的に固着された「誰もが共有していた政治文化的規範」(5)と、特に十九世紀に入りそこからのズレが招いた事態について考察することにする。

二 「損上」と「益下」

民本政治の理念を標榜していた朝鮮では、政治の運営における「公共性」が非常に強調されていた。天下のすべての土地は国王に属しており、またそこで生活を営んでいる人民も同じくそうであるとのことであった。よって朝鮮国王はその全土における公共の主宰者として民の生業を助ける。そしてその所産の一部を税金として納めさせ、再び天下のために、すべてのもののために用いるとの再分配の任を負っていた。

言い換えれば、朝鮮王朝にとって公共性を実現するというのは、要するに国王が公的な権威を発揮して民本の理念を統治構造や実際の政策の中に吹き込む過程に他ならなかった(6)。これに関連して十九世紀初のある宰相は、そこで最も核心たる原理として「損上益下」を掲げつつ、次のように説明している。

〔損上益下の〕「益」というのは益すことのあるとの意である。損したにもかかわらず益すとはなぜだろうか？　上から浪費を減らして民生の負担を減らすと、民はきっと喜びながら上を敬うはずなので、これを益すというべきであろう。損上益下にして安らかになり、また増える。国王として努めるべきところが正にこれである。そうすれば自らにも得となり、安心もできるからである。国王は多くの民の上に一人孤独に立っている存在なので、暖かく施し…あの民の心を満足させておかないと、その危うさは到底言い表し得ないほどである(7)。

すなわち統治の基盤が民に置かれている以上、国王や為政者は財政的側面で緊要ではない支出を最大限に抑え、その負担の軽減によって恩恵を被るようにすることこそ「損してむしろ益す」恵み深い治めだという主張であった。かかる発想の背後には今日の一般的常識とは異なる、世に存在する富や物資の総量はすでに限定されているとの儒学的認識が前提されている(8)。例えば、次の上訴はこのような認識の一つの典型的事例に当たる。

「〔古言に〕天下の財物には元々決まった総量があるため、向こうに余りがあればここには欠損があり、下が空けば上が満ちる」と言われている。故に古からいわば富を増やすには…民を賑わすべきと言ったが、後代には…価値のあるものはすべて国に属させるのが恒例になってしまった。（中略）〔だが、そうすると〕自らの肉を以て腹を拵えることと同じく、心臓を切り取って目を治すが如く…しばらくはよくても間もない内に悪くなるはずで、その利害得失の違いは明らかである。[9]

従って、損して益すことこそ世の中の道理にも背かない当を得た仕方だというわけであった。

そこで朝鮮の国王や為政者は、特に十七世紀以来、上からは王室及び政府が必要とする財政の全規模を明らかにし、可能な限り適正な水準で抑えるために次々と制度的措置を設けていた。またこのような「節制」の原則による「損上」次元の努力とともに、今度は「益下」の次元として、下からは民における税金の重荷をへらすための、また納付の段階で生ずる様々な不正腐敗を防ぐための各種の行政措置を整えた。[10]

事実、こういう「損上益下」の理想は朝鮮固有の発想ではなかった。その起源は遠く『易経』にまで遡るもので、例えばその中の「益」の卦については次のように説いている。

益とは、上を損して下を益す。民に喜ぶこと限りない。上より下にくだってその道は大いに光る。「往くところがあるによろしい」とは、中正にして慶びのあることである。（中略）益は動いてしたがい、日に進むこと限りない。天は施し地は生じ、その益すことは無窮である。およそ益の道は時とともに行なわれる。

元々益卦は、満ちている上方を減らして下方の空いているところを補うことである。そういう脈絡でおおむね次のように理解されてきた。すなわち、上方の政府やその為政者が優しくなって民の声にきちんと耳を傾けるようになったため、如何にして民生をより充実させられるか、その施策を講ずるようになる。それによって下方の虚弱な民は活気を取り戻せる。そしてこの場合の世話をすることとは、単なる税負担の軽減や、取り上げた分に対する補償だけにとどまらない。終りの部分で強調されている通りに、重要なのはその措置がどれほど時宜に適したかであった。つまり、今ここで民が遭遇した苦しみに対して、その状況にあわせた積極的且つ能動的解決策を講じてくれなければならないとの含意であった。[11]

三　本末の転倒――「救恤」という問題

凶作とそれに伴う飢饉がほぼ周期的に発生していた農業社会の朝鮮にとって、救恤とは上記の民に対する責務の中でも特に重要な位置を占めるものであった。例えば十八世紀の半ばで、当時のある宰相は以下のように強調するほどであった。

> 大概財物を上から施すと民は集まり、逆に財物が上に集まると民は散らばるはずである。これがまさに「荒政（凶年時の救済対策）」十二条目の中で「利益を施す」と言うのが最初に掲げられているわけである。またこれは『易経』にある「損上益下」にも符合する。ここで…古の聖王が治めの核心としてみなしていたところを見ることができる…凶年が迫って民を救済せねばならない今現在、君上が深く心がけるべき点である。(12)

ここの「散利」とは、『周礼』に出る為政者が凶年の時しなければならない一連の措置、すなわち税金を軽減させることや刑罰を寛大にさせること、そして山野における出入り禁止令を暫くの間外して、庶民がそこで食べ物を採れるようにすることなどのうち、中でも最も優先すべきこととなっていた「種子や食物の貸出し」を指すものである。

要するに救恤は上記の発言にも端的に現れるように、民生における緊急の危機を解決してその生活の基盤を温存させるということで、「益下」の中でも特に重視されていた。ところが、問題はそれを実際に具現するには莫大な財源が必要になることであった。そのために蓄えていた財源はすでに十六世紀の時点で尽きてしまい、引き続き軍事的目的で設けていた財源を臨時に転用して使うものの、それも間もなく限界を迎えた。そこで朝鮮政府も必要な財源を確保するために努力を傾注したが、特に十七世紀に入ってから東アジア全般に襲いかかった小氷期的異常気候のおかげで、災害や飢饉は一段と頻発するようになり、財政的圧迫はなおさら加重されることになった。(13)

そうなると各官庁では自ら保有していた救恤のための穀物を農民に貸出し、そこから利息を取ることに重点を置き始めた。それは事実上、元々は救恤のためであった還穀制度が、これからは国家の費用を充当するための課税手段に化したことを意味する。それに伴い、今度は凶年ではないにも関わらず強制的に穀物を貸し出してそれに高い利子をつける、言ってしまえば国家次元における「高利貸し」化したのである。このような悪弊はとりわけ十八世紀の後半以来全国的に蔓延するようになり、やがて迫ってくる百姓一揆の連鎖にその直接的原因として作用することとなった。

それに対し国王と為政者側では、このように公式の救済制度が急速にその役目を果たせなくなるにつれ、何とか迂回路を設けようとした。そこで注目されたのが地域共同体における連帯と相互扶助の当為性への訴えであった。「凶年にその余った食物を分かち合うように勧めておけばそうしない人がいるだろうか。」昔から苦しんでいる隣家を助け合わなかった場合にはそれを刑をもって処罰したといいつつ、丁若鏞はそう断言する。当時の社会の常識からは兄弟や親戚、そして近所の隣家とは助け合うのが当たり前のように見なされていたからである。[14]

これにより、民間の裕福な民をして自分の地元へ迫ってきた飢饉に「自ら進んで」穀物を出捐するように促した。こうした「勧分」制度は、元々古代中国の周王朝の時より始まり、後に南宋の朱熹に至ってそれを積極的に勧奨したことに由来する。[15] これは基本的にその地方で余裕のある人が穀物を配るか、または廉価に売ったり少しだけの利子をつけて貸し出したりするのを容認したのであった。十七世紀の後半以来、朝鮮政府はこういった歴史的正当性を標榜しながら、事実上勧分を救恤のための正式の措置のように活用していった。

本来の趣旨からすればこのような「美事」はいささか裕福な民が「義侠心」を発揮して自発的にするもので、従って政府や地元の官庁は一切関与しないのが当然であった。ところが一旦勧分が慣例になると、裕福な者は義捐の穀物を出すことが義務とされ、これをめぐる官民との間の葛藤が更に深まることとなった。

近頃の地方官は凶年になると、取りあえず地元で少しでも生活の余裕のあるものを探しだして、彼らに穀物を出すように威嚇するばかりだと聞く。民の側は当然それに抵抗する。だが官の側もどうしても取ろうとするので、結局のところ民の財物を無理やり奪うことに等しい。国家でありながらかくも恥ずかしい政治をしていいのだろうか。[16]

このような状況であったために、政府の側からも勧分を完全に禁ずるべきだという意見がしばしば提起された。ところが他に何かの代案ができるわけでもなく、要するに進みも退きもできない状況であった。従って官庁による強制的徴収としての勧分は禁じても、「余裕があればどうして自分の力の限りに苦しんでいる隣家を救済せずにいられるだろうか。共に生きている隣が飢えているにも関わらず、それをただ単に見てるだけでは共同体における美徳に大いに背くことである」と言及した国王の英祖の発言のように、相変わらず「自発的」勧分は容認するしかなかった。[17]

そこで飢饉の時にもそれなりに余裕があるはずの地方の土豪や高位層が勧分の対象から免除されてしまう不公正さや、納めた米穀を勝手に私する不正腐敗も問題であったが、さらに問題になったのは政府が勧分を奨励するために公言した褒賞の約束を毎回のように守らなかったことであった。[18]

…信頼は国にとって大事な宝のようなものなのに、今日ほど民からその信頼をうしなった時はなかった。去年の大凶作の時、勧分した人々に…官職を与えるように命じたにも関わらず、実際に任命されたものはほとんどいない。では今後の民を救済する対策について考えざるを得ないが、これから勧分するものに褒賞を約束してもきっと誰も信用しないはずである。たとえ余裕分の穀物があったとしても、既に一度失望を味わったものの中で、誰が自ら進んで出すのであろうか。[19]

こうした状況の中、凶年の度に助けを受けるどころか、むしろ「厳しい刑罰と酷い杖」で公然に徴発までされる民の側では「生きるより死ぬのがましで、金持ちより貧民がましだ」と恨みの声が後を絶たないほどであった。[20]つまり、元々は飢えている庶民を救い出すためであった方便が、かえって正規の税金にもう一つの定額すら定まってない負担として加わり、ある程度余裕のある民までを破産の窮地に追い詰めることとなったのである。

四　為政者側の論理の逆利用

「私はあなたたちを我が子として見做し、あなたたちは私を親として見做す[21]」。

これが朝鮮時代を通じて繰り返し強調されていた君と民との関係であった。そして先の「損上益下」の政策的指向にも端的に現れたように、我が子としての民に対する世話や矜恤の「恵み深い政治」は、その親となった国王や為政者には最も根本的「役割義務」に他ならなかった。だがこうした当為にも関わらず、親（国王）が自らの代理として派遣した保母（地方官）が暖かく世話をしてくれるどころか、かえって虐待するばかりであれば子としてはどうすればいいのであろうか[22]。

特に十九世紀に入ってから還穀政策をはじめとする財政関連の制度全般の運用に問題が多く、民の抗議や集団的実力の行使が全国に波及するに至った。大概の場合「民乱」に帰結することとなったが、民の側が初めから暴力的手段に訴えたわけではない。むしろ哀れな訴えが度重なる内に、地方官による侮辱的言辞や暴力を伴う解散の試みと衝突したあげく激化する場合が殆どであった。そして何回か地方の単位でこうした経験が繰り返すと、民の方からは彼ら何人かの悪質な地方官が真の父母である国王の慈愛を遮ったせいで問題が解決されないと思い込み、国王とより近いはずの上級の機関に期待を寄せるようになった。この頃、急速に拡大しつつあった百姓一揆を解決しようと中央政府から派遣されたある特別調査官の報告は、当時の状況を端的に表している。「各々の地元から五、六百名ほどの人々が集まって待機し、自分達を見たとたん飛び付いて哀絶に訴え続けた。そのために一日に三、四十里（十余キロメートル）も移動し兼ねない」状況が至るところで生じたとのことであった[23]。

これに対して国王や為政者の側はどのように判断していたのか。

…この頃徴税上の過ちがかくも恨みを買ってしまい、そのせいで民が群れ立って叫び、このような悪行を起こすにまで至った。これは兵を以て乱暴を働くことと何が異なるか。だが、その地元の地方官が平素から民の信頼を得られたならば、またどうしてここまでの事態になっただろうか。[24]

勿論中央政府の側でも事態がどれほど深刻なのか、またその原因は何であるのかについてよく知っていた。それは政府内の誰もが認めるように、「虐待の上に腐敗した地方官があまりにも過酷に税金を徴収したため、民はその骨を削るが如き無念と身をえぐるが如き苦痛に苦しんだあげく、ついには自らの分際も忘れて立ち上がった」のであった。ならばどう対処すべきであろうか。問題は、これまで民にずっと自らをその「父母」だと強調し続けてきた国王や為政者としては、まさにこの「為政者側の論理」を逆手にとって訴えてくる百姓の要求[25]を無視できないという点であった。同時に厳正な儒学的身分秩序を体制の基礎にしていた朝鮮政府では、いくら非常事態であったとしても統治者に公然と挑戦する現状をそのまま座視もできない。故に先の引用文でも如実に表れるように、民に理解を示しつつ、また非難もする矛盾した態度を取るしかなかった。

結局のところ、百姓一揆に加担した大多数の人は哀れな庶民にすぎず、悪いのは彼らを集団行動に誘い出した何人かの主導者や腐敗した彼ら地方官だと、処罰を最小限に止めることで論難を避けようとしていた。だが為政者の側自らが認めた通り、問題の根本原因であるはずの還穀制度など制度的側面をそのまま置いて、このようなその場しのぎだけでは次の年にまた同じ事態が起こるしかなかった。そこで十九世紀後半のある在野の知識人は、その頃に起きていた状況について次のように書いている。

地方官の不正腐敗に対して、当時の人々は直ちに集団行動を起こして追い出していた。こうしたことがあまりにも頻繁に起きると、すぐさま皆がそれをいつものことのように見做してしまい、懲戒も処罰もまた緩やかになった。そうすると放逐された地方官もまた帰ってきて、請託を通じてむしろ昇進したり、もしくは他の地方に赴任したりすることまであった。[26]

ここでは比較的穏やかに表現しているが、実際の状況は遥かに深刻であった。群れ立って抗議する怨民を解散させるために、中央政府は彼らの憤りの対象をきちんと調べて、その訴えの通りに問題を解決すると毎回のように約束していた。しかし一度彼らが解散したとたんに政府側は約束をたちまち撤回するだけではなく、しばらくの間に更迭していた現地の地方官までを放免したり、甚だしい場合には元々の任地にそのまま復帰させたりまでしていた[27]。

特に十九世紀に入ってから何十年もの間、こうした状況が繰り返されるうちに、遠からず民の側も中央政府やその為政者との約束をあまり信頼できないことに気付いた。すると失望を味わった怨民の抵抗も当然より激しくなった。

その地元の守令があまりにも貪欲であったため、怒りを覚えた人々は官庁に押し掛けて彼に訴えた。…［しかし受け入れなかったので］今度は監司（一道の方伯）に寄り集まって哀絶に嘆願した。…［ところが］監司は受け入れるどころか、むしろその腐敗した地方官を庇おうとしていた。そこで民は大いに激昂して「もう期待などしない。自らの力で鬱憤を晴し、雪辱を果たすのがましだ」と言いつつ、村に帰ってしまった[28]。

少しでもより真の父母（国王）に近づけば訴えを聞いてくれるとの期待感がここに見られる。東学農民運動の前夜、ついに民は国王が居る宮闕に自らの代表者を派遣し、直接にその抑鬱を訴えるまでに至った。

「あなたたちは全員自家に戻り、各々安心して自らの生業に従事せよ。当然あなたたちの所願の通りに処理するつもりだ。」そう聞いた人々は、あまり深く考えずそのまま解散して各々の故郷に帰った。…［だが］王命は結局のところ空言になってしまった。鬱憤を晴らしてくれるどころか、地元の官吏による虐待は益々激しくなり、安心して生きられる希望は完全に消えてしまったのだ[29]。

とうとう民は、百姓の父母自らによる「嘘」と直面することになったのである。

五　おわりに

言うまでもなく為政者側が毎回嘘ばかりをついたわけではない。例えば以上のように状況が悪化する中でも、国王である純祖の長男にして国事を代理していた孝明世子の如く、「百姓が訴えてきたものはどれほど量が多くても必ず自らそれを閲覧し、直ちに関連する部署に指示したり、もしくは直接に判決を下したり」した場合も勿論あった[30]。特に十九世紀以来に特定の外戚の家柄が代々権力を壟断していた状況では、民の父母として彼らの訴えに耳を傾け、直接にその鬱憤を晴らしてくれることは、国王にとって確かに政治的正当性を確保する有効な方法にもなり得た。

しかし、該当時期において国王の権力は極めて制限されており、それと共に民の側にして合法的に訴えられる制度的装置の方もまた次第に縮小されつつあった。たとえ多少の問題があったとしても、百姓の前でその目上の存在に当たる地方官や関連する官吏などを処罰することとなれば、身分的秩序における紀綱の問題はもとより、統治秩序そのものまでが揺るがされる恐れがあるからであった。

万が一ある地方官が百姓の世話もきちんとせず、またその指示に無理な点があったとしても、それを地方官本人に訴えて自ら気付くようにすればいいはずだ。それからどうしても変わらない時に、そこで始めて監司に訴えればいいだろう。ところが互いに煽って混乱を起こす。かくも法を無視して自らの分際を越えることをするのは、勿論不正腐敗に激怒して立ち上がった点もないわけではないが、また悪い群れが狡い企てを起こすかも知れない弊害もある[31]。

こうした雰囲気の中で地方官の不正や罪状を暴いた場合、却って非理を告発した側が処罰される事例が増え始めた。すると民の側もまた制度的手段に頼る理由がなくなり、実際に記録上からも関連訴訟の件数は急速に減っている[32]。

その代わりにどのようなことが起きたのか。

近頃は地方官が清廉ではないせいで百姓に生きる道がなく、監察もまたきちんと行われない上に訴える道もない。しかも裁判も公正ではないために庶民ばかりがその被害を受けている。人々は何ら保護も受けず、飢饉に苦しみながら数年もあちこちにさまよっている。（中略）逆境であの善良なものまでが本来の心を失い、地方官を見ること仇讐の如くして、何でも犯してしまう。国王の命令でさえ怖がらないわけで、秩序は益々崩れていく。(33)

全体の流れとして反乱の頻度も日々に増えつつあったが、これまでは幾つかの村程度に限られていた連帯の範囲も徐々に拡大され、東学農民運動の段階になると朝鮮半島の南部全域が巻き込まれるまでに至った。そして、その間に地域単位の百姓一揆を四回も主導していた「職業的なデモ主動者」が登場するほど、今や民の側も一緒になって権力側の不当な仕業に粘り強く抗議するに習熟していくこととなったのであった。

かくして集会と示威活動を自らの「集団行動の目録(34)」に載せるようになった朝鮮の一般民衆は、引き続き文明開化の時期における啓蒙的言論を通じて自分達もまた国家の構成員であり、国や国王に対する忠誠の義務を負っていることに目覚めた。すると、これまでの伝統的類型の抗議では未だ遠慮気味であった政治的病弊への指摘や改革の要求が、これからは「愛国心」の発露だという名分の下で示威活動の前面に掲げられた。ここにおいて東学農民運動から僅か四年後には、皇帝（高宗）や為政者側が改革案を受け入れると対内外に公言したにも関わらず、それを直ちに破棄してしまったことに人民自らが自発的に集まって公権力と対峙する事態までもが繰り広げられた。

何とかして食事を出したり雨避けの帽子を寄付したりし、「まるで塀を張り巡らしたかのように［改革派の指導者たちを］囲んで保護しながら、怒りのあまりに号泣しないもの」がない状況(35)。だがそうした事態を前に政府は、「子としての道理」上、あなたたち百姓は父母である皇帝の命令に従順にするべきであり、指示に従わず妄りに集まって抗議したりしてはいけないと説く。それに対して、当時のある論者は次のように反駁した。

政府が再び過ちを犯して上では皇室を危うくし、下では百姓を苦しめる。そのために民心はどうしても納得できず商人は罷業し、学生は本を閉じて政府の過ちに対する批判を公論として父母たる皇帝にこぞって訴える。その場合にはいつでも自然に万民の共同会になるはずであろう。(36)

こうした社会的雰囲気の中で、ある研究者が指摘した通りに一八九四年から一九一〇年の間の宮闕前の光化門の一帯は、人民による抗議や示威活動によって慢性的占拠の状態と化していた。そして、このような公共的記憶と意識は政治的激変を経ながら不断に継承、強化され、ついには今日までに至ったのであった。

本稿は、二〇一七年六月のJapan-Korea International Joint Conference for the Study of Political Thought, *Justice Reconsidered*での報告原稿に加筆、修正したものである。会議の企画者、司会者、討論者の先生方ならびに報告時にコメントを下さった皆さまに感謝申し上げたい。

（1）ハンキョレ（한겨레）新聞、二〇一七年三月十九日。
（2）Kim Jeong-sook, The Memory narrative of the Gwangju (May) Uprising and the ethics of healing, in *Journal of Democracy and Human Rights*, Vol.7, No.1 (2007) p.179.
（3）車相瓚「朝鮮最初의 民間政党 独立協会의 秘事」、『別乾坤』第6号、一九二七年四月一日。
（4）『開闢』第7号、一九二一年一月一日。
（5）趙景達『民衆과 유토피아：韓国近代民衆運動史』、歴史批評社、二〇〇九年、五頁。
（6）Choi Joo-hee, A consideration of the Publicness of National Finances in the 18th Century - Song Yangseop, "Publicness and the Concept of the Minbon in 18th Century Joseon, Taehaksa (2015)", in *The Chosen Dynasty History Association* Vol.76 (2016)

pp.212-3.

（7）『純祖実録』純祖二十五年（一八二五）、十一月十九日。

（8）Song Yang-seop, The Application of Bichong System and Promotion of Jeminhwa policy during the Eighteenth Century, in *The Journal for the Studies of Korean History*, Vol.53 (2013) p.326.

（9）『承政院日記』正祖一年（一七七七）、六月二十四日。

（10）Song Yang-seop, Structure of 'Gong (公)' and its Political and Economic implications in the 18th century, in *YOKSA WA HYONSIL: Quarterly Review of Korean History*, Vol.93 (2014) p.55.

（11）Chung Byung-Sun, Kim Hyuk, The Economic Implications of the Profit and Loss Hexagrams in the Zhou's Book of Changes, in *The Study of Confucianism*, Vol.60 (2015) pp.170-2.

（12）『承政院日記』英祖九年（一七三三）、二月十二日。

（13）Lee Se-young, Kwonbun and the Reality of the Rich People of the Later Chosun Dynasty, in *Journal of history and culture* Vol.34 (2009) pp.163-4.

（14）丁若鏞『牧民心書』「賑荒六条」〈勧分〉。

（15）『備辺司謄録』純祖九年（一八〇九）、六月二十日。

（16）『純祖実録』純祖二十九年（一八二九）、一月三日。

（17）『烏山文牒』英祖三十六年（一七六〇）、十一月二十五日。

（18）Lee Se-young, Kwonbun and the Reality of the Rich People of the Later Chosun Dynasty, pp.186-8.

（19）『承政院日記』粛宗三十年（一七〇四）、六月五日。

（20）丁若鏞、〈勧分〉。

（21）『承政院日記』高宗十三年（一八七六）、八月九日。

（22）『粛宗実録』粛宗十八年（一六九二）、五月十日。

（23）宋近洙『竜湖閒録』第三巻、第13冊、「六三五 営寄」。

（24）『哲宗実録』哲宗十三年（一八六二）、二月二十九日。

（25）布川清司『伝統的革新思想論』、平凡社、一九七二年、一〇五―一四頁。

(26) 黄玹『梅泉野録』第一巻上、壬午年、六月十日。
(27) 望遠韓国史研究室『1862年 農民抗争』、文学과 知性社、一九八八年、八六―七頁。
(28)『駐韓日本公使館記録』「発第九十七号 釜山総領事(一八九四年、五月二十一日)」。
(29) 呉知泳、李圭泰(校註)『東学史』、文宣閣、一九七三年、一五二―三頁。
(30)『純祖実録』純祖三十年(一八三〇)、七月十五日。
(31)『高宗実録』高宗二十七年(一八九〇)、八月十八日。
(32) 韓相権「19世紀 民訴의 様相과 推移」、朴忠錫・渡辺浩(編)『国家理念과 対外認識―17―19世紀』、아연出版社、二〇〇二年、一一三―四頁。
(33)『承政院日記』純祖十一年(一八一一)、四月二十九日。
(34) C. Tilly、양길현外(共訳)『動員에서 革命으로』、서울프레스、一九九五年、二〇七頁。
(35) 鄭喬『大韓季年史』第四巻、一八九八年、十一月。
(36)『独立新聞』一八九八年、十二月二十八日。

原発事故避難者と二重の住民登録
――ステークホルダー・シティズンシップに基づく擁護

松尾隆佑

一　はじめに

本稿の目的は、二〇一一年三月一一日に発生した東日本大震災に伴う福島第一原子力発電所事故が引き起こした広域の放射能汚染により長期の避難を余儀なくされた人びとに、どのような法的・政治的な地位を認めるべきであるか（あったか）について、規範的政治理論の観点から検討を加えることにある。[1]

今次の原発事故は長期にわたる自治体まるごとの退避をもたらし、「移動を余儀なくされた住民」を大規模かつ持続的に発生させている点で、統治権力が人口を管理する際の最も簡便な基準としての地理的区分に動揺を与え、「空間なき市町村」「バーチャル自治体」「空間を越えた地方自治体」という想定外の事態を現出させた。[2] 避難元の自治体に住民票を残しながら当の自治体に戻ることのできない避難民は、現に居住しているわけではないという意味で、括弧つきの「住民」になったと言いうるだろう。ここにおいて、自治体・土地・住民を当然に一体のものとして結びつけていた従来の想定は、そのまま維持することができない。現在では次第に避難指示の解除が進み、避難者に帰還を促す政策が一層推進されているが、住民自治に基づく被災自治体の復興を実現するためには、早期に帰還しない／できない避難者（「住民」）に保障するべき地位を問うことが不可欠である。

原発事故避難者の地位に関しては、後述する「二重の住民登録」の提言などに見られるように、主に行政・地方自治を研究する立場から継続的な関心が払われてきた一方で、シティズンシップについての研究蓄積を有する規範的政治理論の分野からは、ほとんど発言が行なわれてこなかった(3)。この欠落をわずかでも埋めることに、本稿の企図がある。以下では第一に、広域に拡散し長期の避難をつづける避難者の現状を踏まえ、その正当な権利の実現や生活再建にかかわる地位保障の重要性を確認する。第二に、避難者の地位保障に関して日本政府が講じた施策を整理し、その評価を行なうとともに、現行政策の問題点がデモクラシー理解の不備と結びついている可能性を指摘する。第三に、民主的な包摂性の規準を参照することでデモクラシー理解の修正を図るとともに、「ステークホルダー・シティズンシップ（stakeholder citizenship）」の原理に基づき、広範な避難者に多重的なシティズンシップを恒久的に保障すべきことを主張したい。

二 「住民」でありつづけることの困難

原発事故後に出された国による避難指示は二〇一七年四月までに帰還困難区域を除く大方の地域で解除されたが、事故収束や健康、生活再建などへの不安から、避難者の帰還はごく緩やかな動きにとどまっている。避難の長期化とともに避難者の境遇や抱えているニーズは個別多様になっており、復興政策の影響も地域や個人によって「不均等」に現れるため(4)、安易な一般化は控えるべきであろう。それでも、多くの避難者が帰りたくても帰れないと感じていること、すぐには帰還しないながらも避難元とのかかわりを失いたくないと考えていることは、複数の調査から見てとれる。

たとえば今井照と朝日新聞が共同で実施している避難者調査では、原発事故から約六年が経過した二〇一七年初めの段階でも、回答者の約六〇％が避難元自治体に帰りたいと希望し、約五五％が住民票を避難先自治体に移すつもりがないとしている(5)。また、避難指示区域外から避難した「自主避難者」（区域外避難者）を対象として二〇一三年に実施された別の調査でも、住民票を移していない人が約五五％に上ることが示されている(6)。さらに、復興庁が福島県および避難元自治体と共同で実施している住民意向調査によれば、帰還困難区域に指定され、汚染土壌等の中間貯蔵施設の建設が進められている大熊町・双葉町では、いずれも二〇一五年時点で、帰還について「まだ判断がつかない」か「町に戻らないと決めている（戻れないと考えている）」と答えた「住民」の約六割が、町との「つながり」を保ちたいとしている。[7]戻らないと決めた人びとも含めて、避難者の多くは避難元への愛着と関心を持ちつづけており、避難先から通うなどして被災地の復興にかかわりつづけている人も少なくない。[8]

だが、国は避難指示を解除した地域では避難者の帰還を促す方針を採っており、こうした現行の政策枠組みの下では、避難指示解除後も帰還しない（自主）避難者たちは、避難元の自治および復興の担い手として関与する地位を失っていきかねない。放射性物質に汚染された廃棄物の処理など、被災地が復興へ向けて乗り越えるべき課題は数多くあり、住民自治を前提とする以上、重要な意思決定は幅広い住民の参加に基づいて為されることが望ましい。しかしながら、広域に拡散している「住民」の意見を反映する仕組みは未確立であるばかりか、[9]避難指示の解除は自治体・土地・住民を当然に一体視する従来の想定を強力に回帰させることで、避難元に帰還しない「住民」を周辺的な存在に押しやってしまう。他方で、短期的には帰還しないが住民票を移さない避難者が避難後に居を定めた自治体で暮らしつづけるなかでは、現に居住する自治体との関係において不利益を被るおそれが大きい。その生活再建は、更なる困難に直面することを避けがたいだろう。帰還か移住かの二者択一を迫る圧力がさらに強まるなかで、避難者は「住民」でありつづけることさえ容易ではなくなっているのである。なぜ、このような現状がもたらされたのだろうか。

三　現行政策の何が問題か――シティズンシップ保障の不全

1　「二重の住民登録」の提言

避難を余儀なくされた住民たちの地位が不安定化することは、事故後に国が避難指示を行なった当時から予見されていた。従来の生活環境が根こそぎ奪われてしまった土地において避難者が早期に帰還できる見込みは低く、少なくとも放射能汚染が低減するまでの長期避難が予想されるとすれば、帰還の時機を待ちながら避難先でのコミュニティ維持を図ることが被災地域の存続に必要だと考えられた。また、現実には避難者が一定の範囲に集住しつづけることは難しく、各住民の避難先が拡散していく場合にも、各地で生活再建を進める避難者と避難元自治体とを結ぶ方策が不可欠とされた。[10] このため避難開始当初から、「仮の町」「セカンドタウン」「町外コミュニティ」「二つの住民票」「二重の住民登録」などを求める声が上がり、[11] 避難元自治体も国に制度的対応を要請することになった。

このうち、早くから二重の住民登録を提言したのが今井である。その主張は、二〇〇〇年の三宅島噴火に伴う全島避難などの先例との違いを、①「まだ原発災害そのものの収束の見通しがつかないこと」、②「仮に収束したとしても長期間にわたって影響が残存するという放射性物質の特質があること」、③「先例と比べると規模が大きく、八町村に周辺地域を加えると人口一〇万人規模になること」などから説明し、地域社会の物理的崩壊と心情的な共同性の劣化を防ぐために「土地の括りとの直接的な関係をもたないバーチャルな自治体や地域社会を制度的に保障する方途があってもよいのではないか」と提起した上で、「避難した住民については、もともとの自治体と現在の自治体との二重の住民登録を可能にする特例措置が考えられてよい」との結論を導くものであった。[12] こうした主張は日本学術会議の提言にも採り入れられており、[13] 少なくともアカデミアにおいては幅広い支持を得たと言える。

これに対して国は、二重の住民登録は納税や選挙にあたって問題を生じさせるとして制度化の可能性を否定する一方で、[14] 避難者が住民票を移さなくても避難先で一部の行政サービスを受けられる措置を設けた原発避難者特例法を成立させた。

2 原発避難者特例法とその評価

原発避難者特例法（東日本大震災における原子力発電所の事故による災害に対処するための避難住民に係る事務処理の特例及び住所移転者に係る措置に関する法律）は、二〇一一年五月に福島県を訪問した片山善博総務大臣（当時）に対し、飯舘村の菅野典雄村長が、避難者が住民票を移さずに生活できる制度の導入を提案したことがきっかけで立案された。[15] その後、避難元の市町村長や福島県内の避難者受入自治体との協議を経て作成された法案が同年八月に成立し、施行された[16]。

同法に基づく措置は、事故当初の避難・屋内退避の指示や、二〇一一年四月の警戒区域・計画的避難区域・緊急時避難準備区域の設定により、国から避難等の指示を受けた福島県内の一三市町村（いわき市、田村市、南相馬市、川俣町、広野町、楢葉町、富岡町、大熊町、双葉町、浪江町、川内村、葛尾村、飯舘村）を対象として指定した上で、当該市町村からの避難者に避難場所の届け出を義務づけて避難先を把握し、避難元自治体ないし福島県から避難先自治体に避難者の情報を提供するとともに、対象となる避難者に一部の行政サービスを行なう費用に相当する額（一人当たり四万二千円）を国が避難先自治体に交付し、避難先自治体が避難者に住民と同様のサービスを提供することを求めるものである。選挙や納税の問題まで踏み込まないよう大きな制度的変更を避けながら、避難者が避難元から住民票を移さなくても避難先で必要な医療・福祉・教育サービスを受けられる状態を実現しようとした内容と言える[17]。

だが、特例法は一部の行政サービスを短期的にカバーする措置であるにとどまるため、避難者が避難先自治体で被る不利益を解消できたわけではない。実際に生活を営むなかでは、学校や銀行、クレジットカード会社、不動産会社、電話会社など民間を含む様々な手続きにおいて居住地の住民票を求められる場面があり、求職・就職活動の際には、住民票を移していない人はいずれ避難元に帰るだろうからという理由で雇用を拒否されたケースもある[18]。民間契約等での不利益を訴える声を受けた総務省は二〇一二年一二月一九日の通知で、避難者が現在の居住地を公的に証明できるよう、特例法の対象となる避難者の請求により、氏名・生年月日・性別・避難元住所・避難先住所が記載された「届出避難場所証明書」を避難元自治体が発行できることとした[19]。しかし、このような特殊な証明書の存在は関係当事者以外への十分な周知が困難であることもあり、避難者が証明書を民間の窓口で提示しても、住民票の代わりにはならないとして契約を断られるケースが多いようである[20]。既に住民票を移した避難者は、こうした現実に直面して移さざるをえなかった場合も多いと推測される[21]。

また、特例法の対象外となる避難者は避難先で行政サービスを受ける法的根拠がないことになるため、いわゆる自主避難者への対応は避難先自治体の裁量に委ねられている。このため、避難者によって対応を分けることが難しい面もあって区別なく対応が為されてきた自治体でも、時間が経つにつれ、他の住民との公平性を理由にサービス給付を拒む事例が出ている。[22] 自主避難者を対象にした前述の調査では、住民票を移していない人の約七六%が、そのために困りごとが生じたと答えている。[23] そもそも特例法の対象になっていない自主避難者たちは、避難先での居住地を公的に証明することも難しい。国や自治体が把握する避難者数は総務省が所管する「全国避難者情報システム」の登録数に基づくが、避難者が自ら申告しなくては登録されないため、特に自主避難者は数から漏れやすい。[24] 住民票を移していない多くの自主避難者は、避難先で存在自体が知られておらず、避難先自治体から受けられるはずの支援も受けられずにいる。[25] こうした現状から、特例法に基づく措置は、総合的・長期的に避難者の不利益を防ぐ手立てにはなっていないと評価せざるをえない。[26]

さらに今後は、帰還しないが住民票を移していない避難者の地位が、一層不安定化するだろう。避難指示の解除が進むことは、（政策枠組み上の把握とは異なるものの）論理上、「自主」避難者の範囲が拡大していく事態を意味する。もとより特例法は、「避難先団体に住民票を移していない避難住民に対する行政サービスを、避難元団体の一方的な意思により、避難先団体にその提供を義務付け、しかも法令による義務付けのない行政サービスについても努力義務を課すという極めて例外的な法的構成」となっており、「限定的に運用されることを念頭に、関係者の理解を得て、国会提出に至った」とされるように、[27] あくまで現行制度の枠内に設けられた特例でしかない。同法はその対象となる避難元自治体について、総務大臣が、国による避難指示の「対象となった区域をその区域に含む市町村であって、その住民が当該市町村の区域外に避難することを余儀なくされているものを、指定市町村として指定することができる」（第三条）としており、将来的な指定の解除を当然に予定している（第三条第五項）。運用にあたっては、避難指示が解除され「被災地域への復帰が一応可能となった後においても、住民の実際の復帰の状況を踏まえ」、指定の解除を直ちに行なわないといった対応も考えられると説明されているが、[28] その判断は総務大臣が行なう。したがって避難者の地位は、時の内閣による方針に大きく左右されることになる。

3　自治の主体たる地位の保障

以上の評価に基づき、本稿が原発事故避難者への生活支援に関する現行の政策枠組みについて指摘したい問題点は、シティズンシップ保障という視座の欠如である。避難者が避難先での生活において被る不利益の多くは、避難元自治体の住民としての地位に伴う諸権利の実現が難しい一方で、居住する自治体の住民としての地位を持ちえないことによる。あるいは、これまで触れた避難者の苦境を踏まえてもなお、避難者が求めているのは生活上の不利益を取り除く具体的な政策措置であって、シティズンシップなどではない、という異議があるかもしれない。これに対して本稿は、原発避難者が置かれている状況の問題性を、単に避難先での生活に不利益が生じるとか、避難元の復興政策に十分な関与ができないといった実際的な困難のみから捉えるべきではなく、それらの不利益を生じさせている要因であるところの法的・政治的な地位の不安定性こそが主たる問題である、と主張する。

避難者が避難先自治体の住民としての地位も得ることができるのであれば、居住地の証明などをめぐる実際的な不利益が取り除かれるだけでなく、避難者以外の住民との不公平感に気兼ねする必要もなくなり、生活再建の安定した基盤を形成しやすくなる。他方、ダム建設に伴う住民移転の事例などに見られるように、住民が避難元自治体から離脱していくことは、被災者の受け皿を消失させ、十分な権利保障を困難にする。[29] 被災者の意思をまとめて国や県に伝達する機関としても、避難元自治体が被災者住民との関係性を継続的に有することは不可欠であり、「住民」の地位保全がなされない場合には、事故被害に対する加害者の責任の果たし方も曖昧になってしまうであろう。加えて、帰還した人と帰還していない人との共同性を保つにあたっては、同じ「住民」でありつづけることの意味は大きい。[30] すぐには帰還しない避難者の多くは、「住民」としてのかかわりを維持することによって、避難元自治体の将来的な復興過程に関与することを望んでいる。したがって、避難者が住民票の移転を迫られることの帰結は重大であり、そのような選択の必要性を取り除くことが、結果として避難者の不利益を小さくするだけでなく、被災地域・被災自治体の自治に参画しようとする人びとの市民性を保全することにもなる。

同様の観点から今井は、原発事故避難者が直面している困難は多重的なシティズンシップを要請すると指摘する。(31) 実態として避難元と避難先の二つの自治体に同時帰属しているにもかかわらず、いずれか一方のシティズンシップが認められるだけでは、市民としての正当な権利と義務が制度的に担保されないからである。金井利之もまた、自ら望んで町を離れたわけではなく、移住・転居を余儀なくされた避難者は、避難元での復興行政に中長期的な関心を持ちつづける以上、避難元に対しても、避難先に対しても、行政に対する統制の主体としての地位を維持するべきであるとする。(32) このように自治の主体としての住民たる地位を認めるということは、当然に参政権の保障を伴わなければならないだろう。(33)

それでは、このような多重的シティズンシップの考え方が、原発事故避難に際して政府に容れられなかったのはなぜであろうか。国は二重の住民登録が納税や選挙において課題を抱えるとするが、もとより市民は単一の自治体とのあいだで排他的に居住、納税、遵法などの関係を取り結ぶわけではないこともあり、(34) 実際には各種の調整によって二重帰属を認めることは難しくない。金井が主張するように、日本では自治体間での財政調整をナショナルなレヴェルで行なうことが常態であるため、二重帰属に伴う税負担の配分は技術的な解決が容易である。(35) また、同じく金井の指摘によれば、二つの自治体が合成された公的な意思決定は基本的に存在せず、広域自治体や国政の選挙はどちらかの自治体で投票すればよいから、避難者が異なる基礎自治体でそれぞれ一票を持ったからといって、政治的平等に反すると捉えることは妥当でない。(36) こうした把握には、複数自治体への帰属を認めた場合には、各自治体による国への陳情などを通じて二重に政治的影響力を行使可能になるとの批判もありうるが、従来から個人が複数の利益団体への帰属を通じて多重的影響力を行使できることは不平等と捉えられていないため、問題視すべき点であるとは考えにくい。

だが、法制度上は実現可能であるとすれば、二重の住民登録が導入されなかった理由は、ますます言い当てにくくなる。そこで本稿では、原発避難者特例法の枠組みを超える二重の住民登録の実現に対して、必ずしも政治的支持が広がらなかった点に注目したい。(37) 二〇一二年一〇月二四日に届出避難場所証明書の案を表明した樽床伸二総務大臣（当時）は、同時に、「住民票は二つ、選挙権も二つ、では具合が悪い」と強調したとされる。(38) このような主張が自然なものと受け止められたのであれば、多重的シティズンシップへの抵抗感は、一般世論においても強かったと言えるだろう。確たるデータによって裏付けることは難しいものの、市民を単一の国家、単一の自治体にのみ結びつける発想と、政治的平等を一人一票としてのみ捉えるデモクラシー理解の根強さが、この問題の重要な背景を構成している可能性がある。こうした観測が全くの的外れではないと仮定すれば、規範的政治理論の観点からデモクラシー理解の問題性を指摘し、その修正を図ることが、現行政策を改善する一助となりうるだろう。

四　多重的シティズンシップの擁護

1　集合的自己決定としてのデモクラシー

近代国民国家におけるシティズンシップは、「一時的あるいは長期的な滞在で発生したり、一時的あるいは長期的な不在で消滅したりするのでない、永続性を持った人間の地位」であり、あくまでも領域的共同体の成員資格として、「内部には包摂的であるが、外部には排他的なもの」と理解されてきた[39]。しかしグローバルな相互依存が深化しつづける現代においては、国民国家がシティズンシップに伴わせてきた閉鎖性は緩和される傾向にあり[40]、ローカル、ナショナル、リージョナル、グローバルといった異なるレヴェルでの階層性と、重国籍や「デニズンシップ（denizenship）」など異なる国家における並列性との両面において[41]、より広くシティズンシップの多重化が承認されつつある[42]。そして、このような動きの下では、市民的・社会的な諸権利の承認にとどまらず、限定的にせよ政治的諸権利をも付与する国が多数現れるようになっている[43]。

シティズンシップが何よりも政治的自由の平等を意味してきたこと、投票権がシティズンシップにおける中核的権利と見なされてきたことは、今に至るまで国民国家の境界に沿った政治的諸権利の制限が力強く支持されつづけている所以であろう[44]。だがデイヴィッド・ヘルドによれば、ある政治的共同体の内部で特定の権利と義務を有する人びとに認められた排他的な成員資格であった従来のシティズンシップは、今や性格の変更を迫られている。人びとの死活的なニーズや利益を左右する意思決定が領域を横断して行なわれる現代世界においては、あらゆる次元の政治的共同体において自治の能力を得られるよう、民主的参加の機会は拡大されるべきだからである。(45)

このような主張は、デモクラシーを集合的な自己決定ないし自己統治として理解することから導かれる、シティズンシップの再解釈を意味している。ロバート・ダールは民主的な集団が従うべき規準として、その集合的決定の拘束力に服する者のうち、短期滞在者と精神障碍者を除いた、あらゆる成人が決定に参画できなければならない、との「包摂性(inclusiveness)」を挙げている。(46)もし、生活の諸局面にわたって自らを縛る決定の作成過程において何らの発言権も認められることがなければ、その人は奴隷的な服従の状態にとめおかれてしまう。デモクラシーが望ましいのは、発言権を持つ成員としての包摂を通じて、このような隷属を防ぎ、集団内においても自己決定の機会を最大化することができるからである。(47)したがって、民主的政体における法や決定の拘束力が及ぶ諸個人は、その作成過程に参与する正当な権利を持つべきである。(48)包摂性の規準に照らすなら、自らにとって重大な拘束的決定を為しうる政治的共同体が複数ある場合には、いずれの意思決定にも参画できなければならない。そのため、市民を単一の国家、単一の自治体にのみ縛りつけようとする制度は、民主的な包摂の要請に応えうるものではない。民主的政体における政治的メンバーシップは、境界横断的なシティズンシップの承認を通じて、多重化されるべきなのである。

シティズンシップの多重化は、やはり民主的な規準である政治的平等を脅かすように思えるかもしれない。そこでは、各市民が投じられる票の総数が不均等になるからである。だが、上に示したような集合的自己統治としてのデモクラシー理解に基づけば、ある市民が一つの政治的共同体でしか投票権を持たず、別の市民が複数の政治的共同体において投票権を行使できるからといって、後者が不公正な特権を持つことにはならない。デモクラシーにおける投票権は、その市民に重大な影響を及ぼす各政府を統制して集合的自己統治を実現するために与えられる手段であり、各市民が貨幣のように蓄積して大小を争えるような資源ではないからである。(49)政治的平等を一人一票としてのみ解することは、修正されるべき誤りである。

なお、地方自治体を国家と同様の政治的共同体と見なすことには異論がありうる。確かに、国家間では出入国や移住の自由が大きく制限されるのに対して、国家内における自治体間での移動や転居は比較的容易であるため、非自発的な共同性を濃厚に伴う国家と比べて、自治体は自発的な参入離脱をしやすい結社的な性格がより強いと考えられる。だが少なくとも、自治体が独自の政治課題を持つ「地方政府」として国（中央政府）とは異なる自律的な主体であること、その意思決定に地域住民が参画する選挙などの仕組みを持つ点で「住民による自己決定・自己統治」という要素を備えていることは、既に広く共有された理解であろう。[50] 日本の文脈に限っても、地方自治を地域住民による自己決定・自己統治の権利から基礎づける考え方が公的に承認されるようになっている。[51]

また、国家と比べた相対的な離脱しやすさが、絶対的な離脱しやすさを意味するわけではない点にも注意が必要である。現実には自治体間の移動にも小さくない諸費用が伴うため、都市化と分権化を通じて地方政府の行政権力が大きくなれば、それによって影響を受ける者が住民として行政を統制しようとする。この集合的な自己統治の機制が働くことにおいて、自治体が国家と共通に政治的共同体としての性格を持つと捉えることは可能だろう。さらに付け加えるなら、自治体の自律性は国家によって制限されているが、[52] グローバルな相互依存の深化によって主権国家が相対的に自律性を低下させたとしても国家が政治的共同体でなくなるとは考えにくいように、政治的共同体の自律性を絶対的なものと捉えるべきではない。したがって、ここでのデモクラシー理解を地方自治体にも適用することは十分な妥当性を持つと考えられる。

2　ステークホルダー・シティズンシップの原理

以上のデモクラシー理解を踏まえ、民主的包摂の観点からシティズンシップを再定義するために注目されるのは、ライナー・バオベックが提唱する「ステークホルダー・シティズンシップ（SC）」の原理である。[53]

バオベックは、在外国民および定住外国人の参政権が広く認められるようになっている国際的傾向を踏まえつつ、[54] 参政権の承認範囲に関する理念的立場の類型として、①非居住の国民（non-resident citizens）にも外国人の定住者（non-

表１　参政権の承認範囲をめぐる諸類型

		在外国民	
		認めない	認める
定住外国人	認めない	公民的共和主義	エスニック・ナショナリズム
	認める	領域的包摂	被影響利害

（出所）Bauböck, Expansive Citizenship, p. 685の Table2に基づき作成

citizen residents）にも参政権を認めない「公民的共和主義（civic republicanism）」、②非居住の国民には参政権を認め、外国人の定住者には認めない「エスニック・ナショナリズム」、③非居住の国民には参政権を認めず、外国人の定住者には認める「領域的包摂（territorial inclusion）」の原理、④非居住の国民にも外国人の定住者にも参政権を認める「被影響利害（affected interests）」の原理を挙げた上で（表1）、第五の立場としてSCを提起している[55]。彼によればSCは、選挙権は集合的自己統治が行なわれる政体の成員資格としてのシティズンシップに伴うとする点において共和主義（①）と同様の理解を採りながらも、一定の条件下において、外国人だが政体の法に従ったり政治的決定の影響を受けたりする「ステークホルダー」にも権利を承認する点で、リベラルな諸原理（③、④）を共和主義に結合しようとする立場である。

バオベックがステークホルダーと見なすのは、ある政治的共同体の繁栄と自分自身の将来にわたる自律や福祉、人生の展望を結びつけ、その政治的共同体の未来をかたちづくる集合的意思決定に参加したいと考えるような諸個人である[56]。このような濃厚な利害関係（stakes）の保持を参政権承認の根拠に据えるSCは、複数の政治的共同体への多重帰属に伴って市民が抱く忠誠心やアイデンティティの宛先への疑念に対する応答をも織り込んでいる。従来の共和主義やエスニック・ナショナリズムでは、市民が複数の国家に忠誠を誓うことはできないと考えられていた。だが移民は明らかに、複数の政体に対して妥当と思われるような利害関係を抱くことが、しばしばある[57]。むろん特定の政治的共同体に対して諸個人が持つ利害関係を測定・比較することは難しいが、バオベックは一つの明快な指標（indicator）として、居住期間の長さを重視している[58]。ある政治的共同体に住み続けることは、そこでの法に服従し、そこにおける政治的権威に権利や自由の保護を依存させるとと

もに、共同体の運命と自身の人生についての見通しを、少なからず結びつけていくことになるからである。[59]

バオベックの考えでは、ＳＣは移民の政治的包摂を求めるが、長期の居住と帰化の申請を条件とする点で、短期の居住でも権利を承認しうる領域的包摂とは異なる。また、在外国民への選挙権の拡大も許容するが、その国に一度も住んだことのない人や、投資あるいは租税回避に関心があるために永住に応じない人には、権利を与えないだろう。[60]すなわちＳＣは、「特定の政体に諸個人の根本的な諸権利の保護を委ねるとともに、諸個人の福祉を同じ政体の共通善へと結びつける」ような、メンバーシップそのものに対する利害関心（interest）を参政権承認の根拠とする立場なのである。[61]それゆえ、ある政体による個々の政治的決定からもたらされる影響を根拠とするために過大包摂をもたらしやすい被影響利害原理と比べて、より明確な判断基準を提供可能な原理だとされる。[62]つまりＳＣの特徴は、権威への服従や権利の保護のような客観的な側面と、政治的共同体への参加意思という主観的な側面をあわせて考慮しようとし、その簡便な指標として持続的な居住を持ち出す点にある。

あくまでＳＣは原理であるため、参政権の具体的な承認範囲は、各国の政治過程や司法による憲法解釈を通じて定まるであろう。[63]だが、たとえば移民一世は送出国のステークホルダーであり続けるであろうし、親世代の文化的背景や帰国可能性が生育環境に大きく影響する移民二世もステークホルダーでありうるとしても、受入国にしか生活の基盤を持ったことのない移民三世にまで祖父母世代の祖国に対するステークホルダーの地位を認めることが原理から導かれるとは考えにくい。このためＳＣは、血統主義に基づく在外国民への授権を一定の範囲に制限する含意を持つことになる。[64]

この点から、ある政府の法政策に従わなければならない者は当該政体における民主的参加の権利を持つべきとする「被支配（subjected）」の原理と比して、ＳＣが持つ特徴も明らかとなる。[65]被支配原理に基づくなら、民主的政体は、その法に縛られることのないあらゆる個人を、民主的参加の権利を持つ「デモス（demos）」から排除するべきである。[66]このためクラウディオ・ロペス＝ゲッラは、居住する国の法に服する定住外国人は政治的諸権利を認められるべきだとの主張だけでなく、長期にわたって自国の法に服することのない在外国民は政治的諸権利を制限されるべきだとの要請が、被支配原理から導かれるとする。[67] このような主張は、バオベックの整理における領域的包摂の立場と重なる。[68] だが実際には、再入国や外交的保護の権利、あるいは在外投票の権利そのものが母国の決定に左右されるように、国家の領域外に存するからといって、その決定による拘束力に服さないことになるとは限らない。[69] したがって、より妥当な被支配原理の解釈は、在外国民にも政治的諸権利を認めうる点で、領域的包摂ではなく被影響利害原理に近いと見るべきだろう。

さて、SCが被支配原理と異なるのは、単なる法への服従だけでなく、より自発的な選択に基づく具体的な生活実態を重視している点である。血統主義に基づく国にルーツを持つ移民三世であれば、祖父母世代の国籍をも継承することを通じて、部分的に当該国の法に服すことになると見なせる。それゆえ被支配原理は、移民三世をも在外国民としてデモスに包摂することを帰結すると考えられる。だが、そのような包摂は果たして望ましいのだろうか。[70] この疑問に被支配原理は沈黙するのみである。ここから解るように、被支配原理は所与の法秩序の下で政治的メンバーシップへの権原をいかに配分すべきかの答えは導くものの、ナショナルな境界そのものを問い直す視座は含んでおらず、その意味で保守的な側面を有している。[71] これに対してSCは、一定の利害関心の保持を根拠としてナショナルなメンバーシップを再構成しようとするため、より批判的な視座から、誰が包摂されるべきなのかを判断する指針を示すことができる。

3　原発事故避難者への適用

現在の日本では、定住外国人の参政権は認められていない一方で、在外国民は在外選挙人名簿への登録により、国政選挙に限って投票が可能である。国内の選挙人名簿は市区町村の住民票に基づいて作成され、住民票の所在は居住の実態を示すとの前提が通常は疑われないため、実際の居住にかかわらず投票権が割り当てられることも少なくない。このような制度は、市民が単一の国家および自治体に帰属することを予定するものであり、バオベックの分類に従うなら、エスニック・ナショナリズムの類型に近い。

これに対してSCは、複数の政治的共同体に対して同時に愛着や利害関係を持つことが一般的である移民のような存在を念頭に置くことで、集合的自己統治としてのデモクラシーと再結合するためには、シティズンシップを複数の政治的共同体への多重的な帰属を認めるものへと変容させるべきであることを示している。移動を余儀なくされた原発事故避難者が避難元自治体に利害関係を持ちつづけていることは明らかである一方、避難先自治体に居住しつづけながら新たな生活基盤を形成していることは、避難者が現に居住する自治体に対してもステークホルダーであると見なせる根拠になる。それゆえＳＣに基づけば、幅広い避難者を対象として二重の住民登録を認めることが望ましい。

今井の議論に見られるように、これまで二重の住民登録は、限定的な範囲の避難者を対象とした特例的措置として導入が求められてきた。だがＳＣの原理からは、いわゆる自主避難者を含む広範な避難者の法的・政治的地位を恒久的に保障することが要請される。加えて、一定の重大な利害関係が認められる場合には複数の自治体への帰属を認めるＳＣに基づくことは、災害時に限らない、より一般的な住民概念の再解釈へと結びつきうるだろう[72]。

ただし、ＳＣの原理に基づいて二重の住民登録を制度化することに、課題が存在しないわけではない。バオベックの議論に従って数年の居住を要件にＳＣを認める場合には、それまでの期間は、居住する政治的共同体において自らを拘束する集合的意思決定に参加できない状態が生じてしまうからである[73]。もっとも一般的に言えば、これは必ずしも克服すべき課題と見るべきではない。ナショナルなレヴェルであれローカルなレヴェルであれ、ごく短期間の滞在や居住でも選挙権が認められるのであれば、政治的操作を目的とした大規模な入植・転入が横行しかねない[74]。このような民主的包摂の要請にとって望ましくない帰結を回避するため、ある政治的共同体に対する濃厚な利害関係の保持を見定めるにあたって、（その長さには議論の余地があるとしても）一定期間の居住を求めることは、ＳＣの原理を現実に適用する際に許容される手続きであると考えられる。

しかしながら、原発事故避難者の場合には事情が異なる。本事例においては避難元自治体におけるシティズンシップに伴う権利の保障が短期的には困難となったため、避難先自治体に居を定めた直後から居住地におけるシティズンシップが保障されるのでなければ、避難者の生活上の不利益を解消することには結びつかない。そこで、ＳＣを適用して二重の住民登録を認めるための要件を、事例に即して検討する必要が生じる。その際に考慮すべきは、バオベックが市民の政治的共同体に対する濃厚な利害関係を見出すために居住期間を採用していることは、あくまでも一つの指標としてであるにすぎないという点である。すなわち、ある人が政治的共同体のステークホルダーと認められるかどうかは、その人生の見通しと共同体の未来とが結びつき合う程度によるのであり、これを判断するための指標を何に求めるべきかには解釈の余地がある。法への服従にとどまらない具体的な利害関心の保持を根拠にシティズンシップを認めようとするSCの特徴は、ここで大きな意義を持つだろう。原発事故からの避難のような特殊な事情が認められるなら、避難先の自治体に自らの権利保護と福祉実現を依拠しなければならない見込みの大きさを斟酌して、迅速に二重の住民登録を行なうことが可能であると考えられる。

五　おわりに

本稿は、福島第一原発事故により避難を余儀なくされた被災自治体の「住民」に保障するべき法的・政治的な地位について、規範的政治理論の観点から検討を加えた。避難元自治体に住民票を残しながら避難先自治体での生活を続ける避難者に対して、日本政府は原発避難者特例法によって一部の行政サービスを手当てしたが、その効果は避難者のシティズンシップを十全に保障しうるものではなかった。したがって二重の住民登録のように、避難者の実態に適した多重的なシティズンシップを認めることが望ましいと考えられるが、こうした考え方の受容を阻むような誤ったデモクラシー理解は強固な根を張っている。そのため、規範的政治理論における研究蓄積を用いて、集合的自己統治としてのデモクラシー理解とSCの原理を示し、多重的なシティズンシップの制度化が擁護可能であることを論じた。

本稿を締めくくるにあたり、その成果が持つ含意を少しだけ敷衍してみたい。長期的・広域的な避難によるコミュニティの崩壊を原発事故による被害の一種と見なすことは一般的な理解だが、[75] 避難時や避難後の行政区・自治会が被災者のニーズに沿った機能を為しえなかったことを以て、被災地域のコミュニティは事故以前から「なかった」のではないかと提起する議論も見られる。[76] 事故による被害の評価は措くとして、この議論が依拠するコミュニティの解釈は重要である。すなわち、コミュニティが人びとの帰属をめぐる経験の一形態であるとすれば、本来その討議的（discursive）な性格を重視するべきであり、特定の制度的な構造や組織、空間、場所、象徴などからではなく、何よりもまずコミュニケーションへの参加から、すなわち対話的（communicative）なプロセスによってこそ、帰属としてのコミュニティ（community as belonging）は構築されると考えるべきなのである。(77)

したがって、近隣の土地に集住していてもコミュニケーションがなければコミュニティは存在しない反面で、広域に拡散した人びとであってもコミュニケーションを持続できるならコミュニティは維持（ないし回復）できる。原発事故避難者においても、その多重的なシティズンシップを認めることで自治の主体たる地位を安定させてコミュニケーションの基盤を確保し、ネットワーク型の「住民」による参加と対話を通じた意思決定手続きに基づいて避難元自治体の復興行政を進めることが、地域の共同性を再形成するプロセスともなりうるであろう。このような見地からは、被災地および被災自治体を復興させるためにこそ、避難者の帰還促進よりも地位安定が重要であると言える。

もっとも、広域に拡散している「住民」の意思を反映可能な参加型の意思決定手続きを実現するための方策については、別途の詳細な議論が必要とされる。この点は更なる検討課題として指摘するにとどめたい。

（1）本稿は原則として、二〇一七年八月末時点で明らかとなっている情報に依拠している。

（2）金井利之「「空間なき市町村」の可能性―原子力発電所が存在するなかで市町村が向き合う課題」、『自治体学』第二六巻第一号、二〇一二年、二―五頁。真渕勝「空間を越えた地方自治体」、『書斎の窓』第六三五号、二〇一四年、二四―二八頁。

（3）政治思想研究の視座から東日本大震災および福島第一原発事故後の諸課題を整理・分析したものとして、以下を参照。杉田敦『3・11の政治学―震災・原発事故のあぶり出したもの』かわさき市民アカデミー、二〇一二年。犬塚元「震災後の政治学的・政治理論的課題―「不確実・不均衡なリスク」のなかの意思決定・連帯・共存の技法」、稲葉馨・高田敏文編『法と経済』東北大学出版会、二〇一三年、第五章。犬塚元「大震災後の政治と政治学」、政治思想学会二〇一三年度研究大会、二〇一三年五月二六日、慶應大学、<http://inuzukah.ws.hosei.ac.jp/_userdata/2013b.pdf>。本稿の投稿後、以下に接した。犬塚元「政治思想の「空間論的転回」―土地・空間・場所をめぐる震災後の政治学的課題を理解するために」、『立命館言語文化研究』第二九巻第一号、二〇一七年、六七―八四頁。

（4）除本理史『公害から福島を考える―地域の再生をめざして』岩波書店、二〇一六年、一七三―一七六頁。

（5）ここでは、①「元のまちのようになれば帰りたい」、②「元のまちのようにならなくても帰りたい」、③「元のまちに戻らないから帰りたくない」、④「元のまちに戻っても帰りたくない」という選択肢のうち、①と②の回答の割合を合計した。今井は、これに③を加えた八割以上の人が実際に「帰りたい」人びとであると主張する。今井照「原発災害避難者の実態調査（六次）」、『自治総研』第四六二号、二〇一七年、一―三四頁。なお、復興庁が実施している最新の住民意向調査では、将来的な希望を含めて戻りたいと答えた人の割合は、最も高い川俣町でも約四四％であり、富岡町、双葉町、浪江町では二割以下である。復興庁『平成二八年度 福島県の原子力災害による避難指示区域等の住民意向調査 全体報告書』、二〇一七年三月、<http://www.reconstruction.go.jp/topics/main-cat1/sub-cat1-4/ikoucyousa/28ikouchousakekka_zentai.pdf>。

（6）伊藤泰三・河村能夫「自主避難者の今 何が困難を引き起こしているか―アンケート調査よりの分析」、戸田典樹編『福島原発事故 漂流する自主避難者たち―実態調査からみた課題と社会的支援のあり方』明石書店、二〇一六年、第三章、六九頁。

（7）復興庁・福島県・大熊町『大熊町 住民意向調査 報告書』、二〇一六年三月、<http://www.reconstruction.go.jp/topics/main-cat1/sub-cat1-4/ikoucyousa/27ikouchousakekka_ookuma.pdf>。復興庁・福島県・双葉町『双葉町 住民意向調査 報告書』、二〇一六年三月、<http://www.reconstruction.go.jp/topics/main-cat1/sub-cat1-4/ikoucyousa/27ikouchousakekka_futaba.pdf>。双葉町について二〇一六年に実施された調査では微減しているものの、依然として約五六％に上る。復興庁・福島県・双葉町『双葉町 住民意向調査 報告書』、二〇一七年三月、<http://www.reconstruction.go.jp/topics/main-cat1/sub-cat1-4/ikoucyousa/28ikouchousakekka_futaba.pdf>。他の被災自治体における調査でも、ほとんどの町村で同様の質問に対し五割以上の「住民」が「つながり」を保ちたいと回答している。復興庁前掲『全体報告書』を参照。

（8）今井照「「住民」の再定義から始めよう―原発被災地における凍結型復興〈通い復興〉の提言」、『地方議会人』第四六巻第一〇号、二〇一六年、一六―二〇頁。除本前掲書、一九三頁。

（9）避難者が参加するタウンミーティングを継続的に分析してきた佐藤彰彦は、原発事故被災自治体の復興政策において住民側の意思が反映されない問題状況を、次のように述べている。「避難者は、国県町のレベルにおいて議会制民主主義に基づく仕組みが機能せず、さらに町民側は避難によって皆の考えをまとめることが難しく、結果として意に反する現実が起こっても国県が示す方針に従わざるを得ず頼らざるを得ない状態が続いていることに抗しがたい無力感と被害者意識を強めている」。佐藤彰彦「長期化する原発避難の実態と復興政策の現実」、『サステイナビリティ研究』第五号、二〇一五年、九頁。

(10) 除本前掲書、七〇—七一頁。

(11) 今井照『自治体再建—原発避難と「移動する村」』筑摩書房、二〇一四年、一一八—一三三頁。

(12) 今井照「自治体再生のために—新しい自治体観の提起に向けて」、『地方自治職員研修』第四四巻第七号、二〇一一年、一四—一六頁。

(13) 日本学術会議社会学委員会東日本大震災の被害構造と日本社会の再建の道を探る分科会『原発災害からの回復と復興のために必要な課題と取り組み態勢についての提言』、二〇一三年六月二七日、<http://www.scj.go.jp/ja/info/kohyo/pdf/kohyo-22-t174-1.pdf>。本稿の投稿後、これまでの提言をフォローアップした新たな提言が公表された。日本学術会議東日本大震災復興支援委員会原子力発電所事故に伴う健康影響評価と国民の健康管理並びに医療のあり方検討分科会『東日本大震災に伴う原発避難者の住民としての地位に関する提言』、二〇一七年九月二九日、<http://www.scj.go.jp/ja/info/kohyo/pdf/kohyo-23-t170929.pdf>。この提言と関連する後掲の岡田論文も参照。

(14) 今井前掲『自治体再建』、一八七—一八九頁。日野行介『原発棄民—フクシマ五年後の真実』毎日新聞出版、二〇一六年、一六一—一六二頁。なお、国による公式の説明では、生じるとされる問題の具体的な想定や、日本国憲法上の判断根拠などは必ずしも明らかでない。二〇一三年三月二五日の参議院総務委員会での新藤義孝総務大臣（当時）による答弁や、二〇一四年四月二二日の衆議院総務委員会における総務省自治行政局長の答弁では、選挙権・被選挙権を二重に与えることにつながりかねず二重課税も生じかねないために制度化は難しい、という内容が繰り返されているにとどまる。これに対して、二〇一五年四月二二日の参議院東日本大震災復興及び原子力問題特別委員会での二之湯智総務副大臣（当時）による答弁では、「選挙権あるいは被選挙権を二重に与えるようなことは、それは最高裁は一か所に限定するべきだという旨の判例もある」、との発言が見られる。ここで示唆されている判例は、「一人で二ヶ所に住所を有することができるものと解すれば同一人が二ヶ町村で選挙権を行使し或は同一町村で二つの選挙権を行使し得る結果となり、かゝる結果は町村制の認めないところであつて」、「選挙に関しては住所は一人につき一ヶ所に限定されるものと解すべき」と述べた、一九四八年一二月一八日の町会議員選挙無効裁決取消をめぐる最高裁判所の判決と推測される。しかしながら、同判決は地方自治法施行（一九四七年）以前の町村制下における選挙に関するものであり、判決文には憲法への言及も見られない。

(15) 片山大臣は五月九日に飯舘村を訪問しており、菅野村長は六月二二日に発表した村民へのメッセージのなかで、「避難先でも充実した同じ行政サービスを受けられるよう〝2つの住民票〟的なことを国に提案しています」と述べた。飯舘村『までいな希望プラン』、二〇一一年六月二二日、<http://www.vill.iitate.fukushima.jp/uploaded/attachment/2046.pdf>。菅野典雄『美しい村に放射能が降った―飯舘村長・決断と覚悟の一二〇日』ワニブックス、二〇一一年、一八二頁。

(16) 法案のたたき台は六月四日に避難元の市町村長との意見交換会の席上で示されており、七月四日に福島県内の避難者受入自治体との協議を経て、一一日に避難元の市町村長との最終調整が行なわれたとされる。その後、二二日に法案が閣議決定されて国会に提出され、衆議院では八月二日に修正案を全会一致で可決、参議院では五日に全会一致で可決・成立し、一二日に公布・施行された。同法につき、以下を参照。植田昌也「原発避難者特例法について」、『地方自治』第七六七号、二〇一一年、五六―九三頁。保科実「原発避難者特例法の解説」、『法律のひろば』第六五巻第三号、二〇一二年、三四─四二頁。今井照「原発災害事務処理特例法の制定について」、『自治総研』第三九五号、二〇一一年、八九―一一八頁。植田昌也「原発避難者特例法の施行状況について」、『地方自治』第七七〇号、二〇一二年、四四―六〇頁。

(17) 日野前掲書、四七―四八頁。

(18) 山下祐介・市村高志・佐藤彰彦『人間なき復興―原発避難と国民の「不理解」をめぐって』明石書店、二〇一三年、一六七頁。佐藤前掲論文、一〇―一一頁。伊藤ほか前掲論文、七〇―七一頁。福冨茂「東日本大震災における原子力発電所の事故による災害の影響により避難している住民の避難場所に関する証明について」、『地方自治』第七八四号、二〇一三年、一六、一八頁。

(19) 総務省「東日本大震災における原子力発電所の事故による災害の影響により避難している住民の避難場所に関する証明について」、二〇一二年一二月一九日、<http://www.soumu.go.jp/menu_news/s-news/01gyosei03_02000012.html>。この措置につき、福冨前掲論文を参照。なお、二〇一三年四月三〇日の第三〇次地方制度調査会第三二回専門小委員会では、江藤俊昭委員が「権利として避難元での復興の権利、そして避難先でのまちづくりの権利をどのように考えていくか」として、二重の住民登録に関する議論状況を質している。これに対して総務省の担当課長は、特例法により避難先で行政サービスが受けられるようになった上、居住地の証明書も発行できるようになっているとして、もはや地元の自治体から二重の住民票などの施策を求める声は聞こえてこない、と回答している。第三〇次地方制度調査会第三二回専門小委員会議事録、<http://www.soumu.go.jp/main_content/000238710.pdf>。今井前掲『自治体再建』、一八八頁も参照。

(20) 吉田千亜『ルポ母子避難―消されゆく原発事故被害者』岩波書店、二〇一六年、一一〇―一一一頁。

(21) 今井前掲「原発災害避難者の実態調査（六次）」、二〇頁。

(22) 日野前掲書、四五―四六頁。このような行政の対応が実際に避難者以外の住民感情を多少なりとも背景にしていると考えることには、一定の根拠を見出せる。避難者と接触する機会の多い地域は他の地域と比べ、避難者への一層の支援が必要であるかに関する問いに対し、否定的な回答を行なう人の割合が高いのである。河村和徳・伊藤裕顕『現職落選ドミノの衝撃から二〇一六年参議院選挙まで―被災地選挙の諸相』河北新報出版センター、二〇一七年、二五〇―二五二頁。

(23) 伊藤ほか前掲論文、六九―七〇頁。

(24) 今井前掲「原発災害事務処理特例法の制定について」、九五―九七頁。二〇一一年四月一二日の通知により運用が始まった全国避難者情報システムは、避難者から任意に避難先市町村に提出された避難先等の情報を、LGWAN（総合行政ネットワーク）を活用し、避難先都道府県、避難元県、避難元市町村が共有する仕組みである。このシステムを用いて避難者の情報が避難先から避難元に共有された場合も、特例法上の届出が為されたと見なされる。システムに登録されるのは氏名、生年月日、性別、（避難元）住所の基本四情報に避難先と滞在期間などを加えた簡易的なデータであり、罹災情報や要介護・要支援の情報など避難者の特性に関する記述は含まれていない。このため避難開始当初から、住民基本台帳を用いるなどして避難者名簿を確定させることや、必要なケアや行政窓口での相談履歴などの情報も集約した詳細なデータを転居先の自治体でも即座に引き出せるような「被災者支援台帳」の構築が提言されてきた。金井利之『原発と自治体―「核害」とどう向き合うか』岩波書店、二〇一二年、一五頁。金井利之「住民生活再建と住民登録の在り方」、『学術の動向』第一九巻第四号、二〇一四年、八四頁。山中茂樹『漂流被災者―「人間復興」のための提言』河出書房新社、二〇一一年、八八―九四頁。

(25) 吉田前掲書、一三一―一三三頁。

(26) 山下ほか前掲書、二六〇、二六三―二六四頁。岡田正則「原発災害避難住民の「二重の地位」の保障―「生活の本拠」選択権と帰還権を保障する法制度の提案」、『学術の動向』第二二巻第四号、二〇一七年、八〇―八三頁も参照。

(27) 植田前掲「原発避難者特例法について」、五九頁。

(28) 同前、六九頁。

(29) 金井利之「集団移転と住民意思反映」、『都市とガバナンス』第一九号、二〇一三年、一〇四―一〇八頁。

(30) 特例法では、避難先の市町村に転入し、避難元市町村の住民ではなくなった住居移転者が元いた市町村との「絆」を維持するための措置も定めている（第一一条および第一二条）。すなわち、住居移転者のうち、「引き続き避難元市町村に関心を有し、指定市町村及び指定県からの情報提供などを受けることを希望する旨の申出をした」者を「特定住所移転者」と呼び、特定住所移転者が「避難状況や被災状況についての随時の情報提供や、避難元市町村との関係を維持するための施策（例えば、里帰り、避難先でのブロック会議や親睦会、転出先での自治会設立・運営、文化伝承事業など）を講ずる」とともに、それらの施策に関して、特定住所移転者が意見を述べることができる仕組み（住所移転者協議会）を設けることにより、特定住所移転者が引き続き避難元市町村の行政運営に何らかの形で参画できるようにしている。しかしこれらは、避難先への住所移転を選択した人びとが、いずれ「復帰が可能になれば」、再び避難元市町村の住民となることを選択してくれることを期待して実施される施策であり、そうした「元住民」が「実際に戻ってくることができるようにする」ことを目的とした措置であるため、あくまでも単一の自治体への帰属を前提とする。植田前掲「原発避難者特例法について」、五七、六七、八二頁。

(31) 今井照「原発災害避難から考える多重市民権」、『学術の動向』第二〇巻第四号、二〇一五年、一八―二四頁。

(32) 金井前掲「住民生活再建と住民登録の在り方」、八六―八七頁。

(33) 今井前掲「原発災害事務処理特例法の制定について」、九八―九九頁。

(34) 金井前掲「住民生活再建と住民登録の在り方」、八二頁。今井前掲『自治体再建』、一七一―一八四頁。

(35) 金井前掲「住民生活再建と住民登録の在り方」、八五―八六頁。今井前掲「原発災害事務処理特例法の制定について」、九五頁も参照。

(36) 金井前掲「住民生活再建と住民登録の在り方」、八六頁。この点につき憲法解釈上の困難を見出す向きもあろうが、繰り返すように、国は必ずしも二重の住民登録が憲法に反するとは明言していない。行政法学者の太田匡彦は、立法政策としては二重の住民登録に懸念を呈しつつも、地方自治法上の住所は一つに限られるという通説的な前提を「憲法上の要請と位置づけることは難しい」とする。太田匡彦「居住・時間・住民—地方公共団体の基礎に措定されるべき連帯に関する一考察」、嶋田暁文・阿部昌樹・木佐茂男編『地方自治の基礎概念—住民・住所・自治体をどうとらえるか?』公人の友社、二〇一五年、第一章、五七―五九頁、注四〇。総務省職員による関連の論考として、山崎重孝「住民と住所に関する一考察」、『地方自治』第七六七号、二〇一一年、二―一四頁も参照。

(37) このように言いうる一つの傍証として、主要各紙において二重の住民登録への明示的な言及が見られるのは、ほぼ今井の談話等に限られている事実を挙げられる（読売新聞、朝日新聞、毎日新聞、日本経済新聞の各社オンライン・データベースを用いた記事検索による）。例外的に二〇一二年三月一一日および二〇一五年三月一一日の社説で二重の住民登録を採り上げたのが今井と共同調査を実施している朝日新聞であることは、議論が広がりを欠いたことを浮き彫りにしている。ただし、二〇一三年三月七日の読売新聞では、特例法制定時の総務大臣であった片山がインタビューに答えて、二重の住民登録（市民権）の制度化可能性への肯定的言及を行なっている。こちらはむしろ、国が二重の住民登録に憲法上の困難を見出していたわけではないことの傍証と見るべきであろう。

(38)『朝日新聞』二〇一二年一〇月二五日。

(39) R. Brubaker, *Citizenship and Nationhood in France and Germany*, Harvard University Press, 1992, p. 21（佐藤成基ほか監訳『フランスとドイツの国籍とネーション―国籍形成の比較歴史社会学』明石書店、二〇〇五年、四三―四四頁）.

(40) R. Bauböck, Expansive Citizenship: Voting beyond Territory and Membership, in *PS: Political Science & Politics*, Vol. 38 No. 4 (2005) pp. 683–687. R. Bauböck, Stakeholder Citizenship and Transnational Political Participation: A Normative Evaluation of External Voting, in *Fordham Law Review*, Vol. 75 No. 5 (2007) pp. 2393–2448. Ch. Joppke, *Citizenship and Immigration*, Polity, 2010（遠藤乾ほか訳『軽いシティズンシップ―市民、外国人、リベラリズムのゆくえ』岩波書店、二〇一三年）.

(41) 重国籍については、以下を参照。岡村美保子「重国籍―我が国の法制と各国の動向」『レファレンス』第五三巻第一一号、二〇〇三年、五六―六三頁。近藤敦「複数国籍の現状と課題」『法学セミナー』第六二巻第三号、二〇一七年、一―四頁。ここでのデニズンシップとは、外国人でも長期の居住を理由に市民的・社会的諸権利などシティズンシップに伴う権利の大部分を享受可能になっている地位を指す。T. Hammar, *Democracy and the Nation State: Aliens, Denizens and Citizens in a World of International Migration*, Avebury, Gower Pub. Co., 1990（近藤敦監訳『永住市民と国民国家』明石書店、一九九九年）.

(42) D. Heater, *What is Citizenship?* Polity, 1999, ch. 4（田中俊郎・関根政美訳『市民権とは何か』岩波書店、二〇一二年、第四章）. 本稿では階層的な多重化を詳しく扱うことはしない。主要な例であるEUシティズンシップについて、以下を参照。宮島喬『ヨーロッパ市民の誕生―開かれたシティズンシップへ』岩波書店、二〇〇四年。土谷岳史「EUシティズンシップとネイション－ステート―セキュリティ、平等、社会的連帯」『慶應法学』第四号、二〇〇六年、一二三―一九五頁。J. Shaw, *The Transformation of Citizenship in the European Union: Electoral Rights and the Restructuring of Political Space*, Cambridge University Press, 2007. 中村民雄「判例にみるEU市民権の現在―移動市民の権利から居住市民の権利へ？」『日本EU学会年報』第三二号、二〇一二年、一三五―一五七頁。R. Welge, Union Citizenship as *Demoi*-cratic Institution: Increasing the EU's Subjective Legitimacy through Supranational Citizenship? in *Journal of European Public Policy*, Vol. 22 No. 1 (2015) pp. 56–74.

(43) 近藤敦『「外国人」の参政権―デニズンシップの比較研究』明石書店、一九九六年。佐藤令「外国人参政権をめぐる論点」、国立国会図書館調査及び立法考査局編『人口減少社会の外国人問題―総合調査報告書』国立国会図書館、二〇〇八年、一七一―一八八頁。L. Pedroza, Denizen Enfranchisement and Flexible Citizenship: National Passports or Local Ballots? in W. Maas ed., *Multilevel Citizenship*, University of Pennsylvania Press, 2013, ch. 2. 菅原真「政治的権利」、近藤敦編『外国人の人権へのアプローチ』明石書店、二〇一五年、第五章。以下も参照。F. Justwan, Disenfranchised Minorities: Trust, Definitions of Citizenship, and Noncitizen Voting Rights in Developed Democracies, in *International Political Science Review*, Vol. 36 No. 4 (2015) pp. 373-392. なお、政治的諸権利（参政権）には選挙権・被選挙権のほか、言論・表現・結社などの政治的諸活動の自由や請願権、公務就任権なども含まれうるが、以下では選挙権に焦点を絞って議論を進める。

(44) Th. Faist, Introduction: The Shifting Boundaries of the Political, in Th. Faist and P. Kivisto eds., *Dual Citizenship in Global Perspective: From Unitary to Multiple Citizenship*, Palgrave Macmillan, 2007, p. 3. S. Song, Democracy and Noncitizen Voting Rights, in *Citizenship Studies*, Vol. 13 No. 6 (2009) p. 607. Joppke, *op. cit.*, p. 146（前掲書、二〇四頁）. シティズンシップの多面的含意と諸課題をめぐる広範な論争については、以下に詳しい。Heater, *op. cit.* W. Kymlicka, *Contemporary Political Philosophy: An Introduction*, 2nd ed., Oxford University Press, 2002, ch. 7（千葉眞・岡崎晴輝ほか訳『現代政治理論』新版、日本経済評論社、二〇〇五年、第七章）. D. Leydet, Citizenship, in E. N. Zalta ed., *The Stanford Encyclopedia of Philosophy*, fall 2017 ed., <https://plato.stanford.edu/archives/fall2017/entries/citizenship/>.

(45) D. Held, *Global Covenant: The Social Democratic Alternative to the Washington Consensus*, Polity, 2004, pp. 114-115（中谷義和・柳原克行訳『グローバル社会民主政の展望―経済・政治・法のフロンティア』日本経済評論社、二〇〇五年、一五三―一五四頁）. ヘルドの主眼は階層的な多重化にあるが、ここでは並列的な多重化にも当てはまるような、シティズンシップの閉鎖性を相対化する視座が重要である。むろん彼が主張するコスモポリタン・デモクラシーの妥当性は別に問われるべきであろう。グローバル・シティズンシップについては、以下を参照。佐々木寛「「グローバル・シティズンシップ」の射程」、『立命館法学』第三三三・三三四号、二〇一〇年、六八一―七〇九頁。山田竜作「グローバル・シティズンシップの可能性―地球時代の「市民性」をめぐって」、藤原孝・山田竜作編『シティズンシップ論の射程』日本経済評論社、二〇一〇年、第七章。

(46) R. A. Dahl, *Democracy and Its Critics*, Yale University Press, 1989, pp. 120-129.

(47) *Ibid.*, p. 89.

(48) C. López-Guerra, Should Expatriates Vote? in *Journal of Political Philosophy*, Vol. 13 No. 2 (2005) pp. 219-220. 以下も参照。M. Walzer, *Spheres of Justice: A Defense of Pluralism and Equality*, Basic Books, 1983, pp. 60-61（山口晃訳『正義の領分―多元性と平等の擁護』而立書房、一九九九年、一〇五頁）. Song, *op. cit.* 遠藤知子「永住外国人の参政権」、宇野重規・井上彰・山崎望編『実践する政治哲学』ナカニシヤ出版、二〇一二年、九〇―一一六頁。

(49) Bauböck, Stakeholder Citizenship and Transnational Political Participation, p. 2428. 日本の憲法学説においては、定住外国人が国政に参加する権利を認める立場においても、国籍国と居住国とで二重に権利を行使することは一人一票という平等の原則に反するため、これを禁ずる国際的取り決めが必要であるとの理解が見られる。浦部法穂「外国人の人権再論」、憲法理論研究会編『人権理論の新展開』敬文堂、一九九四年、四九頁。だが前述の金井の指摘、すなわち、ある主体が複数の異なる政治的共同体において同時に選挙権を持つとしても、それぞれの共同体を合成した公的意思決定が存在しない以上は政治的平等に反しないとの理解は、トランスナショナルなレヴェルにも適用可能であるように思われる。異なる国家を合成した公的意思決定は基本的に存在しないため、複数の国家において選挙権を行使可能な市民が存在することは、政治的平等を脅かすことにはならないだろう。以下も参照。D. Owen, Transnational Citizenship and the Democratic State: Modes of Membership and Voting Rights, in *Critical Review of International Social and Political Philosophy*, Vol. 14 No. 5 (2011) p. 654.

(50) 礒崎初仁・伊藤正次・金井利之『ホーンブック 地方自治』第三版、北樹出版、二〇一四年、一五頁。松下圭一『日本の自治・分権』岩波書店、一九九六年、四二―四三頁も参照。

(51) 今井照『地方自治講義』筑摩書房、二〇一七年、五九―六一頁。いわゆる自治基本条例に見られるように、自治体がその構成員である住民を国とは別個に定義しようとし、自治体内へ通勤・通学する人びとなどを含めた拡張的な「住民」を地域形成の主体と捉える場合があることは、一定の自律性を備えた集合的自己統治の単位としての自治体の性格を顕著化する動向であろう。飯島淳子「住民」、『公法研究』第七五号、二〇一三年、一六九―一七〇頁。自治体における統治の根拠を住民による自己決定という見地から引き出す議論として、斎藤誠『現代地方自治の法的基層』有斐閣、二〇一二年、第二部第一章も参照。

(52) 日本では地方自治法により、ある市町村の区域内に住所（生活の本拠）を有する個人は、自動的に当該市町村および上層にある都道府県の住民となる。したがって自治体は、少なくとも法的には、ある個人を構成員として認めるか否かを自ら決定できない。それゆえ外部からの流入を拒めずに開放性が生じることになるが、このような他のレヴェルからの干渉は自治体における集合的自己統治を損なうとの見方もありうる。太田匡彦「住所・住民・地方公共団体」、『地方自治』第七二七号、二〇〇八年、二―二二頁。R. Bauböck, Reinventing Urban Citizenship, in *Citizenship Studies*, Vol. 7 No. 2 (2003) pp. 139–160. 本稿の投稿後に刊行された以下にも関連の議論が見られる。R. Bauböck, Political Membership and Democratic Boundaries, in A. Shachar, R. Bauboeck, I. Bloemraad, and M. Vink eds., *The Oxford Handbook of Citizenship*, Oxford University Press, 2017, ch. 4.

(53) Bauböck, Expansive Citizenship. Bauböck, Stakeholder Citizenship and Transnational Political Participation. R. Bauböck, Citizens on the Move: Democratic Standards for Migrants' Membership, in *Canadian Diversity*, Vol. 6 No. 4 (2008) pp. 7–12. R. Bauböck, The Rights and Duties of External Citizenship, in *Citizenship Studies*, Vol. 13 No. 5 (2009) pp. 475–499. R. Bauböck, Morphing the Demos into the Right Shape: Normative Principles for Enfranchising Resident Aliens and Expatriate Citizens, in *Democratization*, Vol. 22 No. 5 (2015) pp. 820–839.

(54) Bauböck, Expansive Citizenship. Bauböck, Stakeholder Citizenship and Transnational Political Participation. R. Rubio-Marín, Transnational Politics and the Democratic Nation-State: Normative Challenges of Expatriate Voting and Nationality Retention of Emigrants, in *New York University Law Review*, Vol. 81 No. 1 (2006) pp. 117–147. D. Earnest, Neither Citizen nor Stranger: Why States Enfranchise Resident Aliens, in *World Politics*, Vol. 58 No. 2 (2006) pp. 242–275. C. Navarro, I. Morales, and M. Gratschew, External Voting: A Comparative Overview, in *Voting from Abroad: The International IDEA Handbook*, International Institute for Democracy and Electoral Assistance, 2007, ch. 1. Faist and Kivisto eds., *op. cit.* Pedroza, *op. cit.*

(55) Bauböck, Expansive Citizenship, pp. 685–686.

(56) Bauböck, Stakeholder Citizenship and Transnational Political Participation, p. 2422. Bauböck, The Rights and Duties of External Citizenship, p. 479. Bauböck, Morphing the Demos into the Right Shape, p. 825.

(57) Bauböck, Expansive Citizenship, p. 686. この点はリベラル・ナショナリストも認容するであろう。すなわち、「ひとたび受入国の多文化的性格を認識するなら、移民が新たな自国のみに一体化しなければならないとの考えは時代錯誤的となる、という点に何ら不審なところがないことは明らかである」。D. Miller, Immigrants, Nations and Citizenship, in *Journal of Political Philosophy*, Vol. 16 No. 4 (2008) p. 382.

(58) Bauböck, The Rights and Duties of External Citizenship, p. 481.

(59) より客観的には、ある地域への居住は、土地を基盤とする共同財産の利害関係者（ステークホルダー）としての住民が空間秩序形成に参与する権利と責務を有することを観念させる、との地方自治の根拠論がありうる。飯島淳子「『居住移転の自由』試論」、嶋田ほか前掲書、第三章、一三八頁。

(60) クリスチャン・ヨプケが指摘しているように、バオベックの主張の背景には、国境横断的なシティズンシップという美名の下に、投資家ビザなど、移民を階層的に区分して入国や帰化を富と引き換えにするような「道具主義（instrumentalism）」が蔓延している現状を規律しようとする問題意識がある。Joppke, *op. cit.*, p. 160（前掲書、二二三―二二四頁）. 宮井健志「投資家移民プログラムの是非について―裕福な外国人の優遇措置は正当化しうるか」、『移民政策研究』第八号、二〇一六年、一五五―一七〇頁も参照。この点と関連して興味深いのは、日本の「ふるさと納税」制度である。濃厚な利害関係を根拠として複数の政治的共同体への同時帰属を認めるSCの原理に立脚するとき、現在居住する自治体ではないが自らにとって強い縁のある自治体を部分的に納税先として選択できる制度は、魅力を持ちうるものに映る。しかしながら現行制度は、どの自治体が「ふるさと」であるかを納税者の意思に委ねてしまい、寄附先に何らの制限も設けていないために返礼品の内容によって「寄附」（節税）が行なわれる事態を招いている点で、まさに道具主義的な自治体間競争の助長に陥ってしまっている。橋本恭之・鈴木善充「ふるさと納税制度の現状と課題」、『会計検査研究』第五四号、二〇一六年、一三―三八頁。

(61) Bauböck, Expansive Citizenship, p. 686. 以下も参照。Bauböck, The Rights and Duties of External Citizenship, p. 479.

(62) 民主的政体の境界をめぐる被影響利害原理の擁護として、松尾隆佑「影響を受ける者が決定せよ―ステークホルダー・デモクラシーの規範的正当化」、『年報政治学』二〇一六年第二号、二〇一六年、三五六―三七五頁を参照。決定による影響を根拠とする場合には、その国の居住者でも国籍保持者でもない者が包摂されうる余地が生じることになる。ただし、何を考慮すべき「影響」と考えるか、（居住者と非居住者のあいだにあるような）被る影響の質や程度の差異をどのように勘案すべきかなど、原理の解釈は多様でありうる。デイヴィッド・オーウェンが（後の論文では区別しているものの）一旦はSCを被影響利害原理に基づく立場と述べたように、SCを特定の解釈による被影響利害原理のバージョンの一つとして把握することは可能であろう。D. Owen, Resident Aliens, Non-Resident Citizens and Voting Rights: Towards a Pluralist Theory of Transnational Political Equality and Modes of Political Belonging, in G. Calder, P. Cole, and J. Seglow eds., *Citizenship Acquisition and National Belonging: Migration, Membership and the Liberal Democratic State*, Palgrave Macmillan, 2010, p. 53.

(63) Bauböck, Stakeholder Citizenship and Transnational Political Participation, p. 2422.

(64) Bauböck, Citizens on the Move: Democratic Standards for Migrants' Membership, p. 11. Bauböck, The Rights and Duties of External Citizenship, p. 482. Owen, Transnational Citizenship and the Democratic State, p. 650.

(65) López-Guerra, *op. cit.* Owen, Transnational Citizenship and the Democratic State, pp. 645–648. 被支配原理もまた、「影響」の法的側面を重視して被影響利害原理を解釈したバージョンと捉えられることがある。L. Beckman, Citizenship and Voting Rights: Should Resident Aliens Vote? in *Citizenship Studies*, Vol. 10 No. 2 (2006) pp. 161–162. 被影響利害原理や被支配原理、SCなどを比較検討する議論として、以下を参照。Owen, Transnational Citizenship and the Democratic State. なお、前述のダールは被支配原理の立場を採っている。

(66) López-Guerra, *op. cit.*, p. 225.

(67) *Ibid.*, p. 234.

(68) Bauböck, Expansive Citizenship, p. 686.

(69) Owen, Transnational Citizenship and the Democratic State, p. 646. この点に関連して、移民希望者への法的強制力を検討した以下も参照。岸見太一「移民選別とデモクラシー――法的強制を基準とする境界画定論の検討」、『年報政治学』二〇一三年第二号、二五二―二七三頁。

(70) Bauböck, The Rights and Duties of External Citizenship, pp. 480–481.

(71) Owen, Transnational Citizenship and the Democratic State, p. 647.

(72) 総務省の「これからの移住・交流施策のあり方に関する検討会」は、二〇一七年四月に公表した中間とりまとめで、「国民の一人一人が、出身地に限ることなく想いを寄せる地域である「ふるさと」に関わること、そして「想いを寄せる」「関わる」「想いを寄せる」という循環を生み出すことが「ふるさと」を支える」とした上で、「地域内外の人材が「ふるさと」との複層的なネットワークを形成することにより、地域づくりに継続的に貢献できるような環境を整えること」が重要としている。総務省「これからの移住・交流施策のあり方に関する検討会中間とりまとめ」、二〇一七年四月二五日、<http://www.soumu.go.jp/menu_news/s-news/01gyosei08_02000121.html>。このような環境整備をうたう一方で二重の住民登録を峻拒し、従来の住民概念を固守しようとする日本政府の姿勢は不可解と言わざるをえない。

(73) Song, *op. cit.*, pp. 612–613.

(74) 関連する議論を含むものとして、以下を参照。A. Eisenberg, Voting Rights for Non-citizens: Treasure or Fool's Gold? in *Journal of International Migration & Integration*, Vol. 16 No. 1 (2015) pp. 133–151. K. Fukumoto and Y. Horiuchi, Making Outsiders' Votes Count: Detecting Electoral Fraud through a Natural Experiment, in *American Political Science Review*, Vol. 105 No. 3 (2011) pp.

586–603.

(75) 除本前掲書、七〇―七三頁。

(76) 吉原直樹『絶望と希望―福島・被災者とコミュニティ』作品社、二〇一六年。

(77) G. Delanty, *Community*, Routledge, 2003, pp. 187–189（山之内靖・伊藤茂訳『コミュニティ―グローバル化と社会理論の変容』NTT出版、二〇〇六年、二六一―二六三頁）.

＊付記　本稿は、日本公共政策学会二〇一七年度研究大会（二〇一七年六月一七日、於富山大学）における報告を元に、大幅な加筆修正を施したものである。討論および司会を担当してくださった松田憲忠先生と金子憲先生、フロアからコメントを頂いた今井照先生、投稿にあたって多くの重要な指摘を下さった匿名の査読者二名に、深く感謝申し上げる。なお上記の報告に対し、今井先生が「もっと早くやってほしかった」という旨の発言をなさったことは、政治思想学会の会員諸氏と共有する目的で書き留めておきたい。むろん、本稿が政治思想研究として持ちうる価値それ自体は、別に判断されるべきである。

〔政治思想学会研究奨励賞受賞論文〕

ブリテン国制解釈の権力分立論的変奏の一断面

――ハミルトンのドゥロルム受容

上村　剛

はじめに

アメリカ合衆国が建国の際、ブリテン国制の政治思想の影響を受けたことは、常識の範疇に属する。だが、その影響を正確に把握することは、二重の困難を伴う。一つには、合衆国内の政治思想が一枚岩ではなかった。のちのフェデラリストとリパブリカンの対立をあげるまでもなく、そこには様々な政治的、思想的対立があった。従って、「アメリカ」が影響を受けたとしても、誰がどのように影響を受けたのかを明らかにしなくては何も言っていないに等しい。もう一つは、影響を与えたブリテン側の政体理解も一枚岩ではなかった。たしかに、ブリテン政体は当時、最も自由を享受しうる政体として評判が高かった。だが、その具体的態様は、解釈如何によって様々に理解されえた。例えば、ブリテンが混合政体であるとの解釈は支配的だったが、その場合、何が混合されていると考えられたのか。国王、貴族、人民の三つであろうか、或いは国王と議会の二つであろうか(1)。国王大権の内実は何か。それは執行権や立法権といった権力の機能といかなる関係に立つのか。執行府は複合なのか、単一なのか。これらの多様な論点につき、解釈の相違が生じ、その帰結として、アメリカ合衆国の政治制度にも、ブリテンとの差が生じた(2)。例えば、大統領制が、彼らが排したはずのブリテン君主政の再来ではないかとの懸念は同時代にも表明されていたが、ブリテン君主政が、身分制を前提とした複合的な国王大権という権力構造であったのに対して、アメリカでは執行権に限定された一人の大統領による単一の執行府が誕生したと考えられる。

本稿ではこの影響過程を考察する手掛りとして、合衆国憲法制定期までのアレグザンダー・ハミルトンがブリテン国制をいかに理解し、いかにアメリカ合衆国の権力分立論に反映させたかにつき、執行権（executive power）論を中心に据えて論じる。(3)

ハミルトンは、いかにブリテン政体から影響を受けたか。多くの研究者が指摘するように、彼は特定の思想家の名前をあまり明示しない。そのため、ある思想家と彼との政治思想の連関については、把握が困難なことも多い。従って本稿では、アメリカ合衆国の執行権の議論の文脈でハミルトンが明示する数少ない思想家、ブラックストンとドゥロルムの二人について、彼らがブリテンの執行権に関しどのように説明していたかに着眼する。特に執行権に着眼する理由としては、執行権の定立こそハミルトンが「これ以上に困難さを伴った部分は殆どない」［F: 327］と述べる重大な構想であり、かつ「よき政府であるかの真のテストは、よき行政（administration）を生み出す適性と傾向のうちにある」［F: 333］と考えたように、ハミルトンの政治思想の特質を理解する鍵となるからである。

従来、ブリテン国制理解についてハミルトンが依拠してきた思想家はブラックストンである、という主張が通説として述べられてきた。ハミルトンと共和主義の関連について検討したジェラルド・ストゥアツが自然法理解についてブラックストンからの影響を描くなど、(4)両者について言及する研究は多々ある。先行研究の検討は第四節に譲るとして、なぜハミルトンに対する影響と言った際に、ブラックストンが注目を浴びてきたのか。その理由の一つとして、あまり固有名を明示しないハミルトンが「農夫を反駁する」をはじめとして、複数回にわたり言及していることが考えられよう。『フェデラリスト』においても、六九篇「執行権の真の特性」などにおいて明示的に言及されており、そこでは、国王大権の理解をめぐってブラックストンが援用されていることから、ハミルトンはブラックストンに依拠しているように読める。だが、どのようにブラックストンに依拠して理解したかはなお精査が必要である。(5)

また、ブリテン国制の執行権理解をめぐって援用される思想家はブラックストンのみではない。ハミルトンは『フェデラリスト』七〇篇「執行府追考」において「深遠で、堅固で、天才的」[F: 347]との「ジューニアス」の評価を引き、執行府の単一性を主張する際にドゥロルムを肯定的に引用している。従って、ドゥロルムについてもハミルトンがどのように理解したかの検討が必要である。

本稿はまず第一節と第二節でブラックストン『イングランド法釈義』ならびにドゥロルム『イングランド国制』の両者における国王大権論、執行権論を検討する。この二つの、必ずしも一致しない権力がどのようなかたちで理解されていたのか。その内実は何かを検討する。第三節では小括として両者の比較をすることで、ハミルトンについて検討する足がかりを作る。第四節では、初期のパンフレットから一七八七—八八年の『フェデラリスト』までのハミルトンの執行権の議論をまとめ、第一、二節の議論との異同を検討することで、彼の統治機構論の特徴を示す。

かかる構成の下、本稿は従来言われてきたようにハミルトンのブリテン国制解釈がブラックストンの影響下にあったとの理解を修正し、ドゥロルムにもまた多大な影響を受けたことを示すものである。ハミルトンは憲法制定会議で、ブリテン国制に則って執行権を構想すべきであると述べる。彼の執行権構想の中核は、単一性とそこから生じる活力にあったが、これは国王大権という複合的な権力理解をするブラックストンのブリテン国制解釈にはそぐわない。この点でハミルトンが影響を受けたのは、同時代において執行府の単一性という統治機構論を展開したドゥロルムであったと解釈できるのである。

一　ブラックストン『イングランド法釈義』における国王大権

本節では、ブラックストンにおける国王大権と執行権について検討する。彼の『イングランド法釈義』の重要性は多々あるが、その一つとして法の認識カテゴリーを整備したことがあげられる。即ち、コモン・ローという捉えがたい法制度を体系化しようとしたところにあるということである。(6) 従って、彼の執行権理解を正確に捉えるためには、彼の築いた法体系のなかで、そもそも執行権がどのような法的ステータスにあるかを確認し、その内実は何か、それは他の権限といかなる関係にたつかを検討しなくてはならない。

ブラックストンの『釈義』は、議会に関する議論と、国王に関する議論を、以下の法体系のなかで把握する。それは、「法の基礎一次的な対象である権利／正（RIGHTS）と誤（WRONGS）」［C: 83］に法をまず分類し、そのうえで前者を「人（persons）の権利／正」「物（things）の権利／正」に分類するというものであり、議会ならびに国王の議論は「人の権利／正」に含まれている。

ここで重要なのは、人であるか否かによって法体系が把握されている点であり、まずは国王も議会も自然人ならびに法人のカテゴリーで理解可能な対象として分類される。

だが、第一巻第二章の冒頭では、この人格による分類と並行して、権力による分類が導入される。人の関係は公的なものと私的なものがあり、公的なものは為政者（magistrates）と人民に分けられ、更に、為政者のうち従属的でなく、主権的権力のある人を至高（supreme）とブラックストンは規定する。「この至高の権力は二つの部門に分けられる。一つは立法府、すなわち国王、貴族、人民からなる議会であり、もう一つは国王のみからなる執行府である」［C: 98］。かくして第二章では議会の立法権の内実について描かれる。

続く第三章冒頭はこれをなぞる。「我々の諸王国の至高の執行権力は、我々の法によって単一の人に置かれている。国王ないし女王である」［C: 124］。しかし、次の一文で突如として分類は王という人格に基づくものへと立ち戻り、執行権は王の大権のなかの一つにすぎなくなる。ブラックストンは「男性であれ女性であれ、王冠を授与された者は直ちに、主権的権力の徴（ensigns）、権利、そして大権を与えられる」という。ここで再び、歴史上蓄積されてきた国王大権についての言説が、執行権という機能分類と関連付けられながら理解されることになる。しかし、両者は同一ではない。というのも、国王大権は「第一に国王の性質（*character*）、第二に、王の権限（*authority*）、第三に王の収入（*income*）」［C: 156］と三分されるのだが、執行権力は第二の「権限」に含まれ、国王大権の一部を構成するに過ぎない。かくして国王大権と執行権とは、前者が後者を包含する関係に立つ。人のカテゴリーから法・政治制度を体系化するブラックストンにとって、国王という人格と、その人格のみが享受しうる大権から執行権は理解される。この法的ステータスの錯綜は、執行権の他の要素との関係を不明瞭にするが、この具体的意味については執行権の内実を描出したのちに論じたい。

王の具体的行為権限については、国外のことがらと、国内のそれとに分類され、「国外のことがらに関しては、国王は人民の代理ないしは代表である」[C: 163] とされる。そこからの帰結として、大使を派遣する権限、条約・連合・同盟の締結権、宣戦と終戦、和平の権限などが列挙される [C: 164-169]。次に、国内の権限については、第一に立法府における拒否権をあげる。次に、軍隊の指揮権（「軍事力は国王の手に委ねられなくてはならない」[E: 170]）、領域以内の全ての武力の招集及び統率権もそれに連なるとされる。国内のことがらにおける国王大権のうち、理解が若干難しいのは、司法権との関連である。ブラックストンは「正義の源泉」であること、即ち「司法裁判所を設置する権利」を国王大権に委ねる。これは一見すると、司法権もまた国王大権に含まれるように思われるが、源泉と言っても「彼は水源（spring）なのではなく、貯水池（reservoir）である」と述べられるごとく、「起源（*original*）」[C: 171] であるのではない。司法権は、国王に端を発するものであるが、これは必ずしも司法権が執行権の下に服していることを意味しない。というのも、「判事たちは失態なき限り（during good behaviour）職に就き続ける」[C: 172] とされ、国王に任命権はあっても、解雇権が基本的にないからである。この独立性こそ、公的な自由の存立のために重要であるとされる。

司法権がいかに執行権のなかに含まれながらなお独立性を有するかについて述べた後、ブラックストンは国王大権叙述の最後に、なお幾つかの権利を書き記す。国王は、「名誉の源泉（fountain of honour）」[C: 175] でもあり、位階を与え、また官職を設置することができ、更に、私人に特権を与えることもできる。国王は通商の決定者（arbiter of commerce）であり、国教会の首長としての権限も有する [C: 176-180]。

ここまでブラックストンの国王大権と執行権の内実について論じたが、これらは他の政治権力との関係において、いかなる特徴があるだろうか。

まず、執行権と主権との関係が問題となる。ここで重要なのは、王の性質について、完全性（*perfection*）、不朽性（*perpetuity*）と並んで、「イングランド法は、国王に主権、即ち卓越性（pre-eminence）を帰属せしめる」[C: 157] と、王の主権が指摘されることである。これは、有名な議会主権論との関連で興味深い。周知のように、ブラックストンは君主政的要素を含む国王と、貴族政的要素を含む上院、民主政的要素を含む下院から構成されるブリテン議会に「ブリテン国制の主権がおかれる」[C: 41] と述べるのであるが、これが国王の主権といかなる関係にたつかが問題となるからである。[9]

そもそも主権とは、いかなる意味なのか。「すべての政体には、至高の、絶対的な、抑制しえない権限があり、また存しなくてはならず、至高の主権 (*jura summi imperii*)、即ち主権の諸権利 (the rights of sovereignty) はかかる権限に属する」[C: 39] とされる。更に、次の引用より、他の政治的主体に是正権限を認めない意味であると考えられる。

> 権力が濫用されているのではないか、という疑いが法によって表明される全ての場合において、その権力濫用を是正する上位の強制的権限を、誰かほかの者の手に与える——かかる考えが、主権の観念を破壊するのである。[C: 158]

これは、国王の主権を卓越性と換言する、上記の引用文と平仄が合う。主権とは、ほかの政治的主体によって自らの権限が覆されないことを意味している。その意味で主権は、転覆されえない機能を意味しているに過ぎず、必ずしも一者に定位されない。主権的権力 (sovereign power) が置かれる至高の為政者とは、「至高の立法権力、即ち議会、並びに至高の執行権力、即ち国王」[C: 327] となり、議会と国王とが共に主権を構成する主体となる。立法権力の内部では何者も議会の決定を覆しえず、また執行権力の内部では何者も国王の決定を覆し得ない。[10]

次の問題は、執行権と立法権の関係である。一見すると、上記の主権の観念に表れるように、執行権と立法権とは互いに切離されていると思われる。だが、両者の関係は曖昧である。例えば、国王が拒否権を以て立法府に加わることが必要とされる。

国制のバランスを保持するためには、執行権力が立法府の——全てではなく——部門（branch）であることが特に必要である。それらの権力の完全な結合は、我々が見てきたように、暴政を生み出すであろう。それらの権力の完全な分離（disjunction）は目下の処、分離が生み出すように思えるものに反して結合を生み出し、それによって、結局は同じ結果を生むであろう。執行権力を侵害し続け、徐々にその権利を我が物にすることによって、立法府はすぐさま暴政をしくであろう。かくして、チャールズ一世の長期議会は、王の同意を伴い、国制に則って、多くの重大な不満を解消し、多くの有益な法を制定したのだが、両院が立法権力を我が物とし、王の権限を排除すると、彼らはすぐさま行政（administration）の領分を同様に我が物としたのだった。そしてこれらの単一の権限の結果として、彼らは教会と国家を共に転覆し、是正しようとした以上に、悪化した圧政を打ち立てた。それゆえ、かかる侵害を妨げるために、王は自らが議会の部分となっているのである。これが、王が議会の部分である理由なのであるから、立法府に加わることは国制が王に定めしことである。[C: 103]

このように歴史的な経験を踏まえ、国王が立法府の一部であることのメリットが説かれる。ここで重要なのは、執行権力が立法権力の「部門」とされることにある。国王が立法府の一部門であることは、立法権力が執行権力の部門であることを不可避とする。というのも、拒否権は立法権である一方で、国王大権というレッテルの下、執行権ともなお理解しうるからである。王の大権は国王に「政府の執行部が行使するような数多の権限と権力を付与する」[C: 162] のだが、拒否権もまた国王大権として描かれるからである [C: 169]。ここにはハノーヴァー朝における立法権ならびに執行権の「相補的な」[11] 融合関係があらわれている。

また国王大権に対して、議会の側は国王、貴族、人民の三項によって捉えられる。三項によるバランスの把握は、両議会を一枚岩として捉えることに繋がらず、両院同士の抑止についても注意を払う必要を生じせしめる。[12]

イングランド政府の真に卓越したところは、政府の全ての諸部分がお互いに相互の抑止（check）になるところにある。立法府において、人民は貴族（nobility）の抑止となり、貴族は人民の抑止となる。それは、共に、他の議会が決議したことを拒否する特権によってである。[C: 103]

だがこれは、国王、貴族、人民の互いの分立と対立を誘発しないだろうか。この懸念はブラックストン自身によって「反対の利益」を両院、国王のそれぞれが有するとの叙述によって表明される。しかし、「全体が分立（separation）しないよう防がれており、立法府の一部であり単独の執行権者でもある国王の混合的性質（mixed nature）によって人為的に結び付けられている」[C: 103] という。

かかる融合を可能にする最大の鍵が、身分であり、これによって、国王、貴族、人民はお互いに支えあうことになる。君主の存在によって、野心と競争心が煽られる。

位階と名誉による区別は、全てのよく統治された国において必要である。それは、個々人にとって最も望ましく、さりとて共同体（community）に負担にならないやりかたで、公にとりわけ資した者を報奨するためである。報奨によって、野心的だが称賛に値する熱意と、他人との寛大な競争心をかきたてるのである。[C: 105]

この君主論に続いて、貴族もまた、国王と人民の間の対立の障壁になると、擁護される。

貴族（nobility）もまた、我々の混合された複合的（compounded）国制において、一層特別に必要である。それは国王と人民双方の侵害に耐える障壁を形成することによって、両者の権利を支えるためである。[C: 105]

国王、貴族、人民は、たしかに相互に抑止し合う関係に立ち、上の引用を一読すれば、三者間の緊張をブラックストンが描いたと読める。だがそれと同時に、国王、貴族、人民が位階を形成することで、各々の役割を保ち、三項がお互いに均衡を保ちうる。かくしてブラックストンにおいては、国王大権の包括的な権限の下に、ブリテン国制は複合的な構造を有するとされ、それによって政体が機能していると理解されているのである。

二　ドゥロルム『イングランド国制』の執行権

続いてドゥロルムの検討に移る。『フェデラリスト』七〇篇では「執行権力は一人の時いっそう容易に制限される」[F: 347]との彼の言が引かれているが、この引用元は、ドゥロルムの『イングランド国制』英訳[13]の第二部第二章の章題であり、ハミルトンのブリテン国制理解を追う我々も、『イングランド国制』を検討したい。

ブラックストンがコモン・ローの体系化に意欲的だったことは既に述べたが、ドゥロルムもまた、新しい政治学の方法を打ち立てようとしていた。それは「現代政治の科学的理解[14]」であった。これは、統治機構を、機構論として理論化する契機を有する。即ち、ブラックストンのように政治権力を人や身分を通じて把捉するのではなく、純粋に権力の種類を定立したうえで統治機構を理解することである。『イングランド国制』の章立てが、ブラックストンと異なり「執行権力について」「立法権力について」というかたちになっていることからもこれは窺われる。しかし問題は、執行権の章（第一部第五章）においても執行権と国王大権とがほぼ同義に扱われることである。また他の箇所においては、国王の権利を表す際に特権（privilege）という語が用いられ[E: 143]、他方で、下院の大権（prerogative）という不思議な語彙が散見されることになる[E: 71]。このターミノロジーの不明瞭さは、執行権と立法権の二つの権力による統治機構把握、という彼の学問的基礎を看取し難くする。以下、まず執行権ならびに国王大権の内実について論じ、その後それが他の権力とどのような関係にあるかについて検討したい。

ドゥロルムの述べる執行権は、国王大権に横滑りするかたちで、七つ列挙される。まず、国王は至高の為政者という資格において、正義の執行（the administration of Justice）を担う。それらは、司法権の源、国土の全ての所有者（proprietor）であること、恩赦の三つに更に分類されるものである。

続いて、名誉の源泉であること、通商の監督者（superintendent）であること、国教会の首長であること、軍の最高司令権、外交権といった五つの大権が順に摘示されるが、これらの大権に関してはブラックストンの理解と径庭なく、七つ目に提示される「国王は悪を為し得ず」との「根本的公理」に関しては、ブラックストンを註で明示しさえすることから、基本的理解はブラックストンに依拠していると考えられよう。これらの権限を、ドゥロルムはほとんどメモ書きのような奇妙な簡略さで僅か二頁にまとめる［E: 62-63］。

問題は、以上のような執行権の実質的な範囲と強さである。ドゥロルムは、「制限されているといわれる君主政の観念と、国王大権とが調和するのか、途方に暮れる」との読者の訝しげな反応を想定する。「一見すると彼は、最も絶対的な君主たちによって要求されてきたすべての大権を備えているように思われる」［E: 64］というわけである。だがドゥロルム自身は、絶対君主政として捉えているわけでは勿論なく、各々の大権がいかに限られたものであるかを論じる。国王の権限がいかに限定的かを逐条的にあげていく点で、ブラックストンからの逸脱がみられる。

例えば、軍の指揮権を国王は持つが、「議会の同意なくして陸軍の指揮、海軍の武装の権限を持てない。」また、他の権限も次のように規定されている。

> 国王は位階や官職を授けることが出来るが、議会なくして、彼は給与を支払うことが出来ない。彼は宣戦を宣することが出来るが、議会なくして続行することは不可能である。即ち、国王の大権は、課税権を欠くものであり、巨大な体を持つものの、それ自体では動くことのかなわないようなものである。［E: 65］

このように、国王の権力は実質的に制限されている。制限手段として議会の同意という契機をドゥロルムは重視する。更に、議会の権利を守るための予防策（precautions）は「議員自身が個々に執行権力のはたらきかけにさらされつづけていれば、無駄であるだろう」［E: 78］と述べられるように、執行権力と立法権力の分立が説かれ、国王の立法府への浸食が警戒される。かかる国王と議会のせめぎあいとして、大権のうちドゥロルムが最も紙幅をさいて注目するのは、軍隊の指揮権である。

国王は軍事力を有する。だがこれに関して、絶対的ではない。たしかに、海軍に関して（…）島の最も確実な防御者であり、国王は適当であると考えるままに海軍を常時置くことができる。そしてこの点で、国王は海軍維持の手段を手に入れるために議会に申し入れるという一般的制約に服するのみである。だが陸軍に関して（…）国王は議会の同意なしに招集することができない。（…）

しかしながら近年、国王にとってこれらの多数の軍隊を、人民を抑圧する口実、手段として維持することが習慣（custom）となり、独立を保っている国家は大抵、同様のことをせざるをえなくなっている。それゆえ議会は常備軍を設立することを適切であると考えた。それは三万人に達し、国王が指揮をとるものである。

だが、この軍隊は一年間設置されるのみである。その期間が終わると、再設立されることのないかぎり、それ自体によって解散する。（…）更に、この軍隊の支出のための資金は、一年以上設置されることのない税によってまかなわれなくてはならない。[E: 74-75]

このようにドゥロルムは、結論から言えば、軍隊を以て人民を抑圧しようとする国王の企ては、議会の策によって押しとどめられ、国王は一年以上の長期間、軍隊を持つことが出来ないと理解する。

すると今度は「いかにして軍事力の支持なくしてイングランド国王は多くの大権を維持しうるのだろうか？」[E: 258]と、国王大権が維持できるのかという先とは正反対の疑問が生じる。彼の議論のもう一つの特徴は、この問いに対し他国と比較しつつ、ブリテンの例外性を強調し、その原因を提示することにある。比較という視座とともに、原因が統治機構の構造に求められるのである。

ブリテンは、ほかの古代諸国、近代のヨーロッパ諸国とは異なる。その固有の原因としてドゥロルムは執行府が一つであることと立法府が二院に分裂していることをあげる。ここでも重要なのは、彼が執行府と立法府との緊張を重視し、執行府の拡大、立法府の拡大の双方を懸念しながら論じていることにある。

まず原因の一点目として、彼は執行府の単一性をあげる。国王へと執行府が単一化されていることで、内紛は防がれ、また国王に権利と威厳が与えられることで貴族らも従わざるを得ないというのがドゥロルムのここでの議論である[E: 139-149]。更に、執行府の単一性のもうひとつの利点として、人民による権力監視がより容易であるということが指摘される。もしも執行権が幾つかの部門に分散していると、「国家における悪事の真の要因を隠してしまう」[E: 150] 状況が生じかねない。

この執行権論は、独自の歴史叙述によって補強される。ドゥロルムのみるところ、ブリテン国制を特殊にしたのは、国制史の端緒――それはノルマン・コンクェストに置かれる――における、国王の強大さである。英仏を比較した際、フランスは「封建政体の緩やかな形成の結果」[E: 28]、国内に諸勢力が群居し、それらがまとまることがなかったので徐々に絶対君主政へと繋がっていった。反対に、イングランド王国では「封建政体が突然乱暴に導入された結果」、「王の権限が（…）国全体を一つの解体し得ない体（body）へと統合した」[E: 28] という。かようにしてドゥロルムは、「イングランドを自由にしたのは、王の過剰な権力である」[E: 31] との逆説的な歴史的要因を見出す。何故ならば、それが臣民の側の団結の精神を生み出し、確固たる抵抗を可能にしたからである。この歴史理解と、執行権の単一性が人民の掣肘に寄与するとの主張とは、軌を一にしていると読める。

原因の二点目として、反対に立法府の側が二院に分割されている、ということがあげられる。ドゥロルムは「神が光を創りたもうたように、立法権力は国制を変更しうる」と述べ、執行権限よりも「立法権限をより一層制限することが必要である」[E: 153、強調は筆者による] と、立法権限に対する警戒心を隠さない。ゆえに、立法府は一つにその力が集まってはならない。二つになることで、「もう一つの議院の動議に対する制約として資する」[E: 154] ことを、ドゥロルムは期待するのである。立法府を二つに分けることで国内の党派対立が徒らに助長されるとの懸念に対しては、これは動議に対する賛成か反対かを表明するにとどまるため「対峙する意見、意図の間の対立に過ぎず」[E: 154]、「国の真の分裂とはならない」[E: 156] というのが彼の議論である。かくして、ドゥロルムにおいて、立法府と執行府とは次の引用のごとく対照的に描かれる。

我々は立法権力と執行権力の差異を看取しなくてはならない。執行権は分割されていないときにいっそう制限されやすい。対して立法権は、制限されるためには絶対に分割されるべきである。[E: 153]

かように立法権と執行権とが定立されるわけだが、かかる叙述は国王の執行権と人民の立法権の相互抑止に並々ならぬ紙幅が割かれている点で特徴的である。たしかに、ドゥロルムの叙述には、ごく稀に議会主権論的なものが混在している。[15] しかし、大著『イングランド国制』の殆どの箇所で彼が強調するのは、あくまで立法権対執行権という二項の分立と対抗であった。[16]

この著作において繰り返し主張された教義は――それは十分なほどに他国の歴史より描出された事実と比較によって支えられたと私は思うのだが――、本質的に、(…) 国王に排他的に与えられ、確固と守られている執行権限のいかなる部門も侵害し移譲することができないという点に、イングランド国民が享受している特筆すべき自由は負っている、というものである。[E: 256]

これは、当初国王に強大な権限が集中した結果、却って人民の側による制限が機能したこと、更にはこの人民の強大な立法権力に対する警戒心の必要も生じたため、再度返す刀で執行権の単一性が主張された、ということを意味するのである。

以上、ドゥロルムにおける執行権の内実について論じた。ブラックストンと同じく問題は、かかる執行権が他の権限や政治主体との連関において、どのような特徴を有するとドゥロルムが考えていたかである。前節同様に、主権、立法権、身分制の順に述べる。

まず、主権論との関連である。ドゥロルムは主権という語をほぼ用いない。たしかに、立法権の章（第一部第四章）や他の箇所における彼の叙述には、国王、貴族、人民の混合という意味での混合政体論が顔を覗かせる［E: 55-61, 313］。しかし、上述のように、行論がすすむにつれ彼が強調するのは、あくまで立法権対執行権という二項の対抗であった。

次に、立法権との関連で重要なのは、立法権対執行権という対照を彼は常に意識しているということ、そして現状は立法権を、執行権以上に警戒するということである。歴史的には、その国制史の端緒において議会がいかに国王を抑制してきたかをドゥロルムは注目する。ここでは一見すると、強大な国王大権をブリテン国王は有する。それは同時に、議会の同意なくしては、何ら大権を行使できない国王像を描き出すのである。それは、特に軍事予算の権限に顕著である。他方で、かかる議会の立法権もまた制限されなくてはならず、執行府の単一性と二院制の必要が強調される。

最後に、身分制についての評価である。執行権が王の手にあることを論証する際、たしかに彼は、国王、貴族、人民の位階に言及する［E: 62-63］。しかしこれも議会の制限にあうため、強大な国王大権であるわけではない。ここを唯一の例外として、彼は国王の名誉、報奨といった事項に言及することはなく、また、貴族は——他の諸国と異なって——他の人々と良好な関係にあることが述べられ［E: 248］、基本的には「人民」というカテゴリーのなかに包含されていると考えられる(17)。

三　両者の比較

本節では小括としてブラックストンとドゥロルムの執行権論を比較する。両者の議論は、従来違いが看取されず、研究者のみならず、同時代においてもドゥロルムはブラックストンのコピーであると理解されることもあった(18)。だが、彼らの執行権論には以下の違いがあると言える。

最大の違いは、国王大権か、執行権かという違いである。ブラックストンのように国王大権の下に執行権が理解される場合、前述したように国王における融合の契機は強まる。無論ブラックストンにおいても「国王大権の制限」［E:

154］が説かれないわけではないが、寧ろ「大権の必要性」［E: 154］に焦点が当てられており、その範囲はドゥロルムより広くなる。これに対して、ドゥロルムのように、純粋に機能として執行権を捉え、そのなかで国王大権を理解する場合、それは立法権との対抗という契機が強まり、権力分立的な性格に傾斜する。

この違いは具体的には、王の幾つかの権限を議会が制限しているか否かという解釈の違いに表れる。国王大権について論じる際、ブラックストンはそれらの権限につき、国王が実質的に有する権力として描出していた。だがドゥロルムの解釈する国王の権限はもう一段階進んでおり、軍事指揮権など、ブラックストンが描いた国王の権限に議会がいかに制限を加えてきたか、そして、制限を加えたことによって、却って残された国王の権限がいかに確固たるものになったかを描くのである。(19)

次に、ブリテン政体を三項で捉えるか二項で捉えるかという違いである。ブラックストンが「国王・貴族・人民」というカテゴリーで政体を理解したのに対して、ドゥロルムにおいては「国王・人民」の二項で理解している。これは、後者においては執行権と立法権との対比で政体が捉えられることと関係する。(20) これと関連して、身分制への評価も異なる。ブラックストンにおいては、国王の名誉と、貴族による国王と人民との緩衝とが肯定的に描かれ、政治体が安定していると考えられている。これに対してドゥロルムは、貴族と人民との差が曖昧になり、またブラックストンと異なって、身分が政体に不可欠のものであるとは解釈されていない。

まとめるならば、両者はともに強大な執行府を構想していたと言えるが、ブラックストンが国王大権の把握のもとで、融合し複合的な執行権となっており、立法府への警戒も殊更には看取されず、議会主権の優位が説かれるのに対し、ドゥロルムにおいては国王大権という看板が外され、執行府の独立と単一性とが要件として繰り返し主張され、それによって立法府に対して警戒する構造となっていると言える。

四　ハミルトンの執行権構想

前節まで、ハミルトンのブリテン国制理解に影響を与えたと思われるブラックストンとドゥロルムの執行権論を検討した。本節では、彼らのブリテン国制論とハミルトンのブリテン国制論を比較しながら、どのように彼の執行権論が形成されたかを考えたい。

ハミルトンの執行権構想について検討する際、まず接近方法が問題となる。というのも、建国期の政治論は、その著しい政治的性質ゆえに、必ずしも著者の真意の反映とは限らない場合があるからである[21]。例えば、有名な『フェデラリスト』においてハミルトンが展開した議論も、必ずしも彼の真意とは限らない。『フェデラリスト』は、ニューヨーク邦において合衆国憲法を批准せしめる目的を持ったパンフレットであり、当然擁護される統治機構論の内実は、フィラデルフィア憲法制定会議において決定されたものである。だが、憲法制定会議は、上院と下院の議員数をめぐる論争を筆頭として妥協の連続であり、必ずしもハミルトン自身の統治機構構想が通ったというわけではない。本稿では、彼の政治思想が最も率直に表れたと想定しうるテクストとして、憲法制定会議の際に用意した制度案である「政府のプラン」をまず取りあげる。その理由として、会議における彼の特異な立ち位置がある。彼は、活発な発言者ではないどころか、沈黙を保つことが多かった。その理由として「自分より年上かつ優れた方々への敬意から異なる意見の表明を憚り、また所属する邦の難しい状況に鑑みて」[PAH: 4: 187] と彼は述べており、ニューヨーク邦代表として同行したジョン・ランシング・ジュニアとロバート・イェーツの二名が反ハミルトンの立場であることから彼の意見が通らなかったため消極的であった可能性が高い[22]。その彼が、五時間を超える長弁舌を唯一ふるったのが六月一八日の演説であり、「プラン」はその際に配布された [PAH: 4: 201]。この演説はヴァージニア案やニュージャージー案といった既存の案の検討という会議の文脈をかなりの程度無視して滔々と自説を語ったものであり、ゆえに出席者は辟易とし、疲弊した彼は六月三〇日に一旦会議を離れニューヨークに戻ることになる。この文脈に鑑み、ハミルトンが政治的文脈に寄せて発言を行ったと考えるよりも、彼自身の意見を存分に主張したととる方が自然であり、ゆえにこの「プラン」こそが、彼の政治思想理解の前提に置かれるべきである。

この演説ならびに「プラン」の特徴は、ブリテン国制をアメリカの範例として採用せよと述べることで、ブリテン国制解釈とアメリカ合衆国憲法構想とが接近することである。むろん両者は徒らに同一視されるべきではないが、ハミルトンに関する限りはかなりの程度接近する。というのも、アメリカの憲法構想においてブリテン国制が範例として採られるべきでないとの主張は、六月一八日以前の会議で幾度となく既に論点として提示されており[23]、この文脈に鑑みて留保なしにブリテン国制について論じるということは、ブリテン国制に基づく憲法構想を彼が支持したことを意味する。従って、本稿ではブリテン国制解釈と憲法構想とに基本的な連関があると想定し、議論をすすめる[24]。

このメモに、ハミルトンは一一の項目に分けて下院、上院、執行府などの具体的な制度構想を書きつけており、執行権においては以下のように述べられる。

> 合衆国の至高の執行権力は一人の総督（*a governor*）におかれる。総督は失態なき限り（*during good behaviour*）その職にある。彼の選出は（…）人民によって選ばれた選挙人団によってなされる。（…）総督は通過せんとする全ての法案に対して拒否権を有し、通過した全ての法案を執行する。総督は合衆国の陸海軍ならびに民兵軍の最高司令官である。権限が与えられた際か、勃発した際には戦争の指揮をする。上院の助言と同意により全ての条約締結権を有する。財務、軍事、外交部門のトップ並びに主要官職の任命をする。上院の是認、否認に従い、他の全ての官職（海外駐在大使を含む）を指名する。大逆を除くすべての犯罪を恩赦する権力を有する。ただし上院の同意なくしては恩赦できない。［PAH: 4: 208、傍点は原文イタリック］

このプランは、上述の六月一八日の演説に表れる。この演説においてハミルトンは、政府存立のために必要な本質的原理として、能動的な利益、権力愛、人民の慣習的な愛着、法や武力の強制という意味における力（force）、そして影響力（influence）の五つをあげる［PAH: 4: 188-189, 196-197］。そして、かかる原理に基づいた統治機構を提案するのだが、なかでも彼が力点を置くのが、執行権論である。というのも、「執行権については、共和政原理に基づいてはよき執行府は設立され得ないと認められるように思われる」［PAH: 4: 193］のであり、それは共和政原理を信奉する――その具体的理解には様々な違いがあろうが――フィラデルフィア憲法制定会議の多くの出席者による反論が予期されるからであった。ならば、ハミルトンはどのようにしてこれらの出席者に反論を加えていくのだろうか。「この主題に関して唯一の好例はイングランドのモデルである」［PAH: 4: 193］と彼は言う。

国王の世襲の利益は、国家のそれと一体であり、また彼の個人的な収入はとても大きいので、外国から腐敗させられる危険とは無縁である。そして同時に、国内の制度の目的に答えるほどには十分に独立し、十分に掣肘されている。共和国の弱点の一つは、海外からの影響と腐敗から免れないことであった。［PAH: 4: 193］

ハミルトンの演説によれば、執行権に関してブリテンが優れているとされるのは、それを担う者が終身で世襲であるがゆえに、海外からの誘惑に耐えうる利益を有しているからであるとされる。利益を統治制度の本質的原理のひとつに掲げるハミルトンにすれば、短い任期で執行権を担う者は、海外からの誘惑に対抗できない危険性がある、という。それゆえ、「執行権を終身にせよ」［PAH: 4: 193］と彼は演説し、ブリテン執行府の歴史的経験が、ハミルトンの「プラン」における強大な執行権論に反映されたのであった[25]。

だが、以上のハミルトンの構想は、幾つかの点で『フェデラリスト』で主張されているものとは異なるものである。まず、肝心の大統領の任期が異なる。ハミルトン自身の構想は、失態なきかぎり終身という、ブリテンを基本的に踏襲したものであったが、この案は通らず、任期は四年に定められた。だが『フェデラリスト』においては、四年は「短期間」［F: 360］であり、「合衆国大統領のように限定された権限しか持たない、四年任期の選出された為政者を恐れることがあろうか」［F: 351-352］といったようにアメリカ大統領の権限の弱さとして、肯定的に描かれる。

更に拒否権の理解においても違いが見られる。ハノーヴァー朝ブリテンの国制においては、国王の立法府における拒否権は、デ・ユーレには存在しているとしても、実際には行使されていない。この状況は二通りに解釈されていた。一つは、国王は立法府に対する影響力を行使することが可能であるから、拒否権を行使する必要がなかっただけで、国王の拒否権をなお危険視する解釈である。もう一つは、拒否権が行使されていない事実そのものを重視し、強い執行府をそこまで危険視する必要はない、と理解するものである。

フィラデルフィア憲法制定会議において、マディソンの記録によればハミルトンは執行府に立法府に対する絶対的拒否権、即ち議会による再びの法案可決によって覆されないような拒否権を肯定し、その際に次の説明をしていた。

> ウィルソンとハミルトンは、執行府が絶対的拒否権を行使しすぎる危険はないと考えた。ハミルトンによって述べられたのは、ブリテン国王は名誉革命以降拒否権を行使しなかったということであった。(26)

ここでは、強い拒否権を執行府に与えても危険ではないとのハミルトンの理解が看取される。ところが、『フェデラリスト』六九編におけるハミルトンの説明は、フィラデルフィア憲法制定会議とは正反対のものである。即ち、彼はブリテン国王の絶対的拒否権とアメリカ大統領の条件付き拒否権とを比較して次のように言う。

> ブリテン国王は、両院の法案に対する絶対的拒否権を持っている。長期間に亘りかかる権力は使用されなかったが、これは拒否権が存在することに影響するものではない。国王が拒否権を行使しないのは、国王が権限行使に代わって影響力を及ぼす手段を見つけたことに拠る。即ち、幾らかの程度全国的な騒動を引き起こす危険なしには殆ど行使され得ない大権を行使する必要の代わりに、両院の一方で多数を得る技術を見つけたということである。大統領の制限付き拒否権は、かかるブリテン国王の絶対的拒否権とはきわめて異なるものである。[F: 335]

このように、拒否権に関する説明としてハミルトンは憲法制定会議と『フェデラリスト』とで、正反対のものを採用している。[27] 従って、後者の説明をそのままハミルトンの真意と採ることは、妥当ではない。

以上のように、フィラデルフィア憲法制定会議と『フェデラリスト』におけるハミルトンの議論には懸隔がうかがえる。ならば、何故この違いが生じたか、が次の疑問となろう。最も有力な解釈は、自身の政治思想を隠し、『フェデラリスト』においては憲法批准の目的のために、憲法の内容にてらして最も説得的と思われる議論を展開したというものである。これに対して、憲法制定会議の議論に接して翻意し、『フェデラリスト』の内容もまた真意であったという解釈も成り立ちうる。更に、憲法制定会議以前のハミルトンが『フェデラリスト』同様の議論を展開していたとするならば、フィラデルフィア憲法制定会議こそが例外であるとの解釈も成り立つ。まず第三の解釈を検討するために、一七八七年以前のハミルトンの執行権に関連する議論を参照しよう。

結論から言えば、上の憲法制定会議におけるハミルトンの制度構想は、一七八七年以前に胚胎していたものである。[28] ハミルトンは独立直後から繰り返し、強い執行府を主張している。一七七七年のグヴァーヌア・モリス宛書簡でニューヨーク邦憲法について意見を求められたハミルトンは、「執行府の活気（vigor）が不足している」[PAH: 1: 255] と不満を漏らしている。また、一七八〇年のジェイムズ・ドゥエーン宛の書簡においても、大陸会議における強い執行府の必要を訴えている。ハミルトンのみるところ、大陸会議には「適切な執行府が不足」[PAH: 2: 404] している。それを実現するためには「完全な主権」[PAH: 2: 405] を置き、各部門に単一の人間を置くことが必要とされる。

それぞれの行政の部門には単一の人間が置かれているのがたいへん望ましい。多くの知識、多くの活力（activity）、多くの責任（responsibility）、そして勿論、多くの熱意と注力とを我々に与えるであろう。[PAH: 2: 404-405]

ここで重要なのは、強い執行府を主張する理由として知識、活力、責任が執行府に生まれるからとハミルトンは述べており、その要件として単一性を挙げていることである。これらは、憲法制定会議の発言並びに『フェデラリスト』においても通底する主張であり、ハミルトンが最も重視した主張と考えられる(29)。

以上から、憲法制定会議におけるハミルトンの議論が、かなりの程度それ以前のハミルトンの議論と強い執行府という点で一貫していることが看取され、第三の解釈は退けられた。残る問題は、憲法制定会議から『フェデラリスト』執筆までにハミルトンの執行権論が変化したか否か、である。これについては、思想の変化を裏付ける説得的な史料に乏しいため、可能性としては残るものの、『フェデラリスト』の議論をハミルトンの真意ではないとする解釈のほうがより確からしく思われる。

以上のハミルトンの政治思想の検討を通じて、漸く我々は執行権をめぐるハミルトンの政治思想をある程度画定し、本稿の問いに接近する手掛かりを得た。即ち、ハミルトンがブリテン国制を参照しながらアメリカ合衆国の統治機構を構想したというとき、それは何を意味するのか。どの思想家にどの程度依拠しながら執行権を論じたのか。それはいかなる特徴を有するのか。

まず重要となるのは、ブラックストンとの距離である。ストゥアツを筆頭として多くの研究者は従来、ブラックストンのハミルトンに対する影響を最も重視して解釈してきた。フォレスト・マクドナルドによれば、これは「過大評価(30)」であるとされるが、彼においても「法への信頼、連邦主義、混合政体」の三つの点で影響下にあるとされる(31)。

そもそも、ブラックストンとハミルトンを結びつける解釈は、ハミルトンが度々ブラックストンを引用するという事実に拠るものである。だが、ブラックストンのどこを引用したかに着目すると、本当にハミルトンが彼に賛同していたか、疑問は残る。

『フェデラリスト』の軍事権についての議論が、これを例証する。軍事権につき名目上はアメリカ合衆国大統領とブリテン国王とは同様の権限を有するものの、実質において、ブリテン国王は「宣戦権、陸海軍の徴兵権と統率権」[F: 336] を有する点でアメリカ大統領よりも強大であるとハミルトンは述べる。これに関連して註でハミルトンは、タモニーなるパンフレット著者の、軍事指揮についての国王大権は毎年の軍事予算に負っているとの反論を紹介するが、それはブラックストンに基づき誤りであると再反論している [F: 337]。だが、ドゥロルムの理解は上述したようにタモニーと同様のものであり、また「プラン」においてハミルトンも「総督は（…）権限が与えられた（authorised）際か、勃発した際には戦争の指揮をする」と、「権限が与えられた」場合に軍事権が生じると、『フェデラリスト』とは異なる議論をしている。従って、ブラックストンを引用し、それを『フェデラリスト』で肯定的に引用することが、ハミルトンのブラックストンからの影響を直ちに確定付けるわけではない。

だがそれならば、なぜブラックストンを肯定的に引用する必要があったのか、という疑問が生じ得よう。これは『フェデラリスト』六九編の執筆意図による。「反憲法批准派は、合衆国大統領の執行権が強大すぎることを理由として反対するが、大統領の執行権はブリテン国王に比べれば弱い」と主張することが同箇所の執筆目的であるが、このために、ハミルトンはブリテン国王と合衆国大統領の対比を執拗に――六九編の最後の段落［F: 340-341］が最も顕著な例である――強調する。そのため、ブリテン国王の権限を、ハミルトンが理解していた以上に強大化させる必要があった。ブラックストンは軍事予算権限について引用されるが、この点がドゥロルムの解釈、ハミルトンの構想のいずれとも異なることは上述の通りであり、ここにおいてブラックストンを肯定的に引用した理由は、「強大なブリテン国王」という像を意図的に作出するためであると理解しうる。(32)

勿論、ブラックストンとハミルトンには共通点もある。君主ないし大統領を「人民の代理・代表（delegate or representative）」［C: 163］として基礎づけることである。ブラックストンにおいては、選挙に基づかなくとも国王大権は人民に基礎づけられているとされる。ハミルトンも、執行権限が人民に基礎が置かれていないことには賛同しない［PAH: 1: 255］。また強大な執行府構想という点でハミルトンはブラックストンと通底しており、六九編の叙述のうち全てが恣意的な国王の強大化と言えるわけではない。先の六月一八日演説における世襲君主の叙述など、ブラックストンからの影響ではないかとも考えられよう。国王大権というカテゴリーによってブリテン国制を理解する箇所も散見され、(33)これらの点に関しては、ブラックストンからの影響も無視し得ない。

しかし、単にブラックストンから影響を受けていたと考えると、彼の「プラン」の内容には不可解な点が残る。それは、宣戦権を上院に与える点である。「プラン」一〇条は上院の権限について定めるが、そこでは「戦争を宣言する唯一の権限を持つ」[PAH: 4: 208] と述べられる。これは国王大権の一つに定めていたブラックストンの議論にはみられない点である。勿論、この提案をブリテン国制解釈からの反映とせず、彼独自の憲法構想ととれば、説明は可能かもしれない。だが、強い執行府を構想していたにも関わらず、宣戦権を立法府に移譲するのは奇妙にうつるし、大統領の権限内容を巡って議論が白熱した会議において演説で何らの論証もせずこれを提案することも、不自然にうつる。[34]

以上の点から、ブラックストンとハミルトンには、影響関係を認め難い点があると明らかになった。かように国王大権の一つであった宣戦権が立法府へと切り離されることと関連して、ブラックストンとハミルトンには以下の二つの違いも存在する。

まず、立法府の混合政体論的解釈を肯定するか否かが異なる。ハミルトンにおいては、立法府において国王と貴族と人民が混合されるという説明はなされない。同時代の文脈に照らせば、ブラックストンの議会主権論が同時代の建国者たちにとって論駁すべき対象であった、という事実を忘れてはならない。ブリテン本国の植民地への課税を正当化する最大の論拠は本国の議会主権論であり、その代表的な主張者こそブラックストンであった。[35] ハミルトンは「農夫を反駁する」で、植民地は国王に従うが議会に従う必要はないという、ドミニオン・セオリーで議会主権論に対抗する。植民地はただ「国王に臣従を誓っている」[PAH: 1: 102] のであって、議会に対してではない。[36] この立場をとるハミルトンからすれば、本国の議会主権論は到底首肯しえないものであった。[37]

次に執行権力の立法権力に対する関係が異なる。先述したように、ブラックストンにおいて執行権力と立法権力とは、国王大権という権力把握と身分制による統合とによって複合的に融合される関係にあった。だがハミルトンにおいては、国王大権と身分制は共に必要ではない。[38] ハミルトンの権力分類は執行権と立法権（と司法権）によるものであり、国王大権によるものではない。また、アメリカの執行権力はブリテン国王のように「名誉の源泉」ではない。「この点で大統領の権力はブリテン国王よりもはるかに劣る」[F: 339] のである。従って、強大な執行府を構想していたと言っても、国王大権に包まれたブラックストン流の強大な執行権構想とは権力の性質が異なる。それは同時に、執行府の単一性というハミルトンの一貫した主張とも、相容れないものであった。[39]

このような両者の違いに着目することが、我々にハミルトンとドゥロルムの連関についても考察する必要を生じせしめる。というのも、ハミルトンのブリテン国制理解は、ドゥロルムのそれに酷似し、かつブラックストンからの影響とは考え難い議論について説明を与えるからである。ドゥロルムとの議論の共通点は、端的に言えば執行府の単一性という点にある。両者は共に執行権を、国王大権の包括の下で捉えるのではなく、執行権それ自体を単独で捉えようとする。これは、必ずしも身分制による政体解釈を内包しないという特徴を有し、両者に共通するものである。

次に、宣戦権の位置である。ドゥロルムは軍事指揮権に関心を有していたが、そこで、執行権の軍事権が実質的に立法府によって制限されるさまを描出した。ハミルトンもまた、軍事指揮権や宣戦権を上院に与えるよう「プラン」で主張しており、ドゥロルムに近い制度構想を考えている。これは、執行権ならびに立法権という権力把握から考える帰結であると考えられる。

最後に、積極的な類似点として、執行府の活力をいかにして作りあげるか、という意図である。ドゥロルムはイングランド臣民が自由を保持している一つの理由として、執行府の単一性をあげる。それによってこそ、ブリテン国制は存立し得たのであった。その単一性を保持するために、立法府は二つに分割されなくてはならないという政体構造が描かれたのであった。これはハミルトンが理想とする、単一の活力ある執行府という議論と同様のものである。流転する政治状況の中でハミルトンは、独立直後から『フェデラリスト』執筆にいたるまで、一貫して、強く、立法府と切り離された単一の執行府を主張し続けた。今日の大統領制の視角からすればこの点は当たり前にうつり、両者に独自のものと思われ難いかもしれないが、合衆国憲法の素案たるヴァージニア・プランの提案者、エドマンド・ランドルフが単一の執行府に反対したことを考えれば、決して共通の考え方ではない(40)。更に、その背景には立法府への警戒がある。執行府ではなく、むしろ立法府により比重を置いて警戒心を示したことは、両者の独特の見解であったと言えよう(41)。

「プラン」におけるハミルトンの構想は、ブラックストンからの影響では説明できない点を有していた。この点をハミルトン独自の構想と解釈することも不可能ではない。だが、ドゥロルムとの類似性に目を向けると、執行府と立法府との重畳を切離し、もって強力かつ単一の執行府を作り上げようとした憲法制定会議でのハミルトンの態度が、ドゥロルムからの影響によるとの解釈が浮上するのである。[42]

おわりに

本稿では、執行権を主たる研究対象としながら、アメリカ合衆国の統治機構論がいかなる方法に拠りながらブリテン国制からの影響を受けてきたかについての検討を行った。執行権、行政権、或いは「王政的権力」[43]という視角は、近年再び注目を浴びているものであるが、そもそもそれが何を意味するのかを厳密に精査する必要があろう。本稿ではさしあたりハミルトンに着眼し、彼がブリテン国制の執行権をいかに理解していたかを彼自身の執行権論理解の前提作業として位置づけ、多様なブリテン国制叙述のなかでドゥロルムに依拠してアメリカ合衆国の執行権を構想していたことを明らかにした。

政治権力を混ぜる、或いは分けるという考え方は、ほとんど無限とも言える、多様な創意とヴァリエーションを含む。本稿は、建国期アメリカの執行権論と権力分立論という、政治思想史に欠かせぬ重要なアイディアがいかに成立したかを、ごく断片的に――しかし表層的ではなく――描出する試みであった。

【凡例】

本稿で扱うアレグザンダー・ハミルトンのテクストは、Harold C. Syrett ed., *The Papers of Alexander Hamilton*, Vol. 1-27, Columbia University Press, 1962-1987 に拠り、本文中では［PAH: 巻数: 頁数］と略記する。なお、『フェデラリスト』のみ、Alexander Hamilton, James Madison, John Jay, *The Federalist*, ed. Terence Ball, Cambridge University Press, 2003 の版を用い、本文中では［F: 頁数］と略記する。邦訳として斎藤眞、武則忠見訳『ザ・フェデラリスト』福村出版、一九九一年を適宜参照したが訳は筆者自身による。

ブラックストン『イングランド法釈義』は、William Blackstone, *Commentaries on the Laws of England*, 4 vols., ed. Wilfrid

Prest, Oxford University Press, 2016を用いる。（本文中で［C: 頁数］と略記する。）ブラックストンの『釈義』第一巻は、一七六五年の初版、翌一七六六年の第二版、更に一七八三年の第九版に至るまで多数のヴァリアントが存する。出版場所も、オックスフォード、ロンドン、ダブリン、フィラデルフィアと多岐にわたる。初版と第二版以降では大きく頁数が異なり、引用の頁数から鑑みるに、ハミルトンが第二版以降のどれかを参照したことは間違いない。ここではハミルトンにとっての入手のしやすさを考慮事由に入れ、一七七一年のフィラデルフィア版に依拠したと推測する。なお、二〇一六年に出版されたオックスフォード版は、全ての版のヴァリアントが記されており、極めて有用である。

ドゥロルム『イングランド国制』については、一七八四年版を底本にしたリバティ・ファンド版（Jean Louis De Lolme, *The Constitution of England; Or, an Account of the English Government*, ed. David Lieberman, Liberty Fund, 2007）を用いる。（本文中で［E: 頁数］と略記する。）同版の編者デイヴィッド・リーバーマンが付した序文によれば、『イングランド国制』は一七七一年に仏語版がでたのち、仏語版と英語版ともに、数回の改版が行われている。まず、一七七五年に英訳された際、第二部の一五章から一七章が追加され、国王の執行権の独占についての議論が補強されている。また、英語版第二版（一七七七年）では幾つかの歴史事例が追記され、更に、一七八一年の第三版では大きな変更が行われる。この第三版は基本的に一七八四年の第四版に引き継がれ、読み継がれていくことになる。従って、ハミルトンがどの版で読んだかは極めて重要な問題であるが、現存する史料による限りでは、この確定は不可能である。

（1）Arihiro Fukuda, *Sovereignty and the Sword*, Clarendon Press, 1997, pp. 17-19は両者をフォーテスキュー流の混合政体とポリュビオス流の混合政体論として区別する。

（2）これらは多様な論点を含むが、敢えて簡単に整理すれば、混合政体論と権力分立論の異同と、内実をめぐる解釈の違いということになろう。この論点は既に多くの研究者によって指摘されてきた。M. J. C. Vile, *Constitutionalism and the Separation of Powers*, 2nd edition, Liberty Fund, 1998, Gordon S. Wood, *The Creation of the American Republic 1776-1787*, University of North Carolina, 1969, pp. 150-161, Jack N. Rakove, *Original Meanings*, Vintage Books, 1996, p. 245, 押村高『モンテスキューの政治理論』早稲田大学出版部、一九九六年、川出良枝『貴族の徳、商業の精神』東京大学出版会、一九九六年、二〇九～二一二頁、犬塚元「混合政体」古賀敬太編『政治概念の歴史的展開　第六巻』晃洋書房、二〇一三年を参照。

（3）executive power は行政権と訳されることもあるが、本稿では執行権の訳をあてる。その理由は二つである。まず、ドゥロルムならびにハミルトンにおける執行権は本文で後述するように、立法権と対で用いられる語であり、それは「法を作る」「作られた法を執行する」という統治の二つのプロセスに対応している。法の「行政」では日本語として曖昧なため、執行と訳す。またアメリカ憲法学では執行権と行政権（administration, administrative power）は「区別されて理解されてきた」（松井茂記『アメリカ憲法入門　第六版』有斐閣、二〇〇八年、六四頁）からである。

（4）Gerald Stourzh, *Alexander Hamilton and the Idea of Republican Government*, Stanford University Press, 1970.

（5）ハミルトンに関する先行研究において、彼の統治機構論、とりわけ執行府論の内実に注目した研究はあまり多くはない。それらについては後註で逐次言及する。

（6）David Lieberman, *The Province of Legislation Determined*, Cambridge University Press, 1989, pp. 31-55, 63.

（7）国王は自然人でありながら、法人格としても措定される。所謂「王の二つの身体」論とも重なるこの二重性は「国王は、政治的資格において決して死なないと言われる。けれども、他の人間と同様、自然の資格において死を免れない」[C: 128] と、十分に意識されている。これにつき、Paul D Halliday, Blackstone's King, in Wilfrid Prest ed., *Re-Interpreting Blackstone's Commentaries*, Hart Publishing, 2014も参照。

（8）ブラックストンは「もしもひとたび王の大権が一つでも臣民と共有されれば、それはもはや大権ではないだろう」[C: 155] と述べる。

（9）これにつき、小畑俊太郎『ベンサムとイングランド国制』慶應義塾大学出版会、二〇一三年、三〇～三三頁を参照。

（10）人民もまた主権の担い手と描かれることもあるが、これについても投票に際して人民の決定が覆されないという意味であると解釈しうる [C: 112]。ブラックストンの主権論が単に議会主権を意味するのみではないことにつき、Howard L. Lubert, Sovereignty and Liberty in William Blackstone's *Commentaries on the Laws of England*, *The Review of Politics*, Vol. 72（2010）esp. pp. 290-291を参照。

（11）Mark Francis with John Morrow, After the Ancient Constitution, in *History of Political Thought*, Vol. 9, No. 2（1988）p. 288

（12）大権の対立項としての特権についてはあまり言及されないが、例外として『釈義』第一巻、pp. 95, 109, 175で触れられる。

（13）ハミルトンがフランス語原文を読んでいたかは定かではないが、引用が一字一句英訳版と同じであることから、英訳を読んでいたという判断を覆す積極的理由がない。

(14) Iain McDaniel, Jean-Louis Delolme and Political Science, *The Historical Journal*, Vol. 55, No. 1 (2012) p. 23.

(15) 議会主権論的体裁をとっている叙述として、[E: 62] では国王が立法府の一員として主権的権力を行使できるということが述べられている。他方でドゥロルムは繰り返し、ブリテンを君主政（monarchy）と規定する（例えば [E: 13, 256]）が、これは君主が存在するという事実の摘示に過ぎず、彼（彼女）に主権が存すると述べているわけでは、必ずしもない。

(16) 『イングランド国制』の第二部では、繰り返し、執行権の安定性（stability）や堅固さ（solidity）がなぜ生じたのかという問いかけが執拗になされ、議会の対抗とにその要因が描かれることになる [E: 245, 259, 261, 275, 284]。

(17) かかるカテゴリーは全編を通して反復されるが、例えば第二部第一七章に顕著である。国王を除いた「全位階の人々（all ranks of Men）」[E: 238, 245]、「全階層の人々（all orders of Men）」[E: 240-241]、「人民全体（the whole body of the People）」[E: 247] の団結が、ここでは繰り返し論じられる。

(18) C. C. Weston, *English Constitution Theory and the House of Lords 1556-1832*, Arm Press, 1965, p. 128 において、デイヴィッド・ウィリアムズが一七八九年の著作でドゥロルムがブラックストンをコピーしたと記した箇所が引用されている。

(19) Edouard Tillet, *La constitution anglaise, un modele politique et institutionnel dans la France des Lumières*, Presses Universitaires Aix-Marseille, pp. 311-312.

(20) この点、二院制を支持するドゥロルムは、結局のところ国王、上院、下院の三項構成にならないかとの疑問が浮かぶ。だが、彼の主眼はあくまで執行権と立法権による国制の把握であり、二院制は立法権力の下位分類に過ぎないと考えられる。

(21) 建国期アメリカの政治思想研究の方法についてはGordon Wood, *The Idea of America*, Penguin Books, 2011 の序文と第一章に依拠する。建国期アメリカはその党派性ゆえに政治思想史の研究対象として不向きとの批判もあるが、これは「イデオロギー」を研究することを全面的に退けることにはつながらない。

(22) ロン・チャーナウ『アレグザンダー・ハミルトン伝（上）』井上廣美訳、日経BP社、二〇〇五年、四五四頁以下参照。

(23) 例えばジェイムズ・ウィルソンやエドマンド・ランドルフの主張につきMax Farrand ed., *The Records of the Federal Convention of 1787*, Yale University Press, 1911, Vol. 1, pp. 65-66.

(24) 勿論、アメリカの制度構想を全てブリテン国制からの反映ととるのは無理がある。これは選挙によって大統領を選出するのに対してブリテン君主は世襲である以上、自明である。問題は、どの点においてハミルトンがブリテン国制を反映させたか、させなかったかを選り分けていくことにある。

(25) 時代も文脈も異なるが、ハミルトンの「強力な政府」論については中野勝郎『アメリカ連邦体制の確立』東京大学出版会、一九九三年、一〇七頁以下も参考になる。
(26) Max Farrand ed., *op. cit.*, Vol. 1, p. 98.
(27) ハミルトンは『フェデラリスト』七三篇でも、六九編と類似した説明をしている［F: 359-360］。なお、拒否権についてのハミルトンの態度につき、Eric Nelson, *The Royalist Revolution*, The Belknap Press of Harvard University Press, 2014, p. 220も参照。
(28) 同様の解釈を示す研究として、Harvey Flaumenhaft, *The Effective Republic*, Duke University Press, 1992を参照。
(29) 単一性につき、Harvey Flaumenhaft, Hamilton's Administrative Republic and the American Presidency, in Joseph M. Bessette and Jeffrey Tulis eds., *The Presidency in the Constitutional Order*, Louisiana State University Press, 1981, pp. 78ff. も参照。
(30) Forrest McDonald, *Alexander Hamilton*, W. W. Norton and Company, 1979, p. 378. マクドナルドは、*American Presidency*, University Press of Kansas, 1994, pp. 61ff. でドゥロルムにも言及する。
(31) *Ibid.*, pp. 60-62. 本文で後述するように混合政体論の継承については疑問が残る。
(32) 『フェデラリスト』において強大なブリテン国王を恣意的に作出したという解釈については、「ブリテン君主政との関係で大統領を弱く見せるために、ハミルトンは大統領を、ブリテン君主政のラディカルに理想化された模造形と対比しなくてはならなかった」と述べるネルソンに賛成する。Nelson, *op. cit.*, p. 218, またブラックストンの利用についてはp. 222も参照。
(33) 例えば［F: 327, 335, 338］などを参照。
(34) 宣戦権を立法府に委ねることがブリテン国制解釈の反映ではなく、彼の制度構想案であると解釈したとしても、その思想的背景に、ドゥロルムからの影響があった可能性は高い。というのも、ドゥロルムの執行府の単一性論が、ブリテン国制理解の次元であるにせよ、ハミルトンの制度構想の次元であるにせよ、この点について、ハミルトンの思想と最も近い距離にあるからである。
(35) ブラックストンの議会主権論とアメリカ側の反発に言及する研究は枚挙に暇がないが、最も代表的なものとして、Bernard Bailyn, *The Ideological Origins of the American Revolution*, Enlarged Edition, The Belknap Press of Harvard University Press, 1992, pp. 201ff.
(36) 大森雄太郎『アメリカ革命とジョン・ロック』慶應義塾大学出版会、二〇〇五年、二〇五～二〇八頁も参照。
(37) この点、ハミルトンの政治思想におけるドミニオン・セオリーの重要性を看取し、一八世紀のハノーヴァー朝の国王大権よりも強力な、一七世紀のスチュアート朝のそれをハミルトンは執行権として希求したというネルソンの解釈は興味深い（Nelson, *op.*

cit.）。だがこの解釈は、彼をロイヤリストとまとめる点が疑問である。というのも、ハミルトンの執行権論は国王大権とは切り離されたかたちで論じられており、国王の身分とは関連がない。また、彼の執行府論は立法府論との緊張関係を前提にしたものであり、ドミニオン・セオリーにおける国王と議会との関係とは異なる。無論スチュアート朝においても国王と議会の緊張関係が高まっていくのは周知の通りだが、ハミルトンがスチュアート朝のブリテン国王に愛着を持っていたことは否定できないとしても、それが執行権にまで流れ込んでいたと解釈することは論拠に乏しい。彼が一八世紀的な権力分立論に一層コミットしていたことは、ここまで述べてきた彼の執行権論から窺えるであろう。

（38）ハミルトンの構想する上院は貴族政的志向の反映ではないかとの疑義が生じえよう。しかし、本文でも言及したモリス宛書簡において、ハミルトンは上院が「純粋に貴族的な部門に堕す傾向がある」［PAH: 1: 255］と警戒しており、上院を必ずしも貴族政と重ね合わせていないことがわかる。また、ブラックストンのように貴族政の要素は国王と人民の障壁として理解されることが多かったが、かかる観点はハミルトンにはみられない。

（39）この点、条約締結権は執行府の単一性の議論に収まらない例外である。「プラン」においては、条約締結権は上院の助言と承認を得て大統領が行使するものであった。これが執行権の一部として捉えられているようにも読める。他方で、『フェデラリスト』七五篇「執行部の条約締結権」においては、条約締結権は立法権とも執行権とも異なるものとして描かれている。更に、条約締結権は執行権者の任期が終身ならば、ブリテン国王のように単独で執行府に置かれてもよいとされているが、ハミルトンの当初の「プラン」では大統領が終身であるにも関わらず条約締結権は上院の助言と承認を必要としており、一貫していないように読め、疑問が残る［F: 364-368］。かかる条約締結権の理解は「ブリテンの国王大権の幾つかは立法的性質を持っており、そのほかに戦争、和平の権限もある」とウィルソンにも表明されており、ここからハミルトンが影響を受けた可能性もある。Max Farrand ed., *op. cit.*, Vol. 1, p. 65-66.

（40）ランドルフの単一執行府への反対は、Max Farrand ed., *op. cit.*, Vol. 1, pp. 66, 87を参照。またドゥロルムの議論における単一の執行府論が持つ意義は、McDaniel, *op. cit.*, esp. pp. 34-38も強調する。

（41）思想史の文脈においても、トレンチャードやモイルといったかつての思想家の議論と正反対であることにつき、David Wootton, Liberty, Metaphor, and Mechanism, in David Womersley ed., *Liberty and American Experience in the Eighteenth Century*, Liberty Fund, 2006, esp. pp. 235-236. ブラックストンにおいても立法府への警戒がないわけではない（例えば［C: 107］）が、ドゥロルムのブリテン政体解釈では身分による融和という性格が存しないため、一層立法権への警戒が要求される。

(42) なお、ドゥロルムは『イングランド国制』においてドミニオン・セオリーを批判する点でハミルトンと異なっているのではないか、との疑問が提示されうる。これについては、ドゥロルムのドミニオン・セオリー批判が『イングランド国制』第二版にのみ登場することからハミルトンが当該批判を読んでいない可能性があること、また読んでいたとしても、ハミルトン自身がある程度権力分立論にコミットするようになったことから反目はしない、と答えよう。「農夫を反駁する」から憲法制定会議におけるハミルトンの連続性は、強く単一の執行府を肯定するという点で一貫しているものの、執行府と立法府の緊張関係をより自覚し、権力分立論を展開するに至った点で発展がみられると解釈する。

(43) 石川敬史「アメリカの建国」犬塚元編『政治哲学二　啓蒙・改革・革命』岩波書店、二〇一四年における表現。

［政治思想学会研究奨励賞受賞論文］

責任を引き受けるということ

――マックス・ヴェーバーの責任倫理における投企の相

水谷　仁

一　序論

本研究では、マックス・ヴェーバー（一八六四―一九二〇年）の責任倫理という概念におけるある相を論じる。「責任倫理（Verantwortungsethik）」が、一九一九年にミュンヘンで催された講演「職業としての政治（Politik als Beruf）」において、「信念倫理（Gesinnungsethik）」と原理的に対立する政治倫理として提示されたことは、[1]周知の通りである。

この責任倫理は、政治思想研究の文脈において、政治的行為の倫理的な質が規範の遵守によってではなく行為の結果によって判断される、「遂行的政治哲学（performative politische Philosophie）」のひとつであると見做されており、[2]政治的行為の結果の判断においては、知的かつ合理的な判断が要請されるものと理解されている。[3]そしてこのような責任倫理理解は、ヴェーバー政治思想研究の文脈においても共有されている。例えば、ヴォルフガング・J・モムゼンによれば、ヴェーバーの責任倫理は政治家に対して、自身の行為の究極的な根拠と、それからありうる様々な可能性についての合理的な説明を要求するものであるし、[4]ヴィルヘルム・ヘニスによれば、「情熱」と結びつき、評価能力と一体となった理性の能力としての洞察力＝判断力が、責任倫理の核心的要素である。[5]さらに雀部幸隆のみるところでは、あくまでも慎重に、全身全霊を尽くし、己の良心にかけ、しかも明断な頭脳をもって事柄を解決しようとすることが、責任倫理の要諦である。[6]

したがって、先行研究においてヴェーバーの責任倫理は、政治的行為の結果を知的・合理的に考量したうえで行為がなされることを重視するものだと理解されている。言い換えれば、先行研究は総じて、ヴェーバーの責任倫理における知的・合理的な相を強調しているといえよう。[7]こうした理解は、信念倫理や責任倫理を、社会的行為についてのヴェーバーの諸類型と結びつけていることが一因であるように思われる。[8]彼の「社会学の根本概念」を繙いてみれば、価値合理的行為は、結果に左右されない、自身の行動それ自体の絶対的価値への意識的な信仰による行動であり、目的合理的行為は、目的・手段・(副次的な)結果を相互に合理的に考慮していく行為とされている。[9]信念倫理が価値合理的行為に、責任倫理が目的合理的行為に相応するものであることを鑑みれば、先行研究のような結びつけにも一定の説得力がある。

しかしながら、ヴェーバーの責任倫理においては、知的・合理的な相だけにとどまらない相がある。[10]というのも、政治的行為の結果が必ずしも知的・合理的に考量された通りの結果にはならないことを、ヴェーバー自身が指摘しているからである。

> 政治的行為の最終的な結果(Resultat)は往々にして、いやほとんどいつも決まって、その本来の意図からみてまったく不適当で、しばしばまさしく逆説的な関係になるというのは、まったくもって真理であり、〔…〕あらゆる歴史の基本的事実なのです。[11]

先行研究を参照してこの一文から、政治的行為者が、自身の行為が生み出した逆説的な結果に対してさらに知的・合理的に考量し行為する、という解釈を導き出すことも可能ではある。[12]しかしその場合、行為者の意図するものとは異なる、多くの場合には逆説的な結果に対して、行為者が負わなければならない責任とはどのようなものなのか、そして行為者はどのように責任を負うのかという問題が残る。[13]そのため本研究は、ヴェーバーの責任倫理における知的・合理的な相にとどまらない相、すなわち投企の相を探っていくことを課題とする。本研究でいう「投企」とは、行為者が自分自身と自身の置かれた政治的現実との間の「距離」を自覚しつつ、自分自身がその只中で生き、あくまでもその一部である政治的現実とこの現実の未来へと自分自身を投げかけていく、ということを意味している。(14)

この課題を論じるため、本研究は以下のような構成をとる。第二節において、「職業としての政治」というヴェーバーのテクストに立ち返り、まず責任倫理という概念を信念倫理と対比したうえでその定義を確認し、次いで結果の逆説という問題を取り上げ、そのうえで問題とされる信念倫理と責任倫理の相互補完と、それが起動される契機について論じる。第三節において、責任倫理と密接に関連し、政治的現実への適切な主体的参与を意味する「成熟」という概念に着目し(15)、それをヴェーバー自身の政治思想史的コンテクストから抽出することを通して、責任倫理の主体像を考察する。そして第四節において、責任倫理という概念の思想的特徴をさらに明確にするため、より広い思想史的コンテクストに位置づける。すなわち、責任倫理という概念を独特な形で受容した、カール・レーヴィットとカール・ヤスパースという二人の思想家を取り上げ、そこでの変容と、変容されつつも継承された責任倫理の思想的特徴を提示することとする。

二　責任倫理という概念をめぐる問題

1　責任倫理の定義

本論での議論の前提として、ヴェーバーによる責任倫理の定義を、信念倫理との対比を通して確認しておこう。ヴェーバーは講演「職業としての政治」において、政治的な主体が直面することになる、政治の領域における独特な倫理の存在を俎上に載せ、倫理的に方向づけられたあらゆる行為が、根本的に方向性の異なる二つの調停し難く対立した格率に従わなければならない「政治倫理の問題」として、信念倫理と責任倫理を論じている。(16)

まず、信念倫理とは、自分自身がもつ純粋な信念の炎を絶えず新たに燃え上がらせることだけがその「責任」であり、その行為の目的なのであって、なしえた行為には信念の証しという価値しか見出さず、その結果を顧慮することのない政治倫理である。[17]その一方でヴェーバーは、責任倫理を次のように述べている。

責任倫理を奉じる者（Verantwortungsethiker）は、人間のもつあの平均的な欠陥を計算に入れ、いみじくもフィヒテが喝破したように、人間の善性と完全性を前提にする権利をもちません。この人は、自分の行動の結果（Folgen）を、それを予測（voraussehen）しえたのであれば、他人に押しつけることができるなどとは感じません。そして、この人は次のように言うでしょう。これらの結果は、私の行動に責任を負う（zurechnen）、と。[18]

人間の一般的な欠陥を考慮し、自身の政治的な行為の結果を予め考量しえた以上、その行為の結果とそれに対する責任を他人に転嫁せず、自らの責任とする政治倫理が、責任倫理である。したがって、自身のなした行為の結果の責任に重点を置く責任倫理と、自身の行為の動機として信念を昂らせることに重点を置く信念倫理とを妥協させることは、不可能なのである。[19]先行研究による責任倫理の知的・合理的な相の強調は、こうした政治的行為の結果の予測・考量という点に力点を置いているがゆえのものと理解できる。

2　結果の逆説と倫理的パラドックス

もっとも、ヴェーバーからすれば、信念倫理と責任倫理という政治における二つの倫理の存在を指摘したからといって、問題はそれで終わりではない。世界（Welt）のいかなる倫理も回避できない、次のような問題がある。

世界のいかなる倫理も、次のような事実を避けるわけにはいきません。すなわち、数多くのケースにおいて、「善い」目的を達成するためには、倫理的に忌々しく、少なくとも危険な手段と、副次的な悪い結果の可能性を、あるいは蓋然性までをも甘受することが結びつけられているという事実は、避けられないのです。また、いつ、どの程度まで倫理的に善い目的が、倫理的に危険な手段と副次的結果を「神聖化」するのかということについて、世界のいかなる倫理も結論を出せていません。[20]

倫理的に「善い」目的を達成するためには、倫理的に「悪い」(忌々しき)手段を用いざるをえず、またその副次的結果が「悪い」ものであっても、それを甘んじて受け容れなければならない。こうした倫理一般の問題に加え、ヴェーバーは政治に特有の倫理的な問題を提起する。[21] すなわち、政治にとっては暴力が、人間の人間に対する暴力が、決定的な手段だということである。政治に携わる者、手段としての権力と暴力に関与する者は、悪魔的な諸々の力と契約を結ぶということ、そして善からは善だけが、悪からは悪だけが生じうるというのは真実ではなく、むしろ往々にしてその逆こそが真実であること。こんなことも分からないような人、人間の生の問題(Lebensproblem)も分からないような人は、政治的に成熟していない(politisch nicht reif)子どもにすぎないと、ヴェーバーは述べている。[22] そしてこれこそが、政治に特殊な倫理的パラドックスである。政治を行おうとする者、ましてや政治を使命として行おうとする者は、「善い」目的のためには「悪い」手段――政治においては暴力――を用いることになる、善から悪が生み出されるという倫理的なパラドックスと、そのパラドックスのもとで自分自身から生み出されうるものに対する自身の責任を、意識しなければならないのである。[23]

結果の逆説、倫理的パラドックス、そして「自分自身から生み出されるもの」に対する政治的行為者の責任の意識という問題に注目したとき、先行研究のみるような責任倫理の知的・合理的な相は、責任倫理の一面にすぎないことがわかる。[24] もちろん、逆説的な結果をも知的・合理的に考量することに責任倫理の要諦がある、と考えることも不可能ではない。しかし、ヴェーバーのみた結果の逆説や倫理的パラドックスの問題からすれば、政治的な行為とその結果の関係は、たとえ行為者が逆説的な結果を知的・合理的に考量したとしても、必ずしもその通りの結果にはならない。それどころか、つねに行為者の知的・合理的な判断とは異なる、行為者にとって意図せざる、逆説的な結果が生じてくる。行為者はその結果に対しても、自分自身の責任を意識しなければならないのである。

3　責任倫理を契機とした、信念倫理と責任倫理の相互補完

結果の逆説と倫理的パラドックスを問題としたうえで、再びヴェーバーは信念倫理と責任倫理の問題を俎上に載せる。どちらの倫理を奉じる者として行為すべきか、またどのような場面においてどちらを選ぶべきかについて、誰に対しても指図がましいことは言えない[25]。しかし次のことだけははっきり言える、と。

> 結果に対するその責任を現実のものとして全身全霊で意識し、責任倫理的に行為する成熟した人間――歳が若かろうと老いていようと、そんなことはどうでもよいでしょう――が、あるところに立ち、「私に他はありえない。ここに踏みとどまるほかない」と告げようものなら、計り知れないほどの感動を呼び起こします。これは、人間的に真正で、心を揺さぶるものです。なぜなら、言うまでもなくこのような局面は、内面的な死に陥っていない者であれば、私たち誰しもにとっていつかは起こりうるはずなのですから。その限りで、信念倫理と責任倫理は、絶対的に対立するものではなく、補完的なもの（Ergänzung）であり、それら二つでもって初めて、「政治への使命」（„Beruf zur Politik“）をもつことのできる真の人間を形づくるものなのです[26]。

ヴェーバーによれば、信念倫理と責任倫理というこの二つの政治倫理は、相互に補完され、そのことによって、「「政治への使命」をもつことのできる真の人間」が生み出される。では、そこにはどのようなメカニズムがあるのだろうか。柳父圀近がこの点を論じている。柳父によれば、抽象的には対立する信念倫理と責任倫理が、具体的な局面で決断を迫られた「真の政治家」の内面における緊張関係として対立した場合に、「政治への使命をもちうる真の人間」が作り出される[27]。こうした理解を参考にしつつ本研究では、この「信念倫理と責任倫理の相互補完」の引用で、責任倫理的に行為する成熟した人間において、信念倫理と責任倫理とが結合し、「「政治への使命」をもつことのできる真の人間」が形づくられる、とされていることに着目したい。そうすると、柳父のいうように、信念倫理と責任倫理の内的な緊張

関係が経験されるだけでは、二つの倫理は相互補完されない。責任倫理的に行為する成熟した人間においてこそ、これら二つの倫理は相互補完される。責任倫理を契機として、信念倫理と責任倫理は相互に補完されるのである。[28]

もっとも、既存の研究には、ヴェーバーの責任倫理において価値合理的行為と目的合理的行為という二つの対立する社会的行為が相互補完される、との解釈もある。[29] しかし、現実の政治状況――柳父の謂いを借りれば「具体的な」局面――において、責任倫理をきっかけに相互補完されるのは、合理的な社会的行為ではなく信念倫理と責任倫理であり、それによって、「「政治への使命」をもつことのできる真の人間」という、いわば理想的な政治主体が形づくられるとされていたはずである。では、この理想的な政治主体は、ヴェーバーにおいていかなる主体として構想されているのだろうか。これが次の問いである。

三　責任倫理の主体像

前節の議論によって、ヴェーバーの責任倫理においては、先行研究が強調する知的・合理的な相があることはたしかだが、知的・合理的な考量に収斂しえない行為の結果の逆説をもヴェーバーは問題としていたこと、さらに、原理的には対立する信念倫理と責任倫理が、責任倫理を契機として相互補完され、それによって理想的な政治主体が生み出されるとヴェーバーが考えていたことが明らかになった。

ではここから、ヴェーバーにおける責任倫理の主体像について考察していこう。内藤葉子によれば、既存の研究からは、意志と決断力と責任感を備えた自律的でリベラルな近代的主体像が、責任倫理の主体像として導かれる。[30] 本研究としても、こうした責任倫理の担い手たりうる主体像に対して、基本的に異論はない。ただし本研究は、「成熟」という概念に着目する。というのも、ヴェーバー自身が、責任倫理の主体像として「結果に対するその責任を現実のものとして全身全霊で意識し、責任倫理的に行為する成熟した人間」を掲げているからである。しかし、「職業としての政治」では、この「成熟」という概念がどのような意味をもつのか説明されていない。そのため本節において、ヴェーバー自身の政治思想史的なコンテクストから、彼のいう「成熟」が何を意味し、「成熟した人間」とはどのような人間なのかを考察することで、責任倫理の主体像に迫っていきたい。(31)

1 成熟の欠如

「成熟」という概念は、ヴェーバーの政治思想において比較的早い段階から用いられている。ヴェーバーは、一八九五年に開催されたフライブルク大学教授就任講演「経済学における民族性」(後に『国民国家と経済政策』として刊行、以下「国民国家と経済政策」と表記)において、「成熟」という問題をドイツ政治に見出している。彼からすれば、国民国家ドイツの政治的指導を担うべき階級の政治的成熟度が、問題とされなければならない。

私たちは、そうした階級(国民の指導を手中にしている階級かそれを追求する階級)が政治的に成熟しているかどうかを問います。つまり、国民の絶え間ない経済的・政治的権力利害を他のあらゆる考量に優先させるということを、この階級がどれほど理解し、そのつどどれほど実行できるのかを問うのです。(32)

ここでは、国民にとっての経済的・政治的権力利害を最優先に考量し、それをどれほど実現していけるかが、政治的成熟の指標とされている。そしてヴェーバーからすれば、本来この政治的指導を担うべきはドイツの市民階級であるが、この階級は政治的に成熟しているとはいえない。(33) さらに市民階級が十分に成熟していない場合にはそれにとって代わるべき労働者階級もまた、政治的に成熟していない。(34) ヴェーバーのみるドイツ政治の危機は、まさにこの点にある。

危険で永続的に国民の利害と相容れないのは、経済的に没落していっている階級が政治的な支配を手中に収めている場合です。しかしそれにも増して危険なのは、経済的な権力とそれでもって政治的な支配への期待へと突き進んでいる〔労働者〕階級が、国家の指導に向けて政治的に成熟していない場合です。この二つの状況がいま、ドイツを脅かし、実際に私たちの情勢である現下の危機にとっての鍵なのです。[35]

ドイツの市民階級も、そして労働者階級も、政治的未成熟の状態に甘んじている。これが、三一歳の時点でヴェーバーが指摘する、ドイツ政治の問題であった。一八九五年の「国民国家と経済政策」においては、特定の階級がドイツ国民の政治的・経済的権力利害を適切に考量し、それに基づいて国家を政治的に指導していけるかどうかが、成熟の基準とされていたのである。

2 「成熟」概念の変容

ドイツ政治における政治的成熟に対するヴェーバーの問題意識は、第一次世界大戦終盤において再燃することとなる。一九一七年に『フランクフルター・ツァイトゥング』紙で公表された政治評論「新秩序ドイツの議会と政府」においてヴェーバーは、ドイツの政治的成熟の問題を再び取り上げる。ドイツ人の政治的未成熟は、統制されない官僚支配の結果であり、被支配者が自ら責任に関わることなく、そのために官僚の仕事に注意を払うことなく、官僚支配に慣れたことの結果である、と。[36] そしてドイツ国政の改革を機に、ヴェーバーは政治的成熟の実現を目指す。

> 政治的成熟は、〔…〕国民が官僚層を通して自分たちの用件を遂行するという方法に精通しており、官僚層を継続的にコントロールし、影響を与えるところに示される。[37]

ドイツ国民が官僚のコントロールを通して自分たちの政治的な課題に自ら対処していくことが、ヴェーバーのいう政治的成熟なのである。ここで注目すべきなのは、「国民国家と経済政策」におけるドイツ政治を指導していく階級の政治的成熟から、「新秩序ドイツの議会と政府」におけるドイツ国民の政治的成熟へと、問題とする対象が変化していることである。新たな政治秩序が形成されていく段階において、政治的成熟はもはや特定の階級にではなく、ドイツ国民全般に当てはまる問題にまで至っているると考えられている。[38] さらにヴェーバーは、ドイツ国民が政治的に成熟することへの期待を、「紳士然とした民族」(Herrenvolk) という概念に込める。

政治的に成熟した民族だけが、「紳士然とした民族」である。この政治的に成熟した民族とは、自分たちの用件を遂行するうえで行政をコントロール下に掌握し、彼らが選出した代表者を通して、彼らの政治的指導者の選抜決定に参画する(mitbestimmen)民族のことをいう。〔…〕紳士然とした民族だけが、世界の発展の一翼を担う使命をもつ。[39]

「紳士然とした民族」という政治主体を通してヴェーバーは、官僚・行政に対する統制や自分たちの政治指導者選抜への参画など、政治的な問題に自分自身で対峙し、現実政治における具体的な行動を通して、客体としてではなく主体として自らの政治に携わることを、「成熟」という概念に込めているのである。[40]

このように、「成熟」という概念をヴェーバー自身の政治思想史的コンテクストに位置づけてみれば、ドイツ政治における成熟という問題意識が、ヴェーバーの政治思想において一貫していたことがわかる。したがって「成熟」という概念は、ヴェーバーの政治思想における持続的な問題関心の結晶なのであった。もっとも、この概念が用いられるなかで、成熟すべき主体については、指導的階級から、そういった一部の階級にとどまらないドイツ国民全体へと、主体像の変化が起こっていた。そのうえで、現実の政治を自分自身の問題として捉え、自分自身がそれに対して適切な形で主体的に参与していくという意味が、ヴェーバーの「成熟」という概念に込められていたのであった。

3 成熟した責任倫理的主体

では、ヴェーバーにおける「成熟」という概念の意味と、「責任倫理的に行為する成熟した人間」は、どのようなつながりをもっているのだろうか。もう一度、「信念倫理と責任倫理の相互補完」の引用に立ち戻ってみよう。ヴェーバーによれば、「結果に対するその責任を現実のものとして全身全霊で意識し、責任倫理的に行為する成熟した人間」が、「私はここに踏みとどまるほかない」として困難な現実を引き受けようとするときにこそ、信念倫理と責任倫理は相補的に結合し、「「政治への使命」をもつことのできる真の人間」となる。したがって、責任倫理的に行為する成熟した人間が現実を引き受けようと決心するとき、信念倫理と責任倫理が相互に補完され、「「政治への使命」をもつことのできる真の人間」という理想的主体への一種の昇華が起こるのである。[41] ここで、「成熟」における主体的参与が、本研究のいう責任倫理の投企の相と結びついている。すなわち、自身の政治的行為の結果に対する責任を意識し、自分自身の問題として主体的に現実の政治へと参与していく成熟した人間が、政治的現実の只中で生きながら、それと距離をとりつつ、自身が一部でもある政治的現実とその未来へと自分自身を投げかけるという責任を引き受け、主体的に参与し行為をなしていく。[42] こうした行為をなす主体こそ、「「政治への使命」をもつことのできる真の人間」なのである。このような責任倫理的主体は、結果の逆説や倫理的パラドックスによる、いわば「意図せざる結果」として生じた政治的現実においてであっても、それとの距離を自覚しつつ自らもその一部として、この現実とその未来へと主体的に参与していくという責任をも引き受けることを、自分自身に課すことになる。

このようなヴェーバーの責任倫理の主体像が、彼自身はドイツ国民の成熟を求めているにもかかわらず万人にとって容易に実現しえず、政治的に卓越した主体によってしかなされえないものであるという意味で、すぐれて精神的貴族主義に立脚したものであることはたしかである。そのため、既存の研究において責任倫理は、職業政治家のような政治エリートに求められる責務だと見做され、ヴェーバーの政治思想におけるエリート主義的な側面の表れとして理解される場合がある。[43] さらにジャン・マリー・ヴァンサンによれば、責任倫理は、企図されたことに対するありうる結果を本質的に考慮しなければならないという良心を核心に据え、そのことによって逆境に抗するよう試みる、「一種の自律的な理性」であり、その担い手は少数のエリート（支配のプロセスにおいて重要な役割を果たす責任ある諸個人）であって、大衆は責任倫理の担い手たりえないという限界を有する。[44]

しかしながら、責任倫理は社会的身分上の政治エリートにのみ要請されるものではない。なぜなら、本節でみたように、ヴェーバーにおいて責任倫理は、「成熟」という概念と結びつけられているからである。この概念を用いることでヴェーバーは、成熟した政治エリートと未成熟な非エリートという二項対立的な図式を示すだけでなく、現段階では未成熟な非エリートも、漸次的に成熟していくプロセスを辿ることによって責任倫理の担い手となっていくことを示唆している。[45]その意味で、責任倫理の担い手となることは、政治エリートだけでなく、潜在的には、政治と携わるすべての者に要請されているのである。[46]

ここまでの考察を通して、既存の理解ではその知的・合理的な相が強調されるヴェーバーの責任倫理の、投企の相を発見したといえよう。では次節で、彼の責任倫理を思想史的コンテクストに位置づけることを通して、それが有する思想的特徴を考察していきたい。

四　責任倫理概念の受容

1　受容史

ここまでの考察を通して、ヴェーバーの責任倫理においては、知的・合理的な相だけでなく投企の相が存在すること、そしてこの投企の相が成熟という概念と結びつき、責任倫理を契機として理想的な政治主体が形成されることが明らかとなった。ではここから、ヴェーバーの責任倫理をより広い思想史的コンテクストに位置づけ、それがどのように受容・変容・継承されたのかを考察することで、その思想的な特徴を明確にしていこう。もっとも、ヴェーバーの責任倫理は、――ヴェーバー本人の意図に反して――ドイツ国民にほとんど受容されなかったのが実情である。彼の後続世代に属するカール・レーヴィット（一八九七―一九七三年）は、ヴェーバー自身の人間的英雄精神や知的誠実性に現れている自律的主体像が非常に厳格なものであり、それが大衆への波及効果を拒むため、一般受けせず、影響力がないままにとどまっていると述べている。[47]こうした自律的主体像が一般受けしないとすれば、その権化ともいえる責任倫理の主体像が国民に受容されないことは、容易に推察される。

では、知識人においてはどうだろうか。ジョシュア・ダーマンによれば、エリック・フェーゲリン（一九〇一―一九八五年）とレーヴィットが責任倫理を受容している。フェーゲリンは、合理化の進展過程において、諸個人が自身の行為の結果を知り、自らの選択に対する責任をとることができるようなった、というヴェーバーの指摘を受容している。他方レーヴィットは、責任倫理の基本的な定式に加え、合理化された世界に対して諸個人が自身の責任を負うというヴェーバーの思想をも受容していたと、ダーマンは述べている。[48] ただし、責任性（Verantwortlichkeit）は合理的な科学を前提とし、政治的な考量が合理的に判断されている場合にのみ、個人はその行為の結果に対して十分な負担（Last）を引き受ける、というフェーゲリンの責任倫理理解は、[49] 本研究の立場からみた場合、責任倫理の知的・合理的な相を強調した受容となっているといえる。これに対して、レーヴィットも「合理化」や「合理性」といった概念を用いているが、後にみるように、彼はこれらの概念に知的・合理的なものにとどまらない意味合いを込めている。そのため、本節ではレーヴィットを取り上げ、彼の責任倫理の受容・変容・継承を考察していくこととする。

また、いわば思想的にヴェーバーから影響を受けたレーヴィットに対して、政治思想的にもヴェーバーから強い影響を受けたと自認する、カール・ヤスパース（一八八三―一九六九年）の責任倫理受容も取り扱う。[50] 政治思想史的な視点に着目してヴェーバーとヤスパースの関係を論じているものとして、トルステン・パプロトニーの研究があるが、責任倫理の受容については、ヤスパースによる「責任倫理は信念倫理の喪失を意味しない」という理解をなぞるにとどまっている。[51] これに対して本研究では、ヤスパースによる責任倫理についてのまとまった記述がある、一九五八年公刊の『現代の政治意識』を取り上げ、そこで提示された独特な形での責任倫理受容を議論していきたい。

2　レーヴィットによる責任倫理の受容・変容・継承

レーヴィットはヴェーバーを、内的・外的に存続するものが全般的に溶解している状態にあって、その洞察力と人格的特質を遺憾なく発揮しうる言葉を語りかける者だと見做していた。[52] そして、一九三二年に『社会科学・社会政策アルヒーフ』に掲載された「ヴェーバーとマルクス」においてレーヴィットは、価値中立的な「合理化」という観点から資本主義を分析し、人間の生全体に及ぶ圧倒的な合理化への傾向に直面した「個人主義的な活動の自由」の救出を追求したヴェーバーの姿を、描き出している。(53)

レーヴィットのみるところ、ヴェーバーのいう「合理性」は、行為の自由と合致する。なぜならこの合理性は、予め定められた目的をそれに対する適切な手段の自由な考量によって追求することを、意味しているからである。それゆえ自由な行為は、与えられた手段を目的に合理的に適合させる、その限りにおいて首尾一貫した行為なのである。(54) レーヴィットからすればこの自由は、他ならぬ人間の行為の責任性（Verantwortunglichkeit）の印である。すなわち、目的を貫徹する可能性と結果の点から、自ら掲げた目的に対する与えられた手段や、目的そのものについて合理的に考量することによって、自由で合理的な行為の責任性が構成される。なぜなら、この目的と手段の間には、「善い」目的を達成するためには、いかがわしい手段を用いなければならないこともあるという、倫理的な「緊張関係」が存在するからである。(55) こうしたヴェーバー解釈の文脈においてレーヴィットは、責任倫理を次のように理解する。

> ヴェーバーが「結果」に対する無関心という点ではっきりと「非合理な」態度の倫理と呼ぶ、（目的合理的な態度に比して「価値合理的」に方向づけられる）「信念倫理」とは異なり、責任倫理は、そのつど与えられた手段に基づいて、行為の可能性と結果を「前もって計算に入れる」。〔…〕責任倫理は、目的を貫徹する可能性とその結果についての、手段の考量を通して媒介された知識に関連させられている。責任の倫理を選び取ることは、同時に合理性を、すなわち目的に対する手段の合理性を選び取ることになる。(56)

レーヴィットによれば責任倫理は、目的を達成するために、そのつど与えられている手段をもとに、行為の可能性とその結果を合理的に考量することであり、目的に対する手段の合理性を選び取ることと責任を選び取ることは、同義なのである。

こうしてみるとレーヴィットは、ヴェーバーが「合理性」という観点から人間の現実の問題の解明を目指したとの前提に基づき、責任倫理を合理性と密接に結びつけて理解しているといえよう。さらにレーヴィットからすれば、ヴェーバーはこの合理化の進展した隷従の世界に置かれながら、「自分自身によって支えられているだけで、客観的な支えをもたない態度、自ら責任を負う個人の態度」を自分自身のあり方として選び取っており、「この世界のなかで、この世界に抗して、自分自身の目的――この世界自身によってではないが、この世界のために考量された目的――を貫くことこそが、ヴェーバーにとっての「活動の自由」の積極的意味」であったと述べている(57)。

したがって、レーヴィットによって責任倫理は、いわば他律的に合理化した世界において、目的・手段・結果を考量し、それに加えて目的と手段の間にある倫理的な緊張関係に対する責任までをも甘受するという、諸個人がもちうる自律的な合理性を選び取ることとして受容されている。さらに、このような責任倫理に基づいて自らの責任を負うという態度を貫いていくことが、他律的に合理化した世界における自律的に自由な態度であるという思想にまで、敷衍されているのである。

本研究ですでにみてきた、行為の予見した結果に責任を負うという責任倫理の定義や、この定義の目的合理的行為との類似性を鑑みれば、レーヴィットのように責任倫理を合理性と連関させ、それを強調することにも一定の妥当性を認めることができる。さらに、合理化の進展した隷従の世界において、その世界に抗して自身の責任を負い、それを果たしていこうとする態度を「自由」と呼ぶレーヴィットにおいて(58)、ヴェーバーの責任倫理が有しつつも少なくとも明示してはいない、自律的に自由な行為が生み出される行動原理の倫理的基礎としての一面が、思想的に発展されている。もっとも、このようなレーヴィットの責任倫理受容においては、責任倫理が政治における倫理であるという点が薄められている。その意味で、責任倫理が政治に特有な権力や暴力とどのように結びつくのかという問題は、思想的に責任倫理を受容したレーヴィットの埒外に置かれ、政治思想的にヴェーバーを受容したヤスパースにおいて取り上げられることになる。

以上のように、責任倫理が合理性や自由と結びつけられる形で独自のアレンジが加えられ、責任倫理が政治における倫理であるという点が希薄化してはいるものの、レーヴィットの責任倫理受容においては、現実の世界の只中で行為者が自身の責任を選び取り、その世界に対して行為をなしていくという実践的態度の面が継承されているといえよう。[59]

3　ヤスパースによる責任倫理の受容・変容・継承

ヴェーバーと個人的に親交のあったヤスパースは、ヴェーバーの死後、自身の思想的立場から彼を「実存哲学者」と見做した。[60]またヤスパースは、元来政治に対しては非常に距離のある態度を取っていたものの、ヴェーバーとの個人的親交と第一次世界大戦の勃発を機に政治の問題と向き合い、それについて思考するうえで、政治についてのヴェーバーの基本的な見解を受容したと、自伝的著作で語っている。[61]

このように、ヤスパースは思想的かつ政治思想的にヴェーバーを受容している。では、責任倫理に関してはどうだろうか。『現代の政治意識』においてヤスパースは、原子爆弾による全体的滅亡の脅威に直面した世界情勢にあって平和を実現するためには、超政治的なもの（Das Überpolitische）が要請されると述べる。[62]ヤスパースによれば、ヴェーバーのいう責任倫理を奉じる者は、自身の責任をこの超政治的なものから獲得する。なぜなら、責任倫理を奉じる者が自身の責任を果たすために権力を求める場合、権力を権力それ自体のために、言い換えれば政治の論理のために求めるのではなく、政治を超える何ものかを実現するために、権力を求めるからである。[63]さらにヤスパースからすれば、責任倫理を奉じる者は、自身の行為の予見しうる結果に対して責任を引き受けるといえども、この予見はつねに限定されたものでしかない。

行為は、考えられたのとは別の諸結果をもつ〔…〕責任倫理を奉じる者は、諸々の結果の連関に指し示めされており、それらの結果の内部で行為をなすが、その結果を見通すことは決してない。この責任倫理を奉じる者の「目の前《ザツヘ》にあることへの奉仕」は、その人が全体においては先立って知らず、また顧みて必然的であるとは理解しないような、ある別のものによって受けとめられる内実を、その行動に与える。[64]

ヤスパースによれば、責任倫理を奉じる者は、熟慮なき「現実的な政治家」でも、権力それ自体を欲するのでもない。その人自身の目の前にあること《ザッヘ》のために、権力を求める。そして、責任倫理を奉じる者が「必要悪」として権力を求めることを自らに許すのは、「決心（Entschluß）」によってでしかない。この決心は、任意の自己主張に仕える際の到達可能な帰結でも、独善的に定式化された信念倫理の合理的に一義的な帰結でもなく、誰もそれを証拠とすることもできず、誰もそれに基づいて自分自身を正当化してはならない何ものかである。ヤスパースからすれば、責任倫理を奉じる者は、自身に発せられた命令にも一般的な掟にも転嫁することのできないものを、自分自身の身に引き受ける。時代に対してはあらゆる帰結に自らの対応義務（Haftung）を負うことによって、永遠に対してはその行いを我が身に引き受けること（Aufsichnehmen）によって、責任倫理を奉じる者はその生をかけて、忘却されえぬあるものに服従し、永遠に責めを負わせられているのである。[65]

以上がヤスパースの責任倫理受容である。[66]本研究の立場からまず、ヤスパースの責任倫理受容には、結果の逆説の視座がはっきりと現れていることが指摘できる。結果を予測したうえで行為がなされたとしても、予測とは異なる結果が生じるというヤスパースの理解は、ヴェーバーと同様、結果の逆説を鮮明に表している。その一方で、責任倫理を奉じる者の権力追求が「超政治的なもの」の実現のためになされる、というヤスパースの責任倫理理解は、ヴェーバーのテクストからダイレクトに導出できるものではない。ヤスパース独自の思想的観点から、責任倫理が変容されているといえる。[67]さらにヤスパースは、「信念倫理と責任倫理の相互補完」についても、「結果を顧慮することのない信念倫理と純粋に権力をプラグマティックに追求する信念のない現実政治に対して、責任倫理は上位に置かれる（信念倫理と責任倫理のアンチテーゼは誤解を招くものとなる）[68]」として、信念倫理と責任倫理の原理的な対立を、信念倫理と権力追求の現実政治の対立と読み替え、責任倫理を上位に置くことでそれを超克すると解している。

ここにおいて、ヴェーバーとヤスパースの間の相違が明らかとなる。ヴェーバーの責任倫理においては、政治的現実、それも困難な現実とそこでの政治的行為の結果に対する責任とを引き受けることに力点がある。これに対して、ヤスパースの責任倫理受容において責任倫理を奉じる者は、「超政治的なもの」の実現のために権力を用い、自身の予見していないあらゆる帰結への対応義務を負い、その行いを我が身に引き受ける。(69) この相違には、ヤスパース自身の思想的立場から拡大・深化した責任倫理の変容が表れている。ただしそうした変容があるなかでも、現実政治へと主体的に参与し、責任を自ら引き受けるという責任倫理の投企の相は継承されているといえよう。(70)

本節の考察を通して、レーヴィットとヤスパースが彼ら自身の観点からヴェーバーの責任倫理を受容し、独自の形でそれを変容していたことが明らかとなった。政治的現実の只中で行為者が自身の責任を選び取り、それを引き受け投企していく人間の生のひとつのあり方という、ヴェーバーの責任倫理の思想的な特徴が継承されていた。他ならぬこの思想的特徴こそ、本研究の見出したヴェーバーの責任倫理の投企の相なのである。

こうした責任倫理の投企の相は、山之内靖の次のような理解に沿うものである。すべてを計算し尽くしたうえでも、人間の行為とその結果には、予想を裏切る不確実な要素がつきまとっており、責任倫理家は、最善の努力をした後に起こる不確実性や危険性についても、それを運命として我が身に引き受ける。(71) ただし、「運命として我が身に引き受ける」という山之内の表現は、漠然としたものにとどまっている。本研究のヴェーバーの責任倫理理解を山之内の顰に倣って言い表せば、次のようになる。

人間の行為とその結果には、知的・合理的な予測・判断・考量を裏切る不確実で危険な要素がつきまとっている。しかし責任倫理を奉じる者は、自身の知的・合理的な予測・判断・考量に基づいた行為の後に生じる意図せざる結果に対しても、責任を負う。自身の生きる政治的現実の只中にあって、そこでの問題を自分自身の問題として、その政治的現実へと主体的に参与していく責任を選び取り、それを引き受け、自らを投企していく。それを運命と呼ぶのなら、責任倫理を奉じる者はこの責任を、運命として我が身に引き受ける。

五　結論

本研究は、既存の研究においてその知的・合理的な相が強調されるヴェーバーの責任倫理の、それにとどまらない相を考察するものであった。ヴェーバー自身のテクストと政治思想史的なコンテクストに内在することで本研究は、政治的現実の只中で生きながら、距離をとりつつそこでの問題を自分自身の問題とし、この現実とその未来へと自分自身を投げかけ、それによる責任を引き受けながら主体的に参与し行為をなしていくという、ヴェーバーの責任倫理における投企の相を提示した。こうした投企の相の発見によって、「意図せざる結果」として生じた政治的現実においても、それとの距離を自覚しつつ自らもその一部として、この現実とその未来へと主体的に参与していく責任をも引き受けるような責任倫理のあり方をも見出した。さらに、後続する思想家によるヴェーバーの責任倫理概念の受容・変容・継承という、より広い思想的コンテクストからの考察によって、政治的現実へと主体的に参与し、そこでの責任を選び取り、それを引き受け行為をなしていくという、責任倫理の投企の相をより際立たせた。政治において準拠されるべき実践的な行動原理の倫理的基礎としての責任倫理の一面を明らかにしたことに、本研究の独創性があるといえよう。

ただしこのようなヴェーバーの責任倫理には、その思想的特徴ゆえに内包せざるをえない限界がいくつか存在する。まず、その主体像がすぐれて精神的貴族主義に立脚したものであるため、その受容へと導く必然性の論理が欠如している。また、そこで構想されている政治主体はあくまでも理想像であるため、その実在を証明することやその出現を計算に入れることが現実的ではない。仮にヴェーバーのいうような責任倫理を実現できたとしても、それを維持し続けるには困難がつきまとうし、その行為が独りよがりなものとなることを抑制するための客観的な指標も存在せず、責任倫理を政治制度（構想）に組み込むことや、責任倫理を構成原理とするような制度構築は、現実的には難しい。それにとどまらず、ヴェーバーの責任倫理においては、生み出されるべき結果やなされるべき行為の具体像を提示しえないため、「責任を取る」というパフォーマンスやプロパガンダによって政治行動の実態が隠されうるという、責任倫理による隠蔽や、場合によっては侵略や抑圧を勇ましい政治的言説によって粉飾する、責任倫理の欺瞞の可能性が潜んでいる。

そして、こうしたヴェーバーの精神的貴族主義的な責任倫理は、そこに投影された主体像の峻厳さゆえに、ドイツ国民に膾炙することはなく、彼の謦咳に接した一部の知識人において思想の細い糸が紡がれたにすぎなかった。しかしながら、ヴェーバーの責任倫理には、どのような時代、地域、環境、そして状況においても、政治的な行為者によって選び取られるべき理想としての有効性を認めることはできるだろう。その意味で、ヴェーバーの責任倫理は、普遍的な意義をもつ政治思想的資源を提供するものだといえる。

※外国語文献からの引用はすべて筆者自身による。なお、引用の強調は原文、外国語文献での強調は原文イタリックかゲシュペルト。引用文内の〔 〕括弧は引用者註。また、『マックス・ヴェーバー全集』の表記は以下の略記法に従っている。

MWG: *Max Weber-Gesamtausgabe*, J. C. B. Mohr（以下巻数を記す）.

MWG I/4: *Landarbeiterfrage, Nationalstaat und Volkswirtschaftspolitik. Schriften und Reden 1892-1899*, Hrsg., Wolfgang J. Mommsen in Zusammenarbeit mit Rita Aldenhoff, 1993.

MWG I/15: *Zur Politik im Weltkrieg: Schriften und Reden 1914-1918*, Hrsg., Wolfgang J. Mommsen in Zusammenarbeit mit Gangolf Hübinger, 1984.

MWG I/17: *Wissenschaft als Beruf. 1917/1919. Politik als Beruf. 1919*, Hrsg., Wolfgang J. Mommsen und Wolfgang Schluchter in Zusammenarbeit mit Birgitt Morgenbrod, 1992.

MWG I/23: *Wirtschaft und Gesellschaft. Soziologie Unvollendet 1919-1920*, Hrsg., Knut Borchardt, Edith Hanke und Wolfgang Schluchter, 2013.

（1）Max Weber, Politik als Beruf, *MWG I/17*（脇圭平訳『職業としての政治』、岩波書店、一九八〇年（以下『政治』））.

（2）Hans-Martin Schönherr-Mann, *Was ist politische Philosophie?*, Campus Verlag, 2012, S. 77-81.

（3）「〔ヴェーバーによれば、〕動機の純粋さと目的の至高性のみが問題となる心情倫理をこえて、政治の世界においては結果が問われているのであり、連関の鋭い洞察と合理的な手段の選択にもとづく責任倫理が要請されるというのである。」（小笠原弘親・小野紀明・藤原保信著『政治思想史』、有斐閣、一九八七年、二九四頁。）

（4）Wolfgang J. Mommsen, *Max Weber und die deutsche Politik 1890-1920*, 2. überarbeitete und erweiterte Aufl., J. C. B. Mohr, 1974a, S. 436（安世舟・五十嵐一郎・田中浩訳『マックス・ヴェーバーとドイツ政治 1890-1920年』、未來社、一九九三年、七二五

頁）．

（5）Wilhelm Hennis, *Max Webers Fragestellung. Studien zur Biographie des Werks*, J. C. B. Mohr, 1987, S. 230（雀部幸隆・嘉目克彦・豊田謙二・勝又正直訳『マックス・ヴェーバーの問題設定』、恒星社厚生閣、一九九一年、二七八頁）．

（6）雀部幸隆『知と意味の位相――ウェーバー思想世界への序論』、恒星社厚生閣、一九九三年、三五四頁。

（7）ヴェーバーの責任倫理における知的・合理的な相を強調する先行研究として、他には以下のものが挙げられる。上山安敏によれば責任倫理とは、プラグマティックな思考に基づいて権力追求に責任をもつことであるし（上山安敏『ウェーバーとその社会――知識社会と権力』、ミネルヴァ書房、一九七八年、第四章）、クリス・ソーンヒルは、権力・責任・利害関心など、政治における特殊な合理性を考慮して目的をプラグマティックに達成しようとする、政治的責任の合目的的な意味を、責任倫理に見出している（Chris Thornhill, *Political Theory in Modern Germany. An Introduction*, Blackwell Publishers, 2000, pp. 42-43（安世舟・永井健晴・安章浩訳『現代ドイツの政治思想家――ウェーバーからルーマンまで』、岩波書店、二〇〇四年、六八―六九頁））。また、グレゴール・フィッチは、責任倫理を奉じる者は自身の行為の結果を予測し、その結果に対して責任をもった態度をとるものと、やや平板に理解しているし（Gregor Fitzi, *Max Webers politisches Denken*, UVK Verlag, 2004, S. 278ff.）、リチャード・スウェッドベルクの理解するところによれば、責任倫理的行為者は、自分のとる行為を決定する際に、その行為のインパクトを考慮しなければならない（Richard Swedberg, *The Max Weber Dictionary. Key Words and Central Concepts*, Stanford University Press, 2005, p. 89）。さらに、政治アクターが知的・合理的な判断を駆使することに関して、「反省《リフレクション》」という観点からヴェーバーの責任倫理を理解したものとして、Karl Mannheim, *Ideologie und Utopie*, 6. Aufl., Verlag G. Schulte-Bulmke, 1978, S. 167（高橋徹・徳永恂訳『イデオロギーとユートピア』、中央公論新社、二〇〇六年、三三六―三三七頁）、野口雅弘『比較のエートス――冷戦の終焉以後のマックス・ウェーバー』、法大出版局、二〇一一年、第一章がある。

（8）例えば、ヴォルフガング・シュルフターは、ヴェーバーの社会行為論と倫理の類型論とを結びつけ、彼の責任倫理を「批判主義的責任倫理」だと見做している（Wolfgang Schluchter, *Weltfreiheit und Verantwortungsethik*, J. C. B. Mohr, 1971（住谷一彦・樋口辰雄訳『価値自由と責任倫理――マックス・ヴェーバーにおける学問と政治』、未來社、一九八四年）。

（9）Max Weber, Soziologische Grundbegriffe, in *MWG I/23*, S. 175f.（清水幾太郎訳『社会学の根本概念』、岩波書店、一九七二年、三九―四一頁）．

（10）知的・合理的な相にとどまらない責任倫理の相を指摘したものとしては、モムゼンの「決断主義的責任倫理（dezisionistische

Verantwortungsethik)」がある（Wolfgang J. Mommsen, *Max Weber. Gesellschaft, Politik und Gesellschaft*, Suhrkamp, 1974b, S. 104（中村貞二・米沢和彦・嘉目克彦『マックス・ヴェーバー――社会・政治・歴史』、未來社、一九七七年、一五四頁)）。モムゼンのいう決断主義的責任倫理の主体像は、超個人的な要因を歴史過程の推進力だとみる歴史哲学に対して、ひとりの人格として決断（Entscheidung）を行う個人による価値選択や意味付与を擁護するための、ヴェーバーのアンチテーゼとして理解されている。そのためにここでモムゼンは、責任倫理が政治における倫理であることを捨象してしまっているように思われる。同様の問題は、ヴェーバーが価値を多層的なものとして理解していたために、責任倫理を、政治における倫理にとどまらない人間の生の全領域におけるひとつの価値だと解釈している研究にもみられる（Bradley E. Starr, The Structure of Max Weber's Ethic of Responsibility, in *The Journal of Religious Ethics*, Blackwell Publishing, Vol. 27, No. 3, 1999, pp. 407-434)。

　さらに、ニック・オドノヴァンからも、ヴェーバーの責任倫理においては、行為者が予測した行為の結果だけでなく、道具的合理性（instrumental rationality）によっては考量し尽くされない、非合理な原因と結果に対する責任をも負うことが求められると、指摘されている（Nick O'Donovan, Causes and Consequences. Responsibility in the Political Thought of Max Weber, in *Polity*, No. 43, 2011, pp. 84-105）。後に論じるように、結果の逆説に着目するという点は、本研究もオドノヴァンと共有している。ただし、オドノヴァンが責任倫理の担い手を政治リーダーのみに限定している点と、非合理な原因と結果に対して、行為者（リーダー）は自身の選択の合理的な論拠に説明責任を負うとしている点については、留保が必要であると考えられる。本研究の立場からいえば、後者はあくまでも責任倫理の知的・合理的な相の現れだと見做しうるからである。前者については、第三節において論じる。

（11）Max Weber, Politik als Beruf, in *MWG I/17*, S. 230（『政治』、八一頁）.

（12）ここまで踏み込んだ解釈をしているものとして、磯部隆『ギリシア政治思想史』、北樹出版、一九九七年がある。磯部によれば、政治の場における冷静な計算や、合理的な判断とそれによる合理的な政治的行為こそが、責任倫理の要諦である。

（13）責任倫理を強調するのではなく、ヴェーバーにおいて、彼が名づけはしなかったものの、責任倫理と信念倫理の上に（over and above）、政治への具体的なコミットメントとその現実的な履行の「コスト」を自覚する「責任を負った信念倫理（responsible ethic of conviction）」があったとする研究もある（Hans Henrik Bruun, *Science, Values and Politics in Max Weber's Methodology*, Ashgate Publishing, 2007, p. 259-274）。ただし、この理解においては両倫理が一種の価値論として論じられているため、政治的行為者の自覚されるべき責任が何に対する責任であり、そしてそれをいかに担うのかという問題が、曖昧なまま残されている。

(14) ここでいう「投企」とは、ヴェーバー自身の言葉ではなく、マルティン・ハイデガーの用語を念頭に置いたものである。本研究の理解するところのハイデガーの「投企（Entwurf）」とは、「世界内存在（In-der-Welt-sein）」としての「現存在（Dasein）」が、つねにすでに（immer schon）世界に投げ込まれている「被投性（Geworfenheit）」という受動的な状態において、そこにある存在の可能性を自己の「実存（Existenz）」として選び取り、それに即して自己を「了解（Verstehen）」しうる、ということである（Martin Heidegger, Sein und Zeit, in *Gesamtausgabe*, Bd. 2, Max Niemeyer Verlag, 1976（細谷貞雄訳『存在と時間〈上〉〈下〉』、筑摩書房、一九九四年））。本研究の「投企」の概念規定は、ハイデガー思想における「投企」の存在論的な意味合いを希薄化して借用しているに過ぎないことはたしかである。しかし、そうまでしてこの語を用いるのは、ヴェーバー自身が明示せずとも有していたと考えられる問題意識をより鮮明なものとして提示することができる、と判断したからである。

なお、「投企」という言葉を用いて責任倫理を解釈しているものとして、折原浩の言及がある。折原は、同時代の状況への実践的・実存的投企の要請が強まるなかで、その個性的諸要因の個性的布置連関の歴史学的認識に社会学の法則的知識をリンクさせることが、投企の結果と副次的結果を客観的可能性において（その限りでの制約をも自覚して）予測し、投企の責任倫理性を確保するために必要とされるとして、歴史社会学との関連で責任倫理の実践的意義を見出している（折原浩「歴史社会学と責任倫理——生誕一〇〇年記念シンポジウムの一総括」、宇都宮京子・小林純・中野敏男・水林彪編『マックス・ヴェーバー研究の現在——資本主義・民主主義・福祉国家の変容の中で』、創文社、二〇一六年、二九四頁）。これに対して本研究は、政治倫理としての責任倫理という概念上の出発点に立ち戻り、政治的現実における責任倫理的な投企を強調する形で、独自性を主張していくこととする。

(15) ヴェーバーにおける「成熟」については、千場辰夫と河原国男の研究がある。千場はヴェーバーの多方面にわたる具体的時事批判を抽出・検討したうえで、「成熟」の諸要素が、①状況に応じて目的・手段・行動基準を設定しそれに基づいて状況に対処すること、②状況のリアルな認識のために自己の究極的価値理念を対象化・自覚化すること、そして③感情や衝動を方法的・組織的に自己統制することであると主張する。さらに「政治的に成熟した人間」とは、責任感を根底に据えながら、これら三つを思考様式としつつ、全身全霊で政治に打ち込む情熱と的確な判断力を併せもって自己の課題を追求する「自立的人間」であると、結論づけている（千場辰夫「マックス・ウェーバーによる〝政治的未成熟〟批判の諸相——政治的成熟の概念確定のために」、『同志社法学』第三三巻第一号、一九八一年、八五—一二四頁）。また河原は、一八九五年の教授就任演説において、ヴェーバーが「国民」の能動的主体化を「政治的成熟」の指標とし、政治教育を通してその実現を求めた、と指摘している（河原国男「M・ヴェーバー教授就任講演の「国民国家」論における「政治教育」認識とその史的意義——「闘争」可能性の認識と国民としての「政治的成熟」という目標設定」、『宮崎大学教育学部紀要教育科学』第八七号、二〇一六年、一―三七頁）。本研究は、こうした先行研究の「成熟」概念理解をベースとしつつ、その主体的参与の要素と責任倫理の投企の相との結びつきを強調することに独自性がある。

（16）「職業としての政治」とそこでの「責任倫理」（と「心情倫理」）という語の消息については、牧野雅彦『責任倫理の系譜学』、日本評論社、二〇〇〇年、第四章を参照。

（17）Max Weber, Politik als Beruf, in *MWG I/17*, S. 238（『政治』、九〇頁）.

（18）Ebenda（同上）.

（19）Ebenda, S. 240（同上、九二頁）. 同様の記述は、Max Weber, Der Sinn der »Wertfreiheit« der soziologischen und ökonomischen Wissenschaften, in Max Weber, *Gesammelte Aufsätze zur Wissenschaftslehre*, 3. Aufl. J. C. B. Mohr, 1968, S. 505（木本幸造訳『社会学・経済学の「価値自由」の意味』、日本評論社、一九七二年、五四―五五頁）. ただしここでは、「責任倫理」という語は用いられていない。

（20）Max Weber, Politik als Beruf, in *MWG I/17*, S. 238（『政治』、九〇―九一頁）.

（21）Ebenda（同上、九一頁）.

（22）Ebenda, S. 241f.（同上、九四頁）.「政治的に成熟していない」という表記は、講演に際してヴェーバーが用いたとされるメモに記されている（S. 150f.）。

（23）Ebenda, S. 247（同上、九九―一〇〇頁）.

（24）同様の指摘をしているものとして、Harald Wenzel, Zweckrationalitäten. Max Weber und John Dewey, in Gert Albert/ Agathe Bienfait/ Steffen Sigmund/ Claus Wendt（Hrsg.）, *Das Weber-Paradigma*, J. C. B. Mohr, 2003, S. 196f. を参照。

（25）Max Weber, Politik als Beruf, in *MWG I/17*, S. 249（『政治』、一〇二頁）.

（26）Ebenda, S. 250（同上、一〇三頁）.

（27）柳父圀近「心情倫理と責任倫理の「相補性Ergänzung」――「職業としての政治」の思想史的背景にふれて」、『法学研究』第八四巻第二号、二〇一一年、六〇三―六三一頁。

（28）責任倫理と信念倫理の対立について野口雅弘は、責任倫理を一方的に持ち上げる解釈に対し、抗争的多神論に基づいたヴェーバーの政治理論と西洋理解という野口自身の前提から、両倫理が同列に対立していると主張している（野口雅弘『闘争と文化――マックス・ウェーバーの文化社会学と政治理論』、みすず書房、二〇〇六年、第V章）。こうした野口の理解は、価値論や政治理論の立場からのものと見做すことができるが、本研究は政治的現実において行為をなす人間（像）という観点から、両倫理の対立が責任倫理をきっかけとして相互補完されることを重視している。

(29) Starr, op. cit.

(30) もっとも内藤の研究の主眼は、責任倫理における自律的でリベラルな近代的主体像に対して、心情倫理を軸とした、意味喪失・破綻や挫折・意図せざる結果にさらされる不安定な近代的主体像を対置し、責任倫理も近代的主体の抱える潜在的な不確実さや不安定さが前提されていると指摘することにある（内藤葉子「マックス・ヴェーバーにおける近代的主体の形成とその特質——心情倫理と「世界の脱魔術化」との関連から」、『政治思想研究』第一五号、二〇一五年、二一八—二四七頁）。
また、責任倫理は、過去から未来にわたる政治共同体において、行為の結果が他者に及ぼす影響や作用に対する配慮を決断主体たる個人に課すものであり、その意味で、他者の存在、現世に生きる政治的集合体としての人間存在が強く意識されている、という内藤の理解も参照（内藤葉子「「神々の闘争」は「ヴェーバーの遺した悪夢」か？——シュミットの「価値の専制」論に照らして」、『現代思想』第三五巻第一五号、二〇〇七年、一一二頁）。

(31)「成熟」と関連するヴェーバーにとっての主体性について、人間の主体性が彼の生涯を通したあらゆる価値判断の基準であり、それゆえにヴェーバーが人間の主体性を強烈かつ執拗に追求していたと主張するものとして、今野元『マックス・ヴェーバー——ある西欧派ドイツ・ナショナリストの生涯』、東大出版会、二〇〇七年を参照。

(32) Max Weber, Der Nationalstaat und die Volkswirtschaftspolitik, in *MWG I/4*, S. 565（中村貞二・山田高生・林道義・嘉目克彦訳『政治論集1・2』、みすず書房、一九八二年（以下、『政治論集』）、五五頁）。

(33) Ebenda, S. 568（同上、五八頁）。

(34) Ebenda, S. 572（同上、六二頁）。

(35) Ebenda, S. 566（同上、五六頁）。

(36) Max Weber, Parlament und Regierung im neugeordneten Deutschland, in *MWG I/15*, S. 593f.（同上、四七九頁）. なお、「ドイツ人の政治的「未成熟」」の原文はseine politische „Unreife“であるが、ドイツ人が官僚制に依存し、自分自身の生の担い手ではなく客体であることに慣れきってしまっていることを批判する文脈での叙述であるため、seinを「ドイツ人の」と訳出した。

(37) Ebenda, S. 489（同上、三八六頁）。

(38) 脇圭平は、ヴェーバーが伝統的なドイツの政治思想圏において例外的な政治的プラグマティストであり、ドイツにおける政治的未成熟という病患を剔抉し、その治癒のために政治評論を通して政治教育を行っていたと指摘している（脇圭平『知識人と政治——ドイツ・1914～1933』、岩波書店、一九七三年）。

（39）Max Weber, Parlament und Regierung im neugeordneten Deutschland, in *MWG I/15*, S. 594（『政治論集』、四七九頁）.
Herrenvolk については、他者を支配する者ではなく、自己統制することのできる政治アクターというニュアンスを込めるため、「紳士然とした民族」という訳語を採用した。なお、この「紳士然とした民族」と成熟については、一九一七年一一月五日に行われた講演「全ドイツ主義の危機に抗して」の要旨を紹介した『ミュンヘン最新報』（一九一七年一一月六日、第五七六号）においても、次のようにいわれている。「私たちは世界政策を進めようと望んではいますが、それをなしうるのは、紳士然とした民族以外にないのです。この紳士然とした民族というのは、〔…〕とにもかくにも自身の行政をしっかりとコントロールしているような国民のことに他なりません。〔…〕私たちは、自由で成熟した民族として、紳士然とした諸民族に仲間入りすることを望んでいるのです。」（Max Weber, Gegen die all deutsche Gefahr, in *MWG I/15*, S. 727.）

（40）現実政治に参画する政治主体という点に関して、ヴェーバーが終戦後ドイツの政治的危機の克服を議会制の強化と責任倫理のある指導的政治家に委ねようとしていたとする、フィッチのような解釈も存在している（Gregor Fitzi, *Max Weber*, Campus Verlag, 2008, S. 151f.）。しかし本論で述べたように、ヴェーバーの「成熟」という概念を政治思想史的に考察してみれば、制度的に議会を強化することや、彼が指導的政治家にのみドイツの政治的危機の克服を委ねたとみるのは、ドイツにおける政治的成熟を終生追求していたヴェーバーの姿を見誤ることになる。

（41）Max Wber, Politik als Beruf, in *MWG I/17*, 250（『政治』、一〇三頁）.
この点について住谷一彦は、「私に他はありえない。ここに踏みとどまるほかない」という言葉は、「責任倫理的に行動する成熟した人間が「或る地点まで来て」発した、さらに言えばギリギリのところで発した告白」であり、「責任倫理的に行動した成熟した人間は、その極限状況下では心情倫理的な決断を敢えてすることが可能となる」と理解している（住谷一彦「『価値自由と責任倫理』について」、Schluchter, a. a. O.,（シュルフター前掲書、一六一―一六二頁）。こうした住谷の理解は、「私に他はありえない。ここに踏みとどまるほかない」という言葉を責任倫理の公準の首尾一貫した適用と解釈であると理解するシュルフター（Ebenda, S. 29f.（同上、三五―三六頁））に対する批判として提示されている。

（42）なお、モムゼンやデーヴィット・ビーサムは、責任倫理においては行為のいかなる結果に対しても全面的に責任が負われると理解しているが（Mommsen, a. a. O., 1974a, S. 46（モムゼン前掲書、一九九三年、九七頁）、David Beetham, *Max Weber and the*

Theory of Modern Politics, 2nd ed., Polity Press, 1985, p. 174（住谷一彦・小林純訳『マックス・ヴェーバーと近代政治理論』、未來社、一九八八年、二二〇頁）、「あるところに立ち、責任を十分に見通したときにのみ、「私に他はありえない」」という講演のメモが残されていることを鑑みれば（Max Weber, Politik als Beruf, in *MWG I/17*, S. 155）、いかなる結果に対しても全面的に責任を負う、とまではいえない。

（43）例えば、Gregor Fitzi, a. a. O., 2008やDirk Kaesler, *Max Weber. Preuße, Denker, Muttersohn Eine Biographie*, Verlag C. H. B. Beck, 2014などが挙げられる。

（44）Jean-Marie Vincent, *Max Weber. ou la démocratie inachevée*, Le Félin, 2009, pp. 188-189.

（45）ヴェーバー自身は、ドイツ国民の政治的成熟のために、「新秩序ドイツの議会と政府」において「行動する議会（ein *arbeitendes* Parlament）」を通した政治教育の作用というアイデアを披歴している（Max Weber, Parlament und Regierung im neugeordneten Deutschland, in *MWG I/15*, S. 486-492（『政治論集』、三八三―三八九頁））。

（46）同様の指摘は、佐野誠や笹倉秀夫によってもなされている（佐野誠『ヴェーバーとリベラリズム――自由の精神と国家の形態』、勁草書房、二〇〇七年、一五頁。笹倉秀夫『政治の覚醒――マキアヴェッリ・ヘーゲル・ヴェーバー』、東大出版会、二〇一二年、二八九頁）。これらの研究に対して本研究は、「成熟」という概念に着目しつつ、「自立と自己責任の自覚」（笹倉）をもった「責任ある主体的人格」（佐野）の具体的な理想像と、その生成過程を明確にした点に独自性がある。

（47）カール・レーヴィット（田中浩・五十嵐一郎訳）「マックス・ヴェーバーとカール・シュミット」、カール・シュミット（田中浩・原田武雄訳）『政治神学』、未來社、一九七一年、一七四―一七五頁。

（48）Joshua Derman, *Max Weber in Politics and Social Thought. From Charisma to Canonization*, Cambridge University Press, 2012, pp. 124-128.

（49）Eric Voegelin, *Die Grösse Max Webers*, Wilhelm Fink Verlag, 1995, S. 14-21. ヴェーバーとフェーゲリンの思想的な関係を取り扱ったものとして、Hans-Jörg Sigwart, „Zwischen Abschluss und Neubeginn". Eric Voegelin und Max Weber, in *Occasional Paper*, Eric-Voegelin-Archiv an der Ludwig-Maximilians-Universität München, 2003を参照。

（50）ヴェーバー研究の文脈において彼らの人格的・思想的関係を取り上げたものとして、Dieter Henrich, Karl Jaspers. Denken im Blick auf Max Weber, in Wolfgang. J. Mommsen/ Wolfgang Schwentker（Hrsg.）, *Max Weber und seine Zeitgenossen*, Vandenhoeck & Ruprecht, 1998, S. 722-739（鈴木広・米沢和彦・嘉目克彦監訳『マックス・ヴェーバーとその同時代人群像』、

ミネルヴァ書房、一九九四年、四六五―四八三頁）やJoachim Radkau, *Max Weber. Die Leidenschaft des Denkens*, Carl Hanser Verlag, 2005がある。

（51）Thorsten Paprotny, *Politik als Pflicht?. Zur Politischen Philosophie von Max Weber und Karl Jaspers*, Peter Lang, 1996, S. 111.

（52）Karl Löwith, *Zwei deutsche Männer*, in *Mein Leben in Deutschland vor und nach 1933*, Fischer Taschenbuch Verlag, 1989, S. 16-18.

（53）Karl Löwith, Weber und Marx, in *Archiv für Sozialwissenschaft und Sozialpolitik*, J. C. B. Mohr, 1932, S. 61f., 77f., 94-96（柴田治三郎・脇圭平・安藤英治訳『ウェーバーとマルクス』、未来社、一九六六年、一九―二〇、四二、六四―六七頁）.

（54）「与えられている手段によってそのつど制約された、目的の可能性と結果に方向づけられた行為を計算し考量するところに、行為の自由と同時に合理性が明示される。」（Ebenda, S. 83（同上、五〇―五一頁）.）

（55）Ebenda, S. 84（同上、五二頁）.

（56）Ebenda（同上、五二―五三頁）.

（57）Ebenda, S. 95f.（同上、六七頁）.

（58）Ebenda, S. 95（同上、六六―六七頁）.

（59）その意味で、レーヴィットが、信念倫理を価値合理的行為と、責任倫理を目的合理的行為と同一視し、この構図がヴェーバーの信念倫理と責任倫理に対する後世の慣習的な解釈の嚆矢となった、とのオドノヴァンの指摘は（O'Donovan, op. cit, p. 95）、レーヴィットがヴェーバーを論じるうえでの問題意識と、ヴェーバーの責任倫理に見出した、行為論にとどまらない現実における実践的行為の側面を見落としている。

（60）Karl Jaspers, *Max Weber. Politiker, Forscher, Philosoph*, R. Piper & Co Verlag, 1958（樺俊雄訳『マックス・ウェーバー』、理想社、一九六六年）.

（61）Karl Jaspers, Philosophische Autobiographie, in Paul Artur Schilpp（Hrsg.）, *Karl Jaspers*, W. Kohlhammer Verlag, 1957, S. 43-46（重田英世訳『哲学的自伝』、理想社、一九六五年、一〇〇―一〇七頁）.

（62）Karl Jaspers, *Die Atombombe und die Zukunft des Menschen. Politisches Bewußtsein in unserer Zeit*, R. Piper, 1958, S. 50, 74（飯島宗享・細尾登訳『現代の政治意識――原爆と人間の将来〔上巻〕』、理想社、一九六六年（以下、『現代の政治意識』）、九〇、

一三九頁）.

（63）Ebenda, S. 76（同上、一四二―一四三頁）.

（64）Ebenda（同上、一四三頁）.

（65）Ebenda, S. 77（同上、一四四―一四七頁）.

（66）ヤスパースの実存哲学に依拠して、ヴェーバーの責任倫理を「根源的責任倫理」（結果への責任を、それに責めを負う自己とともに引き受けてゆく主体的決断を含むものとしての責任倫理）と理解したものとして、林田新二「責任倫理」、金子武蔵編『マックス・ウェーバー――倫理と宗教』、以文社、一九七六年、三五―五三頁がある。

（67）ヤスパース自身の思想的立場とそれに基づく政治思想については、主に以下のものを参照。斎藤武雄「ヤスパースの政治哲学――政治哲学の体系」、『弘前学院大学紀要』第二二号、一九八六年、一―二二頁。林田信二『ヤスパースの実存哲学』、弘文堂、一九七一年。寺脇丕信『ヤスパースの実存と政治思想』、北樹出版、一九九一年。

（68）Karl Jaspers, *Die Atombombe und die Zukunft des Menschen*, S. 77（『現代の政治意識』、一四四―一四五頁）.

（69）ヤスパースと同様にヴェーバーと親交をもったパウル・ホーニヒスハイム（一八八五―一九六三年）においては、責任倫理を奉じる者は、罪の重荷をも引き受けなければならない、とまでいわれている（Paul Honigsheim, *On Max Weber*, tras. Joan Rytina, ed. J. Allan Beegle and William H. Form, Free Press, 1968, p. 112（大林信治訳『マックス・ウェーバーの思い出』、みすず書房、一九七二年、一七五頁））。さらに、引き受けという点についていえば、ヴェーバーの妻マリアンネ・ヴェーバー（一八七〇―一九五四年）による次の叙述も参照。「倫理的に「責め」を自分自身の身に引き受ける人間でなければその価値を実現しえないような価値圏域も存在する。これに属するのはとりわけ、政治的な行動の圏域である。」（Marianne Weber, *Ein Lebensbild von Max Weber*, J. C. B. Mohr, 1926, S. 366（大久保和郎訳『マックス・ウェーバー』、みすず書房、一九八七年、二五五頁）.）

（70）本研究の主張は、一時期流行しその後廃れた「ヴェーバーの実存主義的解釈」（Wolfgang Schwentker, *Max Weber in Japan. Ein Untersuchung zur Wirkungsgeschichte 1905-1995*, J. C. B. Mohr, 1998, S. 179-183（野口雅弘・鈴木直・細井保・木村裕之訳『マックス・ウェーバーの日本――受容史の研究 一九〇五―一九九五』、みすず書房、二〇一三年、一四五―一五〇頁））と似通ったものに見えるかもしれない。しかし、ヤスパースによる「実存哲学者」としてのヴェーバー解釈という既存の理解に、責任倫理という政治思想史上重要な概念を通した彼らの政治思想的継承関係を付け加えた点に、本研究の新しさがある。さらに、ヴェーバーが「客観的」な社会科学研究への従事にとどまらず、現実政治への「主観的」なコミットメントを生涯にわたって果たしていたことを鑑みれば、政治を通して自身の実存を追求していたヴェーバーの姿を描き出すことは、専門分化の進む現代の社会科学と政治思想のあり方に貴重な示唆を与える可能性があるという意味で、現代的意義を有しているように思われる。

(71) 山之内靖『マックス・ヴェーバー入門』、岩波書店、一九九七年、二〇七頁。

【謝辞】本稿の執筆と修正にあたり、二名の匿名査読者の方々から大変貴重なご意見をいただきました。心より御礼申し上げます。

〔政治思想学会研究奨励賞受賞論文〕

指導者・喝采概念と民主政

――ヴェーバーとシュミットの思想史的関係

松本彩花

序

マックス・ヴェーバーとカール・シュミットの思想史的関係については、W・J・モムゼンによる研究を嚆矢として様々に論じられ、解釈されてきた[1]。しかし専らヴェーバー研究の側から行われた先行研究には、各々の民主政論の成立過程を踏まえた上で両者の関係を解明しようとする試みが未だなお欠けている。これに対して本稿は、「指導者」の概念と「喝采」の概念に着目し、民主政論の文脈においてヴェーバーとシュミットがこれらの概念をどのように論じたのかを対比することによって、両者の思想史的関係を解明することを目的とする。そのために、先行する時代ないしは同時代の法学者や歴史家がヴェーバーとシュミットに与えた影響関係を踏まえて、次のような手順で両者の民主政論の成立過程を解明する。

第一に、ヴェーバーの指導者民主政論が成立するための前提として、R・ゾーム『教会法』における「カリスマ的指導者」概念、およびTh・モムゼン『ローマ国法』における「喝采」概念の受容があったことを示し、それらがヴェーバーの民主政論にどのような影響を与えたのかを検討する。ヴェーバーはこうした理論的継承を経て、「カリスマ的支配」に対して独自に、カリスマの正統性の源泉を民主主義的に変更するという没支配的再解釈を加えることで指導者民主政論を形成した。このようにしてヴェーバーの民主政論の成立過程を解明する際に本稿は、ヴェーバーにおけるゾームの理論の受容を、同時代の「カリスマ論争」の経緯に位置付けつつ把握するとともに、『経済と社会』におけるカリスマ的支配に関する構想の展開を検証する（第一章）。

第二に、シュミットの民主政論が形成される過程で、Th・モムゼン『ローマ国法』で叙述された古代ローマの直接民主政論における「人民」概念、およびE・ペーターゾンの宗教史研究における「喝采」概念が重要な役割を果たしたことを明らかにする。シュミットは当初、人民主権論に対して否定的立場をとっていたが、その後態度を一転させてヴェーバーが定式化した「民主主義的正統性」について肯定的に論じるようになる。シュミットの民主政理解におけるこうした転換を踏まえた上で、『人民投票と人民請願』において「指導者」概念と「喝采」概念とが結合される経緯を解明する（第二章）。

以上の検討を通じて、民主政論を構想する上でヴェーバーとシュミットは共にモムゼンの歴史研究から影響を受けたこと、またゾームからヴェーバーへと継承された、カリスマ的支配は権威主義的指導を特徴とするという認識をシュミットもまた共有していたということを示す。その上で最後に、民主政論をめぐるヴェーバーとシュミットの思想史的関係について総合的に考察したい（第三章）。

一　ヴェーバーの民主政論における「指導者」と「喝采」

1　ヴェーバーにおける「指導者」概念――ゾームからの継承

支配の一類型としてのカリスマ的支配の構想に対して、ルドルフ・ゾームが一八九二年に発表した『教会法』が理論的影響を与えたことについては[2]、後述する通り、『経済と社会』においてヴェーバー自身が言及している（MWG, I/22-4: 462, 735）。ヴェーバーがゾームのカリスマ概念に関心を寄せ、自らの理論研究に応用する方途を見出した時期を正確に特定することはできないが、Th・クロルによれば、ヴェーバーの書簡や伝記から推定されるのは次のような経緯である。すなわちヴェーバーはシュトラスブルク大学での修学時代に、そこで教鞭を取っていたゾームの研究を知り、さらにゾームの携わった社会活動——国民社会協会（NSV）への参画、民法典編纂への関与——にも関心を寄せていた。一八九五年にはヴェーバーにとって知己であったE・トレルチが「教会法は教会の本質に矛盾する」というゾームの命題を検討対象とする論文を発表する。これを契機として、ヴェーバーは一八九〇年代の内に早くも『教会法』に注目するに至った。さらに一九〇九—一〇年頃には、ゾームとA・v・ハルナックとの間で行われた論争が神学研究の領域を超えて広範な関心を呼び起こし、このときにヴェーバーはゾームのカリスマ概念の「真の射程」を認識することとなった(3)。

(1) ゾーム『教会法』における指導者と信徒

本節ではまず、『教会法』で示されたカリスマ的指導者の統治の正統性根拠、またカリスマ的指導者と共同体の関係に関するゾームの解釈を詳らかにし、これがヴェーバーに与えた影響を考察する。

ゾームによれば、『新約聖書』に見出されるギリシャ語 Χάρισμα（神の賜物）を語源とするカリスマは「神の恩寵の賜り物（Gnadengabe）」を意味する。原始キリスト教団（Ekklesia）は、このカリスマを個々の信徒が分有するという特徴をもつ組織として説明される。「キリスト教徒は神の恩寵の分有を通じて組織され、これにより個々のキリスト教徒は、キリスト教団内部の様々な活動を行う能力をもつと同時に、その使命を与えられている〔中略〕。カリスマの分有の力により、教会は神によって与えられた組織をもつことができた」（KR: 26）。そして「こうした一連の根本的思想は、ローマ人への手紙第十二章第三—八節、コリント人への第一の手紙第十二—十四章において、使徒パウロによって展開された」（KR: 26, Anm. 3）ものであると言及される。キリスト教徒における「カリスマの分有」という右に述べた事柄について、ゾームは第一に、原始キリスト教団においては「神の言葉（Herrenwort, Wort des Gottes）」に対する服従こそが信徒の義務であったこと、それゆえ第二に、「神の言葉を教える能力をもつ者」に対する服従が信徒に義務付けられたことを論証し、こうした義務が果たされる場合にカリスマの分有が可能となったのだと論じる。

「原始キリスト教徒の組織は法的組織ではなく、カリスマ的組織である」（KR: 26）という著名な命題に表明される通り、ゾームは原始キリスト教団には法は存在しなかったと主張する。そこでは立法に代わり、「神の言葉についての教説」が存在した。「神の言葉は、原始キリスト教団の秩序にとり、究極的かつ決定的な源泉である」（KR: 29f.）と考えられ、その教説は「キリスト教徒の組織化と生活とについて説明を与えなければならないし、実際に与える」（KR: 25f.）ものであると見做された。神の言葉についてのこうした認識を前提として、ゾームは、神の言葉に対する服従こそが信徒にとっての正統な服従であったと論じる。「キリスト教徒は内面的に自由な同意に基づいて、神の言葉として自らが承認する言葉に対してのみ従わなければならない。キリスト教徒は客観的に正当化された、真に神の精神に由来する言葉に対してのみ服従する」（KR: 23）。

ただし、信徒は神の言葉を自ら認識することはできず、「自らのカリスマに基づいて、神の言葉とそこから生じた帰結とを権威主義的に（autoritär）告知する者、すなわち〈神の言葉を――引用者〉教える能力をもつ者」（KR: 29）を通じてのみ認識することができる。〈神の言葉を教える能力をもつ者〉とは、ゾームによれば、共同体において「自らのカリスマの力によって傑出する者」であり、他の信徒よりも「特殊である程に神の精神を授けられた者」（KR: 28）である。彼らは「神の名の下に現われ、キリスト教団の秩序についてキリスト教徒に教える」（KR: 30f.）。こうした能力をもつ者は様々な名で呼称されたが、当初は共同体の「指導者（Führer）」と名付けられていた。彼らが一般に「聖職者階級（Klerus）」と呼称されるようになったのは、紀元二世紀初頭に至ってからのことであった（KR: 28）。

ゾームによれば、神の言葉を教える能力をもつ者は共同体の指導者であると見做された。共同体指導者は宗教的権威をもつだけではなく、同時に共同体を指導し、統治する能力を有していたとされる。というのも、神の言葉を「教える能力は統治する能力であり、神の名の下にキリスト教団の統治を行うことを可能にするものである」（KR: 36）と見做されたからである。したがって、原始キリスト教団における秩序は聖俗両面において、共同体の自己立法行為によって確定されたのではなく、共同体指導者が伝授する神の言葉についての教説によって確定された。「キリスト教団の指導は、共同体が与えられた力によってではなく、反対に、〈神の言葉を――引用者〉教える能力をもつ者が与えられた力に基づく。原始キリスト教団の指導は上から（von oben her）なされたのであり、神により能力を与えられた個人を通じて行われた」（KR: 54）。

こうしたゾームの研究に対してヴェーバーは、『経済と社会』において次のように評する。「歴史的に重要な特殊事例（初期キリスト教教会権力の発展史）について、ルドルフ・ゾームが権力構造のこの類型の社会学的特質を思考上首尾一貫して、したがって純粋に歴史的に考察するならば、必然的に一面的な仕方で明らかにしたことは彼の功績である」（MWG, I/22-4: 462）。「カリスマ的支配の類型は、ルドルフ・ゾームによる教会法において初めて、古代キリスト教共同体について、ただし未だ一類型を扱っているという認識なしにではあるが、見事に展開された。この表現はそれ以来、その射程範囲を認識されないまま、様々に用いられてきた」（MWG, I/22-4: 735）。このようにヴェーバーはゾームを評価し、カリスマ的支配の最も純粋な現象を宗教的領域の内に見出した（MWG, I/22-4: 462）。カリスマ的支配の正統性根拠として彼が「啓示信仰」（MWG, I/22-4: 481）を筆頭に挙げていることからも、ゾームによる教会史研究から得た認識がヴェーバーにとっての理論的出発点となったことを窺うことができる。その上でヴェーバーは、カリスマ概念の理論的射程をより広範に捉え、それが「普遍的に繰り返し見られる現象」（MWG, I/22-4: 462）であると指摘する。つまり、カリスマ的指導者に固有の使命や資質に対して向けられる被治者の承認とは、ヴェーバーにおいては、神の言葉を究極的根拠とする宗教的信仰のみならず情緒的確信一般に基づくものであるとされるのである。ヴェーバーによれば、指導者の資質に対する被治者の内面的確信を前提として、実質的な「成果」を通じて指導者は自らのカリスマとしての力を実証する。このようにしてのみ維持される支配形態を、ヴェーバーはカリスマ的支配として定式化した（MWG, I/22-4: 462）。

（2）カリスマ論争——原始キリスト教団における指導者の決定過程をめぐって

以上のようにゾームにより描出された原始キリスト教団においては、共同体指導者は近代的意味における選挙とは全く異なる仕方で決定された。すなわち指導者は、共同体による選挙（Wahl）を通じて決定されたのではなく、〈神の言葉を教えるに相応しい者として神により選出された〉と信徒により承認されることを通じて決定されたという。「我々の考える意味における、共同体の集合体を通じた選挙も、法的形式における選出も存在しない。ただ、神による選出（Erwählung）があるのみである。神はある特殊な啓示により、該当する者を選出する」（KR: 31）。すなわち指導者の決定過程において共同体構成員が行いうることは、神により選出されたと見做された者を、指導者として承認することだけであった。というのも、「共同体は〔神の言葉を――引用者〕教えるという行為のためのカリスマや能力、召命を授けることはできない」（KR: 54）からである。それゆえに共同体は、「自由な承認」に基づいて〈神により選出されたと見做される者〉を指導者として承認する「義務」をもつとされたのである。他方で、指導者は、信徒から承認を要求する「権利」を有したとされる。「カリスマは承認を要求し、カリスマが先導し、指導し、管理するという活動を行う資格をもつ限り、他の者による服従を要求する」（KR: 27）。このとき「カリスマが要求する服従は、形式的法律に基づく服従ではありえず、自由な服従でのみありうる。この服従は、この天賦の才に恵まれた者という媒体を通じて、神の意志が真に服従を要求している、という確信から生まれるものである。カリスマ的組織は、その他の共同体構成員の側からの、行為する者のカリスマに対する自由な承認をその活動の前提とする。この承認は、愛からのみ生じうるものである。ここでは法的義務が問題となるのではなく、「愛こそが最も高次のもの」なのである」（Ebd.）。

以上のことからゾームは、原始キリスト教団においては「共同体の「主権」や、「民主主義的」体制、共同的統治」は存在せず、「「神の言葉」を教える能力をもつカリスマが実現する、神の統治（Gottes Regiment）」だけが存在したと結論づける。そして共同体指導者が誰であるかを決定することは、「ある一人格が神により〔神の言葉を――引用者〕教えるという召命、すなわちカリスマが与えられた」（KR: 54）ということが共同体により確認され、これを通じて指導者への服従が正統化されることを意味したのである。

ヴェーバーがカリスマ的支配の特徴として、こうした指導者と信徒との関係についてのゾームの議論を受容したことは、ヴェーバーによる次の叙述から明らかであり、先行研究においても指摘されている。(4)「カリスマの持ち主は、彼ら〔服従者――引用者〕の意志から、選挙の方法によって彼の「権利」を引き出しているのではない。そうではなく反対に、カリスマ的資格をもつ者を承認することは、彼の使命が向けられたところの人々の義務である」（MWG, I/22-4: 133）。

では、こうしたゾームの学説は、同時代の神学研究および教会史研究においてどのように受けとめられたのだろうか。この問題を究明したTh・クロルによれば、ゾームの『教会法』が公刊される以前から、パウロ書簡で示されたカリスマ概念はすでに帝政期のカトリック神学とプロテスタント神学において重要な学術的意義をもつものであると認識されていた。そして十九世紀後半には、新約聖書研究者やキリスト教史研究者から実践神学者に至るまで、カリスマ概念に関する学問的論議は活況を呈していた。(5)『教会法』はこうした潮流のなかで公刊され、その結果としてさらに活発な学問的論議、いわゆる「カリスマ論争」を引き起こした。この論争において、原始キリスト教団における指導者と信徒との関係に関する前述のゾームの解釈は一つの論点であった。クロルによれば、当時の教会史学者および教会法学者においては、選挙とカリスマは対立するという見解が有力であり、この見解はプロテスタント神学者R・クノップフの命題――「選挙され、確認されたところでは、精霊やカリスマがではなく、法と制度が支配する」――に代表される。こうした見解によれば、原始キリスト教団において指導的地位に就いた者は民主主義的選挙を通じて自律的な共同体により選出されたため、すでに制度的に正統化されていた。それゆえ原始キリスト教団における指導者はカリスマを必要としなかったのであり、ゾームの叙述は誤りだと言うのである。(6)他方で、ゾームの説を支持するプロテスタント神学者も僅かながら存在した。例えばO・シェールは、原始キリスト教団における指導者の決定過程は、個人主義的な近代民主主義の観点からは理解されえないものであると論じてゾームの説を擁護した。シェールによれば、原始キリスト教団は元来、個人の自由と平等という理念をもつ民主主義的団体ではないため、民主主義的選挙を通じて指導者が決定されたとする通説は誤っている。(7)

以上に見たように、原始キリスト教団における指導者と信徒の関係についてのゾームの解釈は、同時代の神学研究において容易に受け入れられたわけではなく、厳しい批判に曝されていた。ヴェーバーが、ゾームの学説の学術的意義を積極的に認め、受容した背景には、こうした学問的潮流があったのである。

(3) カリスマ論争――原始キリスト教団における権威主義的性格をめぐって

カリスマ論争における今一つの論点は、原始キリスト教団が信徒に対する指導者の権威主義的支配を特徴とするというゾームの解釈であった。ゾームによれば、共同体指導者が信徒に対して有した権力は途方もなく強大であったが、それは指導者の権力が「法的、規律的かつ団体的な権力ではなく、神の名の下に服従を要求する高次の道徳的権力」（KR: 54）であったからである。それゆえに、神の言葉について指導者が信徒に教える教説は「権威主義的教説、宣告、命令」（KR: 47）という性質をもつものであった。先に述べた通り、信徒は内面的に自由な同意に基づいて神の言葉に服従しなければならず、指導者に対する信徒の服従は神の言葉への服従を根拠として基礎付けられていた。つまり、信徒に対する指導者の権力は、神の言葉に対する服従という絶対的規範を基盤として正統化されたのである。ゾームは以上の議論から、「キリスト教団の統治は元来、権威主義的であり、君主政的性質をもつ」（KR: 54）ものであったと結論づける。

クロルによれば、こうしたゾームの解釈はとりわけ厳しい批判を呼び起こした。例えばカトリック教会史家P・レーダーは、『教会法』においては初期キリスト教会における指導者の権威主義的地位が過大に評価されているとしてゾームを批判した。レーダーによれば、原始キリスト教団の形成期、すなわち「最初の熱狂的な激情」の時期には権威主義的指導が行われたとしても、それは例外的な一時的現象に過ぎない(8)。プロテスタント神学者A・v・ハルナックとゾームとの間の論争に代表されるように、ゾームの学説はプロテスタント神学者の間でも解釈上の対立を呼び起こしたのであるが、ましてやカトリック神学との間にはより根源的な亀裂が存在したと考えられる。レーダーを例に挙げてクロルが論じたように、原始キリスト教団における権威主義的性格、すなわち信徒に対する指導者の権威主義的指導を論じたゾームの説は、カトリック神学にとり肯定できないものであった。

このようにゾームの右の学説は、同時代の神学研究において批判的に受け止められたのであるが、そうしたなかでヴェーバーはこの点についてもゾームの研究から理論的意義を引き出すのである。すなわち第一次大戦中に執筆された「正統な支配の三つの純粋類型」以降、ヴェーバーは、カリスマ的支配が純粋な形式においては、すなわち真正カリスマとしては権威主義的性格をもつことを強調する（MWG, I/22-4: 737, 741, MWG, I/23: 533）。ヴェーバーによれば、「カリスマ的権威は、歴史における偉大な革命的力の一つでさえあるが、しかし全く純粋な形態においては、それは全く権威主義的で支配的な性格のものである」(MWG, I/22-4: 737)。こうした認識から出発してヴェーバーは、真正カリスマとは別の正統性を源泉とする、権威主義的性格を免れた政治体制のあり方を模索していくのである。

2　ヴェーバーにおける「喝采」概念——モムゼンからの継承

ヴェーバーは『経済と社会』において、純粋なカリスマ的支配とそのカリスマ的権威は極めて不安定な性格をもつことを指摘する(MWG, I/22-4: 446, 489)。というのも、カリスマという指導者の資質に対する確信や帰依は、支持者たちはおろか指導者本人においても、最初期においてのみ強力であるに過ぎないからである(MWG, I/22-4: 489)。ここからカリスマ的支配を日常的な永続的制度へと転化しようとする要求が生じるのであるが、そこでまず、〈誰をカリスマ的指導者の後継者として決定するか〉という問題に直面する(MWG, I/22-4: 492)。この問題を検討するなかで、ヴェーバーは「喝采」概念に論究するのである。

ヴェーバーによれば、この問題を解決するための方法として第一に、指導者自身が後継者を指名するという決定方式が考えられる(MWG, I/22-4: 495)。しかし指導者が後継者を指名せず、またカリスマの資格を有することを実証する外観上の明白なメルクマルが存在しない場合には、第二の方法として、指導者に最も近い立場にある使徒や従者が後継者を指名し、被治者ないし人民が喝采によって承認するという方法が案出される(MWG, I/22-4: 497)。第一の方法についてヴェーバーは、イエス・キリストが使徒シモン・ペトロを「地上の代理人」として自身の後継者に指名したという宗教的事例を挙げた上で(Ebd. Anm. 26)、次に古代ローマにおける政務官(Magistrat)の任命方式を挙げる。すなわち、指導者が有資格者の中から自己の継承者を任命し、集合した軍隊が喝采を通じて承認したという事例がそれである。そのような古代ローマの政務官の例としてヴェーバーは、戦時あるいは非常事態において任命された「独裁官(Diktator)」を取り上げる一方、戦時の最高軍司令官である「インペラトール(imperator)」から発展的に形成されたという「元首(Prinzipat)」を紹介する(MWG, I/22-4: 495)。この記述について、ヴェーバー新全集(MWG)編者は、これら古代ローマにおける二つの政務官職についての歴史的認識はテオドア・モムゼンの著書『ローマ国法』から得られたものであると指摘している（Ebd. Anm. 27. MWG, I/22-4: 496. Anm. 29）。

第一に、独裁官の任命方式に関するヴェーバーの記述は、モムゼンの著書『ローマ国法』第二巻第一部に負っている。これについて全集編者は、モムゼンを引用し、「独裁官は元老院での執政官による提案に基づいて、「戦時における共同体の最高命令権者」に任命された」（Ebd. Anm. 27）と指摘する。実際に、同書におけるモムゼンの記述によれば、高級官吏を意味する政務官は通常の場合、共同体における人民投票ないし元老院により選出されたが、(9) 独裁官については例外的に、独裁官を「任命する官吏」としての資格を有する執政官の裁量で選任され、口頭での表明を通じて任命された。(10)

第二に、元首の任命方式についてのヴェーバーの理解は、モムゼンの著書『ローマ国法』第二巻第二部に由来する。ヴェーバーは、戦争に勝利した軍事的英雄を軍隊がインペラトール（最高軍司令官）と呼称し喝采したことから、元首という地位が発展的に形成されたと述べる（MWG, I/22-4: 495）。全集編者によれば、こうした歴史解釈はモムゼンの次の記述により裏付けられている。すなわちモムゼンは、軍事的最高命令権の継承こそが「第一人者（Princeps）」の選任にとっての決定的条件であると論じた上で、元首政の時代には、軍事的英雄をインペラトールと呼ぶことを欲する軍隊の要求と、元老院による事後的追認――すでに軍隊により喝采されたインペラトールの存在を、元老院は事実上拒絶できなかった――が元首の任命方式における特徴であったと論じている（MWG, I/22-4: 496. Anm. 29）。全集編者による指摘を補うならば、戦時の軍指揮官（Feldherr）は、自ら戦い取った勝利ゆえにインペラトールの称号を与えられ、帝政期には第一人者、後に元首と呼ばれるようになったという。ただしインペラトールとは名目上の肩書ではなく、その人物が後に「喝采」を受けるということ自体が、彼がインペラトールであることの証左であると見做された。なお、インペラトールに対する軍隊からの喝采は、モムゼンの叙述においては「勝利の喝采（Siegesacclamation）」と表現されている。(11)

喝采概念についてのヴェーバーの記述がモムゼンの歴史研究に負っているということは、全集編者により指摘されているのであり、ヴェーバー自身によって明言されたのではない。しかし以上に見てきたように、政務官の任命方式についての叙述において、ヴェーバーは明らかにモムゼンの歴史認識に倣っている。なおヴェーバーの伝記および書簡によると、彼は少年期にモムゼンの歴史書を読み解いており、当然のこととしてモムゼンによる古代ローマ史研究の内容を知悉していた(12)。こうした事実を鑑みるならば、モムゼンの歴史研究に促され、ヴェーバーは喝采の意義を認識するに至ったと見ることは、必ずしも牽強付会ではないだろう。

3　ヴェーバーにおける指導者民主政論の成立過程

本章では最後に、カリスマ概念についてヴェーバーにより著された諸論稿の執筆順序に即して、真正カリスマから区別される、「没支配的に再解釈された」政治体制としての人民投票的支配および指導者民主政の概念が形成される過程を再構成する(13)。

先に述べたようにヴェーバーはゾームの理論から、カリスマ的支配が権威主義的指導を特徴とするという認識を受容していた。ただし、ヴェーバーがカリスマ的支配のこうした性格について明示的に言及し、この特徴をもつ純粋なカリスマ的支配を「真正カリスマ（genuines Charisma）」と敢えて呼称するようになったのは、第一次大戦中に執筆された「正統な支配の三つの純粋類型」（戦中稿）以来のことである（MWG, I/22-4: 737, 741）。これ以降、戦後に大幅に改訂された論稿においても、ヴェーバーは真正カリスマにおける権威主義的性格を強調し、それと同時に権威主義的性格を免れた政治体制として没支配的に再解釈されたカリスマ的支配を構想することになる。

先に見たように、真正カリスマの支配においては、指導者を承認することは被治者の義務であった。戦中稿においてヴェーバーは、指導者と被治者との間のこのような関係は、〈被治者による自由な承認が正統性の前提であり、その基礎である〉支配、すなわち「民主主義的正統性」に基礎付けられた政治体制へと反権威主義的に（antiautoritär）再解釈できると論じる（MWG, I/22-4: 741f.）。これにより、被治者にとり本来義務的であった承認は自由な選挙となり、指導者は「固有のカリスマに基づき正統化された主人」から「被治者の恩寵による委任に基づく権力保有者」へと変化する（MWG, I/22-4: 742）ことになる。

さらに、「国家社会学の諸問題」と題されたヴェーバーの講演記事（一九一七年十月二十五日）においても、カリスマの没支配的再解釈に関する構想が見出される。講演翌日の新聞記事は、ヴェーバーが「合理的支配」「伝統的支配」「カリスマ的支配」と並んで「第四の正統性思想」に言及したと伝えている。ここでヴェーバーは、この「第四の正統性思想」を「少なくとも公式には、被治者の意志から固有の正統性を導きだす支配」（MWG, I/22-4: 755）と定義したとされるが、彼自身が書き残した資料は存在しないため、これが第四の新たな支配の類型として構想されていたかどうかは確定し難い。戦後改訂稿においては、これは没支配的に再解釈されたカリスマの一類型として論じられており、カリスマ的支配に包摂されたと考えるのが妥当である。(14)

戦後改定稿においてヴェーバーは、「没支配的（herrschaftsfremd）なカリスマの再解釈」という節を新たに設け、この問題をさらに詳しく論じる。ここでもヴェーバーは戦中稿と同様に、真正カリスマにおいては指導者に対する承認は被治者の義務であると述べるが、「団体関係の合理化が進展すると、この承認は正統性の結果ではなく、正統性の根拠と見做されるようになる」（MWG, I/23: 533）という。これにより指導者は、「自らのカリスマに基づいて正統化された主人」から「被治者の恩寵に基づく主人」へと、すなわち被治者が自らの選好に従って選挙し、場合によっては罷免しうる「自由に選挙された指導者」へと変化する（Ebd.）。以上のことからヴェーバーは、カリスマ的指導者の支配の正統性の源泉が異なるという点に、真正カリスマと没支配的に再解釈されたカリスマとの間の根本的な相違を見出していたと言える。すなわち前者においては、指導者の支配の正統性は、神の恩寵により授けられた指導者に固有のカリスマに基づくとされたが、後者においてそれは「被治者による自由な承認」「被治者の恩寵」「被治者の意志」（MWG, I/23: 535）に基づくとされるのである。したがってヴェーバーの構想した没支配的再解釈とは、正統性の源泉を「神の意志」から「被治者の意志」へと置き換えることを意味したと言える。こうした理論的操作を通じて構想された政治体制が「指導者民主政の最も重要な類型」としての「人民投票的民主政」（MWG, I/23: 535）である。ヴェーバーの指導者民主政論は以上のような過程を経て形成されたのであった。

ヴェーバーによれば、こうして没支配的再解釈により正統性の源泉が変更されることで、被治者による自由な承認ないし選挙は「被治者の自由な信頼から支配の正統性を導出するための特殊な手段」（MWG, I/23: 534）へ、すなわち「大衆の信頼を得るための相応しい手段」(Ebd.)へと変形する。したがって人民投票的支配および指導者民主政とは、「被治者の意志から導出され、その意志によってのみ存続するという正統性の形式の下に隠されたカリスマ的支配の一種」(Ebd.)であり、「主人が大衆の信頼を得た者として正統化されていると感じており、そのような者として承認されるところ」(Ebd.)では普遍的に見られる現象である。ヴェーバーはここで、指導者民主政における指導者を「デマゴーグ」と言い換えて、指導者民主政とデマゴーグとの密接な関係を指摘する。彼によれば、指導者民主政は「指導者に対する帰依と信頼という情緒的性格をもつがゆえに、〔そこでは――引用者〕非日常的人物、最も多くの約束を呈示する者、最も強烈な刺激的手段を用いて行動する者を指導者として従うという傾向が生じる」(MWG, I/23: 538)のである。すでに戦前稿においてヴェーバーは、人民投票により選出された指導者の例として、ペリクレスと並べて「精神と弁舌のカリスマによるデマゴーグ」(MWG, I/22-4: 500)を挙げており、また戦中稿においては預言者や軍事的英雄と並べて「カリスマ的政治家」としてのデマゴーグを例示していた(MWG, I/22-4: 736)。さらに戦後改訂稿においては、「自身のデマゴーグ的成果に身を委ねた文筆家」としてミュンヘンにおけるレーテ革命の指導者クルト・アイスナーが挙げられる(MWG, I/23: 491)とともに、「古代および近代の革命の独裁者たち」(MWG, I/23: 533)がその典型例とされる。具体的には、古代ギリシャの調停者や僭主、古代ローマにおけるグラッススとその後継者、中世イタリア都市国家におけるカピターノ・デル・ポポロ、近代英国における独裁者クロムウェル、フランスにおける革命的権力者および人民投票的帝国主義者が例示される(Ebd.)。そこでは支配形式の正統性は「主権的人民による人民投票的承認」という点に求められ、伝統的正統性も形式的合理性も革命的独裁により無視されるのだという。

以上に見たように、ヴェーバーはゾームから受容したカリスマ概念に独自の理論的操作を施して指導者民主政を定式化したのであるが、その際に指導者民主政とデマゴーグとの上述した関係を洞察していた。第一次大戦末期からヴェーバーは、こうして得られた認識を同時代の政治現象に適用し、時事的な政治問題について論じることになる。例えば「新秩序ドイツの議会と政府」(一九一八年)では、民主政においては人民投票を通じて「カエサル主義的喝采」を受ける政治家が大衆の信任を得る傾向があること、また情緒的要素が強い力をもちうる大衆民主主義においては政治指導者が

「デマゴギー的素質」に基づいて選出される可能性があることが批判的に考察されている。(15) すなわちヴェーバーは、指導者民主政の概念を理論的に定式化したが、その実践的適用に対してはあくまでも慎重であったのである。

二 シュミット民主政論における「指導者」と「喝采」

1 『人民投票と人民請願』における民主政論成立の前史

本節では、『人民投票と人民請願』（一九二七年）公刊までの時期におけるシュミットの民主政構想について、ヴェーバーとの関係を中心にその発展過程を概観する。

シュミットが初めて民主政を「治者と被治者の同一性」として定義したのは、『政治神学』（初版、一九二二年）においてであった。全四章で構成されるこの著作の内、第一章から第三章は当初、マックス・ヴェーバー追悼論集に寄稿されたものである。シュミットはミュンヘン商科大学に勤務していた頃に、晩年のヴェーバーがミュンヘン大学で行った講義を聴講し、演習に参加していた（一九一九・二〇年冬学期「一般社会経済史要論」および講師向け演習）(16)。その折にシュミットは、マリアンネ・ヴェーバーと共に『経済と社会』の編集に携わっていたM・パリュイと知り合い、この交友を通じてヴェーバー追悼論集への寄稿を依頼された。『政治神学』はこの三章に、別誌で発表していた「反革命の国家哲学者――ボナール、ドノソ・コルテス、ド・メーストル」を第四章として付加し、公刊されたものである。

シュミットはこの著作において、反革命の国家哲学者ボナール、ド・メーストル、ドノソ・コルテスの歴史認識方法から学び、「主権概念の社会学」のための方法論として「政治神学的方法」を独自に定式化した。これは、同時代の人々が抱く神学的ないし形而上学的世界像と国家の政治形式との間に構造的な類比関係の存在を仮定するという方法論である。こうした認識手法を用いてシュミットは、世界に対する神の超越を前提とする有神論的世界像と類比関係にある君主主権国家すなわち君主政においては、国家に対する君主の「超越性」が前提されていたと述べる。その一方で、君主主権が世俗化された所産としての人民主権は、汎神論あるいは形而上学一般に対する無関心な態度と類比関係にあり、「内在性」を前提とする。そこからシュミットは、十九世紀以降新たに台頭する民主主義思想は「内在観念」に支配されており、「治者と被治者の同一性」を初めとする「一連の同一性」を特徴とするものであると規定する（PT: 44ff.）。ここで彼は、こうした特徴をもつ人民主権に対して否定的立場を表明する。というのも彼によれば、絶対君主政において確立した君主主権は国家的統一を可能にしたという歴史的意義を有したが、人民主権はこの国家的統一を達成しえないからである。人民が表現する統一は「有機的統一」にすぎず、君主主権の特徴である「決断主義的性格」をもたないがゆえに、国家的統一を基礎付けることができない。それにもかかわらず、主権概念が世俗化されていくという歴史的展開に従い、「君主主義的正統性に代わり、民主主義的正統性が登場し」（Ebd.）支配的になる。シュミットは十九世紀国家理論の発展を特徴付けるものは、この民主主義的正統性という新たな正統性概念の形成であった。シュミットはヴェーバーが用いた民主主義的正統性という概念に言及しながら――前章で確認したように、ヴェーバーは『経済と社会』戦中稿において「被治者による自由な承認が正統性の前提であり、その基礎である」政治のあり方として民主主義的正統性を定義した――、民主主義的正統性および人民主権に対して批判的態度を示していたのである。

　翌年に公刊された『現代議会主義の精神史的地位』（初版、一九二三年。以下では、議会主義論と略記する）においても、民主主義的正統性への言及が見られる。ここでもシュミットは「治者と被治者の同一性」としての民主政の定義を再び提示し、「下されるすべての決定が決定する者自身に対してのみ妥当すべきであるということが民主政の本質である」（LP: 34）と述べる。ただし『政治神学』と議会主義論初版との間には、民主政自体に対する評価の点で決定的な断絶が存在する。すなわち議会主義論初版においては、民主主義的正統性が受け入れられ、積極的な考察の対象とされるのである。こうした転換は、シュミットがルソーの人民主権論に対する解釈を変更することで、民主主義的同一性概念に対して新たに独自の分析を行った帰結であると説明することができる。すなわち彼は、人民主権によっては国家的統一が達成されえないとする前著における認識を刷新するに至ったのである。『政治神学』においてシュミットは、ルソーの人民主権論における主権者の意志は一般意志と見做され、この一般意志は複数の主権者により構成されるため、「一般的なものという概念は、主体の点で量的規定をもつ」と論じる。すなわち君主主権の特徴である主権者の唯一性という特徴を欠くため、人民主権は「従来の主権概念における決断主義的要素、人格主義的要素」をもたない、それゆえに国家的統一を基礎づけられないというのがシュミットの結論であった。しかし議会主義論においては、人民の意志が形成可能であり、同一化されるべき対象であるという把握に基づき、人民主権における主権者の意志の唯一性が、それにより決断主義的主権と国家的統一の達成可能性が模索されるのである。シュミットによれば、現実に存在する人民の間には意志の完全な一致は存在しえず、したがって一致した「人民の意志」とは擬制により作り出された概念である。ここでシュミットは議論を転換させ、むしろ民主政は「同一性に対する承認に基づく〈傍点は引用者による〉」（LP: 35）と述べる。つまり民主主義的同一性とは「同一性に対する承認」に基づいて、「同一化」を通じてつくり出されなければならないものであり、人民の意志は形成されなければならないのだという。こうしてシュミットにおいて民主政の本質的問題は、人民の意志形成の問題、すなわち〈誰が人民の意志を形成する手段をもつか〉という問い（LP: 37）となる。

さらに議会主義論第二版（一九二六年）序文においては、民主政の本質が人民の「同質性（Homogenität）」に求められる（LP: 14）。ルソーの論じた「一般意志」は同質性に他ならないと述べた上でシュミットは、民主政の条件を、内部に政治的見解や経済的状況、信仰といった根本的な点で分裂が存在しないこと、公民として公共の事柄に貢献する義務を果たすという前提が共有されていることに見出すのである（LP: 19f.）。また、この著作では同質性概念とともに、民主政に不可欠の要素として「異質な者の排除」という論理が導入される。異質な者を排除し同質的な者のみを包摂するという論理は、その翌年に発表された「政治的なものの概念」（一九二七年）において国際関係論の文脈で再び示されることとなる。(17)

2　シュミット民主政論における「人民」概念——モムゼンからの継承

翌年に公刊した『人民投票と人民請願』（一九二七年）においてシュミットは、民主政にとり、統治を司る政務官（Magistrat）と人民（Volk）との間の対立関係こそが本質的意義をもつと論じる。こうした見解の典拠としてシュミットが指示するものは、古代ローマ史家Th・モムゼンの著書『ローマ国法』第一巻（一八七一年）、第三巻第一部（一八八六年）、『ローマ国法綱要』（一八九三年）である（VV: 51, Anm. 40）。『ローマ国法』第三巻第一部においてモムゼンにより記述された、古代ローマの直接民主政における政務官と人民ないし市民の関係は、次のように要約することができる。第一に、政務官は人民投票により決定される。第二に、市民と政務官の関係においては市民の共同体こそが主権者であり、政務官は「国家行為の担い手」に過ぎないものと見做される。[18] 第三に、市民の共同体はそれ自体では全く行為能力をもたない。それゆえ市民が行動するためには、政務官の存在が不可欠である。「ローマ人の解釈によれば、共同体の決定は一面的な行為としては不可能である。政務官職はただ一人、共同体を代理することができ、市民は政務官との協働においてのみ、あるいは、これは次のようにも表現されうるが、国家は政務官を通じてのみ意志し行為しうる」。[19] それゆえ「共同体の決定は、〔中略〕政務官職を前提とする」。[20] したがって第四に、市民の決定は政務官の提示する問いの形式に依存する。「共同体のすべての決定、同様に法的に有効なすべての契約は、集合した市民に対して政務官が発した問いと、市民の回答とから構成される」。[21] こうした政治的意志の決定過程において、市民が実質的に行いうることは「単純なイエスかノーか（Ja oder Nein）」で回答すること、あるいは特定の人物を指名することに限定される。[22]

モムゼンによるこうした歴史記述の内、第一から第三の点を踏まえてシュミットは、人民は政務官の反対物であり、自ら統治しないものであるという人民観を打ち出す。「ここで人民という語に固有の意味は、統治機構に対する対立の内に、また、あらゆる固定的な、政務官職的「形式」に対する対立の内にある。〔中略〕人民とは、いかなる官庁的役割をもたず、統治しない者である。ここに、人民と政務官は相互に対峙し合っており、人民は本質的には政務官ではないという、ローマ国法における古代の古典的観念が未だに生きた力を有することが示されている」（VV: 50f.）。人民と政務官のこうした対立図式は、シュミットにとり、近代民主政のあり方を解明するための示唆ともなるものであった。シュミットによれば、人民と政務官との「対立は当然、単純には近代民主政の国法に適用されてはならないものである。しかしこの対置は、その根本的正しさの点で今日においても未だに顧慮されるべきものであり、以下の論述においてよりよい解明のためにしばしば引き合いに出されることになる」（VV: 51）。

さらに、秘密個別投票制度を採用する直接民主政の限界を指摘する文脈において、シュミットはモムゼンによる前述の歴史研究の内の第四の点を受容する。シュミットによれば、人民の政治的決定が政務官により定式化された問いに依存せざるをえないという事態は、「近代民主政においてはより強烈に際立つはずである」（VV: 55）。そして彼は、〈政務官が問いを提起し、市民はイエスかノーで回答する〉とするモムゼンの古代ローマ史における記述を次のように継承する――「人民はただイエスかノーを述べうるのであり、しかも個々の有権者に提示された、正確に定式化された問いについてのみイエスかノーを述べることができる」（VV: 56）。なぜならば、「人民は問題を自ら定式化することもできないし、自ら問いを提起することもできない」（VV: 57）からである。それゆえ「個々の市民が特定の人物を選出するだけではなく、事実的問題に対して態度を表明すべきであるならば、何千、何百万もの秘密個別投票からそもそも結果を突き止めるために、問いは最初に権威主義的（autoritativ）に定式化されなければならない」（VV: 55）。

以上に見たようにシュミットは、モムゼンの古代ローマ史研究から学び、政務官が権威主義的に定式化した問いに対してイエスかノーで回答する能力しかもたない、受動的存在としての人民観を前提として民主政論を構想したのである。

3　シュミット民主政論における「喝采」概念――ペーターゾンからの継承

シュミットが喝采概念に初めて言及したのは議会主義論初版においてであるが、この時点では未だ民主政における喝采概念の意義を積極的に認めていたわけではなかった。というのもシュミットは、この著作において人民の意志が表明されるための代替可能な一手段として喝采を把握し、近代的秘密個別投票の意義を相対化するための、他の制度と並ぶ一つの例と見做しているに過ぎないからである。「人民の意志は当然、常に人民の意志と同一である。何百万の人々の賛成か反対により得られた投票用紙から決定が導かれようとも、一人の人間が投票を行わずに人民の意志を掌握しているとしても、人民が何らかの方法で「喝采する」としても」（LP: 36）。

しかし議会主義論第二版序文においては一転して、喝采こそが民主政において本質的な、人民の意志形成手段であると論じられる。「人民の意志は、呼び声を通じて、喝采を通じて、自明の反論の余地のないものを通じて、より一層民主主義的に表現されうる。人民の意志はこれにより、半世紀前以来非常に入念かつ綿密に作り出された統計的装置〔秘密投票を指す――引用者〕によってよりも、民主主義的に表現されうる。民主主義的感情の力が強まれば強まるほど、民主政が秘密投票の記録システムとは異なるものであるという認識がより一層確実になる。〔中略〕独裁的でカエサル主義的な方法は、人民の喝采によって支持されるだけではなく、民主主義的実質と力の直接的表現でもありうる」(LP: 22f.)。

こうして民主政と人民の喝采との関係を積極的に捉え直すに至る変化の背景には、ボン大学時代の同僚であった神学者エーリク・ペーターゾンの影響があった。シュミットは『人民投票と人民請願』において、ペーターゾンの著書『一つの神、その碑銘研究的・形態史的・宗教史的研究』(以下では、『ヘイス・テオス』と略記する)[23]に言及し、非常に高い評価を与えている。シュミットによれば、「学問的意義の点でその特殊専門の枠を遥かに超え出ているエーリク・ペーターゾンによる根本的な研究は、紀元後数世紀について喝采とその形式について論述した」(VV: 52)。

『ヘイス・テオス』は一九二〇年に教授資格申請論文としてゲッティンゲン大学に提出され、一九二六年に『旧約聖書および新約聖書における宗教と文学についての研究』叢書の一冊として公刊された、古代世界の碑銘についての浩瀚な研究書である。一九二二年以来ボン大学で教鞭をとっていたシュミットは、一九二四年の秋学期にペーターゾンと知り合い、それ以降親しい交友関係をもつようになる[24]。L・フォイヒトヴァンガーに宛てた書簡において、シュミットは次のように記している――「彼〔ペーターゾン――引用者〕は今日僅かしか存在しない偉大な学者の一人です。〔中略〕おそらく二、三ヶ月後には、ついに〔ヘイス・テオスという定式についての〕彼の学位論文が出版されるでしょう」(一九二六年五月十一日)[25]。こうした記述から、シュミットは『ヘイス・テオス』が公刊される以前に、その内容を知悉していたであろうことが推測される。

この著作においてペーターゾンは、喝采概念を次のように定義する。「喝采とは多数の群衆による歓呼であり、それは様々な機会に表明されえた。喝采は、皇帝や高級官吏が姿を現わしたときに、彼らを賞賛するために表明された。しかしまた、決定を下すことや特定の要求を押し通すことが必要である場合には、集会や人だかりの中でも(特に劇場の中や裁判所の中で)喝采は表明された」[26]。彼の古代史研究によれば、かつて喝采を引き起こしたものは、人々が自ら目撃した「奇跡（Wunder）」であり、喝采の原型は奇跡に対する「感嘆や驚嘆、信仰告白の叫び声[27]」であった。そしてこれは人々の「扇動（Propaganda）」という目的に資するものであり、布教活動に対する効果が期待できるものと見做されていた[28]。

ペーターゾンによるこうした研究を念頭に置きながら、シュミットは『人民投票と人民請願』において、「喝采についての学問的発見は、直接民主政あるいは純粋民主政の手続きを究明するための出発点である」（VV: 53）と述べる。ここでシュミットは、喝采こそが「民主政の根源的現象」であり、ルソーが理想とした「真の民主政」だと断言する。「人民の真の行為、能力、役割や、あらゆる人民的表現の核心、民主政の根源的現象、ルソーもまた真の民主政として思い描いていたものは、喝采である。すなわち集合した多数者の賛同する叫びや拒否する叫びである」（VV: 51f）。

ペーターゾン研究者であるB・ニヒトヴァイスがすでに指摘しているように、シュミットが人民と喝采とを本質的に不可分の関係として把握したことは、ペーターゾンの研究に基づいている[29]。シュミットによれば、「人民が未だ存在するところ、人民が観衆として競争路に実際に集合している場合であれ、政治生活の徴候を表している場合であれ、人民が存在するところではどこであれ、人民は喝采を通じてその意志を表明する。〔中略〕喝采とは、あらゆる政治共同体において永続する現象である。人民のない国家はなく、喝采のない人民はない」（VV: 52）。さらに、喝采という意志表明手段こそが「あらゆる人民にとって最も自然に適った、決して譲渡できない権利」（VV: 75）であるとされる。このようにシュミットは、ペーターゾンの研究から影響を受けることで、人民による民主主義的な意志表明の手段として喝采を捉え直し、それを自らの民主政論へと積極的に導入するに至ったのである。

4　シュミット民主政論における指導者概念と喝采概念の結合

以上に見たようにシュミットは、政務官の提示した問いに対してイエスかノーで回答する能力をしか持たない受動的存在としての人民観をモムゼンから、また、喝采は民主主義的な政治的意志表明手段として人民の「譲渡できない権利」であるとする認識をペーターゾンから得た。これらの理論的認識を独自に結合させ、シュミットは「指導者」自身ないしは指導者の提起する「提案の内容」に対する喝采こそが民主政であると主張する。「人民は一人の指導者に対して喝采する。人々の群衆（ここでは人民と同一である）は、最高軍司令官あるいはインペラトル〔古代ローマの最高軍司令官――引用者〕に喝采する。人民同胞の「観衆」あるいはラント共同体は一つの提案に喝采する（その際に本来、核心において指導者に喝采するのか、あるいは提案の内容に喝采するのかという問題は未だ解明されていない）。人民は歓声を上げるか打倒を叫び、歓呼するか不平を言う」（VV: 52）。

ここでシュミットは、指導者による提案に対して人民の側から意見表明を行うことは可能であると論じるが、そこで想定される人民とは自立的な判断能力をもつ主体ではない点に留意すべきである。「直接的に現前する大衆として喝采する人民は、〔指導者の提起した――引用者〕いかなる提案についても意見を表明しうる。その際に、人民が学問的ないし技術的な専門家の役割を演じるなどという思い違いを誰も考えつくことはない」（VV: 54）。シュミットの観点からすると、個々の具体的な問題について人民自身が判断を下すべきであり、それがそもそも可能であると前提することは、「典型的に自由主義的な誤謬」（Ebd.）に他ならない。自由主義的解釈によれば、「個々の有権者は事実的な個々の問題について事実的・技術的判断を下す必要があり、したがってありとあらゆる事柄について自立した判断を行うように教育されなければならない。その結果、全市民は完璧な政治家や英雄的兵士となるだけではなく、普遍的専門家ともなるのである。これは民主政ではないだろうし、理想として論じるに値しないものだろう」（Ebd.）。シュミットによれば、民主政の本来のあり方とは「人民が一人の指導者を信任し、指導者との連帯と統一という政治的意識から、提案に同意する」（Ebd.）ことなのである。このとき「人民は政治生活の基準となる担い手として、特殊に政治的なカテゴリーにおいて現れる。そして不撓不屈の政治的本能をもち、友と敵を区別する能力をもつ限り、人民の決定は常に正しい」（Ebd.）と断言される。

民主政とは指導者ないし指導者の提案に対する人民の喝采であるとする認識と共に示されるのは、決して組織されず、形式化されない、常に「直接性」の内にある存在としての人民観である。シュミットによれば、全ての権限をもち意志表明を行う人民が秘密個別投票の手続きに従って余すところなく形式化されるとしたならば、人民は「人民としては消え失せ、自己自身に対する政務官となる。これは自己における矛盾である。ここに直接ないし純粋民主政の自然的限界が存する」(VV: 75)。というのも、余すところなく形式化された人民とは、それが本来もつところの「力」を失っているからである。これは「あらゆる人民にとり最も自然に適った、決して譲渡できない権利すら、すなわち喝采すら」人民から奪い去ってしまうことを意味する(Ebd.)。ただしシュミットは、現実においては人民が政治的に実存する限り、人民は本質的に常に個別投票を超越した力として存立し続ける(VV: 76)と付言する。

シュミットによれば、人民概念の有するこうした性格ゆえに、民主政においては民主主義の名の下に少数派による支配が正当化されうるのである。というのも、人民は法的に組織されず、形式化されない存在であるからこそ、「数の点では少数派である者も人民として振る舞い、世論を支配しうる」(VV: 76)可能性が生じるからである。すなわち人民の内の少数派であっても、「自らの意志を人民の意志と同一化するための優越性と政治的可能性」(Ebd.)を獲得することができ、自らを直接的に人民であると称することに成功しうる。これに成功する限りで、少数派による支配もまた民主主義の名の下に正当化されるという。こうした可能性は、少数派が「政治的に意志を喪失しているか、無関心な多数派に対して、真の政治的意志を有している」(Ebd.)ときに生じる。「このとき人民とは、矛盾なく人民として振る舞い、したがって具体的に、すなわち政治的社会的現実において誰が人民として行動するのかを決定できる者」を意味する(Ebd.)。

以上に見たようにシュミットは、指導者に対する喝采こそが民主政本来のあり方であると捉えており、その上でこうした民主政においては、少数派による支配も民主主義的に正当化されうると論究していたのである。[30]

三　ヴェーバーとシュミットの思想史的関係——結びに代えて

最後に、本稿における以上の議論を振り返り、ヴェーバーとシュミットそれぞれにおける民主政論の成立過程を踏まえて、その思想史的関係をどのように捉えるべきかを考察したい。

本稿では第一に、ヴェーバー民主政論の成立過程を次のように解明した。ヴェーバーは同時代における多くの神学者とは対照的に、ゾームのカリスマ的指導者の概念を積極的に受容し、これを一般化することで支配の一類型としてのカリスマ的支配を定式化した。さらに、真正カリスマが権威主義的指導の性格をもつというゾームから継承した認識を前提として、カリスマの正統性の源泉を民主主義的に変更するという没支配的再解釈を通じて、指導者民主政論を理論的に定式化した。さらにヴェーバーは、モムゼンから古代ローマにおける喝采概念について学び、『経済と社会』では、指導者が後継者を任命し、その後軍隊が喝采を通じて追認するというカリスマ的指導者の後継者任命方式について論じるに至った。

第二に、シュミット民主政論の成立過程を次のように解明した。シュミット民主政論の成立に先立つ前史として、人民主権に否定的立場をとっていたシュミットが議会主義論初版において態度を一転させ、ヴェーバーが定式化した「民主主義的正統性」について肯定的に論じるようになったという経緯があった。彼はモムゼンの古代ローマにおける直接民主政研究から学び、自ら統治する能力をもたず、政務官が権威主義的に提示した問いに対してイエスかノーで回答する能力をしか持たない受動的存在としての人民観を得た。また、ペーターゾンによる古代世界における碑銘研究から喝采の起源やその役割について認識し、自らの民主政論に導入した。こうした認識を結合させることによってシュミットは、『人民投票と人民請願』において、指導者に対する喝采こそが民主政の根源的現象であり、譲渡されざる人民の権利であると主張したのである。

1　モムゼンからヴェーバー、シュミットへの継承関係

以上に見たように、民主政論を構想する過程で、ヴェーバーとシュミットは共にモムゼンの古代ローマ史研究から影響を受けていた。ヴェーバーは、軍事的に成功を収めた指揮官に対して軍隊が喝采し、元老院はこの喝采を受けた者を最高軍司令官として追認せざるをえなかったとするモムゼンの記述を踏まえた。『経済と社会』において彼がカリスマ的指導者の後継者の決定方式を論じる際に援用したものは、こうした把握であった。一方でシュミットは、人民と政務

官の関係に関するモムゼンの記述から、受動的存在としての人民観を獲得した。

先に検討したように、喝采概念を論じる際にシュミットが直接言及したのは、ペーターゾンの宗教史研究であった。古代ローマ史における喝采概念への言及が見られないのは、すでにモムゼンの研究から影響を受けていたシュミットにとりそれが既知の事柄であったからだと推定できる。また、すでに言及したようにシュミットは、晩年のヴェーバーの演習や講義に出席しており、民主主義的正統性というヴェーバーに由来する概念を——出典についての言及がないままに——用いていた。こうした事実を鑑みるならば、シュミットがそもそも自らの民主政論において喝采という概念に注目した背景には、モムゼンからヴェーバーへと継承された喝采概念に対する関心があり、その延長線上においてペーターゾンの研究に注目した、と推測することは必ずしも牽強付会ではないだろう。本稿ではシュミットとヴェーバーの直接の影響関係を確定することはできないが、民主政論を構想する上で両者が共にモムゼンの歴史研究から影響を受けていたことは注目に値する事実である。

2　カリスマ概念をめぐるゾーム、ヴェーバー、シュミット

第二次世界大戦後にシュミットが書き留めた手記によれば、シュミットはカリスマ概念をめぐるゾームとヴェーバーの間の継承関係を把握していた。そこにはこのように記述されている——「ゾームはカリスマ的指導者に関する理論の父である。マックス・ヴェーバーが問題となるのではない。ルドルフ・ゾームが問題になるのである」(31)。ただしシュミットは、原始キリスト教団が権威主義的指導の性格をもったとするゾームの——ヴェーバーが受容した——見解については全く言及していない。その背景として考えられるのは、プロテスタントであるゾーム、ヴェーバーと、カトリックとしてのシュミットとの間にあった、ローマ・カトリック教会観における架橋し難い隔絶である(32)。このようにシュミットは、ローマ・カトリック教会観に抵触しうる原始キリスト教団についてのゾームの解釈については沈黙したのであるが、他方で、真正カリスマが権威主義的性格を特徴とするということを認識していた。というのもシュミットの遺稿から、ゾームからヴェーバーへと継承されたカリスマ概念に対する彼の理解の一端を窺い知ることができるからである。

シュミットの遺稿を保管しているノルトライン・ヴェストファーレン州立文書館には、シュミットの蔵書が多数収められており、その中にはヴェーバーの『経済と社会』（第四版）が存在する。この蔵書へのシュミット自筆の書き込みから、彼がヴェーバーのカリスマ的支配についての記述を精読し、特に次の点に注目していたことがわかる。すなわちシュミットは、「カリスマ的権威は確かに歴史の偉大な革命的力の一つではあるが、それは完全に純粋な形式においては全く権威主義的な、支配的性格をもつ」というヴェーバーの一命題における「革命的」「全く権威主義的な」という部分に下線を引き、その欄外に「革命的であり、権威主義的である（ここには何の対立もない）！」と記している。(33)このようにシュミットは、カリスマ的組織が権威主義的であることを認識しつつ、カリスマにおいては革命的性格と権威主義的性格とが両立することを驚嘆の念とともに書き留めていた。

さらにシュミットは、指導者民主政に関する叙述の欄外に、「第一義的には権威主義的である！」と特筆している。(34)本稿で論じたように、ヴェーバーは支配の正統性根拠を民主主義的に変更することで、真正カリスマを没支配的に再解釈し、権威主義的性格を免れたカリスマ的支配を構想した。これに対してシュミットは、そうした理論的操作によってはカリスマ本来の権威主義的指導という性質を免れた政治体制を基礎付けることは不可能であると捉えたのではないかと考えられる。実際に、シュミット自身の民主政論は、政務官が上から権威主義的に提起した問いに対して回答する受動的存在としての人民観を前提とし、人民の意志を標榜する少数派による支配もまた民主政であるとするものであり、そこでは権威主義と民主政とが矛盾なく両立している。

本稿を通じて確認したように、ヴェーバーとシュミットはそれぞれ、先行する時代ないしは同時代の歴史家からの理論的継承を経て、民主政論を構想する過程で指導者概念と喝采概念に重要な意義を見出した。その際に両者は、モムゼンの歴史研究から重要な示唆を受けていたという点で、またカリスマ的組織における権威主義的指導の性格を認識していたという点で共通していた。ただし、指導者概念と喝采概念とを重要な契機とする――一見すると非常に似通った――民主政論を両者が定式化したからと言って、両者の間にある差異を見落としてはならないだろう。というのも、こうした民主政に対する両者の評価は決定的に異なっていたからである。ヴェーバーにとり、指導者民主政とはあくまで一つの理念型であり、現実にはそれがデマゴーグによる支配を可能にすることを問題視していた。それゆえに彼自身は指導者民主政に対して一定の距離を保ちつつ、批判的に検討を加えたことは本稿で確認した通りである。他方でシュミットは、自ら定式化した民主政論を、民主政の本来的なあり方として——こうした政治体制の権威主義的性格を自覚していたにもかかわらず——提示したのであった。そもそもヴェーバーは、少なくとも彼の意図としては権威主義的性格を免れた政治体制として指導者民主政論を構想したのに対し、シュミットは、民主政が権威主義的性格をもつことそれ自体を否定しなかったのである。

以上のことから、両者の民主政論は、その起源において一定の共通性を有するが、民主政と権威主義との関係に対する両者の姿勢は対照をなすものであったと言うべきである。

【謝辞】 本稿は二〇一五年八月二十七日の第三十回政治哲学研究会（石崎嘉彦教授主宰）における報告「カリスマ概念の系譜——ヴーム、ヴェーバー、シュミットを中心に」に加筆、修正したものである。なお、ヴェーバーの指導者民主制論の成立過程に関して、その構想が第一次大戦前から戦後にかけて三段階を経て発展しているという認識は、権左武志教授の指摘によるものである。ここに記して御礼申し上げます。

＊以下の文献から引用するにあたっては次のように書名を略記し、本文中に頁数を示す。

LP= Carl Schmitt, *Die geistesgeschichtliche Lage des heutigen Parlamentarismus*, Berlin 1996（1.Aufl. 1923）.

KR= Rudolph Sohm, *Kirchenrecht*, Erster Band: Die geschichtlichen Grundlagen, Berlin 1923（1. Aufl. 1892）.

MWG, I/22-4= *Max Weber Gesamtausgabe*, Abteilung I, Band 22: Wirtschaft und Gesellschaft: Die Wirtschaft und die gesellschaftlichen Ordnungen und Mächte. Nachlass, Teilband 4: Herrschaft, E. Hanke, in Zusammenarbeit mit Th. Kroll（Hrsg.）, Tübingen 2005.

MWG, I/23= *Max Weber Gesamtausgabe*, Abteilung I, Band 23: Wirtschaft und Gesellschaft: Soziologie（Unvollendet 1919-20）, K.

Borchard, E. Hanke und W. Schulchter (Hrsg.), Tübingen 2013.

VV= Carl Schmitt, *Volksentscheid und Volksbegehren: Ein Beitrag zur Auslegung der Weimarer Verfassung und zur Lehre von der unmittelbaren Demokratie*, Berlin 2014 (1. Aufl. 1927).

(1) 例えば、Karl Löwith, Max Weber und Carl Schmitt, in *Frankfurter Allgemeine Zeitung*, 27. Juni, 1964. Norbert Bolz, Charisma und Souveränität: Carl Schmitt und Walter Benjamin im Schatten Max Webers, in *Der Fürst dieser Welt: Carl Schmitt und die Folgen*, Jacob Taubes (Hrsg.), München 1983, S. 249-262. G. L. Ulmen, Politische Theologie und Politische Ökonomie: Über Carl Schmitt und Max Weber, in *Complexio Oppositrum über Carl Schmitt*, Helmut Quaritsch (Hrsg.), Berlin, 1988, S. 341-365（佐野誠訳「政治神学と政治経済学――カール・シュミットとマックス・ヴェーバー」、初宿正典・古賀敬太編訳『カール・シュミットの遺産』、風行社、一九九三年、一〇四―一四一頁）. G. L. Ulmen, *Politischer Mehrwert: Eine Studie über Max Weber und Carl Schmitt*, Weinheim 1991. 佐野誠『ヴェーバーとナチズムの間――近代ドイツの法・国家・宗教』、名古屋大学出版会、一九九三年、二〇七頁以下。佐野誠「ヴェーバーとシュミット――学問論の相克」、「ヴェーバーとシュミット――政治論の相克」、『近代啓蒙批判とナチズムの病理――カール・シュミットにおける法・国家・ユダヤ人』、創文社、二〇〇三年、四九―一四五頁。Stefan Breuer, *Carl Schmitt im Kontext: Intellektuellenpolitik in der Weimarer Republik*, Berlin 2012.

(2) 古代史家E・マイヤーによる古代モルモン教研究からの影響を重視する解釈としては、F. H. Tenbruck, Max Weber und Eduard Meyer, in *Max Weber und seine Zeitgenossen*, Wolfgang J. Mommsen und Wolfgang Schwentker (Hrsg.), Göttingen und Zürich 1988, S. 337-379（「マックス・ヴェーバーとエーデュアルト・マイアー」、鈴木広・米沢和彦・嘉目克彦監訳『マックス・ヴェーバーとその同時代人群像』、ミネルヴァ書房、一九九四年、二三七―二七九頁）を参照。これに対して、ゾームによる古代キリスト教研究が重要な役割を果たしたとする研究としては、佐野前掲書『ヴェーバーとナチズムの間』、三二―三六頁を参照。Vgl. auch, Thomas Kroll, Max Webers Idealtypus der charismatischen Herrschaft und die zeitgenössische Charisma-Debatte, in *Max Webers Herrschaftssoziologie*, Edith Hanke und W. J. Mommsen (Hrsg.), Tübingen 2001, S. 48f.

(3) ゾームとハルナックとの間で行われた論争の詳細については、Kroll, a. a. O., S. 55ff. を参照。

(4) 佐野、前掲書『ヴェーバーとナチズムの間』、二六頁。

（5） Kroll, a. a. O., S. 50f.

（6） Kroll, a. a. O., S. 61.

（7） Kroll, a. a. O., S. 61f.

（8） Kroll, a. a. O., S. 59.

（9） Theodor Mommsen, *Römisches Staatsrecht*, unveränderter, photomechanischer Nachdruck der dritten Auflage, Erster Band, Basel 1952, S. 8.

（10） Mommsen, *Römisches Staatsrecht*, unveränderter, photomechanischer Nachdruck der dritten Auflage, Zweiter Band, Teil 1, Basel 1952, S. 151.

（11） Mommsen, *Römisches Staatsrecht*, unveränderter, photomechanischer Nachdruck der dritten Auflage, Zweiter Band, Teil 2, Basel 1952, S. 781ff.

（12） Marianne Weber, *Max Weber. Ein Lebensbild*, Tübingen 1926, S. 58（マリアンネ・ヴェーバー『マックス・ヴェーバー』大久保和郎訳、みすず書房、一九六三年、三四頁、三九頁以下、四四頁）. ヴェーバーの学位請求論文の公開審査の場でモムゼンがヴェーバーを激励したという著名な出来事については、Marianne Weber, a. a. O., S. 121f.（邦訳、九一頁以下）を参照。

（13）『経済と社会』に所収されたヴェーバーの諸論稿が第一次大戦前から戦後にかけてどのような経緯で執筆されたのかについては、MWG, I/22-4: VIIff. を参照。

（14） この点を指摘した研究として、佐野誠「マックス・ヴェーバーの講演「国家社会学の諸問題」（一九一七年）をめぐって――国家社会学と正当的支配の四類型」、『法制史研究』第五七号、創文社、二〇〇七年、三三頁以下を参照。

（15） Max Weber, *Max Weber Gesamtausgabe*, Abteilung I, Band 15: Zur Politik im Weltkrieg. Schriften und Reden 1914-1918, Wolfgang J. Mommsen, in Zusammenarbeit mit Gangolf Hübinger（Hrsg.）, Tübingen 1984, S. 538ff.

（16） Vgl., Reinhard Mehring, *Carl Schmitt Aufstieg und Fall*, München, 2009, S. 118. Vgl. auch, Carl Schmitt, *Die Militärzeit 1915 bis 1919: Tagebuch Februar bis Dezember 1915 Aufsätze und Materialen*, Ernst Hüsmert und Gerd Giesler（Hrsg.）, Berlin 2005, S. 495. なおヴェーバー新全集には、ヴェーバーの講義「一般社会経済史要論」に出席したシュミットがとったノートが掲載されている（Max Weber, *Max Weber Gesamtausgabe*, Abteilung III, Band 6: Abriß der universalen Sozial und Wirtschaftsgeschichte. Mit- und Nachschriften 1919-1920, Wolfgang Schluchter, in Zusammenarbeit mit Joachim Schröder（Hrsg.）, Tübingen 2011, S.

529f.）。

（17）この時期におけるシュミット民主政論の発展課程についての詳細は、別途連載中の拙稿「カール・シュミットにおける民主主義論の成立過程㈡㈢——第二帝政末期からヴァイマル共和政中期まで」（『北大法学論集』第六十九巻第一号・第二号、二〇一八年五月・七月刊行予定）を参照されたい。

（18）Mommsen, *Römisches Staatsrecht*, Dritter Band, Teil 1, S. 300.

（19）Mommsen, a. a. O., S. 303.

（20）Ebd.

（21）Ebd.

（22）Mommsen, a. a. O., S. 304.

（23）Erik Peterson, *Ausgewählte Schriften*, Bd. 8: Heis Theos: Epigraphische, formgeschichtliche und religionsgeschichtliche Untersuchungen zur antiken „Ein-Gott“-Akklamation, Christoph Markschies（Hrsg.）, Würzburg 2012.

（24）Barbara Nichtweiß, „AKKLAMATION“: Zur Entstehung und Bedeutung von „Heis Theos“, in *Erik Peterson Ausgewählte Schriften*, Bd. 8, S. 626. Reinhard Mehring, „Nemo contra theologum nisi theologus ipse: Carl Schmitts Antwort auf Erik Peterson“, Michael Meyer-Blank（Hrsg.）, *Erik Peterson und die Universität Bonn*, Würzburg 2014, S. 210f.

（25）Nichtweiß, a. a. O., S. 626. Anm. 62.

（26）Peterson, a. a. O., S. 141.

（27）Peterson, a. a. O., S. 213.

（28）Ebd.

（29）Nichtweiß, a. a. O., S. 626f.

（30）シュミットにおけるモムゼンおよびペーターゾンからの理論的影響関係について、より詳しくは別途連載中の拙稿「カール・シュミットにおける民主主義論の成立過程㈢——第二帝政末期からヴァイマル共和政中期まで」（『北大法学論集』第六十九巻第二号、二〇一八年七月刊行予定）を参照されたい。また、喝采概念と指導者概念を結合させることで形成された民主政論がシュミットの『憲法論』（一九二八年）に与えた影響については、拙稿「カール・シュミットにおける民主主義論の成立過程㈣——第二帝政末期からヴァイマル共和政中期まで」（『北大法学論集』第六十九巻第三号、二〇一八年九月刊行予定）を参照されたい。

（31）Carl Schmitt, *Glossarium. Aufzeichnung der Jahre 1947-1951*, Eberhard Frhr. v. Medem（Hrsg.）, Berlin 1991, S. 199.

（32）ゾームとシュミットにおけるローマ・カトリック教会観の相違を明らかにした研究としては、和仁陽『教会・公法学・国家 初期カール＝シュミットの公法学』、東京大学出版会、一九九〇年、一八六頁以下を参照。

（33）Landesarchiv NRW, Abteilung Rheinland, Standort Duisburg, Nachlass Carl Schmitt, RW0265 Nr. 22244.

（34）Ebd.

［政治思想学会研究奨励賞受賞論文］

トマス・ネーゲルの政治理論
――〈正義観念の限定用法〉とその規範理論的含意

田中将人

一　問題の所在――正義の適用範囲の問いをめぐって

トマス・ネーゲル（一九三七―）は、疑いなく、今日の哲学界における重鎮のひとりである。彼は半世紀以上にわたり、様々な分野において論考を発表しつづけているが、政治理論における貢献にも多大なものがある。(1) 彼は、ジョン・ロールズをはじめとして、ロナルド・ドゥオーキン、バーナード・ウィリアムズ、デレク・パーフィット、G・A・コーエン、T・M・スキャンロン、サミュエル・シェフラーといった他の代表的理論家たちとも相互影響関係にあり、今日の規範理論の礎となった一人といっても過言ではない。(2) しかしながら、これまでのところ、彼の政治理論がまとまったかたちで論じられることはわずかだったように思われる。(3) 本稿はこの欠落を補おうと試みるものでもある。

特に近年においては、ネーゲルはグローバル・ジャスティス論の文脈において論争的な正義の考え方を提起したことで知られている。彼はホッブズやロールズの議論を参考としつつ、社会的・経済的な不平等は、それが特定の関係性をもつ人びとの間で生じた場合にのみ、正義の問題になると主張した。すなわち、「強固に集権化された政治社会において、私たちが特定の他者と結合すること（joined together with certain others）によってのみ生ずる権利」こそが正義の要諦だとされる（SPRT: 73）。これはいわゆるステイティストの主張のひとつであって、正義の適用範囲を同一の主権国家内部に限定しようとするものである。テーゼのかたちにすると以下のように述べることができる。

正義に関する〈主権‐存在テーゼ〉：正義観念（の成立）は、主権国家を典型とする、その成員たちを独自の仕方で結びつける、特定の制度実践の存在を前提とする。これは以下の特徴をもつ。①非自発性（成員の大多数はその制度への参入に同意するのではなく、その下に生まれ落ちる）、②共同立法性（成員間における正統な意思形成を可能にする手続きが担保されている）、③強制性（成員は共同立法の決定に拘束される）。

自分たちがみずからに与えた法はそれゆえに独自の重要性ならびに高度の妥当性をもつ。この政治的自律の考え自体を全面的に否定する論者は少ないと思われる。しかし、このことと正義の観念の限定を結びつけるネーゲルの試みは論争的であって、多くの批判をも招くことになった[4]。付言すれば、もちろんネーゲルは、同一国内におけるものでなくても、著しい貧困や剥奪を放置することを認めてはいない。そうした状態は是正されなければならない。だがそれらは、正義の要求ではなく、人道主義的関心に基づいて行われるのだとする（SPRT: 66）。もっとも、こうした立論が一定以上の現状維持性を含意するのはたしかであり、その是非については後に立ち返って論じたい。

さて、グローバル・ジャスティス論の文脈においては、ネーゲルは〈主権‐存在テーゼ〉を理由として正義の適用範囲を限定している。しかしながら、これまで注目されてこなかったが、それに先立って、ネーゲルは同一社会の内部においても同じく正義の観念を限定しようとする分配的正義論を展開していた。前提からして、その理由は〈主権‐存在テーゼ〉ではありえない。

本稿の目的は、ネーゲルの政治理論に通底する、この〈正義観念の限定用法〉がどのようなものかを明らかにし（A）、またそれが、とりわけ分配的正義論において、いかなる規範理論的含意をもつかを考察することである（B）。あらかじめ簡単にその内実を述べるならば、以下のようになる。

A①〈正義観念の限定用法〉は、義務論的性質の反映という要請から導かれている。
A②　国内社会における〈正義観念の限定用法〉は、〈作為‐対応テーゼ〉に基づく。
A③〈作為‐対応テーゼ〉によって、不正義とたんなる不平等とは区別される。
B①〈主権‐存在テーゼ〉によるグローバルな正義の限定は説得力に欠ける。
B②　国内社会における分配的正義の限定には一定の利点がある。
B③〈正義観念の限定用法〉は不当なまでに現状維持的ではない。

以下では、まず、〈合成理論〉とでもいうべき特徴をもつ、ネーゲルの分配的正義論について概観する（第二節）。次いで、そうした議論の背後にある〈正義観念の限定用法〉が、ネーゲル独自の不平等と不正義との分節化、すなわち〈作為‐対応テーゼ〉に基づくものであることを明らかにする（第三節）。その上で、この〈正義観念の限定用法〉がどのような規範理論的含意をもつかを、主にロールズやコーエンとの比較を通じて考察したい（第四節）。筆者は必ずしも〈正義観念の限定用法〉に全面的に賛同するものではないが、それは様々な規範理論上の論点に対してひとつの視点を提供するという意味で、興味深いアプローチであると思われる。

二　ネーゲルの分配的正義論

本節では、議論の本題に入るに先だって、ネーゲルの哲学上の主著たる『どこでもないところからの眺め』と政治理論上の主著たる『平等と偏愛』を主に参照しつつ、その理論の基本的な性格を明らかにする。以下では本稿の問題設定からして、彼の政治理論に関わる論点、とりわけ分配的正義論に議論を集中させたい。

1　主観的視点と客観的視点との調停――〈合成理論〉

ネーゲルは一般にロールズの流れを汲む平等主義的リベラルだとされるが、彼もそのことを自認している。実際、その政治理論上の考察の多くは、ロールズの議論を下敷きにして展開されている。ただし他方で、哲学をはじめとして、ネーゲルは様々な領域の問いを〈主観的視点と客観的視点との対立・相剋〉という彼独自の問題関心に発する図式に沿って考察しており、それは政治理論上の考察にも反映されている。

問題によってコンテクストは異なってくるが、どこでもないところからの眺め（view from nowhere）によってもたらされる客観性を、今・ここからの眺め（view from now here）に基づく主観の側に再参入（reentry）していくプロセスを通じて、ネーゲルは哲学のみならず道徳や政治における理論的発展を試みている。(5)「この本で問題にしたいのは、ただひとつ、個人的な見方と客観的な見方はどうつながるのか、ということだ。個人は世界の内側で自分なりの観点をもっている。他方で、当の個人とその観点をも含め、この同じ世界を客観的に一望しようとする見方もある。これらのどこに接点はあるだろうか。これは、個別の観点を超えて世界をまるごと理解しようという衝動や能力をもつどんな存在者にも、突きつけられる問題である」（VN: 3＝三）。

分配的正義論における基本的なスタンスは次のようなものになる。まず、自分や他人の生活を外側から眺める（これはある種の不偏性を担保する）ことによって得られるだろう非人称的な中立的価値が体現されるものとして、快楽と苦痛の不在に加え、自由や様々な機会、基本的資源などを想定する。その上で、一方では不偏性（impartiality）の要求によってこれらをすべての人びとに等しく促進していくことが課せられるとするが、他方では特定個人の相関的価値にかかわる偏愛（partiality）にも余地が残されなければならないとする（VN: 171-175＝二八〇―二八七）。両視点からの要求をその利点を手放すことなく結びつけようとする試みを、〈合成理論〉（hybrid theory）とよびたい。(6)

規範理論としての〈合成理論〉からすると、基本的には客観的視点が主観的視点に優越するのだとしても、後者にもしかるべき余地が残されなければならない。客観的視点による一元的包摂は還元主義として退けられる。(7) ネーゲルによれば、たとえばあらゆる事態の評価を効用によってのみ量り、さらにそれをできるだけ偏りなく追求しようとするラディカルな功利主義は、還元主義の一例として批判の対象となる。そうした理論は個人のコミットメントやインテグリティを侵害することになるといわれる(8)。

もとより実践的な問題に関わる以上、〈合成理論〉は個人の内省のレベルでは完結せず、最終的には政治をめぐるレベルに移行する。その際に重要な役割を果たすとされるのが、不偏性を要求する客観的視点の側を社会制度のデザインをつうじて外化するというアイディアである(EP: 17-18, 53-54)。彼の政治理論上の主著『平等と偏愛』は、〈合成理論〉という独自の道徳理論とロールズ的なリベラルな平等主義へのコミットが結び合わせられることによって成立したものだともいえる。そこではまさに、平等という中立的価値と、様々な形をとってあらわれる偏愛という個人的価値との、対立と合成が主題とされる。

2 〈合成理論〉と(不)平等

それでは、以上のことは社会的平等の問題にいかに反映されるだろうか。不平等の源泉として、ネーゲルは、差別(*Discrimination*)、階層(*Class*)、才能(*Talent*)、努力(*Effort*)をそれぞれあげている(EP: 103)。このうち、差別に起因する不平等は害を被る当人に責任がなく、努力に起因するプラスの不平等は利益を受ける当人の働きによるものだと約定されている。つまり、社会的平等の達成を中立的価値として立てた場合、差別をする権利は個人的価値としてそもそも認められないし、その逆に、正義に適った基本構造が機能しているなら努力によって得たものは基本的に本人に属するとされる(純粋な手続き上の正義)。そうだとすると、階層・才能に起因する不平等が、中立的価値と個人的価値の合成という問題に直面することになる(EP: 108-109)。

ネーゲルの結論は、階層・才能から起因する不平等を縮小することは可能だが除去することはできないし、すべきでもないというものである。たしかに、階層・才能には制度編成をつうじて平等という不偏的な中立的価値からの制約が課せられる。だが、所得や教育レベルの高い両親のもとで生まれた子供たちは、家族からの理に適っていなくはない程度の偏愛を受けて育つ結果、より高い生の見通しをもつことになるだろう。また、才能に恵まれた者の思想・良心の自由や職業選択の自由を完全に奪うことも許されない。個々においては理に適った個人的価値に起因する偏向性は、たしかに巨視的には不平等を導く可能性がある。とはいえ、こうした不平等を強制的に是正しようとすることは認められない。自由を侵害しながら平等を過度に追求した政治、すなわち共産主義は還元主義の一例であり悪しき意味でのユートピア主義であった（EP: 28-29）。求められる平等主義は同時にリベラルでもなければならないのである。[9]

ところで、以上の区別は、『正義論』第一二―一三節で論じられる、正義の二原理に関する複数の解釈を意識したものでもある（EP: 103）。[10] すなわち、形式的な機会均等しか充たさない〈自然的自由の体系〉であっても、平等な基本的諸自由の保障という第一原理が採択されていることによって、差別には対処することになる。さらに進んで公正な機会均等を含む〈リベラルな平等〉は階層の影響にも、これに加えて効率性原理ではなく格差原理を採る〈民主的平等〉は才能の影響にまでも、それぞれ抗するものとなる（TJ: 57-73=九〇―一一四）。[11] それゆえに、階層・才能から起因する不平等を全面的には否定しきれないとするネーゲルの立場は、〈民主的平等〉を支持するロールズの立場とは、微妙に異なったものということになる。

さて、こうした前提のもとに、不平等をできるだけ除去しようとするロールズの立場へ基本的には賛同を示しつつ、ネーゲルは政治デザインにかんする二つのオプションを提示している（EP: 120-126）。ひとつは、公的支出により賄われる品位ある社会的ミニマム（decent social minimum）によって、公平な中立的価値を支えようとするオプションである。ここでは、平等主義的価値は全面的には展開されていない。一定レベルの社会的ミニマムが供給されるならば〈合成理論〉における中立的価値の側の要求は達成されたと想定され、個人的価値を追求することが正統な期待として認められる。ゆえにこの立場では、巨視的に累積していく不平等の問題は原理的には解決されていない。

もうひとつのオプションでは、平等主義的な側面がさらに追求され、そこでは心理学上や制度上における変化によってそれが可能となっていると想定される。だが、ネーゲルはこのオプションを退ける。なぜならば、それはすくなくとも現時点においては個人の自律を侵害するような過度の不偏性を要求するからである。また、そうした社会の実現に必要とされる様々な夢想のような変形が起こることは、とりわけ人間の利他心についていえば、そんなことはたとえ非常に長期的なスパンで考えるとしてもありそうにもないとネーゲルはいう。それゆえ、ネーゲルは完全に理に適った平等主義的な社会の実現からわれわれはまだ遠く隔たったところにいるのだという悲観主義的な結論を『平等と偏愛』において下さざるをえなかった（EP: 5, 128）。

このように、ネーゲルはリベラルな平等主義を旨としつつも、一般的事実（general facts）による制約をシリアスに受け止める。少なくとも彼は、そうした制約から意図的に距離をとった理想理論を構築することには禁欲的なタイプの理論家であるように思われる。このことは彼による正義の捉え方とも無関連ではない。

もっとも当初ネーゲルは、社会の側の責任の範囲を拡張するアプローチ、言いかえれば、自己責任や自然からの影響を理由として不平等を正当化する立場を批判してゆくことに共感をよせていたという。リベラルな平等主義を支持する者ならばそのような直観をもつのは当然のようにも思われる。「しかし私は次第に疑いを抱くようになってきた。そうしたわけで、この〔社会の側の責任を〕拡張しようとする傾向性に対して、より限定された正義の構想――最広義の意味における不平等の回避ではなく、平等な取扱いにこそ依拠するような構想――の側からなされる抵抗を探究しようと思う。……この立場は、正義と結びつけられた特別な優先性を、特定の仕方でもたらされた結果のみに割り当てようとするものである」（CE: 116）。

それでは、こうした考えの内実はいかなるものであるのか。あるいは、彼の平等論に時として認められる躊躇いや戸惑いのようなものは何に起因するのか。それを確認するためにも、私たちは彼独自の正義観念の考察に赴く必要がある。

三　正義と自然――〈正義観念の限定用法〉

前節では、ネーゲルの正義論の基本的な性格について確認した。彼は基本的にロールズ的なリベラルな平等主義者であるといってよいが、彼がこだわり続ける問題関心――〈主観的視点と客観的視点との対立・相剋〉――は、その正義論にも影響を与えているように思われる。とくに彼が念頭においているのは、一般に実現されるべき中立的価値（たとえば社会的平等）の望ましさを認めた場合でさえも、個々人には、そこにおいては自由裁量が効く、一定の自由な行為の空間が残されているべきだ、という強い意識である。

これはプライバシーの領域に相当するだろうが、リベラリズムの指標を公私区分（およびそうすることによるプライバシーの保護）に求めるとすれば、ネーゲルはロールズよりもリベラルだといっても過言ではない。その結果として、両者の正義論の実質も微妙に異なってくるのだと思われる。おそらくはこうした広義の私的領域の保護という問題関心もあって、ネーゲルは正義の観念自体を限定しようとするのである。[12]

そこで本節では、主として「正義と自然（Justice and Nature）」論文に拠りながら、この〈正義観念の限定用法〉とでもいうべき主張の内実を考察したい。この論文は国内社会における分配的正義論をテーマとしたものなので、冒頭で論じた〈主権‐存在テーゼ〉とは異なった観点・論拠によって、正義の観念を限定しようとするものとなる。これは以下のような主張の組み合わせからなる。[13]

①正義は高度の優先性・妥当性をもつものとされる。またそれは義務論的な性質の観点から評価される。この性質をふまえてはじめて、たんなる不平等は不正義として認定される。

②導きだされる正義がこの義務論的な性質を反映するためには、社会制度はそれに応じて、義務論的な考慮事項を適切に反映するものでなければならない。当人に責任のない不利は、その源泉の種類に応じて、不正の程度が異なると想定されるからである。

③ロールズの議論全体は義務論的考慮を踏まえようとしているが、原初状態論はそれと異なる考えを反映してしまっており、両者は区別されなければならない。

④不平等は、その原因が自然ではなく社会の作為にあると想定される場合に限り、またその度合いに応じて、不正義なものになる——〈作為‐対応テーゼ〉。

⑤〈正義観念の限定用法〉は平等主義と両立しないわけではない。だが、不正義ではない不平等は、正義とは区別された人道主義的関心等の観点から是正されることになる。そしてこうした考慮は正義と同程度の強い効力を有さない。

それでは、以下、これらを順に論じてゆきたい。

1 〈正義観念の限定用法〉

まずネーゲルは、正義を、他の価値に対して優先的な要求度を有する、特別な地位をもった観念として規定する。この規定からすると、正義の要求が包括的になればなるほど、他の社会的目標を追求する余地ならびに利用可能な手段は制限されてゆくことになる。だが、先の問題関心からすると、そうした傾向性には一定の歯止めがかけられなければならない。まずは、論文冒頭部のいくらかの文章を確認しておこう。

「正義は政治的論議において特別な役割を担う。正義に訴えかけることは他の諸価値に対する優先性を主張することにほかならない。不正義は他の価値とならぶひとつのコストではない。それは避けられねばならない事柄なのだ……。もし社会の制度編成において認められる不平等の形態が不正なものだとしたら、それは認容されるべきではない。仮にその是正が、さもなければ可能だったかもしれない、非常に価値のある事柄の断念を意味するとしても、である」(CE: 113)

「ここでは以下の立場を記述し、そして暫定的にではあれ擁護してゆきたい。すなわちそれは、正義の範囲(scope of justice)を制約する立場である。[14] この立場は、正義とは関連しない諸目的の社会的追求により大きな範囲を与えることによって(またこうした追求は正義と同じ仕方で義務強制的(mandatory)であるわけではない〔= 正義のような高度の

要求性をもたない」ので)、正統な社会的制度編成の余地をより開いておくことを含意する」(CE: 113)

「尋ねたい問いはこうなる。不平等が不正義だとされるためには、社会の原因責任(the causal responsibility of society)はいかなるものでなければならないのか。また、これと対になったもうひとつの問いはこうである。いかなる場合に、自然の原因責任(the causal responsibility of nature)は、不平等が不正義となることを免除するのか。換言すれば、社会的不正義と自然的不公正(natural unfairness)との関係はいかなるものなのか」(CE: 114)

これらが〈正義観念の限定用法〉の中心的主張だといってよい。これは、一方で正義観念に強い義務論的な性格をもたせるが、他方で正義が妥当する領域とそうではない領域を峻別する。大まかにいえば、他の平等主義的な規範理論の構想と比較して、正義の質的強度は高められるが、妥当範囲は縮小される。正義が直接妥当しないとされる領域(自然的不公正はこちらに該当する)にも、しかるべき余地が残されなければならないのである。

2 社会制度の義務論的基準と帰結主義的基準

では、こうした義務論的性質は、いかにすれば適切に反映されるのか。ここで注目すべきは、社会制度の性格である。社会制度の責任を問うものとして、帰結主義的な基準か義務論的な基準に依拠するかによって、異なる二つの手続き的正義の立場が想定できる。すなわち、帰結主義的基準に拠るなら、ある社会制度はそれがもたらすだろう帰結によって評価される。その経緯がどうであれ、結果として人びとの平等や福祉や自由や機会を満足させるならば、その社会は正しいものとなる(そうでなければ不正となる)。これに対して、義務論的基準に拠るなら、ある社会制度はその手続き自体の内在的性質(the intrinsic character of the procedures themselves)によって評価される(CE: 114)。つまり、様々な要因――そのなかにはある行為者に帰するのが正統なものとそうではないものがあると想定される――にしかるべく対処する社会が正しい社会となる。[15]

両構想を対極的な理念型として捉えるならば、〈ある人が被っているこの不平等は不正なのだろうか〉という問いは、義務論的立場においてのみ意味をもつ。帰結主義的立場においては、仮定からして、不平等は端的に不正以外の何物でもない。したがって、自然的不公正／社会的不正義の区別にこだわるネーゲルは、ここでいう義務論的構想を一貫して念頭において議論をすすめてゆく。

3 〈公正としての正義〉の二つの顔

この義務論的側面についてさらに考察するため、彼はふたたび、〈自然的自由の体系〉／〈リベラルな平等〉／〈民主的平等〉という分類を用いている。あらためて確認しておけば、平等な基本的諸自由という第一原理と形式的な機会均等原理を充たすことによって、〈自然的自由の体系〉は意識的な差別を挫くものとなる。しかしながら、そこで機能している義務論的考慮＝公正さの要件は、いまだ充分ではない。ネーゲルもそうしているように、ここでは『正義論』での記念碑的主張を引用しておくべきだろう（CE: 119）。

「たとえば所得や富の現行の分配は、生来の資産（すなわち生来の才能や能力）の先行分配がもたらす累積効果にほかならない。というのも、生来の資産が開発されたり実現されずに終わったりするのも、さらにやがてそれらの資産の活用が優遇されたり冷遇されたりするのも、社会的情況やチャンスの偶発性（災難や幸運といったもの）次第なのであるから。道徳的観点からすればたぶんに独断・専横的で根拠のないこれらの要因が、分配上の取り分に不適切な影響を与えるのを許容してしまうところ――直観的に言うと、ここに〈自然的自由の体系〉の最も明白な不正義がある」（TJ: 62-63＝九八）

生来の資産が開花するためには、社会階層からの影響を中和すること、すなわち公正な機会均等原理が求められる。この原理を充たす〈リベラルな平等〉は、したがって、〈同レベルの資質と意欲をもつ者は、同レベルの生の見込をもつべきだ〉という平等の理念を掲げるものとなる。だがロールズはさらなる歩みが必要だとする。なぜならば、〈リベラルな平等〉は生来の資質の分布自体は不問とするからだ。格差原理を含む〈民主的平等〉は、才能に起因する不平等をも正義の問題として捉え直そうとするのである。「人間が自然的偶発性に甘んじて身を任せる必然性などまったくない。社会システムは、人間のコントロールを超えた変革不可能な秩序ではなく、人間の活動のひとつのパターンにほかならない」(TJ: 88=一三八)。

だが、ネーゲルはこの議論の力強さに称賛を示しつつも疑義を呈する。「しかし、ここで探究してみたい疑いは、自然本性上のめぐり合わせそのものの自然性(the naturalness of the natural lottery itself)ということと関連している」(CE: 121)。階層と才能に起因する不平等は、ロールズ的な道徳的観点からすれば、等しく不正なのかもしれない。だが他方で、まさしく正義原理の優先性にも反映されているように、階層から生じる不平等の方を、私たちは(ロールズ自身も含め)より不正だと判断しているのではないだろうか。「ここでの考えは、意志によらない自然的差異〔才能〕ではなく、意志によらない「社会的」差異〔階層〕が不平等の原因である場合、不正義と社会的責任はより明白なものになる、というものだ」(CE: 121)。

ネーゲルによれば、実のところ、〈公正としての正義〉においては二つの異なった観念が機能している。「〔①〕ひとつは原初状態によって表現されている一般的な観念で、〈個人がそれについて責任を負うことのないあらゆる社会的不平等の原因は、道徳的にみれば恣意的である〉というものだ。〔②〕もうひとつは、意識的な差別から自然的差異に発する意図せざる効果までの幅をもつ、〈異なったタイプの不平等の原因は、異なった非正統性(differential illegitimacy)を有する〉という観念である」(CE: 122)。ネーゲルが重視する義務論的性質は①ではなく②の観念に関連している。そして彼は、自然に発する社会的不平等に対しては、ロールズとは異なって、有意性を認めようとしない。[16] 原初状態論は①に対応するものであっても、②を踏まえることには失敗している(CE: 123)。なぜならそれは、当事者から有意な情報を剥奪し最も不遇な人びとの利益のみに着目することによって、人びとが被っている諸々の不平等がそれぞれいかなる性質なのかを問う義務論的な問題関心からは離れることになるからである。あえていえば、むしろ原初状態論は、最も不遇な人びとのそれに限定されたものだが、帰結主義的基準に依拠している。〈平等な分配状況からの逸脱はそれが最も不遇な人びとの利益になる限りで認められる〉という格差原理の要請は、平等主義的ではあるとしても、ネーゲルのいう意味では義務論的ではない。

ロールズがもちだす論拠と分析枠組にはズレが認められるのではないか。これがネーゲルからの主たる批判だといえよう。さらに彼によれば、原初状態論を用いるなら、不平等の源泉の質的差異についての情報が剥奪されるため、道徳的に恣意的な（＝当人が責任を負わない）不平等は一律に不正な事態として認定されることになる。[17] このことは、裏返しとして、その是正を目指す正義観念の範囲が容易に拡張してゆくことを含意するだろう。したがって、〈正義観念の限定用法〉を志向するネーゲルからすれば、原初状態論のようなものを使用することのない正義論が必要だということになる。

4　不正義についての〈作為－対応テーゼ〉

以上のことを前提として、彼は社会もしくは自然に起因するとされる不平等について考察している。いかなる場合に、ある不平等について社会の責任がある（ない）といえるのか。これがネーゲルの問いである。ただし、まずそれを論じるに先立って、彼の社会観について簡単に確認しておきたい。

ネーゲルは、自由に参入・離脱することが不可能な諸制度からなるシステムはそこに包摂される諸個人にとって受容可能なものでなければならないと要求することで、社会の基本構造の正統性を問題としている（EP: 33-36）。さらに彼は、国家の活動にかんして、治安や国防に限定される必要最小限の機能とそれを超える再分配機能との峻別を自然な線引きだとする、レッセ・フェールに親和的な国家観を退ける。なぜならば、国家の活動が問題となる場合、具体的な行動をとらず不干渉に徹することは、他に実行可能な選択肢があったとするならば、それは不作為という作為と見做されるからである。これは、社会の側に消極的責任（negative responsibility）を適用しようとする立場とされる。「〔社会による〕不干渉には、干渉を行う場合と同程度の正当化が要求される。つまり、あらゆる制度編成は他のあらゆる現実的な代替選択肢との比較によって正当化されねばならない」(EP: 100)。

ただし、社会の側に消極的責任を認めるといっても、ネーゲルはその責任の性質に区別を設けようとする。先ほどの分類に立ち戻るならば、差別による不平等は明らかに社会の側に全面的な責任があるものであって、端的に不正義になるといえるだろう。その状態を放置しておくならば、そうした社会は不正義を意図しているものとみなされてよい。しかし、階層あるいは才能に起因する不平等においては、話はより複雑になってくる。というのも、もちろん社会はこれらの不平等を是正するのが望ましいのだが、個別にみれば理に適っていなくはない様々な要因が集積した結果、直接に意図したわけではないとしても、不遇を被る人びとの出現が想定されるからである。さらにいえば、ネーゲルからすると、階層と才能にそれぞれ起因する不平等とでは、後者の方がより直接に自然から生じるため不正の程度は低くなる。

ネーゲルはこれ以上に詳しく論じてはいないが、ここではこうした考察を、不正義についての〈作為‐対応テーゼ〉として定式化しておきたい。

不正義に関する〈作為‐対応テーゼ〉:不平等は、その原因が自然ではなく社会の作為にあると想定される場合に限り、またその度合いに応じて、不正義となる。

もちろんこのテーゼはこれだけでは曖昧なものであって、「社会の作為」が何を意味するかが問題となるだろう。だが、ここではただ、①社会の側には消極的責任が課せられる(よって不作為も作為とみなされる)こと、②不平等が作為的ではなく自然的要因から生じる程度が増すにつれて社会的責任は割引かれること、これらをあらためて確認するにとどめたい。本稿の問題関心からすれば、〈正義観念の限定用法〉の背後に〈作為‐対応テーゼ〉が存在することを明確にできるなら、さしあたりは充分である。

この繋がりで、ネーゲルが言及しているわけではないが、かつてバーリンが消極的自由を論じる段でもちいた言明を参照しておくのは有益だと思われる。「さらにいえば、自分が不正義ないし不公正と考えている特定の社会のしくみによって窮乏状態におかれているのだと信ずる場合に、この経済的隷従とか抑圧とかが口にされるわけである。〈事物の本性（nature of things）はわれわれを怒らせ狂乱させはしない。ただ悪意のみ（only ill will）がそうさせるのだ〉と、ルソーはいっている。抑圧であるかどうかの基準は、私の願望をうちくだくのに直接・間接に他の人間によって演じられると考えられるその役割にある」[18]。自然ではなく作為こそが、正義と不正義とをつくりあげる。

二つの自由概念を分節化しようと試みたバーリンのひそみに倣うならば、〈正義観念の限定用法〉は、社会的不正義と自然的不公正とを分かつマジノ線を引こうとする試みだといえるかもしれない[19]。当人に責任がない原因によって不遇を被ることはたしかに不公正なことだろう。それは時に生の見込に大きな影響を及ぼすものでさえある。だが、この不公正さに対応する社会の側の責任が常に存在するわけではない。正義の義務論的性質をシリアスにうけとめるとしたら、不正は（広義の）作為に対応するものでなければならないが、無論、自然は作為とは異なる。ネーゲルからすれば、ロールズのいう道徳的観点は時にこのマジノ線を侵犯するものなのである。

5　自然的不公正と平等主義

最後に付言しておけば、〈正義観念の限定用法〉をとることと、平等主義をとることとは、独立した論点である。たしかにこの用法は、実質的な正義構想としてはリバタリアニズムにも親和的なように一見思われるかもしれない。だが、〈作為－対応テーゼ〉が社会の消極的責任を踏まえるものだったように、ネーゲルの〈正義観念の限定用法〉はむしろ平等主義的な構想を志向するものである。

ただし、ここまでの考察からも明らかなように、社会的不正義から区別された自然的不公正の是正は正義の名の下に行われるわけではない。それはたとえば、効率性、社会全体の福祉のレベル、個人の絶対的な福利のレベル、あるいは格差原理に準ずる優先主義的考慮といった、様々な観点からアプローチすることが可能である。だがネーゲルは、後のグローバル・ジャスティス論での主張を予感させるように、社会的ミニマムの履行を要求する品位の条件を除いては、上述のオプションのいずれにも賛同できないという（CE: 132）。社会的不正義の匡正と自然的不公正の（最低限の）是正といういわば二つの必要条件が充たされたならば、その後の社会政策や私的行為には幅広い自由裁量の余地が残されることが望ましい。彼はそう考えるのである。

以上のようなネーゲルの立論は、いわゆるリベラルな平等主義に与しつつも、独自の地位を占めるものといえるかもしれない。あえていえば、そこには、リベラリズムと平等主義という通常は親和的に捉えられる二つの価値に緊張関係を認めるまなざしが認められる。それはまさに、〈主観的視点と客観的視点との対立・相剋〉にこだわる彼ならではのものにほかならない。おそらくはこうした問題関心にも根ざす〈正義観念の限定用法〉は、翻って、規範理論上の様々な論点に対して独自の視座を提供するものとなるだろう。以下では、引き続いてこれらについて検討したい。

四　規範理論的含意

以上のように、〈正義観念の限定用法〉は、一方では正義の義務論的性質を強調することによって、それが妥当する範囲においては強い要請を導くが、他方では範囲自体を縮小することによって、反射的に広義の社会的目標の追求により大きな裁量余地を認めるものであった。本節では、このことがいかなる規範理論的含意をもつかを考察する。具体的にいえば、以下の主張の論証を試みたい。

① 〈主権‐存在テーゼ〉によるグローバルな正義の限定は説得力に欠ける。
② 国内社会における分配的正義の限定には一定の利点がある。
③ 〈正義観念の限定用法〉は不当なまでに現状維持的ではない。

これらは、ネーゲル解釈にとどまらず、今日の規範的政治理論一般にとっても重要な論点である。①がグローバル・ジャスティス論の中心的争点のひとつであるのはいうまでもない。②は「広義の社会的目標の追求により大きな裁量余地を認める」ことに関連するが、これは、正義の範囲の問いやリベラルな卓越主義的政策の導入可能性に関わってくる。③は、②を別の角度から捉えたものともいえるが、現状をベースラインとしたり、インセンティブ性向に代表される一般的事実を理論の内的要素とすることの是非、といった論点である。これらは今日盛んに議論されている問題であるゆえに、その内実を明瞭化する意義は大きいと思われる。以下、こうした論点に関わる主張を提示している代表的な理論家であるロールズやコーエンとの比較・参照を通じて、三つの主張を検討したい。

1 〈主権‐存在テーゼ〉による正義の限定は妥当か？

最初に、冒頭で論じた〈主権‐存在テーゼ〉による正義の限定の是非という論点をとりあげたい。あらためて確認しておけば、その内実はこうであった。

正義に関する〈主権‐存在テーゼ〉：正義観念（の成立）は、主権国家を典型とする、その成員たちを独自の仕方で結びつける、特定の制度実践の存在を前提とする。これは以下の特徴をもつ。①非自発性（成員の大多数はその制度への参入に同意するのではなく、その下に生まれ落ちる）、②共同立法性（成員間における正統な意思形成を可能にする手続きが担保されている）、③強制性（成員は共同立法の決定に拘束される）。

このうち、とくに②共同立法性の要請は、自然／作為という社会契約論的構成の背景をなす周知の対概念に照らしてみるならば、〈作為‐対応テーゼ〉にも親和的なものだといえる。さらに、みずからに法を与える政治的自律という実践は、まさしく義務論的性質の反映に沿うものでもあり、この共同立法に携わる人びと同士は、そうではない人びとに対してとは異なった仕方で、より強い責務を互いに負いあうことになる。こうして、同一の主権国家に所属する人びとにのみ妥当する、正義の個別性という論点が導かれる。

ネーゲルはこのことをもって、恵まれた社会の人びとが他国の不遇な人びとに対して負うのは、正義ではなくあくまでも人道主義的関心にすぎないとする。この主張は、グローバル・ジャスティス論におけるステイティズムの立場であり、ロールズもまた『万民の法』において同様の主張を唱えたと一般にいわれている。

しかし、私は以下で次のように主張したい。①両者の立論には細かいが重要な違いがあり、しかもロールズの方が説得的である。別の角度からいえば、ネーゲルの主張は、コスモポリタニズムではなくステイティズムの立場からさえも批判の余地がある。②〈主権‐存在テーゼ〉と〈作為‐対応テーゼ〉には不整合な部分があるが、ネーゲルはそのことを説得的に論じていない。よって、以上のいずれからしても、〈主権‐存在テーゼ〉による正義の限定は説得的に欠けるといわざるをえない。

それでは、まずロールズの主張を確認しておきたい。彼もまた、援助義務は分配的正義の問題ではないとする。「秩序だった諸国の民衆には、重荷に苦しむ社会を援助する義務がある。しかし、だからといって、こうした援助義務を実行に移す唯一の――ないしは最善の――方法が、複数の社会間の社会的・経済的不平等を規制するための、分配的正義の何らかの原理にしたがうことであるというわけではない[20]」。一見したところ、両者の主張は同じようにもみえる。しかし、ネーゲルが端的に正義／人道主義的関心という区別を行なうのに対して、ロールズはもう少し慎重であるように思われる。

すなわち、たしかに援助義務は社会的協働を前提とする分配的正義とは区別されるが、依然として広義の正義の範疇に組み込まれる[21]。これは、〈主権‐存在テーゼ〉のような特別な関係によって生じる政治的責務とは異なって、自発的行為とは無関係に適用される自然本性的な義務にほかならない。そしてロールズは、まさしくこの義務の延長線上にグローバルな正義論を構想していたのである。「〈諸国民の法〉(the law of nations) の達成目標のひとつは、国家の運営を通じて自然本性的な義務が確実に承認されるようにするところにある」(TJ: 99＝一五五)。

この違いは些細なもののように思われるかもしれない。しかし、ネーゲルが正義に適った主権国家の成立 (およびその下への人びとの包摂) という事実が形成されることに消極的な期待しか寄せていないのに対して (SPRT: 89-91)、ロールズの立場からはより積極的な主張が導きだせると考えられる。すなわち、援助義務は自然本性的義務としての広義の正義の問題であるので、恵まれた立場にある人びとに多大なコストを課さずに実現可能だとしたら充分に効力をもつことになる（TJ: 99＝一五五）。

この立場からすれば、現今の恵まれない人びとがおかれている窮状に鑑みた場合、たとえば先進国のGDPの一パーセントを援助義務にあてるといったような提案が、理に適った仕方で提起されうる。対して、ネーゲルからすれば、不遇な人びとへの援助義務はミニマルなものにとどまる。もっともそのライン自体を引き上げるよう試みることはできるが、彼がとくに追加的な論拠を提出しているわけではないので、ロールズ的な立論に対してその要求度が高くなることはないと思われる。これは説得的な立場ではない(22)。

続いて、ネーゲルの主張により内在する仕方での批判を試みたい。これは、〈主権‐存在テーゼ〉と〈作為‐対応テーゼ〉との内的不整合性に着目するものだ。まず、後者のテーゼについてあらためて確認しておきたい。

不正義に関する〈作為‐対応テーゼ〉：不平等は、その原因が自然ではなく社会の作為にあると想定される場合に限り、またその度合いに応じて、不正義となる。

先にみたように、〈作為‐対応テーゼ〉は社会の側に消極的責任を課すものでもあった。このことからすると、他国における不平等の放置はただちに不正義だと認定されるようにも思われる。だがこれは〈主権‐存在テーゼ〉の観点から反論できる。すなわち、共通の法共同体に属する人びとは政治的自律を通じて強い責務を負うが、そうでない人びとに対してはかかる特別な責任を負うことはない。こうした自国と他国とに対する責任の非対称性（国境の役割）の強調は『万民の法』の中心的主張のひとつでもある(23)。

もっとも、強いコスモポリタニズムの立場からすれば、責任の非対称性自体が否定されるべきものかもしれない。だが私は、この非対称性があることはひとまず自明なものとして考えて問題ないと考える。少なくともこの論点に関しては、挙証責任はそれを全面的に否定する立場の側に課せられると思われる。ただし、その非対称性は同時に程度や度合いを有すべきものでもあり、ネーゲルのように正義を all or nothing で捉えようとするよりは、ロールズの穏当な捉え方の方が説得的である。

このように、グローバル・ジャスティス論において、〈作為‐対応テーゼ〉に含まれる消極的責任の要請は、〈主権‐存在テーゼ〉と一定の緊張関係にあるものの、両者はこの点では不整合とまではいえない。だが、〈作為‐対応テーゼ〉に含まれる「〈異なったタイプの不平等の原因は、異なった非正統性を有する〉という観念」(CE: 122) の方は、〈主権‐存在テーゼ〉と重大な矛盾をきたすように思われる。

説明しよう。ネーゲルの力点は、自然的差異(才能)ではなく、社会的差異(階層)に起因する場合、不平等は不正義になるということにあった。だとすると、これはただちに以下の疑問を招きよせる。すなわち、仮に人道主義的関心に基づく最小限の支援がなされたとしても、貧しい社会の人びとの多くは依然として階層に起因する不平等を被っており、ゆえにこの事態は不正義として認定されるべきではないか、と。彼らはそれぞれ様々な資質を有していることは疑いえない。だが、それが充分に発揮されることはない。

もちろんネーゲルは〈主権‐存在テーゼ〉をもって反論しようとするだろう。しかしながら、〈作為‐対応テーゼ〉に対する〈主権‐存在テーゼ〉の優先性という論点に対応する説得的な論拠は、彼の議論のなかには見出せない。さらにいえば、他国の人びとに対する正義の義務は存在しないという主張は、〈主権‐存在テーゼ〉の絶対的な優先性の論証を必要とするが、これは困難な作業となる。なぜならば、彼が重視する義務論的観点からしても、〈多くの人びとが階層に起因する不平等におかれているという事態が不正であること〉、もしくは、〈自国での出来事ではないとしてもその不正を幾ばくかは正す義務を負うこと〉、これらをともに全面的に否定することはできないと思われるからである。他国の人びとがもつ非個人的価値は、まさに〈どこでもないところからの眺め〉に拠るものであるため、国境線は決定的な反駁理由たりえない。

以上をまとめよう。〈主権‐存在テーゼ〉によるグローバルな正義の限定(否定)は、ロールズのより穏当な立場との比較、ネーゲル自身の論拠との内的整合性、そのいずれにおいても説得力を欠いており、ゆえに妥当ではない。

2　国内社会における分配的正義の限定の是非

続いて、〈作為－対応テーゼ〉に基づく、国内社会における分配的正義の限定の是非について論じたい。こうした〈正義観念の限定用法〉の目的は、義務論的性質を強く反映するものとして正義を構成することによって、一方ではその履行の強制力を担保するとともに、同時に妥当範囲を限定することによって、他方では自由裁量の余地を多分に確保しておくことにあった（CE: 113）。以下では、国際社会での場合とは異なり、国内社会における〈正義概念の限定用法〉には一定の理論的利得があることを論じたい。

最初に指摘しておくべきことは、こうした議論が、正統な個人的目標の包摂という〈合成理論〉での関心を反映するものだということだ。〈正義観念の限定用法〉の目的のひとつが、その妥当範囲の限定によって、反射的に個人に委ねられる自由な領域の確保にあることは疑いえない。今日の規範理論においては、この論点は行為者中心的特権（agent-centred prerogative）をめぐる問題として定式化されている。[24] 求められる正義の観念は個人の正統な利害関心を包摂しうるものでなければならないのである。

こうした立論に対しては、個人的視点に配慮した上で正義観念を構成するのではなく、そうした配慮を抜きにして正義観念を純粋なかたちで先立って導き、しかるのちに、正義と個人的視点との衝突をこそ考えるべきだ、という批判が提起されうる。これは、コーエンが『正義と平等を救出する』で標榜した立場である。[25] 正義に関する〈統制のルール〉と〈根本原理〉を取り違えている、という彼のロールズ批判はまさにこうした観点からなされている（RJE: 253-254）。[26] これはネーゲルにも同様に当てはまると考えられるが、コーエンの批判はたしかに純理論的な観点からのものとしては強力なものである。[27]

この論争点は、つまるところ、正義の観念をコーエンのように純粋に理論的なものとして措定するか、それともネーゲル（ロールズ）のように実践的なものとしても構成するかの違いに帰着する。その仔細について論じることはできないが、当然、ネーゲルたちの側からすれば、個人の正統な利害関心の確保はいかにしてなされるのか、という批判が提起可能である。コーエンはこの点について、自分の理論は正統な個人的特権をも踏まえるものだとしている(RJE: 10)。だが、実質的な議論があまりなされていないこともあって、その説得力は疑わしい。むしろ、彼自身が述べているように、理論的に概念分析を突き詰めることは「ラディカルな多元主義」(ロールズのいう直観主義)の立場に行き着く(RJE: 36)。そこから実践的な指針を導くことは、当然、相当程度に場当たり的なものにならざるをえない。これは、コーエンが積極的な実践上のヴィジョンとして提示するコミュニティが大いに論争的な性格を持つことにも関連しよう(RJE: 45)。少なくともネーゲル的な立場からすれば、コーエンのコミュニティは実現可能とも魅力的とも思われない。[28] 正義のエートスの貫徹を要求するそうしたコミュニティにおいては、個人の私的空間は限りなく縮減されざるをえないだろうからである。[29]

これに対して、〈正義観念の限定用法〉は実践的な理論を提示する段において、一定の利点を持っているように思われる。もちろん、どのようにして、いかなる程度まで限定するかという問題はあるが、ネーゲルによる国内社会における分配的正義の限定の記述は、理に適っていないとまではいえない。それは基本的に、現実において私たちが行なっている実践を踏まえた上で分節化を試みるタイプの規範理論の提示であるといえる。

こうした一般的事実の重視は、コーエンとは対照的に、ネーゲルやロールズに認められる理論的特徴であるが、続いて、この両者間での比較を行いたい。確認しておけば、国内社会における不平等に関して、基本的にネーゲルが階層に起因するものまでを不正義とするのに対し、ロールズはさらに進んで自然に起因するものをも正義の問題としていた。

ネーゲルの目的は、正義の問題を狭義のものとしてひとまず同定することによって、そこに含まれない社会問題的関心に対応する様々なオプションの選択可能性を、理論的に確保することにあった。彼に好意的に解釈すれば、このことは一定の卓越主義的価値を積極的に位置づけ可能とする理論枠組を提示するものとして評価できる。

現実の社会実践においては、正義の実現に短期的には結びつかないにしても、それ自体として価値を持つとされている事柄がある。典型的には、学術(とりわけ基礎研究)や芸術活動、環境保護といったものがあげられよう。実は、ロールズの正義論においては、こうした事柄を積極的に位置づけることは難しい。というのも、彼の理論枠組においては、卓越主義的価値はもっぱら正義の実現に従属するものとされるからである[30]。

ロールズにおいては、こうした卓越主義的価値に関わる事柄の意義は否定されてはいないが、そうしたものへの支援や助成は消極的なものにとどまる。これに対して、ネーゲルは（いささか論争的だが）芸術を始めとする事柄への支持をはっきりと表明している（EP: 132）。無論さらなる議論や明確化が必要だろうが、基本的には卓越主義ではなく多元主義に与しつつも、一定の卓越的価値を無理のない仕方で包摂しうるような理論的立場は、リベラリズムのひとつの構想として追求するに値するように思われる[31]。

両者の立論の違いは、求めるべき社会像の違いにも反映されてゆく。すなわち、階層と自然を区別しようとするネーゲルが支持するのは〈リベラルな平等〉であるのに対して、自然本性に関わる不均衡をも正義の管轄とするロールズは〈民主的平等〉を構想するのである。大まかにいえば、〈作為‐対応テーゼ〉を旨とする前者はメリトクラシーに親和的であって、一定の卓越主義的価値を是認する引き換えとしてある程度の不平等を容認する。これに対して、後者はそれよりも高い水準で平等を達成するが、その社会においては華々しい芸術が開花することはないかもしれない。スイス五〇〇年の平和が鳩時計しか生まなかったのかどうかは措くとしても、どちらがよいかは未決の問いである。同じく平等主義的リベラリズムを基本としつつも、両者はそのヴィジョンにおいてなお異なる[32]。

以上をまとめると、国内社会における〈正義観念の限定用法〉は、コーエンやロールズの議論に対して決定的に優越するものではないが、それを通じてのみ有意義に語りうるような問題領域を理論的に剔抉するものであり、それゆえに一定の意義をもつと思われる。

3 〈正義観念の限定用法〉は現状維持バイアスを有するか？

先に見てきたような議論は、ネーゲルの主張、とりわけ〈正義観念の限定用法〉が現状維持バイアスを有するのではないか、という疑問を惹起するかもしれない。彼の議論に一定の保守性が認められるのは確かである。最後に、この点について論じておきたい。

まず指摘しておくべきことは、とくに現実の政策問題を考察する上で、現状維持バイアスは必ずしもマイナスではなく、むしろ踏まえられるべき事柄だということだ。J・ウルフは実際の経験を踏まえた上でこう主張している。もちろん純粋な理念をめぐる哲学的議論は重要なものである。「しかし、理念についての議論は出発点であって到達点ではない。そして、哲学者はもし政策のもたらす方向性に影響を与えたいなら、いまあるがままの政策論議に参画せねばならないのだ。こういう姿であってほしいと望む政策論議に参画するのではない」(33)。この洞察はネーゲルの基本的スタンスとも親和的であるように思われる。彼は一方で不偏的な視点を理念として設定しつつも、他方で私たちが現にあるところから歩まざるをえないことを認識している。

もっとも、現状維持に終始するとしたら、やはりそれは過度にバイアスを帯びているとの誹りを免れない。現状から出発しつつもそれをより妥当な立場へと導いていく契機をいかに確保しておくか。規範理論を謳う以上はこのことが問題となる。ネーゲルの理論において、この要請は、〈長期的には実現されることが望ましいが、現状においてただちに従うことを強制するのは理に適っていない強度の道徳的要求とはいかなるものであり、またそれはいかに位置づけられるべきか〉という問いとしてあらわれる。

「その答えは、〈義務を超える徳は、人間本性の通常の限界(normal limitations of human nature)を受け入れて修正するに先立つ非人称的な道徳の要求にしたがうことである〉ということにあると思う。この修正は、もとの非人称的な理由より重みをもつ新たな道徳的理由の発見ではなく、いわば容認をつうじてこれらの要求を緩和するというかたちをとる」(VN: 204=三三二―三三三)

そして彼によれば、人間本性の通常の限界を踏まえた上での、こうした非人称的道徳の自己限定的な修正は、より普遍的な立場の方へと私たちを導いていくことができる。道徳的要求をより直截に目指そうとする立場からすれば、これは煮えきらないものに映るかもしれない。しかし、だからといって、あくまでも原理的な立場に固執することは、ネーゲルにいわせれば、個人的回心（personal conversion）に行き着かざるをえない。彼が選ぶのは、二つの視点の要求を理に適った政治制度の設立をつうじて調停するという、より穏当な道である。「政治による解決を求める場合、個人的価値と非個人的道徳との衝突は、どちらも犠牲にしてはならない理想間の衝突とみなされる。そして、実際に起こる衝突を除去できないにしても偶発的なものへと弱めることによって、数十億の同宿者たちのニーズに由来する非個人的な請求（impersonal claims）を否定することなしに、豊かな個人的生活（rich personal lives）を送ることができるような制度をもつ世界をつくるという建設的な課題が私たちには課せられている」（VN: 206-207＝三三七頁）[34]。

こうしてみると、〈正義観念の限定用法〉が現状維持バイアスをもつのは確かだが、それが不当なまでに保守的であるとまではいえないと思われる。ネーゲルの政治理論は、〈どこでもないところからの眺め〉を重要な契機として組み込んでいるが、〈今・ここからの眺め〉を一足飛びに乗り越えようとするものではない。言論によるユートピアを築くのではなく、現に存在する理に適っていなくはない実践に反省を加え、実現可能なさらなるロードマップを展望すること。政治理論家としての彼は、おそらくロールズと同じく、プラトンではなくアリストテレスの系譜に属する賢慮の思想家なのである。

五　結論

主観的視点と客観的視点との相克・調停というネーゲルの一貫した関心は、政治理論においては、客観的価値の実現を要請しつつも主観の側にもしかるべき余地を残そうとする〈合成理論〉としてあらわれる。また彼は、基本的にはリベラルな平等主義の立場に立ちつつも、自然的なものと作為的なものとは質的に異なったものであり、たんなる不平等はそれ自体としては不正義にはならないとも考えていた。こうした考慮も相まって、彼は、正義の観念をその範囲を限定したかたちにおいて提示しようとしたのだと考えられる。この〈正義観念の限定用法〉の背後には〈作為‐対応テーゼ〉とでもいうべき要件が存在していた。

規範理論の観点から見た場合、グローバルな文脈における〈正義観念の限定用法〉は説得力をもたないが、国内社会におけるそれは一定の利点をもちうることが明らかにされた。またそれは、著しく現状維持的なものでもないと思われる。以上のことからして、私はネーゲルの政治理論に全面的に賛同するものではないが、それが規範理論的に意義をもつひとつの視点を提供するものであるという結論を下したい。

もちろん、ネーゲルは多彩な側面をもった理論家であり、ここでは論じ切れなかったことも多い。また、本稿で取り上げた規範理論上の論点については、その各々についてさらなる検討が必要だとも思われる。それらについての考察は今後の課題としたい。

（1）ネーゲルの著作の参照には以下の略語を用い、括弧内にローマ数字で頁数を組み込む。邦訳があるものについては漢数字でその頁数も併記するが、必ずしも既存の訳文には従っていない。

【MQ】*Mortal Questions*, Cambridge University Press, 1979（永井均訳『コウモリであるとはどのようなことか』勁草書房、一九八九年）.

【VN】*The View from Nowhere*, Oxford University Press, 1986（中村昇・山田雅大ほか訳『どこでもないところからの眺め』春秋社、二〇〇九年）.

【EP】*Equality and Partiality*, Oxford University Press, 1991.

【OM】*Other Minds: Critical Essays 1969-1994*, Oxford University Press, 1995.

【CE】*Concealment and Exposure and Other Essays*, Oxford University Press, 2002.

【MO】*The Myth of Ownership: Taxes and Justice*, Oxford University Press, 2002（伊藤恭彦訳『税と正義』名古屋大学出版会、二〇〇六年。※Liam B. Murphyとの共著）.

【SPRT】*Secular Philosophy and the Religious Temperament: Essays 2002-2008*, Oxford University Press, 2010.

（2）哲学方面に強調が置かれたものだが、他の理論家たちとの相互交流に関するネーゲル自身による回想風のスケッチとして、OM: pp. 3-10.

(3) 現時点での最も包括的なネーゲル研究として、A. Thomas, *Thomas Nagel*, McGill-Queen's University Press, 2009. トマスの著作は、ここでは詳しく論じることのできない哲学分野の考察も充分になされており、その点で大いに参考となった。しかし、本稿がテーマとする〈正義観念の限定用法〉についてはまったく論じられていない。

(4) 論文の初出は、The Problem of Global Justice, in *Philosophy & Public Affairs* 33, no. 2 (2005)pp. 113-147. 代表的な批判として、A. J. Julius, Nagel's Atlas, in *Philosophy & Public Affairs* 34, no. 2 (2006)pp. 176-192. D. Miller, *National Responsibility and Global Justice*, Oxford University Press, 2007（富沢克・伊藤恭彦・長谷川一年・施光恒・竹島博之訳『国際正義とは何か：グローバル化とネーションとしての責任』風行社、二〇一一年）。

(5) トマスによれば、この〈主観的観点と客観的観点との対立・相剋〉というネーゲルの中心点論点に関しては、〈デカルト的客観性〉と〈ヘーゲル的客観性〉という二つのモデルが必ずしも分節化されないままに存在している（Thomas, *Thomas Nagel*, pp. 10-16)。前者は数学や論理学を典型とする純理論的探究に親和的なモデルであって、この場合、客観性の側が絶対的な優先性をもち、それと適合しない主観的なイメージは単なる幻影として否定されなければならない。これに対して、実践的領域において求められる後者のモデルにおいては、当初の主観的な観念は、客観的観点からの反省を受けつつも、単に切り捨てられるのではなく、より適切な広い説明文脈の下に再編されなければならない。ネーゲル自身は〈デカルト的客観性〉と〈ヘーゲル的客観性〉というタームを用いてはいないが、それぞれに相応しい理論的反省を、客観性の是認（objective affirmation）と客観性の容認（objective toleration）とに区別している（VN: 130-134=二一三―二二〇）。政治理論において問題となるのはいうまでもなく〈ヘーゲル的客観性〉= 客観性の容認であるが、本稿全体を通じて検討してゆくように、このことからしてネーゲルの正義論は一定の経験性・保守性を帯びることになる。

(6) この名称は Thomas, *Thomas Nagel*. chap. 6 から借用したものである。

(7) さらに、道徳や政治にかんする場合、主観的視点の防衛という課題はより複雑なものとなる。なぜならば、真理のみを追究する哲学や科学とは異なり、これらの領域においては追求されるべき価値そのものが複数存在し、しかも共約不可能と考えられるからである。具体的には、責務、権利、効用、卓越主義的目的、私的コミットメントがあげられている（MQ: 131=二〇六）。価値の複数性は、公共的討議における共約可能な価値=高次の不偏性（higher impartiality）をめぐる難問にも関連してゆく（EP: 154-168)。だが本稿では、ネーゲルと同じく、分配的正義論における平等という中立的価値（不偏性）自体は論争的ではないと想定した上で議論を進めるので、この高次の不偏性の問題には踏み込まない。ただし細かくいえば、ネーゲルは一定の卓越主義的価値を認めるため、厳密な意味での平等主義者ではない（EP: 130-138）。

（8）ネーゲルは、いくらかの事例においては自分の目的を追求するために中立的理由の要求に従わなくてもよいとする自律（autonomy）と、全体的にみてより大きな利益をもたらすからといって具体的他者のもつ権利を不当に侵害してはならないことを命じる義務論的制約（deontological restraint）を論じている（VN: 164-166＝二六九―二七三）。この問題を論じるためには、価値と理由に関する、行為者中立性／行為者相関性という彼独自の分析枠組を踏まえる必要があるが、本稿では立ち入らない。ネーゲルの義務論的な権利論の一端については、Thomas, *Thomas Nagel*, pp. 197-203.

（9）『平等と偏愛』は一九九〇年のロック講義を元にしたものであるが、そのタイミングも相まって、社会主義体制の崩壊という問題が強く意識されていることに注意されたい。

（10）『正義論』への参照は、以下、略号TJを用いて括弧内に組み込む。J. Rawls, *A Theory of Justice: Revised Edition*, Harvard University Press, 1999（川本隆史・福間聡・神島裕子訳『正義論：改訂版』紀伊國屋書店、二〇一〇年）。

（11）この類型化については、後に詳しく論じ直される（三―3）。

（12）こうした関心がとりわけ強調されたものとして、CE: 20-26.

（13）この論文は一九九六年のハート講義を原型とする（初出は *Oxford Journal of Legal Studies* 17, no. 2（1997）pp. 303-321）。本稿ではCEに収録されたものを参照する。

（14）scope of justice は、今日では主にグローバル・ジャスティス論をはじめとして、同一の分配的正義の管轄に所属すべき成員の範囲に関わる問題として議論されている。そうした文脈においては「正義の射程」という訳語が適切だと私は考えるが、ここでネーゲルが論じているのはそれとは異なるため、区別するためにもあえて「正義の範囲」という訳語を使用することにする。むしろここで論じられているのは、同一の分配的正義に与る成員は確定した上で、ではいかなる場合や領域において、彼らにはどのような正義の要求が課せられるのかを問う、site of justice の問題に近い。この論点の整理については次も参照のこと。K. C. Tan, *Institutions, and Luck: The Site, Ground, and Scope of Equality*, Oxford University Press, pp. 15-16.

（15）ネーゲル自身の整理にしたがえば、ここでいう帰結主義的立場はいわゆる結果状態原理に、義務論的立場は歴史原理に、それぞれ依拠するものだといえよう（CE: 119）。

（16）ネーゲルの主張は、いわゆる〈運の平等主義〉と〈関係論的平等論〉のいずれの立場とも部分的には重なり合いつつも、独自の平等論を示唆するものだと思われる。E・アンダーソンはその影響力をもった論文においてネーゲルを〈運の平等主義〉の一角に位置づけているが、これは一面的な評価といえるだろう。E. Anderson, What is the Point of Equality? in *Ethics*, 109 (1999) p. 290.

(17) それは様々な意味で人格の別個性をシリアスに受けとめることに失敗しているとさえいわれている（SPRT: p. 71 n. 9）。もっともこうした原初状態解釈は一面的だといえるかもしれない。『正義論』改訂版では当事者が高次の利害関心を有することが明確化されているし、初版においてさえ、ここでいう意味での義務論的考慮に感応的なものとして原初状態を解釈することもあるいは可能かもしれない。さらに後期著作においては、原初状態には様々な構成の仕方が存在するともロールズは述べている。ロールズの理論がむしろ既存の社会的実践を重視するものであることを強調する解釈としては、A. James, Constructing Justice for Existing Practice: Rawls and the Status Quo, in *Philosophy & Public Affairs* 33, no. 3 (2005) pp. 281-316.

(18) I・バーリン『自由論』（小川晃一・福田歓一・小池銈・生松敬三訳、みすず書房、二〇〇〇年）三〇六頁。

(19) なお、ネーゲルの用法とは異なり、引用したバーリンの文章においては不正義と不公正は区別されていない。この違いはここでの論旨自体には影響しない些細なものだと思われるが、一応注記しておく。

(20) J. Rawls, *The Law of Peoples: with "The Idea of Public Reason Revisited,"* Harvard University Press, 1999（中山竜一訳『万民の法』岩波書店、二〇〇六年）p. 106= 一五五頁。

(21) S. Freeman, *Rawls*, Routledge, 2007, pp. 439-442.

(22) 実際、この論点については、同じくステイティストに属するとされる、D・ミラーからすらも批判が寄せられている。Miller, *National Responsibility and Global Justice*, pp. 256- 259= 三〇六―三〇九頁、pp. 276-279= 三三三―三三六頁。

(23) Rawls, *The Law of Peoples*, pp. 38-39= 五一―五二頁。

(24) この用語は、ネーゲルの指導下で書かれた博士論文を元とするシェフラーのモノグラフにおいて考案されたものである。S. Scheffler, *The Rejection of Consequentialism: Revised Edition*, Oxford University Press, 1994, pp. 5-6. ネーゲル自身によるシェフラーの理論への言及として、VN: 174-175= 二八五―二八七頁。

(25) 同著への参照は、以下、略号RJEを用いて括弧内に組み込む。G. A. Cohen, *Rescuing Justice & Equality*, Harvard University Press, 2008.

(26) コーエンによるロールズ批判について、詳しくは以下を参照。井上彰「ロールズ：「正義とはいかなるものなのか」をめぐって」齋藤純一編『講座政治哲学　第五巻：理性の両義性』岩波書店、二〇一四年、一五一―一七二頁。上原賢司「無関係な人びとの間の平等主義的正義は何を意味するのか：グローバルな運の平等主義の批判的検討」『政治思想研究』第一七号、二〇一七年、三九二—四二二頁。

（27）コーエンの立論がネーゲルを意識しているものであることについて、RJE: 8-11.

（28）もっとも、コーエンは正義を達成可能な理念として考えていない（RJE: 254）。

（29）なお、コーエンによる〈正義のエートス〉の観点からのロールズ批判に関して、その中に、〈平等主義的エートス〉と〈パレート主義的エートス〉という二つの要素が混在していることを鋭く指摘した論考として、J. Quong, Justice beyond Equality: A Review Essay of G. A. Cohen's *Rescuing Justice & Equality*, in *Social Theory and Practice* 36, no. 2 (2010) pp. 315-340. クォンによれば、後者の〈パレート主義的エートス〉は正義の義務を超えた善行であって、コーエンの論拠はこれに依拠しているゆえに、ロールズへの内在的批判としては成功していない。

（30）J. Rawls, *Justice as Fairness: A Restatement*, E. Kelly (ed.), Harvard University Press, 2001（田中成明・亀本洋・平井亮輔訳『公正としての正義　再説』岩波書店、二〇〇四年）pp. 151-152=二六八—二六九頁。この点につき、平井亮輔「リベラリズムと芸術」『京都工芸繊維大学工芸学部研究報告「人文」』第五四号、二〇〇六年、一四七—一六一頁。

（31）たしかにリベラルな卓越主義は論争的な立場である。とくにネーゲルのように芸術の内在的価値に依拠する主張はそういえるかもしれない。この点について、平井亮輔「芸術と正義：芸術政策論争瞥見」平野仁彦・亀本洋・川濱昇編『現代法の変容』有斐閣、二〇一三年、五九一—六一五頁。ただし平井の分類を用いていえば、デモクラシーへのコミットに資する能力を育むものとして芸術（支援）を位置づけることも可能であり、そうした方が説得力は増すと思われる。こうした方向性にも沿うかたちで、リベラルな卓越主義を正当化しようとする近年の注目すべき試みとして、Matthew H. Kramer, *Liberalism With Excellence*, Oxford University Press, 2017. 最終的な是非は別にしても、現実に各種の助成活動が行われている以上、それらを規範理論的に捉え返すのは重要だと思われる。

（32）私自身は、ネーゲルが支持するメリトクラシーに親和的な〈リベラルな平等〉よりも〈民主的平等〉の方に説得力を感じる。というのは、〈作為-対応テーゼ〉では主題から外される自然本性的不均衡（才能）も正義の考慮事項となるべきだと考えるからである。この点については、以下も参照のこと。田中将人『ロールズの政治哲学：差異の神義論=正義論』風行社、二〇一七年、二八七—二九四頁。

（33）J. Wolff, *Ethics and Public Policy: A Philosophical Inquiry*, Routledge, 2011（大澤津・原田健二朗訳『「正しい政策」がないな

らどうすべきか：政策のための哲学』勁草書房、二〇一六年）pp. 79-80＝一一一頁。

（34）もっとも先に見たように、『平等と偏愛』においてはいささか悲観的な展望が示されていた。だが、『税と正義』においてはより積極的な見通しが述べられている（MO: 189-190＝二一六—二一七頁）。平等の理念へのネーゲルのスタンスにはいくらか揺れがあるが、管見では、ここでいわれている「建設的な課題」こそが彼の規範理論から読み取れる最も魅力的な構想だと思われる。また、この構想からすれば、先述したようにグローバルな正義論の極端な限定はやはり説得力を欠くと述べることができる。

※有益なコメントを下さった二名の匿名査読者の方々に感謝します。

［政治思想学会研究奨励賞受賞論文］

運の平等主義・過酷性批判・仮想保険

――選択と併存する不運にいかに対処すべきか

阿部崇史

一　序論

1　分配的正義論と運の平等主義

本稿では、不運によってもたらされる不利益を緩和する運の平等主義の分配原理として、仮想保険アプローチに依拠した構想を擁護する。具体的には、以下のような議論を提示する。第一に、運の平等主義という立場に向けられる過酷性批判を再検討する。それにより、運の平等主義が過酷性批判を回避するためには、選択と不運との両方が帰結に影響を与えていることを指摘する必要があることを示す。第二に、そのような選択と不運の影響の併存を前提とするならば、人々が被る具体的な不利益や苦難に対して選択と不運がそれぞれどの程度影響を与えているのかは、事後的には特定することが困難である。したがって、不運に基づく不利益の緩和を目指す運の平等主義の立場をとるとしても、人々が被る不利益のうち不運に由来する部分を特定して緩和する、運の中立化という分配原理をとることはできない。第三に、このように不運の影響を事後的に特定できない場合、不運が介在した際に発生する蓋然性が高くなる不利益をターゲットに補償を行う、仮想保険アプローチに与するべきことを示す。

序論ではまず、本稿の背景を説明する。J・ロールズの『正義論』[1]に端を発する現代の分配的正義論（ないし分配的平等論）においては近年、運やリスクに基づく不利益の緩和が重要な課題となっている。そのような流れにおいて特に重要な議論を提示してきたのが、運の平等主義と呼ばれる一群の議論である。[2]運の平等主義の立場を簡単に説明するならば、それは、選択と運との区別を重視し、選択の帰結に対しては人々の責任を問うことを可能にしつつ、運の帰結に関しては人々の責任を問わずその影響を緩和する、そのような立場であると言える。[3]具体例を用いて説明するならば、運の平等主義による分配の原理は、生まれつきの障害や病気、予測不可能な自然災害や市場の混乱、個人がおかれる不利な社会環境などを、個人に責任を問いえない不運と捉え、これに基づく不利益を緩和することを求める。このように選択ではなく運に基づく不利益の存在を指摘しそれを緩和するアプローチは、いわゆる福祉国家の危機以降の分配的正義論を考える上で有力な議論である。福祉国家の危機以降、選択責任を重視する新自由主義やニューライトの立場による福祉国家の縮小が行われた。これに対して運の平等主義は、選択責任を仮に重視したとしても、平等主義的な分配構想や福祉国家を正当化することが可能であることを示しているのである。

2　運の平等主義に対する過酷性批判と多元主義的な運の平等主義からの応答

しかし、選択と区別された運の影響に着目することによって、人々が被る不利益の緩和と選択責任の尊重とを両立させようとする運の平等主義の立場に対しては、過酷性批判と呼ばれる強力な反論が存在する。E・アンダーソンによって提示されたこの過酷性批判によれば、選択と区別された不運に基づく不利益のみを緩和する運の平等主義の立場は、不運ではなく選択によって深刻な不利益を被った人に対して、あまりにも過酷な対応を求めてしまう。[4]例えば、自ら危険な運転を選択して事故にあったドライバーがいたとする。この時、ドライバーは運ではなく選択の帰結として事故にあったのだから、たとえこのドライバーが瀕死の重傷を負ったとしても、運の平等主義の立場からはこのドライバーを救助することができない。しかしこれは、われわれの平等主義的な直観に反する非常に過酷な対応である。したがって運の平等主義は、われわれの直観に反する立場であると、アンダーソンの過酷性批判は主張する。

このような過酷性批判に対する運の平等主義の側からの代表的な応答は、原理の多元主義にコミットするものが主流であった。それは、運／選択の二分法に依拠する運の平等主義の原理と、例えばベーシックニーズの原理など、運／選択のどちらの影響かを問わずに不利益を緩和する原理とを、併用するものであった。この多元主義的応答の代表としては、K・C・タンによるものと、S・セガルによるものを挙げることができる。(5) タンのものを例にとれば、それは、運の平等主義に基づく分配的正義が作動する領域を、一定のベーシックニーズが満たされた後における分配の領域として位置づけることによって、過酷性批判を回避しようとする。それはつまり、過酷性批判が問題としているような深刻な不利益に対しては、運の平等主義の原理が作動する以前に、ベーシックニーズの原理によって対処することを意味する。このような多元主義的応答は確かに、多元的な原理を恣意的に使い分ける立場ではない。しかしながらそれに対しては、なぜ運の平等主義の原理よりも先にベーシックニーズの原理を満たさなければならないのか、それを一貫した理論に基づいて説明できていないという難点が指摘されている。(6)

3 不運に基づく不利益を緩和する原理の再構成

そこで本稿においては、原理の多元主義的な適用を採用する前に、運の平等主義が不運に基づく不利益の緩和を行う際の分配原理それ自体を再検討することによって、過酷性批判に応答することを目指す。具体的には、以下のような構成で議論を進める。まず二において、過酷性批判を再検討し、それが、過度に厳格な運／選択の二分法に依拠したうえで、選択の影響の領域を大きく拡大するような前提に立っていることを指摘する。その上で、運／選択が帰結的な不利益に与える影響は必ずしも排他的な関係に立つわけではなく、選択の影響が介在する場合にもなお不運の影響が介在していることを指摘することで、運の平等主義は過酷性批判を回避できることを示す。次にしかし、三においては、そのような運／選択の影響の併存を認めた場合、運の中立化と呼ばれる運の平等主義の典型的な分配の原理を採用することはできないことを論じる。すなわち、運／選択の影響の併存を認めた場合、多くの事例において、どちらがどの程度帰結に影響を与えているのかは事後的には特定不可能である。それ故に、事後的に不運の影響を特定してそれを消去する運の中立化という原理を採用することはできないのである。したがって、運／選択の区別を重視する運の平等主義の立場に立つとしても、運の中立化とは異なる分配の原理に依拠する必要がある。最後に四において、具体的な場面における不運の影響の特定不可能性という前提に基づいて不運に基づく不利益に対処するならば、R・ドゥオーキンの提示した仮想保険アプローチに依拠し、それを発展させていくことが適切であることを論じる。(7) 仮想保険アプローチとは、反実仮想的な条件を含む一連の条件下において購入する理由のある保険の保険料と補償範囲をもとに、税の徴収に基づく社会保障を構想する思考実験の装置である。この仮想保険は、まさに不運と選択の影響が事後的には区別不可能であるという戦略的課題に応答するために構想されたものである。また、不運が生み出しうる不利益に対して、運の中立化とは異なる独自の補償基準を提示しうる。そのため、過酷性批判に応答しつつ、不運に基づく不利益を適切に緩和することを可能にする分配の構想であると言える。

二　過酷性批判の再検討と運の平等主義からの応答

1　運の平等主義とは何か

二においては、運の平等主義に対する過酷性批判を再検討し、選択と緩和すべき不運とが帰結的な不利益に対してともに影響を与えていることを指摘することによって、過酷性批判を回避できることを論じる。そこでまず、運の平等主義と呼ばれる一群の議論がどのような立場をとっているのかを、簡単に検討しておく。運の平等主義には多様な定義が付されるが、ここでは、最も包括的なものとして、K・C・タンが提示する説明に依拠する。(8) タンによれば、運の平等主義の原理は、二つの次元の原理に区分することができる。一つは、平等主義的な分配を行うべき根拠を提示する「根拠づけの原理（grounding principle）」である。もう一つは、根拠づけの原理を解釈した結果として導かれる、具体的な分配の在り方やパターンなどを規定する「実質的な分配の原理（substantive distributive principle）」である。運の平等主義の議論であれば、まず、前者の根拠づけの原理において、運／選択の原理と呼ばれるものにコミットすることになる。この運／選択の原理とは、「社会における分配が、運の影響を緩和する一方で、人々の諸選択を反映するように求める」原理である。そしてこの運／選択の原理が支持される理由は、人格ないし自律的行為者の道徳的平等に求めることができる。すなわち平等な人格は、一方では「自らの諸選択に責任を持ち、これらの選択にかかるコストを想定する」ことを要求される。他方で人々は、悪い運によって異なる形で不利益を受けるべきではないと考えられる。それは、悪い運による影響が、行為者の自律を損ねるからである。したがって運の平等主義のモチーフは、行為者にとって「運と選択との間に道徳的に根本的な差異があるという信念」に存在する。[9] このように、運の平等主義の立場は、平等主義的な分配構想を支持・構想する根拠として、自律的行為者の道徳的平等性から導かれた運／選択の原理に依拠するものであると言える。

では、運の平等主義が提示する実質的な分配の原理にはどのようなものがあるのだろうか。その典型は、運の中立化と呼ばれる分配の原理である。[10] この運の中立化とは、「選択ではなく運に起因する不平等を消滅させる」ような分配を目指すことを意味する。[11] すなわちそれは、人々が陥る不平等や被る不利益に関して、選択とは区別された不運が影響している部分を特定し、不運の影響に基づく不平等や不利益をできる限り消滅させることを意味する。その結果としてこのような運の中立化は、不運からの影響を緩和しつつ、人々の選択を厳格に反映することができるのである。そのような運の中立化を行う方法としては、二つのものが存在する。第一のものが、ある人が不利益を被った際に、それが不運の影響であるのか、あるいはどの程度不運の影響を受けているのかを事後的に特定し、不運の影響と認められる不利益を除去するような再分配を行う方法である。例えば、ある人が偶然の事故にあったことにより負傷した場合、その治療費を再分配することがこれにあたる。第二に、生来の障害や生まれた環境といった不運に見舞われたとしても、それが人々に不利益をもたらさないように、機会やインフラなどの制度を設計する方法が存在する。[12] 例えば生来の障害によって車椅子での移動を行う人がいた場合に、その人が受ける不利益を軽減するような社会インフラを整えることが挙げられる。

2 過酷性批判とその前提の問い直し――運／選択の選択寄りで排他的な区別

では、運の平等主義に対して提示される過酷性批判とはどのようなものなのか、詳しく検討をしていく。この過酷性批判の代表的な提唱者であるE・アンダーソンによれば、運の平等主義は選択とは区別された不運の影響で不利益を被った人々のみを助けるため、選択の結果として深刻な不利益を被った人々を支援することができない[13]。例えば、警察官や工事現場で働く労働者などの事故の危険の高い職業を選択した人や、自然災害の危険が通常よりも高い地域に住むことを選択した人は、選択の結果として事故や自然災害にあったのだから、それによって被った不利益を補償されることがない[14]。しかしこれは、平等主義に関して我々が抱いている直観と比べて著しく過酷な対応であり、したがって、このような対応を求める運の平等主義は、背理法的に否定されることとなる。

しかしながらこの過酷性批判は、運／選択が帰結に与える影響に関して、排他的かつ選択の影響の領域を拡大するような想定をとっており、このような想定を前提とする場合にのみ成り立つ批判である。そこで以下では、選択と不運とを区別して不運の影響の緩和に着目する運の平等主義の立場をとったとしても、必ずしもこのような選択寄りで排他的な運／選択の影響の区別に依拠する必要がないことを論じる。ここで、注意点を三つ述べておきたい。第一に、ここで議論されるのは、運／選択が帰結に与える影響の区別であり、運／選択という概念の区別そのものではない。第二に、アンダーソンの議論は、運／選択の影響の区別をこのように排他的かつ選択寄りに行わなければならないことに、積極的に与しているわけではない[15]。そうではなくアンダーソンの議論は、運の平等主義のように選択と区別された不運の影響を緩和する立場をとった場合、運／選択の影響の区別を排他的かつ選択寄りにとることになると論じているに過ぎない。第三に、アンダーソンの議論において用いられている対概念は、運／選択ではなく厳然たる運／選択的運である。しかしここでは、まず運／選択という対概念によって議論を進め、その後に、厳然たる運／選択的運という対概念にも同様の議論があてはまることを示す。その理由は、運の平等主義者の間で広く共有されるモチーフが、選択とは異なる不運の影響の緩和であり、厳然たる不運と対比される選択的不運に対する補償を行うか否かに関しては立場が大きく分かれるからである。[16]

過酷性批判の検討として、まずは、過酷性批判における運／選択の影響の区分の仕方を確認しよう。アンダーソンは、警察官・消防士・工事現場の労働者など通常よりも事故のリスクが高い職業を選択した場合、自らその職業を選択したからという理由で、工事現場で働いている際に遭遇した事故で負傷することは、緩和されるべき不運の帰結ないし影響ではなく、選択の帰結ないし影響であると論じる。[17]この議論は第一に、事故などの不利益ないし苦難は、選択か不運かどちらか一方の影響によってもたらされるという立場をとっている。その上で第二に、選択が関わっている場合には必ず、不運ではなく選択の影響として不利益ないし苦難がもたらされていると考えている。言い換えれば、過酷性批判が前提とする運／選択の影響の区分は、選択と運との影響を排他的に捉えた上で、選択の介在があれば必ず不運の介在を否定するように、選択の影響の領域を拡大している。しかし、不運と選択との概念的区分に依拠する場合でも、それらが与える影響に関して必ずしもこのような考え方をとる必要はない。

このことについて、危険な工事現場で働く労働者の例で考えてみよう。工事現場で労働者が事故にあうことは、確かに工事現場で働くことを選択しない限り起こることはない。その意味で、工事現場で事故にあうことには、選択の影響が働いていると考えることができる。しかしながら、工事現場で働くことを選択したとしても必ず事故にあうわけではないから、選択が介在しているという理由によって、事故にあうか否かに運／不運の問題が全く関わっていないと言い切ることはできない。例えば、仮にその工事現場で働くことで事故に合う確率が九〇％であったとしよう。このように非常に高いリスクを踏まえて選択を行ったならば、事故にあったことは、おおむね選択の影響であったといえるかもしれない（ただしこの場合も、選択のみが影響しているとは言い切れない）。しかし、仮に工事現場で働いた場合に事故にあう確率が二％であったとしよう。この時、二％の確率で事故にあうことをもって、工事現場で働くという選択のみが影響して事故が起こったと考えることには無理がある。このケースでは、選択が介在しているから不運は介在していないと考えるのではなく、工事現場で働く選択と工事現場で事故にあう不運とが両方介在して事故が起こったと考えるのが適切である。

同じ考え方は、地震や洪水などの自然災害にも当てはまる。いま仮に、一生涯に大地震に遭遇する可能性が、日本全国の平均で三%であったとしよう。この時、一生涯に大地震に遭遇する可能性が五%である地域に住む選択をしたとしても、地震に遭遇したことはその人の選択のみの帰結だと言い切ることはできず、選択と不運とが両方介在して災害に遭遇したと考えるべきである。自然災害においても、仮に九〇%の確率で一か月以内に災害にあう地域に住むことを選択したならば、災害の被害を受けることはおおむね選択の影響であったと言えるかもしれない。しかし、立ち入り禁止にされるべき地域に住むなど極端にリスクを高める選択のケースを例外として、ほとんどのケースにおいては、選択が介在したことをもって不運の影響を否定することは適切ではない。工事現場の労働者が受けた不利益や、自然災害のリスクが若干高い地域に住んでいる人が受けた不利益には、選択と不運とが両方介在していると考える方が適切である。

また、選択が介在していることをもって不運の介在を否定することができない事情としては、選ぶことのできる選択肢の束そのものに不運が関わっている可能性がある。(18) 例えば、一か月以内に六〇%の確率で事故にあう非常に危険な工事現場で働く選択をした労働者は、震災という不運や大恐慌という不運によって以前の職を失ってしまったために、実効的な選択肢としてその工事現場で働く選択しか残されていなかったのかもしれない。あるいは、スラムに生まれて十分な教育を受けることができなかったために、その工事現場で働く選択肢のみが開かれていたのかもしれない。このような場合にも、仮に工事現場で働くという選択それ自体は自由になされていたとしても、そもそも選ぶことのできる選択肢の束が不運によって狭められているため、選択と不運とが両方介在ないし影響していると考えることができる。したがって、過酷性批判が想定するような選択寄りの運/選択の排他的影響関係の想定は、第一に多くのケースにおいて選択と運とは両方が帰結に対して影響を与えていると考えるべきことから、第二に実行可能な選択肢の束そのものが不運の影響を受けている可能性があることから、適切ではない。

3 選択的運と厳然たる運

しかしながら以上の議論に対しては、次のような反論があるかもしれない。過酷性批判においてアンダーソンが用いている区別は、選択と運との対比ではなく、選択的運（option luck）と厳然たる運（brute luck）との区別である。仮に選択的運という概念を用いた場合、工事現場で働く選択に伴う不運や、大地震のリスクの高い地域に住む選択に伴う不運を捉えることができる。そして、このような意味での選択的な不運の影響への補償を拒むのが運の平等主義の立場である、と。だが、この反論に対しては、次のような問いを立てることができる。それは、選択的運と厳然たる運との区別を用いたとしても、選択が介在していた場合に生じた不運はすべて選択的運であり、全く選択が介在していない場合にのみ、緩和の対象となる厳然たる運が働いていると考えるべきなのか、という問いである。以下では、この選択的運と厳然たる運との概念的区別に沿ったとしても、同様に過酷性批判は、選択的運が働いている領域を過度に拡大していることを論じる。

まず、選択的運と厳然たる運がそれぞれどのようなものなのかを、確認しておく。この対概念の提唱者であるR・ドゥオーキンによれば、これら二つの概念は以下のように定義される。[19]すなわち選択的運とは、「意図的で計算されたギャンブルの結果がどのようになるかということ、つまり、予期すべきであってかつ避けることのできた独立のリスクをとることを通じた利得と損失がどうなるかということ」である。対して厳然たる運とは、「そのような意味での意図的なギャンブルにおけるものではないリスクがどのように降りかかってくるかということ」である。例えば、株式投資などは前者の典型例であり、後者の典型例としては生まれつきの障害の保有のリスクなどを挙げることができる。しかしながらドゥオーキンはすぐに、以下のような限定を付す。すなわち、「これらの運の二つの形態の間の差異は、程度問題として表しうるのであり、特定の不運をどのように記述するのかに関しては確証を持てない」のである。したがって、この選択的運と厳然たる運との区別は、選択が介在している場合に生じた不運を全て選択的運と捉えるほどには、単純な区別ではないと考えるべきである。[20]

では、選択と併存する不運の問題に関して、それが補償対象にならない選択的運であるとされるのは、どのような場合においてなのか。このことを考える際には、なぜ選択的な不運の影響を消去すべきではないのか、その理由を検討することが必要である。[21]ドゥオーキンによれば、選択的な不運の影響を消去すべきでない理由は、それが選択を無意味なものにしてしまい、結果として、誰も運が関わるような選択をしなくなるからである。[22] これは例えば、投資に関する運の場合を考えてみると分かりやすい。いま仮に、AとBという二人の人物が株式投資を行ったとしよう。そして、AとBは双方ともが様々な事情を考慮して賢明な投資を行ったが、結果的には、Aが買った株の株価は運よく上昇し、Bが買った株の株価は運悪く下落したとする。この時、もしBの選択的不運を消去するためにAからBへと資源の移転を行えば、確かにBは投資による損失を取り戻せるが、逆にAは投資による儲けを失うこととなる。そうなれば、AにとってもBにとっても投資を行う意義はなくなってしまう。すなわちそれは、投資という選択そのものを無意味なものにしてしまい、投資をするという選択を全ての人から奪うことを意味する。

しかし、過酷性批判において扱われるようなケースにおいて、選択とともに帰結に影響を与えているような不運は、このような意味での選択的不運といえるのだろうか？ここでは、選択が関わっている際の運を二つの類型に分類する、リッパート-ラスムセンの議論を参照することが有益である。[23] リッパート-ラスムセンは、ドゥオーキンの選択的運という概念の曖昧さを批判し、「厳密な意味でのギャンブル」と「疑似ギャンブル」という性質の異なる二つのタイプの選択を区分することで、選択が関わる際の運を二つの類型に分類する。ここで、厳密な意味でのギャンブルとは、「ギャンブルがもたらす期待価値ではなく、ギャンブルに挑むこと自体を好む」ことで行われる選択である。対して疑似ギャンブルとは、「ギャンブルに挑むことよりもその期待価値の獲得を好む」ことで行われる選択である。このうち、例えばカジノでのギャンブルのような、厳密な意味でのギャンブルにあたる選択に関しては、幸運に恵まれた者から不運を被った者への再分配を行うことは、確かに選択を行う意味をなくしてしまう。しかし、疑似ギャンブルに関しては、人々は期待価値を求めてリスクのある選択肢を取っているのだから、不運を被った者への再分配は、選択の意味を失わせるどころか、その選択が行われた目的をよりよく果たすことになる。このような区別に照らして考えた場合、事故のリスクが比較的に高い職業を選択する労働者や、震災の危険性が比較的高い居住地を選択する人は、期待価値を求めてリスクのある選択を行っている疑似ギャンブルのケースとして考えられる。そしてこの場合に関わっている不運は、補償の対象とはならない選択的不運とは言えない。

このように、補償の対象にすべきでないと主張される選択的な不運とは、選択が関わっている際の不運すべてを指すほど広い概念ではない。リスクはあるが期待価値を求めて行われる選択に関しては、選択が介在してはいるものの、同時に補償すべき厳然たる運も作用しているケースであると、考えるべきである。そして、過酷性批判が取り上げるような労働者や自然災害のケースにおいては、人々は期待価値を求めて選択を行っているのであり、リスクを高めるような選択を行ったことをもって、補償の対象となる厳然たる運が作用していないとは言えないのである。

三　選択と併存する不運にいかにして対処するか?

1　不運の影響の特定不可能性と運の中立化の困難

以上のように、アンダーソンの過酷性批判は、選択（ないし選択的不運）と不運（ないし厳然たる不運）とが帰結に対して与える影響を、排他的かつ選択（ないし選択的不運）の影響の領域を広げる形で捉えている。すなわちそれは、緩和すべき不運と責任を問われる選択とはそのどちらかのみが影響しているという排他的な関係を想定した上で、選択が作用している場合には緩和すべき不運は影響を与えていないという議論にくみしている。したがって、運の平等主義の立場に依拠して、選択とは概念的に区別された不運の影響の緩和を目指す場合にも、選択と併存する不運の要素を指摘してその影響を緩和することで、過酷性批判を回避できる。(24)

しかしながら、過酷性批判を回避するために選択と不運との影響の併存を前提とすることは、運の平等主義に対しても新たな課題を突き付けることを意味する。なぜならば、選択と不運とが両方とも帰結に影響を与えているという複雑な影響関係を前提にした場合、人々が被る不利益や苦難のうち不運に影響されている部分を事後的に特定して緩和する、運の中立化を実行することが困難に思えるからである。まずは、工事現場における事故で負傷するケースを見てみよう。このケースにおいては前述のように、工事現場で働く選択をしたという理由によって、緩和すべき不運の影響が働いていることを完全に否定することは、できない。しかし逆に、工事現場で働く選択が事故による負傷という帰結にある程度の影響を与えていることも、否定することはできない。また、工事現場においては、そこで働くという選択だけではなく、現場における様々な選択が行われている。この時、具体的な事故に関して、諸々の選択と不運とがそれぞれどの程度の影響を与えているのかを特定することは困難である。また、別のケースとして例えばタバコを吸っていた人が肺がんになったケースを考えてみよう。この時、タバコを吸うことは確かに肺がんにかかるリスクを高める選択であるが、タバコを吸わなかったとしても肺がんにかかることはあるから、肺がんになったことが喫煙という選択だけの影響であるとは言いきれない。そしてこの時も、肺がんになったことがどのくらい不運の影響を受けており、どのくらい喫煙の影響を受けていたのかを事後的に特定することは、ほぼ不可能である。

このような選択と不運との影響の特定不可能性は、失業や貧困といった不利益ないし苦難においてはより際立ってくる。例えば、ある人が失業をして貧困に陥っていたとして、そのことに対して選択と不運とがどの程度影響を与えているのかを事後的に特定するのは非常に困難である。まず、選択と不運の影響の併存を認めるならば、ある時点で行われた怠ける選択を指摘しただけでは、不運の影響を否定することにはならない。その人に怠けていた時期があったとしても、しかし、現在失業状態にあることは、子供の頃の家庭環境や長引く不況などの不運が大きな影響を与えているからなのかもしれない。このように、現在の貧困や失業が選択と不運の影響をどの程度受けているかを事後的に特定することは、非常に困難なのである。

以上のように、選択と不運とが併存して帰結に影響を与えていることを正面から認める場合、そこには、具体的な不利益に対してどの程度不運が影響を与えているのかを事後的に特定することはできないという、特定不可能性の問題が生じてしまうことになる。そして、この不運の影響の特定不可能性の問題が存在する場合、不運の影響を事後的に特定してそれを消去するという運の中立化という分配原理に依拠することは、実践のレベルにおいては不可能なものとなってしまう。

2　広い意味での運の平等主義による対応

しかしそれでは、不運の影響を事後的に特定することが不可能であるという実践的な理由によって、運の平等主義の立場をとることそれ自体も困難になるのであろうか。このことを考える際には、先に述べた運の平等主義の原理の二つの次元について考察する必要がある。(25) K・C・タンによれば、運の平等主義の立場は、平等主義にコミットする理由を提示する「根拠づけの原理」と、具体的な分配のあり方を規定する「実質的な分配の原理」との、二つの次元によって成り立っている。ここで、運の平等主義の立場をとるのであれば必ず、前者の根拠づけの原理において運／選択の原理にくみする必要がある。すなわち、自律的行為者の道徳的平等に基づいて運と選択との概念上の区別に規範的な重要性を認め、不運の影響を緩和しつつ選択の影響を反映するような分配を目指すことになる。しかしながら、根拠づけの原理において運／選択の原理にコミットしたとしても、実質的な分配の原理において運の中立化の原理、すなわち、不運の影響を具体的に特定して消去する分配の原理を、必ず採用しなければならないということはない。このタンの議論を敷衍するのであれば、以下のようなことが言える。すなわち、現実において不運の影響を特定できないという事情は、実践的な分配の原理において不運の影響の特定を行う立場をとることを確かに否定する。しかしそれは、自律的行為者にとって運と選択との概念上の区別が重要であるという規範的な要請そのものを否定するものではないのである。したがって、運と選択との規範的な区別の重要性にコミットし、運の中立化とは異なる形でそれを実際の分配原理に反映させていくことが、運の平等主義にとっての課題となるのである。

そこで以降では、運と選択との区別の規範的重要性に依拠する、いわば「広い意味での運の平等主義」の立場として、R・ドゥオーキンの提示した仮想保険アプローチに依拠し、それを発展させるべきことを論じる。なぜならば仮想保険には、選択と不運との影響関係が曖昧な場合における補償を構想するという、従来は着目されていなかったモチーフが存在するからである。

四　仮想保険アプローチの擁護

1　導入

今までの議論を整理するならば、以下のようになる。運の平等主義の立場から過酷性批判に応答するためには、過酷性批判が運／選択の影響関係を過度に排他的かつ選択寄りに捉えていることを指摘することが有効である。しかし、人々が被る不利益や苦難に、選択と不運の両方が影響を与えているという前提に立つ場合、具体的な不利益に対して不運がどの程度の影響を与えているのかを事後的に特定することは困難である。それ故、運と選択の区別の規範的重要性にコミットして運の平等主義の立場をとるならば、不運の影響の事後的特定を必要とする運の中立化とは異なる実質的な分配の原理を、運／選択の原理の解釈として提示する必要がある。そこで四においては、この不運の影響の特定不可能性という問題に応答する運の平等主義の分配の原理として、R・ドゥオーキンが提示した仮想保険アプローチを再解釈し、このアプローチに依拠した不運の影響の緩和を行うべきことを論じる。具体的には、以下のように議論を進める。まず2において、仮想保険アプローチを簡単に概略し、仮想保険アプローチの基本的な考えを確認する。次に3において、仮想保険アプローチを運の平等主義の実質的な分配の原理として捉えるべきことを論じる。さらに4において、仮想保険が人々を不利益からどのように保護するのかを検討する。そして5においては、仮想保険の手続き設定が、不運に由来する不利益からの保護を考える際に、適切なものであることを論じる。この4と5における検討は、仮想保険と運の中立化との比較、および、仮想保険に対する従来の解釈や評価への批判、これらを交えて行われる。最後に6においては、仮想保険アプローチと選択責任との関係について論じる。

2　仮想保険とは何か

まず、仮想保険とはそもそもどのようなものかを説明する。[26] 仮想保険は、反実仮想的な条件を含むいくつかの条件を設定したうえで、その条件下において、不運の影響に対する保険として人々が購入する理由のある保険の補償範囲と保険料を特定する。その上で、その保険料の合計と補償範囲を参考に、累進課税を含む税金などによる社会保障のプログラムを設定する、思考実験の装置である。[27] したがってこれは、不運のリスクの現実化に対する補償を考える際に必要な考慮事項を整理して、規範的判断を導出するための手続きへとまとめたものであると言える。では、仮想保険の設定する手続きは具体的にはどのようなものなのか？　それは大きく分けて、五つの要素から成り立っている。まず最初の二つは、「リスクに対して人々を平等に位置づける」ための反実仮想的な条件設定である。[28] すなわち第一に、共同体の富が人々の間で平等に分割されているという設定を行う。これは、保険を購入する機会と能力を平等にすることを狙っている。そして第二に、誰がどのような不運のリスクを有しているかは分からないという設定を課す。現実においては病気や事故のリスクは均等ではないが、リスクに対する平等性を担保するためにこの条件を導入する。次に、第三と第四の条件として、保険料と補償範囲を設定する際に利用すべき二つの現実の情報を導入する。まず第三の条件として、様々な種類の不運の帰結―具体的な障害・病気といった苦難や、貧困や失業といった経済的な苦難―が、その社会においてどの程度の確率で発生するのかについての情報を利用する。そして第四の条件として、失業や具体的な病気や障害といった不運のリスクが現実化した場合に、それに対して行われる対処法として何が利用可能であり、どの程度の効果が見込まれ、どの程度のコストがかかるのか、といった情報を利用する。[29] 最後に第五の条件として、共同体の平均的な構成員が有するような様々な選好に照らして、賢明な判断をしたならばどのような保険料と補償範囲の組み合わせの保険が選ばれるかを問う。[30] ドゥオーキンの仮想保険は、以上のような思考実験を用いて、不運によって生じる不利益から人々を保護する社会保障の制度を組み立てるのである。

3　仮想保険と運の平等主義

しかしここで、仮想保険による不運の影響の緩和を検討する前に、以下のような疑問に答える必要がある。すなわち、仮想保険を提案したドゥオーキンは、自身が運の平等主義者であることを否定しているのだから、仮想保険に基づく不利益への補償を運の平等主義の分配原理として提示することは適切なのか、という疑問である。(31) そこでまず、仮想保険を運の平等主義の原理として捉えることの適切さと、そのように捉えることの意義とを、説明する。第一に、仮想保険を運の平等主義の原理として捉えることの適切さについてである。ドゥオーキンは確かに、自身の立場を運の平等主義と呼ぶことは「誤った呼び方」であると述べている。しかしそれはあくまで、彼の立場が「人々の生活からギャンブルや運を消し去ることを目的にはしない」からである。(32) すなわち、ここで誤った呼び方であるとされている運の平等主義とは、運の影響を特定してそれを消去する運の中立化という分配のあり方を意味している。したがって、運の中立化という分配の原理ではなく、選択と運との規範的差異を平等主義的分配の根拠に据える、広い意味での運の平等主義の分配原理として、仮想保険を捉えることは可能である。第二に、では、仮想保険を広い意味での運の平等主義の分配原理として捉えることには、どのような意義があるのか？　それは、ドゥオーキン自身による過酷性批判への応答と、彼の仮想保険との議論を、一貫して理解することを可能にするという意義である。というのも従来、ドゥオーキン自身による過酷性批判への応答は、不運の影響からの保護ではなく、ベーシックニーズに基づく保護として、解釈されることが多かった。(33) なぜならば、「教育・訓練・投資・消費に関して悪い経済的判断をしたという理由だけで」、仮想保険による「十分なレベルの最低限の生活水準」の補償が拒否されることはない、というのがドゥオーキンによる過酷性批判への応答だからである。(34) この応答においては確かに、選択が介在して不利益を被っている場合にも、仮想保険による補償が与えられることが明示されている。しかし逆に、不運に対する補償であるはずの仮想保険に依拠して、なぜそのような補償を行うことができるのかは、判然としない。そこで本稿のように、仮想保険を広い意味での運の平等主義の分配原理として捉えた上で、選択と併存する不運に基づく不利益に対処するスキームとして解釈することには、ドゥオーキンの議論に対する一貫した解釈を与えるというメリットがあると言える。

4　仮想保険による不運の影響からの保護

以上、2と3においては、仮想保険の基本的な考え方と、仮想保険を広い意味での運の平等主義の分配原理として考察する意義について、論じた。次に、以下の4と5においては、仮想保険による不利益からの保護と、仮想保険の手続き設定とを、詳しく検討する。そしてこの検討を通じて、広い意味での運の平等主義の分配原理として、仮想保険を採用すべきことを論じる。まずこの4においては、仮想保険の手続きから導き出される不運に基づく不利益への補償が、どのようにして人々を不運の影響から保護するのかを検討する。ここでは、仮想保険による不運からの保護を、運の中立化によるものと比較することで、その特徴を明らかにする。その上で、仮想保険による不運の影響からの保護が、不運の影響の特定不可能性を前提にした場合において、特に魅力的な分配の原理であることを示す。またその際には、仮想保険に対する従来の解釈を見直し、仮想保険に対する批判への応答を試みる。

仮想保険による不運からの保護の第一の特徴は、人々が被った失業や障害という不利益ないし苦難に対して、それが実際に不運の影響を受けていることを事後的に特定することなしに、不利益を緩和するような補償を行うことである。これは、仮想保険に基づく不運への対処が、以下のような戦略的課題への応答として提示されていることによる。その戦略的課題とは、例えば具体的な失業や低賃金労働が、生来の資質や家庭環境の影響による富を稼ぐ能力の欠如（不運）によるものか、本人の勤勉さの欠如（選択）によるものなのか、どちらであるのかを判断することはしばしば困難であるということである。[35] それ故に仮想保険による補償は、運の中立化とは異なり、具体的な不運の影響そのものを補償のターゲットとはしない。そうではなく、不運の影響が働いた場合に陥る可能性が高い、失業・低賃金労働・障害・病気などの不利益・苦難をターゲットにして、それが実際に不運の影響で引き起こされたことを特定することなしに、補償を提供するのである。[36]

この点に関してドゥオーキンの仮想保険は、選択が介在した場合の不利益や選択的運に基づく不利益に対する補償を拒み、選択が介在していない場合にのみ厳然たる運に基づく不利益に対する補償を提供すると解釈されることが多かった。[37] しかしまず、二において検討したように、選択的運とは選択が関わっている場合の運すべてを指すのではなく、多くのケースにおいては選択と厳然たる運とが両方介在していると考えることができる。次に、前述したように、特定の不利益が選択のみによってもたらされていることを特定することは困難であり、選択が介在していてもなお、不運の影響によって不利益が生じている可能性は排除できない。それ故に、「教育や投資や消費に関して不適切な経済的諸判断を行ったという理由だけで」仮想保険による保護を否定されることはないのである。[38]したがって仮想保険による補償は、選択が介在したからといって不運が影響していることを否定することはせず、不運が介在している蓋然性の高い類型の不利益・苦難に対して補償を与えるのである。このような形で不運から人々を保護する仮想保険は、選択と不運が併存し、かつ不運の影響が具体的に特定困難な場合において、有効なアプローチであると言える。またそれは、同様の理由から、過酷性批判を十分に回避しうるアプローチでもある。

仮想保険による不運からの保護の第二の特徴は、不運の影響を特定してそれをできる限り除去する運の中立化とは異なり、仮想保険による補償のあり方を、反実仮想的な条件下におけるコスト・ベネフィット計算によって決定することである。例えば失業や低賃金労働に対する補償としては、ある共同体において実際に存在するような様々な選好を持っている人たちが、平等な富と平等な失業・低賃金のリスクを有していた場合、賢明に行動したならばどのような保険を買うかを問う。[39]これはつまり、家族と暮らすことや趣味の野球に対する選好を持つ人にとって、どのくらいの失業給付や所得保障がどの程度有効であるかということと、それを実現するためのコストがどのくらいかかるのかということを比較考量し、補償範囲を決定することを意味する。また、障害に対する補償を考えるならば、例えば視力が低下した場合に、どのような薬や器具の提供がどの程度有効なのかを、共同体の人々が実際に有するような選好―弁護士として働くという選好や趣味のピアノに対する選好―と照らし合わせて考える。[40]その上で、具体的な対処法のコストを踏まえた上で、どの程度の補償を行うべきかを決定するのである。これは、具体的な不運の影響を特定できない場合において、運の中立化とは異なる補償の基準を提示しうる点で、有効な議論であると言える。

しかしこの第二の特徴に対しては、仮想保険による補償は相当に低い額に抑えられてしまうという批判がある。[41]それらの批判によれば、どのような仮想保険が購入されるのかは共同体の平均的な人々の選好を反映して決まるから、共同体の平均的な構成員がリスクを好む場合には、仮想保険の補償額は低いものとなってしまう。これに対してはしかし、仮想保険の購入の際に考慮される現実の人々の選好とは、どのような補償がどのような効果を持つのかを検討する際に導入されるものであり、リスク選好を含むものではないという再反論ができる。仮想保険におけるリスク選好に関しては、限界効用の逓減や不確実性下での合理的な選択の理論が導入されているように、現実のリスク選好ではなく、合理的なリスク評価を行った場合のものが想定されているのである[42]。またこのような想定を導入することは、現実におけるリスク選好がしばしばリスクの偏在や不平等な富の分配に影響されていることから、適切なものであるとも言える。したがって仮想保険においては、リスクの偏在や富の不均等によって影響される現実のリスク選好ではなく、反実仮想的な平等的条件下における合理的なリスク選好に基づいて、仮想保険のコスト・ベネフィット計算を行うのである。それ故、仮に仮想保険が設定する補償額が低いと判断されるならば、それは、反実仮想的な条件下における合理的な判断を捉えることに失敗しているか、もしくは、コストを考慮しない補償額と比較して低い補償であると判断しているか、どちらかであることになる。

5 仮想保険の手続きは正当化可能か？

以上の議論で、仮想保険アプローチに基づく不運への補償が、不運／選択の影響の特定不可能性という条件下で不運からの十分な保護を提供する、有効な戦略であることを確認した。そこで次に、5においては、仮想保険の手続き設定そのものが適切であるのか否かを検討する。それはつまり、仮想保険の手続きに依拠することの正当性を示すことを意味する。これに関しても、仮想保険に関する従来の解釈を批判的に検討することが重要となる。

仮想保険の正当化根拠に関しては、従来、保険の購入に関する各個人の自律的判断の尊重にその根拠を求める解釈を行い、その上で、反実仮想的な判断に対しては自律的判断を行う責任を問いえないとする批判が多くなされてきた[43]。これらの批判は、購入するか否かを各自の自律的判断にゆだねる民間保険の延長線上にあるものとして仮想保険を捉えている。しかし実際には、仮想保険における「反実仮想的な条件はいかなる個人化された判断を問うことをも不可能にするほど深いものである」とドゥオーキン自身が述べているように、仮想保険の正当化根拠は民間保険のような各個人の自律的な保険の購入意思には存在しない[44]。そうではなく仮想保険の正当化根拠は、各人をリスクに対して平等に位置づけた上で人々をリスクから守ることがより公正であるという判断にある[45]。それはすなわち、平等な自律的行為者として人々を捉えるならば、人々の人生が不運やリスクに大きく左右されることは好ましくなく、このようにリスクから平等に保護されるべきという判断である。したがって仮想保険の手続きの正当化根拠は、前章で検討した広い意味での運の平等主義のモチーフ、すなわち自律的行為者としての人々の間の道徳的平等に存在するのである。

しかしそうであるならば次に、なぜ保険を用いて不運やリスクに対処することが適切なのか、その積極的な根拠が問われてくる。ここでは、ドゥオーキンの仮想保険アプローチが相当程度具体的な補償のあり方を論じるためのものであるため、補償のためのコストを勘案した補償を提示する必要がある、という点に着目したい。ドゥオーキンによれば、たとえ生まれつきの障害に対する補償であったとしても、コストを度外視して障害の影響をできる限り除去することは、他のことに使いうる資源をなくしてしまうことから、適切ではない[46]。そこで、一定の保険料と補償範囲の組み合わせによって補償を考える保険の考えに依拠することによって、コスト・ベネフィット計算を行った上での補償範囲の決定を行っているのである。仮想保険は、このような反実仮想的な条件下におけるコスト・ベネフィット計算という基準を打ち出すことによって、不運への補償に着目しつつ、運の中立化とは異なった補償の基準を提示することに成功しているのである。

最後に、共同体の平均的な構成員が購入するであろう保険に依拠するという、いわゆる平均人想定に依拠することは、なぜ適切といえるのだろうか。前述のようにこの平均人の想定は、現実社会における平均的なリスク選好を反映するために導入されているのではない。そうではなく、生き方に関する共同体において平均的な諸選好を有している場合、どのような補償を受けた場合にどのような効果があるか、あるいはどのような保険料つまり税金を負担した場合に選好の充足がどの程度阻害されうるか、といったことを考えるための条件設定である。それはつまり、補償が与えるベネフィットと補償のための財源が課すコストが、人々の人生にとってどのような意味を持っているのかを検討するための条件である。これは例えば、実際に失業した人にとってどのような失業給付がどのような意味を持ちうるのか、あるいは、実際に特定の障害を負った人に対してどのような補助がどのような意味を持つのか、それらを検討するために導入されている。不運から人々を保護する際には、どのような保護がどのような意味を持っているかを考慮すべきところ、共同体に存在する諸々の選好やライフスタイルに照らしてその効果をはかることは、理にかなっていると言える。

6 仮想保険と選択責任

以上で論じてきたように、仮想保険に基づく不運からの保護は、帰結に対する選択と不運との影響の併存および不運の影響の事後的な特定不可能性という問題設定を踏まえた場合に、有効かつ正当なものであることが示された。しかし以上の議論に対しては、仮想保険は不運からの保護を重視するあまり、選択責任を軽視してしまっているのではないかという反論がありうる。なぜならば仮想保険は、不運の介在によって生じやすい不利益や苦難に対して、しかしそれが実際に不運の影響を大きく受けたことを特定することなしに、補償を与えてしまっているからである。それはつまり、実際には選択の影響を大きく受けているような不利益に対して、不相応な補償を行っている可能性を排除しえないことを意味する。そうであるならば、仮想保険による不運からの保護は少なくとも、選択と不運との間に大きな規範的差異を見出す運の平等主義の分配原理としては不適切なのではないか、そのような反論が想定できるだろう。

しかしながらこれに対しては、仮想保険が以下の四つの方法で人々の責任ある選択を反映したり促したりできることが、再反論となる。[47] 第一に、仮想保険はコストと有効性の比較考量によって補償範囲を割り出すため、不利益や苦難に対する完全な補償を提供することはない。それ故に、仮に選択の帰結として苦難に陥ったと仮定しても、このような不完全な補償が選択責任の一定の反映となりうる。第二に、このように補償が完全でないことは、それを考慮して責任ある選択を行うことを促す効果もある。[48] 第三に、補償を提供する際の条件に未来の選択を課すことができる。例えば、失業保険に職業訓練や職業あっせんを組み合わせることや、病気の治療と禁煙を組み合わせることが考えられる。[49] 第四に、例えば喫煙のような不利益のリスクを高める行動に対しては、タバコの購入に対する課税などの追加の負担を求めることが考えうる。ここで特に重要なのは、未来の選択を課すという三つ目の手段である。例えば今、ロックスターを目指して失業あるいは低賃金のアルバイトを続ける人物がいるとしよう。この人物が失業あるいは低賃金労働に陥っていることには、家庭環境などが影響している可能性を完全には否定できないとしても、ロックスターを目指すという選択が大きな影響を与えていることは否めない。この場合、無条件で失業給付などを提供することは確かに、選択責任をないがしろにしていると言えるであろう。しかし、職業訓練や職業あっせんなどの選択を失業給付の条件とするならば、そのような選択を行った後にも失業状態や低賃金の状態が続くことは、不景気が長引くという不運や、あるいは、不利な家庭環境という不運の影響であると考えることができる。したがって、このような未来の選択を給付条件に課すことで、人々の選択責任の反映と不運に基づく不利益の緩和とを、両立することができるのである。

以上のように仮想保険は、確かに、事後的に見て不運の影響である不利益のみを緩和し、選択の影響を完全に反映するという意味では、そのような選択責任の尊重を達成してはいない。しかし仮想保険は、事後的には必ずしも特定できないような不運から事前に人々を保護することによって、その反作用として、人々が選択責任を果たせるような環境、ないし、人々の選択責任を問うことを可能にするような環境を作りだすスキームであると言える。したがって仮想保険は、選択と不運との間に大きな規範的差異を見出す運の平等主義の分配原理として適切な程度に、選択責任を反映したアプローチであると言える。

五　結論

本論考の結論として、今までの議論を整理する。本稿は、過酷性批判に応答しうる広い意味での運の平等主義の分配原理として、仮想保険に基づく不運からの保護の構想を擁護した。それは以下のような流れで展開された。まず第一に、運の平等主義に対する過酷性批判は、選択と不運のどちらかのみが帰結に影響を与えると捉えた上で、選択が介在する場合にはおよそ不運が介在することはないという前提をとっている。それ故に、運の平等主義は、選択と併存して帰結に影響を与える不運の存在を指摘することで、過酷性批判を回避することができる。しかし第二に、選択と不運とが併存して帰結に影響を与えるという前提に立つ場合、具体的な不利益や苦難に関して不運がどの程度影響を与えているのかを特定することは困難になる。したがって、不運の影響を事後的に特定して除去しようとする運の中立化とは異なる分配の原理を、運の平等主義は提示する必要がある。そこで第三に、選択と不運の影響の併存、および不運の影響の特定不可能性を前提にするならば、不運が介在している蓋然性の高い類型の不利益・苦難に対して、リスクに対する平等性を確保する反実仮想的な条件下において購入される理由のある保険を問う仮想保険アプローチが、不運からの保護として有効かつ正当な構想を提示することを示した。仮想保険は、具体的な不利益や苦難が実際にどの程度不運に影響されていたのかを問うことなく補償を提供するため、不運の特定不可能性への応答となるとともに、過酷性批判への応答にもなる。また仮想保険が依拠する手続きは、リスクに対する平等な位置づけという反実仮想的条件、現実に存在するような選好に照らしたコスト・ベネフィット計算、合理的な賢明さに基づく保険の購入、といった条件設定によって、不運からどのように人々を保護すべきかを問うために必要な考慮事項を適切に手続き化している。またこのような仮想保険は、選択の影響を完全に反映させるという形で選択責任を尊重するスキームではないが、不運が介在している場合に起こる蓋然性が高い不利益や苦難に対する補償を用意することで、不運に大きく影響されることなく自律的な選択を行うための環境を作り出す。そのような意味で仮想保険は、選択責任の尊重と不運の影響からの保護を両立することを目指す運の平等主義の構想であると言える。

最後に、本稿の後に残された課題を、いくつか提示しておく。まず最大の課題は、K・C・タンが提示する制度的運の平等主義のスキームへと、仮想保険を応用できるのかという課題である。(50) 運の平等主義に依拠した分配の理論は従来、不運の影響を受けた当該個人に対して補償を行うことや、当該個人の様々な機会を保障することを、中心的に議論してきた。それに対してタンの制度主義的アプローチは、何らかの偶然性が不利益をもたらさないように社会の制度そのものを構築することを目指す。このアプローチは、運の平等主義の射程を広げるものとして有効と思われるが、しかし、どのような運の平等主義の分配の原理に基づいて制度を構想するのか、その点が曖昧なままである。そこで、仮想保険を拡張して有効な制度主義的構想を提示することが、第一の課題となる。第二の課題として、仮想保険アプローチ自体のブラッシュアップの必要性を挙げることができる。本稿が論じてきたように、仮想保険アプローチは、選択と併存する不運の問題に対処する有効なアプローチである。しかしそれには、改善すべき点もいくつか存在する。その代表的なものが、平均人による合理的な選択という要素である。まず、共同体における平均的な諸選好を基準に補償のコスト・ベネフィット計算を行うことには、少数派の選好をどう扱うのかという課題が存在する。次に、合理的な保険の購入という点に関してドゥオーキンは、合理的な選択に関する様々な経済学的議論を援用しているが、これらの想定の妥当性を検討する必要がある。

（1）J. Rawls, *A Theory of Justice*, Cambridge, Harvard University Press, 1971.

（2）運の平等主義に関する検討を行う文献としては、以下のようなものが代表的である。K. Lippert-Rasmussen, *Luck Egalitarianism*, Bloomsbury Publishing, 2016; 飯田文雄「運命と平等――現代規範的平等論の一断面」、『年報政治学 2006-I 平等と政治』、二〇〇六年; 井上彰『正義・平等・責任』、岩波書店、二〇一七年; 広瀬巌「平等論の展開――ロールズ以降の「運の平等主義」の基本問題」、小野紀明・川崎修（編）『岩波講座 政治哲学6 政治哲学と現代』、岩波書店、二〇一四年。

（3）運の平等主義の立場をとる議論としては、R・アーネソン、G・A・コーエン、R・ドゥオーキンの三者による以下のような文献が代表的である。R. J. Arneson, Equality and Equal Opportunity for Welfare, in *Philosophical Studies*, Vol. 56, No. 1 (1989); R. J. Arneson, Liberalism, Distributive Subjectivism, and Equal Opportunity for Welfare, in *Philosophy & Public Affairs*, Vol. 19, No. 2 (1990); G. A. Cohen, *Rescuing Justice and Equality*, Harvard Univerity Press, 2008; G. A. Cohen, *On the Currency of Egalitarian Justice, and Other Essays in Political Philosophy*, Princeton University Press, 2011; R. Dworkin, *Sovereign Virtue: The Theory and Practice of Equality*, Harvard University Press, 2000（以下SV）; R. Dworkin, Sovereign Virtue Revisited, in *Ethics*, Vol. 113, No. 1（2002）（以下SVR）; R. Dworkin, *Justice for Hedgehogs*, Cambridge, Harvard University Press, 2011（以下JH）. ただしドゥオーキンは、運の平等主義という立場を、後に説明するように運の中立化に基づく分配原理を採用するものとして理解しているため、自身の仮想保険が運の平等主義の立場であることを否定している。これについては、SVR, p. 107.

（4）E. Anderson, What Is the Point of Equality?, in *Ethics*, Vol. 109, No. 2（1999）, pp. 295-302（以下PE）.

（5）S. Segal, *Health, Luck, and Justice*, Princeton University Press, 2010; K. C. Tan, *Justice, Institutions, and Luck: The Site, Ground, and Scope of Equality*, Oxford University Press, 2012.

（6）このような難点を指摘するものとして、A. Inoue, Can Luck Egalitarianism Serve as a Basis for Distributive Justice? A Critique of Kok-Chor Tan's Institutional Luck Egalitarianism, in *Law and Philosophy*, Vol. 35, No. 4（2016）; I. Hirose, *Egalitarianism*, Routledge, 2015.

（7）ドゥオーキンが仮想保険アプローチについて論じた主な箇所としては、SV, Ch. 2; Ch. 9; SVR; JH, pp. 357-363.

（8）Tan, *Justice, Institutions, and Luck*, pp. 105-114.

（9）Tan, *Justice, Institutions, and Luck*, pp. 88-89. ただし、運の平等主義に与する論者すべてが、このような自律的行為者の平等性にその根拠を求めているわけではない。

（10）運の中立化という概念を提示したのは、S. L. Hurley, *Justice, Luck, and Knowledge*, Harvard University Press, 2003である。ハーリー自身は運の平等主義を批判するためにこの用語を用いたが、代表的な運の平等主義者であるG. A. Cohenをはじめ、運の平等主義者自体もこの運の中立化という概念を使用している。それについては、Cohen, *On the Currency of Egalitarian Justice*, p. 117を参照。

（11）Cohen, *Rescuing Justice and Equality*, p. 300.

（12）このような議論は、制度的な運の平等主義と呼ばれる立場や、機会の平等に依拠する運の平等主義によって提示される。前者の立場としては、Tan, *Justice, Institutions, and Luck*を参照。後者の立場としては、Arneson, Equality and Equal Opportunity for Welfare; Cohen, *On the Currency of Egalitarian Justice*, Ch. 1を参照。

（13）ただし、アンダーソンの過酷性批判はもともと「選択的運の犠牲者」というタイトルのもとに行われており、そこで用いられている用語は、運／選択ではなく、厳然たる運（brute luck）／選択的運（option luck）である。運／選択ではなく厳然たる運／選択的運の概念を用いた場合の議論に関しては、後に論じている。

（14）PE, pp. 296-297.

（15）これに関しては、E. Anderson, How Should Egalitarians Cope with Market Risks?, in *Theoretical Inquiries in Law*, Vol. 9, No. 1（2008）を参照。

（16）運の平等主義に関する体系的な考察を行うリッパート－ラスムセンによれば、運の平等主義の中核的主張は、「悪い運を通じて他者よりもより悪い状態になることは不正である」というものであり、選択的運に対して補償を行うか否かは、論者によって立場が分かれる。これについては、Lippert-Rasmussen, *Luck Egalitarianism*, pp. 2-6; 67-72.

(17) PE, pp. 296-297.

(18) このような可能性を指摘するものとしては、C. Voigt, The Harshness Objection: Is Luck Egalitarianism Too Harsh on the Victims of Option Luck?, in *Ethical Theory and Moral Practice*, Vol. 10 (2007), pp. 389-407を挙げることができる。また、井上『正義・平等・責任』も、選択肢を吟味して実行する能力に対して働く不運の問題に着目している。

(19) SV, p. 73.

(20) 選択的運と厳然たる運の区分に関しては、従来、様々な議論が提示されてきた。代表的なものとしては、Segal, *Health, Luck, and Justice*; P. Vallentyne, Brute Luck, Option Luck, and Equality of Initial Opportunities, in *Ethics*, Vol. 112, No. 3 (2002), pp. 529-557などを挙げることができる。これらの議論は、選択が介在している場合にも厳然たる運が存在することを主張する点においては、本稿と立場を同じくする。これらの立場の詳細な検討は本稿の目的を超えるものであるため、本稿においては行わない。

(21) ただし、ドゥオーキンが選択的運への補償を明確に拒否する場面は、選択的運の影響を事後的にかつ完全に消去する場合のみである。そして、ドゥオーキンが提示する仮想保険はこのように事後的に運の影響を消去するようなアプローチをとらない。これに関しては、SV, pp. 73-76; JH, pp. 358-359を参照。

(22) SV, p. 75.

(23) K. Lippert-Rasmussen, Egalitarianism, Option Luck, and Responsibility, in *Ethics*, Vol. 111, No. 3 (2001), pp. 555-556.

(24) 本稿においては検討しないが、過酷性批判を退ける他の方法としては、選択的運と厳然たる運との二分法にこだわりつつ、厳然たる運が影響していると考える事例を増やすように、両者の区分を立て直す議論がある。代表的なものとしては、セガルが提示する、「避けることを期待することが理にかなっているか否か」で選択的運と厳然たる運とを区別する立場である。これについては、Segal, *Health, Luck, and Justice*, pp. 20-24を参照。また、これに対する批判としては、Hirose, *Egalitarianism*, pp. 50-51がある。

(25) 運の平等主義に関するこの二つの次元の区分に関しては、Tan, *Justice, Institutions, and Luck*, pp. 105-114を参照。

(26) 仮想保険の最も簡潔な説明に関しては、JH. pp. 360-361. 仮想保険に関する記述は、障害に対する仮想保険についてはSV, pp. 77-83において、失業や低賃金労働に対する仮想保険については、SV, pp. 91-99, およびSV, Ch. 9において、詳しく論じられている。また、SVRにおいては、仮想保険に対する批判や誤解に関して、ドゥオーキン自らが再反論を試みている。

(27) 仮想保険は、思考実験の装置としては保険という形をとっているが、仮想保険によって導出される不運への補償は、実際の政策として実行される場合に必ずしも保険という形態をとる必要はない。中心的な補償のあり方としては、累進課税をも含んだ税を拠出ベースにした社会保障政策が念頭に置かれている。これについては、SV, pp. 99-102.

(28) JH, p. 360.

(29) 例えば腕が動かなくなるという障害に対して、どの程度のコストでどの程度の機能の回復が望めるかといった情報を利用する。障害に対する利用可能な対処法とコストの反映に関しては、SV, pp. 78-79に詳しい。

(30) SV, p. 333; SVR, p. 114.

(31) この疑問の定式は、匿名の査読者の方からのコメントに負っている。

(32) SVR, p. 107.

(33) このようにベーシックニーズを保障するものとして仮想保険を解釈する議論として、Tan, *Justice, Institutions, and Luck*, pp. 123-125を挙げることができる。また、ベーシックニーズの保障を行うものとして仮想保険を再構築すべきとする立場として、Segal, *Health, Luck, and Justice*, pp. 60-61; 69を挙げることができる。

(34) SVR, pp. 113-114.

(35) SV, pp. 322-325.

(36) ただしドゥオーキン自身は、補償対象を「不運が介在している場合に生じる蓋然性が高い不利益」とする定式を自覚的には提示してはいない。この定式化は、仮想保険の戦略的課題やそれが提供する補償の性質をもとに著者が行ったものである。またこの点に関しては、具体的に不運が影響している不利益と、不運が介在している場合に生じやすいと想定できる不利益とを、区別することが重要である。すなわち、個別のケースにおいてどの程度不運が介在しているかを認定することは難しいが、例えば教育に関して不利な家庭環境が存在している場合に低賃金労働に陥ることが多いなど、不運が関わっている場合に生じやすい不利益・苦難の類型を想定することはできる。

(37) このように仮想保険を解釈するものとして、*Lippert-Rasmussen, Luck Egalitarianism* を挙げることができる。

(38) SVR, p. 114.

(39) SV, p. 333.

（40）SV. pp. 78-79.
（41）このような批判を提示するものとしては、井上『正義・平等・責任』、六七—七〇頁が代表的である。
（42）SV, pp. 95-98.
（43）このような議論を提示するものとして、Hurley, *Justice, Luck, and Knowledg*, pp. 164-168; 井上『正義・平等・責任』、七八—七九頁。
（44）JH, pp. 362. この叙述におけるドゥオーキンの意図は、以下のようなものであると思われる。仮想保険の反実仮想的な条件設定においては、リスクの所在や保有する富など、個人のリスク選好に大きな影響を与える情報が秘匿される。それ故に、仮想保険の反実仮想的な条件下においては、特定の個人がどのような保険を購入するかを問うことができなくなる。
（45）JH, pp. 361-362.
（46）JH, p. 359.
（47）これらの再反論は、第四のものを除いて、ドゥオーキン自身が提示している仮想保険のメリットを、選択責任を尊重する要素として再構成したものである。第四の議論は、仮想保険の議論を発展させるために重要な補足として、筆者自身が着目している点である。
（48）非完全補償（ないし共同保険）がモラルハザードを抑止するという議論に関しては、SV, p. 101を参照。
（49）職業訓練などの条件を付した失業保険のモデルについては、SV, pp. 334-346; SVR, p. 114を参照。
（50）制度的運の平等主義の考え方に関しては、Tan, *Luck, Institutions, and Luck*, pp. 103-105を参照。

＊本稿は日本学術振興会科学研究費補助金特別研究員奨励費（16J10224）の研究成果の一部である。

［政治思想学会研究奨励賞受賞論文］

平等主義の時間射程

――デニス・マッカーリーの「いつの平等か」論の意義と限界

角崎洋平

一　はじめに――問題の所在

本稿の目的は、デニス・マッカーリーの「いつの平等か」論の到達点を批判的に検討することにより、なぜ「生涯」よりも短い時間射程で個人の状態を把握したり比較したりすることが重要なのか、を明らかにすることにある。

「いつの平等か」という論点とは、規範理論が適用される時間射程（temporal scope）をめぐる論点である。この論点は、平等に配慮されるべき個人（または個体・集団）の状態とは、生誕と死亡の間の生涯（lifetime）と呼ばれる長い時間スパンを包含するものなのか、幼年期・壮年期・高齢期などといった一定の人生のステージ（life stage）などの短い時間射程で捉えられるものなのか、をめぐる論点である。たとえば、平等に配慮される個人を「生涯」単位の個人とするならば、平等化されるのは全生涯を生きるために必要な（実質的な）機会だ、ということになり、たとえば二〇一六年三月三一日時点で発生している不平等（または二〇一五年度で発生した不平等）それ自体に対して、公共政策をもって介入しない、ということになるかもしれない。一方で、平等に配慮されるべき個人を短い時間射程で捉えた「ある時点における個人」とするならば、二〇一一年度や二〇一二年度を含むすべての時点において平等が達成されるべく、公共政策が実施されることになるかもしれない。

これまで平等主義をめぐる議論で主に注目されてきたのは、こうした「いつの平等か」という論点ではなく、「何の平等か（Equality of What?）」という論点である。アマルティア・センは、『不平等の再検討』の第一章として収録されている論文のなかで、「何の平等か」について扱っている。ここでセンは「社会的なことがらに関する倫理的根拠が何らかの妥当性を持つためには、その根拠はある側面ですべての人々に平等な基本的な配慮をしなければならない」と述べている。[1]センは続けて、「もしそのような平等性がなければ、その理論は恣意的に差別を行っていることになり、正当化することが難しくなる」とし、規範理論が「平等性」に配慮すべき理由を述べている。[2]とはいえよく知られているように、この論文の主題は、〈なぜ平等が重要なのか〉ということではない。センはこの論文で、「平等な基本的配慮」が社会制度を評価する規範理論にとって不可欠だとした上で、多くの変数（たとえば、所得、効用、資源、自由、権利など）のうちどれを基本的な平等の評価基準として採用するかという論点――すなわち「何の平等か」をめぐる論点――こそが、社会制度のありようを評価する理論にとって重要かつ中心的な論点であると指摘している。[3]

「何の平等か」という論点とは、何を基準として社会制度がもたらす分配パタンを評価するか、という〈尺度（度量衡）〉をめぐる論点である。たとえばその尺度について、資源（財）を採用すべきか（ジョン・ロールズ、ロナルド・ドゥオーキンなど）、ケイパビリティを採用すべきか（セン、マーサ・ヌスバウムなど）については、平等主義[4]の擁護者のなかでも積極的に議論が交わされてきた。[5]また、社会を評価するために、単一の尺度を採用するべきか（功利主義など）、財や諸機能（functionnings）の多元性を踏まえた多元的な尺度を採用するべきか（マイケル・ウォルツァーの「複合的平等論」[6]やケイパビリティ・アプローチ[7]など）ということも、かかる論点における重要な問題の一つである。

「何の平等か」が、社会制度を評価する規範理論における重要な論点であることは疑いない。しかし、規範理論が社会制度を評価するためには、分配パタンを評価する尺度だけでなく、その尺度が適用される〈射程〉も定める必要があろう。ニルス・ホルタッグとカスパー・リパート゠ラスムッセンは、かれらが編集した*Egalitarianism*と題された論文集の序章において、「何の平等か（equality of what）」とは別に、「誰の間の平等か」という論点や、本稿の課題である「いつの平等か（equality when）」などといった論点があることを紹介している。[8]まさに「誰の間の平等か」「いつの平等か」

は、平等が適用される射程（scope）をめぐる論点である。「誰の間の平等か」という論点は、平等に扱われるべき分配の対象として捉えるべきは、個人（個体）か同じ属性を持つ個人（個体）の集団かという論点や、地理的にどの範囲の個人（個体）や集団を分配対象として捉えるべきか、という論点などを含んでいる。したがって、いわゆるグローバル正義に関する論点（自分が住む国とは異なる国の人々にも平等な基本的な配慮をすべきか）や、動物の権利に関する論点（人間だけでなく動物にも平等な基本的配慮をすべきか）なども、この種の論点に含まれよう。いわばこれらは、規範理論の空間射程をめぐる論点である。

これらの論点と比較して「いつの平等か」という論点は、各平等主義論者においてもあいまいなままにされてきた。マッカーリーは、ロールズの影響を受けた一九七〇年代以降の平等主義者の多くが、当然のこととして「生涯」を時間射程にしていることを指摘し[9]、その点について論争が発展してこなかった原因を示唆している。平等の時間射程を「生涯」とすることが、多くの論者の中で暗黙の前提として共有されているがゆえに、これまで「いつの平等か」をめぐる議論は進展してこなかったといえる。

マッカーリーはこれまで「いつの平等か」の議論をリードしてきた。マッカーリーの「いつの平等か」をめぐる論考は、一九八九年に*Ethics*で発表された論文“Equality and Time”においてその骨格が提示されている[10]。その論文は、ラリー・テムキンによって好意的に評価され[11]、クレメンス・カッペルによって批判的に検討されている[12]。比較的近年では広瀬巌も、マッカーリーの議論をベースにして、平等の時間射程をめぐる議論を展開している[13]。マッカーリー自身、その後も継続的に、時間と平等についての論文をいくつか発表しており[14]、二〇一三年には著書*Justice between The Young and The Old*[15]においてその到達点を示している。マッカーリーは二〇一四年五月に亡くなっているが、現在においても「いつの平等か」をめぐる議論の中心にあるといえる。

マッカーリーは著作のなかで、こうした平等の時間射程を「生涯」とする見解の問題点を指摘し、より短い時間射程で個人の状態を把握したり比較したりすることの重要性を一貫して主張してきた。本稿ではまず、マッカーリーが指摘する、平等の時間射程を「生涯」とする見解の特徴と問題点を整理する（第二節）。そしてマッカーリーが提示するいくつかの「短い時間射程」の平等主義について取り上げ、マッカーリーの議論の到達点として、彼が短い時間射程で個人を捉えるべきとする論拠である、「時間特定優先性説」についても確認する（第三節）。後述するように時間特定優先性説とは、優先性説を人生の短い時間射程に適用する見解である。しかし第四節で確認するように、マッカーリーによる時間特定優先性説に基づく「なぜ短い時間射程か」という説明は、説得的なものとはいえない。本稿では第五節で、マッカーリーが萌芽的な指摘をしつつも十分に展開してこなかった、「福利の構成要素」をめぐる議論に注目する。そして、福利の構成要素別に適切な時間射程や充足されるべき人生におけるタイミングがあることに注目することで、「なぜ短い時間射程なのか」の説得的な説明を提示する。その際、「福利」という特定の尺度に拘泥したが故にマッカーリーは、福利の構成要素別の特徴に適切に配慮することができなかったことも、指摘する。

二　人生全体の平等主義

上述のようにこれまで、平等の時間射程を「生涯」とすることが、多くの論者の中で暗黙の前提として共有されてきた。マッカーリーは、ロールズやドゥオーキン、トマス・スキャンロン、トマス・ネーゲルらに代表される平等主義を、「生涯全体の平等主義（complete lifetimes egalitarianism）」[16]、または「人生全体の平等主義（complete lives egalitarianism）」[17]として定位している。マッカーリー曰く人生全体の平等主義とは、「正義の原理を適用する適切な時間単位（temporal unit）は、人生における時間段階（temporal stage）ではなく、生涯（lifetime）である」とするものである。[18]

マッカーリーは、社会契約論者の多くがこの人生全体の平等主義を採用していると考えている。それは、社会契約の当事者たちの選択肢にのぼる原理とは、自分たちの人生の初めから終わりまでに影響を与えるような制度原理だからである。[19] 確かにロールズは、正義の原理が射程に入れる不平等とは、「各市民の人生の見通し（人生全体（a complete life）の見通し）に関する格差」であると明確に述べている。[20] また社会契約論者ではないがドゥオーキンも、人生の全期間で発生する自然の運（brute luck）をカバーする仮想的保険商品の想定をもとに、望ましい資源分配の原理を構想している。[21]

マッカーリーによれば、人生全体の平等主義の擁護者は、「人格の別個性（separateness of person）」の重要性を認識しており[22]、それゆえに「個人間判断（interpersonal judgment）」と「個人内判断（intrapersonal judgment）」を区別している。マッカーリーにしたがえば、個人内判断は「最大化原理（maximum principle）」によって導かれる[23]。すなわちマッカーリー曰く「単一人格内（a single person）のケースにおいて、私たちは、損害を上回る便益の最大可能な余剰を達成することに関心がある。このような便益や損害が、始めから終わりまでの個人の人生内でいかに分配されるのかということについては考慮しない[24]」。要するマッカーリーは、人生全体の平等主義者は個人内での福利（well-being）の総和に関心がある、としている。対して人格の別個性に基づく個人間判断とは、最大化原理によって導かれないものである。「当該の便益と損害が異なる人々によって経験されているとき、私たちは〔個人間をまたいで損得を総和し〕、単純に、損害を上回る便益の最大限可能な余剰の達成を目的とすべきではない[25]」。このように、個人内判断については最大化原理を採用し、個人間判断においてはそれを採用しないというのが人生全体の平等主義である。そして、人生を全体として捉え、人生内部における分配パタンについては正義の原理は意見を挟まないとするのが、人生全体の平等主義である。

ロールズなどの見解を、人生全体を射程に入れた平等主義として評価するのは、マッカーリーだけではない。亀本洋は、ロールズの格差原理によって分配される所得が、「現実に各人が得た所得ではなく、一生を通じて各人が得る所得の見込みである」と指摘している[26]。また広瀬巌は、「個人の全人生が、分配的判断の適切な時間単位」とする生涯説（lifetime view）の理論家として、ロールズ、ドゥオーキンそしてネーゲルをとりあげている。広瀬は、かれらは明示的ではないものの、人生全体の評価のために個人内での総和（集計）を支持している、としている[27]。また広瀬は、ロールズについては明確に個人間での総和（集計）に基づく評価を批判していると指摘している[28]。

マッカーリーが提示した具体的な事例で人生全体の平等主義を考えてみよう。たとえば中世のギルドにおいて、各人は徒弟・職人・親方の各人生ステージを生きるとする。たしかに人生内のある時点における徒弟Aと親方Bの間には不平等がある。しかし、親方Bにも徒弟期があり、徒弟Aにも将来親方となることが見込まれるのであれば、両者は生涯単位では平等だ、ということになる。にもかかわらず、ある時点におけるAとBの不平等を是正しようとするのは理にかなったことでないように思われる。[29]

カッペルは以下のような事例も提示している。すべての男性労働者が炭鉱における過酷労働に従事することによって生活を維持している小さな社会があるとする。彼らは昼夜交代制で労働している。したがって、昼間シフトの労働者が過酷労働に従事しているとき、夜間シフトの労働者は休んでおり、夜間シフトの労働者が過酷労働に従事していると き、昼間シフトの労働者は休んでいることになる。確かにある時点においては、労働している者と休んでいるものの間に不平等が存在する。しかし、人生全体としてすべての労働者が同じ長さで炭鉱労働に従事しているならば、ある時点において一方が働いていてもう一方が休んでいるという不平等は問題視されないだろう。[30]

なぜ、上述のケースのように、もっぱら人生全体での平等が重視され、各時点で発生する不平等が等閑視されるのだろうか。マッカーリーは、平等主義が人生全体に焦点を当てる際に前提としている論拠の一つとして、「補償に基づく論拠」をあげている。それは、ある人が、ある時点に苦境にあったとしても（そしてそれゆえに他者と比して不平等な境遇にあったとしても）、後日その苦境が十分に補償されるならば、一時的に発生した苦境や不平等を問題視しないだろう、という直観を踏まえたものである。[31] 上述の徒弟制・昼夜交代労働のケースにおいては確かに一時的に不平等な境遇に置かれる者が存在するが、その不平等な境遇はその前後の時点でしっかり補償されているといえる。

以上を踏まえれば、人生全体の平等主義は強い説得力を持つように思われる。しかし、いかなる場合も人生全体の平等主義は説得力を持つのであろうか。マッカーリーが提示する以下の事例を想定してみよう。二人の個人が存在し、奴隷と奴隷主の状態を、それぞれ二〇年間ずつ交代して経験するとする。このとき人生のある時点においては深刻な不平等が存在するが、人生全体としては平等である。マッカーリーは、このような事例と、そもそも奴隷や奴隷主のいない平等社会の事例とを比較する。そして彼は、〈両事例とも人生全体としては平等が達成されているから〉といって、両事例を同等のものとして評価できないのではないか、と指摘している。[32]

テムキンが提示し、マッカーリーも紹介するヨブの物語を考えてみよう。神はヨブ1とヨブ2を作った。かれらの、全体としての生涯に置ける苦しみの総量は同じであるが、人生の前半期には、ヨブ1が幸福を味わっているのに対して、ヨブ2は財産や家族を奪われたり身体的にも絶え間ない苦痛を味わったりと過酷な境遇に追い込まれている。そして人生の後半期にはヨブ1とヨブ2の立場は逆転する。[33] このとき確かにヨブ1とヨブ2は人生全体としては平等である。またテムキンはカースト制システムを前提として、各カースト間の格差や差別を維持しつつ、各カーストに属する人々を、期間を区切って変更する制度を例示している。ここにおいてもすべての人はすべてのカーストを経験するがゆえに人生全体としては平等だ、ということになる[34]。

マッカーリーは、上述のような交代型の奴隷制やカースト制そしてヨブ事例でみられる状態を等閑視する平等主義を「立場変更平等主義（changing places egalitarianism）」と呼ぶ[35]。人生全体のみが平等主義の関心であるとしてしまえば、平等主義は、生涯内での各時点や各期間における不平等について、その不平等がいかに深刻であろうとも、これを是正する論理を内在的に持たなくなる。そのため、人生の各時点における深刻な不平等は等閑視されてしまう。

三　短い時間射程の平等説と優先性説

立場変更平等主義のケースが示すようにわたしたちは、人生全体で比較した時には平等であっても、人生のある時点で発生した不平等を問題視することがあるように思われる。以下本節では、マッカーリーが提示する短い時間射程の平等主義について確認する。

1　三つの短い時間射程の平等説

マッカーリーは、短い時間射程の平等主義として、まず短い時間射程の平等説について検討している。マッカーリーによれば、短い時間射程の平等説は、以下の三つに区分される。

第一に、特定時点の個人の状態を、他者の人生のあらゆる時点におけるその人の状態と、比較することによって、不平等性を評価する方法である。「たとえば、ある個人の老人期と、同時点での他の人の中年期の間の不平等は問題である。また、仮に二つの人生に置ける二つの時点が同時点的でなくても〔たとえばある個人のある時点の老人期と、別の個人の別の時点の中年期であっても〕、このような不平等は問題がある」とする。マッカーリーはこれを、全区間説（total segments view）と呼ぶ[36]。

「不平等を評価する別の方法は、特定時点における個人の状態を、他者の同じ時点における状態と比較する」ことである。よって第二の比較は、異なる人生間の同時間段階の比較である。そのためには、Aの中年期とBの青年期とが同時点であることが必要である。そこでもし不平等があるならば、問題があるとされる。しかし、異なる人生の二つの段階が同時点でないならば、この見解はかれらの間の不平等を問題あるものとしないだろう。マッカーリーはこの見解を、同時区間説（simultaneous segments view）と呼ぶ[37]。

第三の考えられうる方法は、ある人生ステージにおける個人Aの状態を、個人Bの（未来または過去または現在における）Aと同じ人生ステージの状態と、比較するものである。たとえばある人は青年期にあったとする。「このとき私たちは、その人の青年期の状態と、別の人の若かった時〔青年期〕の状態を比較すべきだと考えるかもしれない」。マッカーリーはこれを対応区間説（corresponding segments view）と呼ぶ[38]。

マッカーリーは以下の理由により、同時区間説を支持している。

まず同時区間説と対応区間説を比較してみよう。同時区間説は、今まさに発生している不平等について問題視する見解であるといえる。対して対応区間説は、いつ生まれようとも、たとえば個人Aの老人期と個人Bの老人期の福利には格差があってはならないとする見解である。こうした対応区間説に基づいた分配ルールは、各人の同時点での平等を求めるものではないが、個人Aの青年期と個人Bの青年期、個人Aの老人期と個人Bの老人期が同一水準のものであることを求める。

マッカーリーは数値例を用いて同時区間説と対応区間説を検討している。数値は福利（福祉／暮らし向き／well-being）であるとする。マッカーリーは多くの論考でこのような数値例を用いた比較を行っているが、そのほぼすべてにおいて、分配の尺度は何であるべきか（すなわち「何の平等か」）について詳細な議論を展開することなく福利を指標として採用している。マッカーリーは「平等主義は究極的には機会や資源やケイパビリティではなく、福利（well-being）に関心があると仮定しておきたい」としつつも、「このとき福利の基準が効用であるか、快楽／苦痛であるか、行為者の自分の人生についての評価的判断か、またはそれが卓越主義的財（perfectionist goods）であるか否かにかかわらず、私が導き出した結論が説得的であることを望む」、としている。(39)

それでは表一と表二で、マッカーリーの数値例による説明を確認しよう。(40) たとえば表一の時点T3において、たとえその移転が、人生間での不平等を生むとしても、また対応区間における不平等を生むとしても、同時区間不平等を減少させるために、BからAへ数値を移転させることは理にかなったことに思われる。それは深刻な不平等を解消するものであるとともに、Aの状態の悪さを改善するものだからである。一方で、表二において、対応区間不平等を根拠にした、T3におけるAからBへの福利の移転は理にかなっているように思われない。この移転をすると、確かに対応区間における平等は達成されるが、全人生における不平等とともに同時区間比較において不平等が拡大してしまうからである。(41) すなわち対応区間説は、対応区間の不平等を解消するために、今発生している不平等をさらに深刻なものにすることも許容してしまうかもしれない。

またマッカーリーは、対応区間説よりも同時区間説のほうが説得力を持つことについて、同時点における壮年Aと老人Bの格差は問題になるかもしれないが、一九九〇年代の老人と一九七〇年代の老人の格差はあまり問題にならないだろうと述べることでも指摘している。(42)

マッカーリーは全区間説と同時区間説についても比較している。マッカーリーは、時間射程の短い平等説を、人格の同一性に対する疑念から正当化しようとする場合、全区間説を採用することになるとしている。(43) 人格の非同一性に基づく見解は、各期間を跨いだ人格の存在に疑問を呈しているのだから、長い人生のうちどの時期にあたるかを重視する対応区間説は採用しえない。また同一の個人であっても各期間で別人格なのだから、同一個人内における期間間の不平等（たとえば個人AのT1とT2の不平等）についても問題視せざるを得ず、同時性を条件とする同時区間説も退けられる。

しかし全区間説は、以下のようなわれわれの直観に反するような帰結を生む。全区間説によれば、二人の人間が同じ

表一

	T1	T2	**T3**	T4	T5
A	5	5	**1** ↑		
B			**5**	5	1

表二

	T1	T2	**T3**	T4	T5
A	5	5	**2** ↓		
B			**4**	7	1

日に生まれ、同じ日に死に、その間の毎日において二人の状態が完全に同じだとしても不平等は存在しうることになる。またマッカーリーは、全区間説は、一九七一年九月一三日のある人の状態と一九九五年一〇月三一日の別の人の状態を比較し、その間の不平等を問題視することになると指摘する。しかしこうした平等を追求することは「まったく妥当ではないように思われる」[44]。

2 同時区間平等説の問題点

マッカーリーは初期の論文である"Equality and Time"では、時間を視野に入れた平等主義について、同時区間での平等説が、人生全体の平等主義や他の時間射程の短い平等主義に対して優位性を持つことを指摘するところで論述を終えている[45]。

それでは同時区間の平等説と人生全体の平等主義を改めて、マッカーリーやテムキン自身が用いている数値例によって比較しよう。表三と表四において、個人Aと個人Bは同じ時点で生まれ、期間T1からT4までを生き、同時に死亡するとする。事例での数値はやはり個人Aと個人Bの福利（well-being）を示す[46]。

同時区間の平等説によって表三と表四を評価すると、同時区間の不平等のみに注目するため、表三においても表四においても、各期間すべてで6単位の格差があるとみる。したがって、表三と表四は同じくらいの不平等があって悪い、ということになる。だが、人生全体の平等主義では、人生全体の不平等を比較することになるので、表三（Aが合計8でBが合計32、したがって24単位の格差）のほうが、表四（AもBも合計は20で格差無し）よりも不平等だ、ということになる。こうした点から表三の社会よりも表四の社会の方が望ましい、と判断する者は多いだろう。

表三

	T1	T2	T3	T4
A	2	2	2	2
B	8	8	8	8

表四

	T1	T2	T3	T4
A	2	8	2	8
B	8	2	8	2

なぜ表四のほうが表三よりも望ましいと思えるのか。その一つの理由は第二節で確認した「補償に基づく論拠」によって説明できよう。表四において、Aは確かにT1とT3で不遇であるが、そうした不遇は、AのT2とT4における好遇で補償されているように思われるからである。Bについても同様である。マッカーリーやテムキンは、表三と表四の数値例に基づいて、同時区間の平等説を、人生全体の平等主義の代替案として、単純に採用することもできない、ということを認めている(47)。が、だからといって彼らは、同時区間説などの短い時間射程の平等主義への支持を取り下げているわけではない。

なぜ「補償に基づく論拠」を否定してまで同時区間説などの短い時間射程の平等主義を擁護する必要があるのか。カッペルは、一九九七年に発表した論文"Equality, Priority and Time"において、時間を跨いだ補償を否定するならば、すべての時点で同時区間的に平等が達成されている場合にのみ、不平等を完全に回避できることになる、と指摘する(48)。したがって、各人の間での好遇や不遇の状態が発生するタイミングの一致こそが、不平等の解消に必要だ、ということになる。カッペルは、にもかかわらずマッカーリーや（彼に基づいて短い時間射程の平等主義を肯定的に評価する）テムキンは、タイミングの一致が重要であるという理由について十分に説明していないと批判している(49)。

同時区間の平等説を擁護するためには、各時点の分配状態の良さや悪さは、別の時間の分配状態の良さや悪さと独立に決定される、ということを正当化する必要がある。こうした考えについて広瀬巌は「時間の分離性（separability of time）」と呼んでいる(50)。同時区間の平等説はこうした時間の分離性を採用しているといえる。この時間の分離性を採用しないならば、ある時点の分配状態は他の時点の分配状態も考慮して評価されることになり、人生全体の平等主義との区別ができなくなってしまうだろう。結果として人生全体の平等主義が引き起こしたような立場変更平等主義も容認してしまうかもしれない。

とはいえ、なぜ時間の分離性が重要なのか、なぜある時点での不利益が別時点で補償されえないのか、の説得的な論拠が問題である。たとえば人格の非同一性（人格の別個性の否定）を論拠とするのであれば、時間の分離性が重要であることを容易に説明することができるだろう。しかしマッカーリーが指摘するように（上述）、人格の非同一性説を論拠として導かれる全区間説の平等主義は説得力を欠いている。

3 優先性説と時間特定優先性説

マッカーリーは、カッペルなどによる批判は、同時区間の平等説を完璧に論駁するとは考えていないが、深刻な問題を指摘していることは認めている。[51] マッカーリーは近年、より説得的な、規範理論を短い時間射程に適用する論拠として、優先性説（priority view）に注目している。優先性説という考え方は、一九九五年のディレク・パーフィットの論文"Equality or Priority?"によって注目されたものである。[52] 同時区間の平等説を批判したカッペルも人生の特定時間に適用する優先性について検討しているが、[53] マッカーリーも一九九七年には論文"Priority and Time"において、[54] 優先性説を人生の時間段階に適用する議論を展開している。

パーフィットのいう優先性説（priority view）とは、「人びとに便益を与えることは、その人びとがより恵まれていない（worse off）場合に、より重要になる」という考え方である。[55] こうした考えは、「道徳的重要性の限界逓減（diminishing marginal moral importance）」法則によって説明される。[56] この法則は、（効用で測られたものも含む）福利を独立変数、その福利の道徳的重要性を従属変数とした、（厳格な意味での）増加凹関数によって示すことができる。そしてこのとき、限界効用逓減法則を採用する功利主義が資源の平等を支持するように、限界道徳的価値逓減法則を採用する優先性説は、福利の平等を支持する。

表五

	T1	T2
A	1	5
B	1	4

パーフィットによれば優先性説の支持者は、「資源をより恵まれていない人びとに移転させるときはいつでも、結果として生じる便益はそれ自体としてより大きくなる、というだけではな」く、「その便益は道徳的規模（moral scale）において、より重要になる」と考えている。[57] したがって優先性説は、増加する福利が同じ1単位であっても、より恵まれていない人が追加的に得る1単位の方が、より裕福な人が追加的に得る1単位よりも、道徳的に重要である、と考えている。

マッカーリーはこうした優先性説を、個人の生涯単位での評価ではなく、より短い時間単位での個人の状態の評価に適用する。マッカーリーはこうした自身の優先性説を「時間特定優先性説（time-specific priority view）」とよぶ。[58]

マッカーリー自身による数値例を使った説明に基づき、人生全体の平等主義および同時区間の平等説と、時間特定優先性説の違いを確認しよう。[59] 表五において、（Aではなく）Bについてのみ、もう1単位福利を引き上げることが可能だとしたらどの時点のBの福利を引き上げるべきか、を考える。

Bのどの時点の福利を引き上げようとも人生全体としての平等は達成される。一方、同時区間の平等説によれば、BのT1ではなくT2を引き上げるべし、ということになるだろう。[60] しかしわれわれはおそらくBの福利を引き上げることが可能ならば、比較的まっとうな生活が可能なT2ではなく、過酷な状態にあるT1の福利を引き上げるべきだ、と考えるのではないか、とマッカーリーは指摘する。[61] 彼は、こうした結論は前小節でみたような平等説の見解ではなく、時間特定的な優先性説によってこそ導き出せる、とする。なぜなら時間特定優先性説からすれば、BのT2の福利の上昇よりも、T1の福利の上昇の方が、優先性説的観点からみて道徳的価値が高いからである。[62]

時間特定優先性説の特徴は、優先性説を個人間だけでなく個人内にも適用しようとするところにある。これは、平等主義を個人内判断に適用しない、人生全体の平等主義とは大きく異なる点である。こうした他者との比較を要しない理論としての優先性説の解釈は、マッカーリー独特の解釈というよりも、優先性説固有のものといえる。パーフィットは、「優先性説において、より恵まれていない人に便益を与えることが重要である理由は、そのような人びとがより低い絶対的水準にいるから、というだけである。そのような人びとが他者より恵まれていない、ということが重要なのではない。かれらに利益を与えることは、たとえ他により裕福な人がいないとしても、かわらず重要である」と述べている。[63] したがって、優先性説は比較する他者がいなくても、ある人のある時点での生活困難な状態を救済することに、道徳的な価値を置いていると解釈することが可能である。

また時間特定優先性説は、比較対象期間の同時性（同時区間説）や、人生段階の対応性（対応区間説）を前提としない、いわば全区間優先性説である。上述のように優先性説とは、当該の個人が得る福利の価値は、別の人格である他者との比較によってではなく、その利得を得たときの（得る前の）絶対的福利水準に依存する、というものであった。したがって、誰が優先されるべきかについて、私たちはすべての時点（at all times）におけるすべての人（all people）を考慮にいれるべきである。誰かを支援するか否かを検討する際に、その人が同じ時点にいる他の誰かと比較してどうか、といったことを考える必要はない。[64]

こうした時間特定優先性説によれば、ある時点の分配状態の良さや悪さは、別の時間の分配状態の良さや悪さと独立に決定される、という時間の分離性の説明は説得的であるといえるかもしれない。T1時点での裕福さが、T2時点での不遇の救済を拒む理由にはならない。ある個人Aが悲惨な老人期に、かれが享受してきた幸せな青年期と壮年期の状態にもかかわらず救済されるのは、まさにそうした老人期が絶対的に悲惨だからである。[65]

四　時間特定優先性説の批判的検討

個人内にも平等主義的な分配ルールを持ち込んで時間の分離性に配慮する時間特定優先性説は、マッカーリーの議論の一応の到達点である。しかしなぜ、優先性説、とりわけ、時間特定優先性説を採用しなければならないのか。以下で確認するように、マッカーリーによるその説明は、説得的ではない。

1　慎慮を通じた人生全体への配慮？

そもそも、個人内の判断と個人間の判断を区別しない優先性説そのものが、すでに疑問に晒されている。マイケル・オーツカとアレックス・ヴーアへーヴは、個人間だけでなく個人内にも同様の分配ルールを適用しようとする優先性説は、人格の別個性を無視していると批判している。[66] 個人間では、より恵まれていない人を救済することが（たとえ得られる福利水準がだれを救済しようと同じだとしても）重要であり、福利が各人間で平等になるべきだ、ということも受け入れ可能かもしれない。しかしオーツカやヴーアへーブが指摘するように、〈人は人生において常に、自分の人生内の比較的状態のわるい時期の改善を目指すべきだ〉とすることを、道徳的に価値の高いことだとして常に受け入れ可能であるように思えない。[67]

ある人は自分の人生の総効用が最大になるように、ある期間の困難を耐えることさえも選択するかもしれない。個人の自由な判断を無視して強引に個人内に優先性説を導入することは、人格の別個性への配慮を欠いているといわざるをえない。個人内に一律に優先性説を適用するのであれば、その説得的な論拠を提示するか、そうした模索を放棄して、人格の別個性にこだわらず（すなわち人格の同一性を否定して）議論を展開する必要がある。

マッカーリーは、時間特定優先性説は長期的な人生が道徳的に重要な単位であることを否定したわけではないとし、[68] 人格の別個性を放棄しない路線を選択する。したがってマッカーリーは、個人内に優先性説を導入する説得的な論拠を提示しなければならない。マッカーリーが提示する論拠、すなわち、個人内への優先性説の適用と人生全体へ配慮する観点を結びつける論拠は、「慎慮（prudence）」である。マッカーリーは、個人は慎慮的合理性により、個人内の人生評価価値最大化のために優先性の原理を承認し、人生内の各時点に対してその原理を適用することが十分に考えられる、としている。[69]

この見解は、特定の時間におけるある個人の福利を増加させることは、彼の人生全体としての福利（well-being）

の総量の減少という犠牲を払ってでも理にかなったことである、ということを主張している。しかしこの見解は、あなたの人生全体を悪くする犠牲を払ってまで、特定の時間段階におけるあなたの生活をより良くしようとすることが理にかなったことであると主張しているものではない。なぜならば彼の人生の内部に優先性を適用するとき彼は全体としての自分の人生を良くしようとしているからである。[70]

要するに個人内への優先性説の適用は、個人における福利の総量を増加させることは無かったとしても、人生全体の価値を高めるものであり、結果として人生全体を重視する見解と合致する、というのである。

こうした主張は説得的ではない。マッカーリーは、個人内に優先性説を適用すると人生全体の価値が高まるとする。しかしそれは、人生全体の価値評価関数として、時間特定的な優先性関数を導入しているからである。優先性説的に人生の価値を評価することを受け入れているのだから、優先性説的な分配が評価されるのは当たり前である。これでは、なぜ（たとえば標準的な人生全体の平等主義がそう考えるように）個人内において総効用最大化ではなく、そうした優先性説が適用されるのか、という論拠を提示したことにはならない。マッカーリーの時間特定優先性説の説明は、「なぜ個人内にも優先性説的分配原理を持ち込むのか」という優先性説自体に向けられた批判にも適切に答えるものではない。

2　構成要素ベースの時間特定優先性説の問題

基本的にマッカーリーは、福利ベースで優先性説を説明している。とはいえマッカーリーは、福利そのものではなく、福利を構成する要素、たとえば、状態（states）や活動（activities）をベースにしても、優先性説を説明できるとしている。マッカーリーは、福利の構成要素としての状態や活動の事例について、充分に説明してはいないが、ここでは「知識」（knowledge）を例にあげて説明している。知識をベースにすれば、「知識をほとんど持たない人に対する少量の理解の増加の方が、知識人の大量の理解の増加よりも良い」ということができる、と。[71]

マッカーリーは、福利の構成要素の時間射程についても考察している。マッカーリーは、ある種の「仕事（work）」

について、「長年の準備と、その後の上首尾の遂行を含むものであるかもしれない」として、そのような一連の仕事（career）を「典型的な一週間の仕事からどれだけ福利を得られたか」という風に極端に短く時間を区切って評価しようとすることは「ばかげたことのように思われる」と述べている。しかし一方でマッカーリーは、仕事について、短い時間射程に分割して捉える余地がないとは考えていない。マッカーリーは「一連の仕事を構成する選択や行動の重要性に言及することなしに、一連の仕事を未分化な全体として扱う必要は無い」と述べている。マッカーリーは、「当該の個人の一連の仕事において十分な統一性（unity）があるならば、諸価値を平凡な短期間の活動に割り当てることは正当なことである」と述べ、福利の構成要素を一定程度の短い時間射程で捉えることの意義を指摘している。[72]

マッカーリーはすべての構成要素を短い時間射程で一律に捉えようとしていたわけではない。マッカーリーは、人生におけるいかなる時間的位置にも還元できない福利の構成要素が存在しうることも認めている。「もし〔そうした福利の構成要素から得られる〕利得が時間的位置（location）を持っていないならば、わたしたちは利得が受け取られたときの個人の福利水準について言及することができない。〔中略〕そしてそれ〔この種の福利の構成要素〕は、生涯単位を扱う優先性の判断において考慮に入れられる」としている。[73] したがってマッカーリーは、福利の構成要素別に、その特徴に応じて、適切な時間射程があることを認識している。とはいえいずれにせよマッカーリーは、福利の構成要素の中には、短い時間射程を持つ重要な構成要素があるという点にも注目している。

マッカーリーが、あえて構成要素ベースで優先性説を説明しようとするのは、優先性説において「福利」とその「道徳的価値」の差異が不明確であるからである。マッカーリーは、それ自体が評価的概念である「福利」を、さらに「道徳的価値」で評価することについて批判があることを認めている。マッカーリーはそうした疑念について、「福利はよいものだ」ということを否定する者を不条理なことを言っていると一概に否定できない、と応答することで、「福利」とその「道徳的価値」の区別を維持しようとしている。ただしマッカーリーは、この説明が説得力の弱いものであることを自覚している。そうした理由からマッカーリーは、福利ベースだけではなく、構成要素ベースでも説明することで、時間特定優先性説を補強しようとしているのである。[74]

なおここで留意すべきは、マッカーリーが福利ベースでの優先性説を放棄してはいないということである。マッカーリーは上述のように、自身の「いつの平等か」についての理論は、何を分配の尺度に採用しても、同じ結論が導き出されると考えている。それゆえに、福利ベースで説明できることは構成要素ベースでも説明できるし、構成要素ベースで説明できることは福利ベースでも当然説明できると考えている。

しかし、この福利の要素分解は、マッカーリーの時間特定優先性説について、深刻な問題をもたらす。たとえば福利の構成要素としての栄養状態について考えてみよう。生涯間の優先性説であれば、栄養の少ない者に優先して栄養素を分配することが適切であるということになろう。一方で、マッカーリーの時間特定優先性説は、上述のように、「すべての時点（at all times）におけるすべての人（all people）」を考慮に入れる全区間優先性説である。「栄養」という福利の構成要素を短い時間射程で捉えることができるとすれば、A氏とB氏の間での栄養状態の差において、少ない者が優先されるのと同様、T1時点のAとT2時点のAとの間で、栄養状態が良くない時点が優先される。

果たしてこのように個人内に優先性説を適用する後者は理にかなっているだろうか。前小節で指摘したように、人格の同一性を前提とすれば、T1に栄養を分配するかT2に栄養を分配するかは、一概に決定できない、ともいえる。さらに栄養に関して、T1が幼児期のある一年、T2が壮年期のある一年とすればどうだろうか。健康の社会的決定要因やライフコース疫学の知見を前提にすれば、幼児期の飢餓的状態は、壮年期の飢餓的状態よりも深刻な影響をおよぼす[75]。幼児期T1の栄養状態のほうが、壮年期T2の栄養状態よりもわずかに高いからといって、後者に栄養素を分配することは、まさに「生涯」の観点から見て著しく不合理である。

またマッカーリー自身が例示した「知識」についても、一律に個人内と個人間に優先性説を適用することは、妥当ではない。たとえば幼児期ゆえに各種の知識が乏しいAと、人生の終末期で認知症などの症状が原因で知識量が乏しくなっているBが存在するとする。ある時点において、わずかにAの知識量がBより多いからといって、知識をBに提供すべし、ということにはならないだろう。ジェームズ・ヘックマンらの研究により、幼児期（就学前期）における教育の量がその後の人生に大きな影響を与えることが明らかになっている[76]。また、人生の終末期にある者に、幼児期と同等の知識レベルだからといって、かれらと同等の教育を提供することは適切だとは思えない。

要するに、福利ではなく福利の構成要素でみた場合、一律に優先性説的な分配原理を個人内と個人間のあらゆる時点に持ち込むことは適切だとはいえないのである。むしろ明らかになるのは、福利の構成要素によって、その分配が適切になる（効果的になる）タイミングがあり、それは必ずしも優先性説的な分配と同じではない、ということである。ここでもマッカーリーは、優先性説自体にも向けられた、なぜ個人内にも優先性説的分配原理を持ち込むのか、という批判に適切に答えられていない。

五　「時間の分離性」の意義と「いつの平等か」論の限界

マッカーリーは、人格の別個性（人格の同一性）を維持したうえでの「時間の分離性」の意義を、時間特定優先性説によって説明しようとしてきたが、その説得的な論拠については、提示できなかった。また優先性の尺度を福利からその構成要素に分解したときには一層、全区間優先性説たる時間特定優先性説の問題点が明らかとなった。それでは（人格の別個性を否定することなしに）時間の分離性を重視する説得的な論拠を示すことは不可能なのか。本節では、マッカーリーの議論の到達点と限界を踏まえながら、短い時間射程を採用する論拠について考察する。

1　福利の構成要素が持つ時間射程と「時間の分離性」

上述の栄養や知識の事例は、短い時間射程で分配量を捉えることの重要性が、生涯を考慮に入れることの重要性と矛盾しないことを示している。生涯全体で供給される栄養量自体が同じであるとしても、人生の初期に栄養素を重点的に分配するのと人生の初期の分を人生の後期に分配するのとでは、まったく異なる人生となる。すなわちT1の栄養素の過小分について、T2でその過小分と同量の栄養素を追加的に供給したとしても、すでにそれは生涯単位での十分な栄養水準を保障するものではない可能性がある。

そうしてみるならば、時間の分離性の論拠を、福利ベースでみるのではなく、その構成要素ベースでみることが可能なのではないか。知識・栄養・苦痛・自由など、構成要素ごとに、各構成要素が意味を成す射程やタイミングがあり、その射程・タイミングの差異が、資源分配を「どの時間射程で捉えるか」といった差異につながるのではないか。たとえば上述のように、ある時点で構成要素が不足したりマイナスだったりした場合に、別の時点でその構成要素を提供しても、適切に補償・中和できないといったケースがある。これは、人格の非同一性ゆえでなく、優先性説で測られる人生の価値が損なわれるからでもなく、その構成要素が提供されるべきタイミングを失しているがゆえに、構成要素の提供が十分な効果を発揮せず、その不足分やマイナス分を補えないから、ではないか。

こうした観点から、マッカーリーが生涯単位の平等主義の問題として指摘した「立場変更平等主義」の問題を適切に捉えることができる。奴隷主の支配下に置かれる奴隷、絶え間ない苦痛と孤立に苦しむヨブ、カースト制による被差別。これらの状態は、たとえその後の人生において、立場変更されるとしても「補償」されるものではない。これらのケースでは、不当な支配への服従や、過大な苦痛と孤立、被差別などといった（マイナスの）福利の構成要素が発生している。ここでの（マイナスの）福利の構成要素は、その特定時間内における発生自体が問題になっているのであって、後の時点で補償・中和されるものではない[77]。

したがって以下のように指摘できよう。短い時間射程を採用して時間の分離性を考慮する理由について、人格の同一性を否定せずとも、また問題含みの時間特定優先性説を採用せずとも、福利の構成要素が効果を発揮する時間射程やタイミング、そして、それらの時間を跨いだ補償や中和の不可能性によって十分に説明できる。

しかしマッカーリーも指摘するように、全ての構成要素が短い時間射程を持つわけではない。マッカーリーの指摘如何にかかわらず、「福利の構成要素が効果を発揮する時間射程やタイミングがある」という理解に従えば、当然、福利の構成要素の性質によって、それぞれの効果を発揮する時間射程やタイミングが異なってくると考えることが妥当である。そういう意味では、時間射程の長い構成要素の存在も排除することができないし、それゆえに分配のタイミングが問題にならない（長い人生のなかでいつ分配されても人生に与える影響は変化しない）構成要素も存在しうる。

とはいえ、そのことは「短い時間射程で個人を捉えることの意義」を毀損するものではない。全ての福利の構成要素が時間を跨いだ補償・中和を不可能とするものではないにしても、ある重要な福利の構成要素において、時間を跨いだ補償・中和が不可能であり、かつそうした構成要素が他の構成要素によって補償・代替されるものでないならば、ある福利の構成要素が持つ短い時間射程に注目することは、なお重要である。上述で例示した知識や栄養といった要素はまさに、資源分配のタイミングが重要であるがゆえに時間を跨いだ補償・中和が不可能な要素であり、それ自体が他の要素に代替困難な、人生全体において重要で欠くべからざるものだと考えられる要素である。また不当な支配への服従、孤立、被差別などといった（マイナスの）福利の構成要素は、単純に貨幣で補償可能な要素ではないのみならず、たとえ一時点で発生したとしても、そうした要素が人生全体に重大な悪影響を及ぼすと考えられるものである。

2　福利ベースの「いつの平等か」論の限界

これはいわば、平等を「どの時間射程で捉えるか」という問題を、福利の構成要素の多元性によって説明するものである。ではなぜマッカーリーは、福利の構成要素については言及しつつも、それに基づいた時間の分離性についての説明を展開しなかったのか。それは繰り返し確認してきたようにマッカーリーが、自身の「いつの平等か」についての理論は、何を分配の尺度に採用しても、同じ結論が導き出されると考えているからである。それゆえにマッカーリーは、構成要素ベースで説明できることは福利ベースでも当然説明できると考えていた。

マッカーリーがこの論点を考えるにあたって採用してきた指標は、一貫して基本的に福利であった。マッカーリーが知識などを福利の「構成要素」としていることからもわかるように、「福利」は包括的・一元的指標である。マッカーリーの「福利」によるこうした一元的評価が、栄養素の不足や、奴隷的な扱いを受けること、苦痛、金銭による補償の可能性を、一緒くたに扱い、それぞれの福利の構成要素（各種資源や状態など）が特定時点において発揮する効果の違いを見失わせてしまった。

それでもマッカーリーが、「何を分配の尺度に採用しても同じ結論が導き出される」との見解に固執し、尺度として

「福利」を採用し続けた理由は、何を指標とするかにかかわらず、自分の問題提起（「いつの平等か」の重要性や時間特定優先性説）が重要であることを示そうとしてきたからであろう。マッカーリーは、これまで規範理論で当然視されてきた人生全体の平等主義を批判し、「何の平等か」（規範理論の尺度問題）や「誰の間での平等か」（規範理論の空間射程問題）といった問題とは異なる問題を提起してきた。そのためマッカーリーは、これらの問題群とは独立に問題群を提示することにこだわったのではないかと思われる。

しかしその〈戦略〉は、結果として「尺度」の特徴を等閑視する結果になった。マッカーリーが多くの場面で採用した指標は、他の何でもなく福利（well-being）であった。しかしこの「福利」という指標は、まさに功利主義においても利用されているように、総和するに適した指標である。マッカーリー自身、上述のように、人生全体の平等主義者は個人内での福利の総和に関心がある、とも述べており、福利という指標が個人内で総和可能であることを認めている。そのためマッカーリーは、個人内で総和可能（したがって時間を跨いだ補償が可能）なのになぜ総和してはいけないのか、という疑問への対応に追われることになった。

第一節で、社会制度を評価するためには〈尺度〉だけではなく〈射程〉にも注目しなければならないと述べた。同様の理由で社会制度を評価するためには〈時間射程〉だけではなく〈尺度〉についても詳細に検討する必要がある、と指摘できる。社会制度やそれがもたらす社会状態を評価するためには、どうしても何らかの尺度を利用せざるをえない。そういう意味ではそもそも、「何の平等か」という問題と独立して「いつの平等か」という問題を問うことは不可能だったのである。[78]

六　結びにかえて

以上、マッカーリーの議論を軸に、なぜ短い時間射程で分配状態を把握したり比較したりする必要があるのか、について考察してきた。本稿では、福利の構成要素が効果を発揮する時間射程やタイミングによって、時間の分離性の持つ意義について説明した。なぜ「短い時間射程」なのか。それは福利の構成要素が持つ時間射程の短さやタイミングに十全に配慮することが、人生全体の福利に結び付くからである。

本稿が提示した、多様な福利の構成要素に注目する「短い時間射程」の理論は、分配パタンを評価する尺度について、多元主義的アプローチを採用している。こうした意味では、功利主義やドゥオーキンの資源の平等論のような単一尺度を採用するアプローチと異なり、「複合的平等論」やケイパビリティ・アプローチ、そして差別や格差などで生じた問題を貨幣などによって単純に補償できないと考える社会的平等主義と同様の考え方をとっている。一方でマッカーリーの理論は、福利の構成要素についても指摘していることから多元主義的アプローチを一概に排除するものではないが、基本的には福利という一元的な尺度に拘泥するものだった。そして、そうしたマッカーリーが提示する時間特定優先性説は、説得力を欠くものであった。

本稿ではマッカーリーの時間特定優先性説を批判的に検討してきたが、本稿の議論は、マッカーリーが切り開いた「いつの平等か」という論点自体の重要性を棄損するものではない。「いつの平等か」という議論によって、マッカーリーが規範理論の研究に貢献してきたことは確かである。規範理論の多くがこれまで暗黙のうちに前提にしてきた人生全体の平等主義の問題点を明確にしたのは、マッカーリーである。またマッカーリーは、短い時間射程を採用する平等主義について、同時区間平等説、対応区間平等説、全区間平等説、時間特定優先性説と、それぞれの問題点や特徴について明かにしてきた。そして本稿では福利の構成要素についての考察から「時間の分離性」の説明をしたが、そもそも「いつの平等か」という論点に関連して福利と福利の構成要素、そしてその時間射程をめぐる関係を考察したのはマッカーリーである。

本稿が否定したのは「いつの平等か」についての議論を、平等主義の尺度に関する問題と切り離して議論しようとしたことであって、「いつの平等か」についての議論そのものではない。確かに本稿の議論は、マッカーリーのそれとは異なり、福利を評価する尺度について明示的に多元主義的アプローチを採用している。とはいえ本稿の議論は、マッカーリーと同様に、時間の分離性を重視しており、時間の分離性を明示的に重視していない他の多元主義的アプローチとも異なる。そういう意味で本稿の「短い時間射程」の理論は、尺度問題についての多元主義的アプローチを、さらに時間の分離性にも配慮する形で展開しようとするものともいえる。

マッカーリーが開いた「いつの平等か」論の可能性は豊かである。この議論はわれわれに、規範理論は単純に（十分な理由なく）人生全体を当然の時間射程としてはならない、という示唆を与えている。たとえばロールズは、個々人の身体的特性や様々なライフプランを超えて、どのような人生を歩むにしても必要とされる社会的基本財を保障しようとする。その基本財のリストとして含まれるのは、権利・自由、機会、所得と富、自尊の社会的基盤などである――ロールズは、こうした基本財について相互に置き換え不可能としているという点で多元主義的アプローチを採用しているといえる[79]。こうしたロールズの正義理論を社会制度に具体的に実装する際に必要となるのは、単純に人生全体においてこれらを保障することではない。マッカーリーが提示した「いつの平等か」論を踏まえるならば、権利、自由、機会、所得と富、自尊の社会的基盤を、それぞれいかなる時間射程で保障すべきか、ということを考慮に入れることが重要になる。「いつの平等か」という観点は、規範理論を具体的制度に実装化する際に重要な検討課題になるのである。

マッカーリーは残念ながら、以上のような自らの議論の限界を整理・解消する前に亡くなった。しかし彼が示した「いつの平等か」という議論が、規範理論にとって重要な意義・検討課題をもたらしたことについては、やはり高く評価されるべきである。

本稿はＪＳＰＳ科研費（課題番号15J10975）の研究成果の一つである。

（1）A. Sen, *Inequality Reexamined*, Harvard University Press, Cambridge, 1992, p. 17（池本幸生他訳『不平等の再検討――潜在能力と自由』岩波書店、一九九九年、二三頁）.

（2）Ibid.

（3）Ibid., pp. 19-21. 邦訳二五―二七頁。

（4）本稿では平等主義（Egalitarianism）を、平等それ自体をよいこととして評価する目的論的平等主義（telie egalitarianism）のみならず、優先主義（prioritarianism）・十分主義（sufficientarianism）を包含する概念として使用する。本稿ではマッカーリーの用語法にならい、目的論的平等主義を平等説（equality view）、優先主義を優先性説（priority view）とよぶ。優先性説については第三節で詳しく説明する。またそれぞれの意味については、以下も参照のこと。I. Hirose, *Egalitarianism*, Routledge, 2014（斎藤拓訳『平等主義の哲学——ロールズから健康の分配まで』、二〇一六年）. 以下EGと記す。

（5）そうした議論を扱う論文集として以下。H. Brighouse & I. Robeyns, *Measuring Justice: Primary Goods and Capabilities*, Cambridge University Press, 2010.

（6）M. Walzer, *Spheres of Justice: A Defense of Pluralism and Equality*, Basic Books, 1983（山口晃訳『正義の領分——多元性と平等の擁護』而立書房、一九九九年）.

（7）多元性を視野に入れた尺度としてケイパビリティ・アプローチを評価するものとして、J. Wolf & A. De-Shalit, *Disadvantage*, Oxford University Press, 2007.

（8）N. Holtug & K. Lippert-Rasmussen, Introduction to Egalitarianism, in N. Holtug & K. Lippert-Rasmussen eds., *Egalitarianism: New Essays on the Nature and Value of Equality*, Clarendon Press, 2007.

（9）D. Mckerlie, *Justice between the Young and the Old*, Oxford University Press, 2013（以下JYOと記す）, p. 27

（10）D. Mckerlie, Equality and Time, in *Ethics*, Vol. 99（1989）. 以下ETと略す。

（11）L. S. Temkin, *Inequality*, Oxford: Oxford University Press, 1993, ch. 8. 以下IEと記す。

（12）K. Kappel, Equality, Priority and Time, in *Utilitas*, Vol. 9, No. 2（1997）.

（13）I. Hirose, Interpersonal Distributive Judgement, in *Ethical Theory and Moral Practice*, Vol. 8（2005）. EG, ch. 6.

（14）D. Mckerlie, Priority and Time, in *Canadian journal of Philosophy*, Vol. 27, No. 3（1997）. D. Mckerlie, Dimensions of Equality, in *Utilitas*, Vol. 13, No. 3（2001）（以下DEと記す）. D. Mckerlie, Egalitarianism and Difference between Interpersonal and Intrapersonal Judgments, in N. Holtug & K. Lippert-Rasmussen eds., *Egalitarianism: New Essays on the Nature and Value of Equality*, Clarendon Press, 2007.

（15）JYO.

（16）ET, p. 476.

(17) JYO, p. 10.
(18) JYO, p. 9.
(19) JYO, p. 23.
(20) J. Rawls, *Justice as Fairness: A restatement*, The Belknap of Harvard University Press, 2001, p. 40(田中成明・亀本洋・平井亮輔訳『公正としての正義　再説』岩波書店、二〇〇四年、七〇頁).
(21) R. Dworkin, *Sovereign Virtue: The Theory and Practice of Equality*, Harvard University Press, ch. 2(小林公・大江洋・高橋秀治・高橋文彦訳『平等とは何か』木鐸社、二〇〇二年、二章).
(22) JYO, p. 26.
(23) JYO, p. 25.
(24) JYO, p. 25.
(25) JYO, p. 25. 亀甲カッコ内は筆者。
(26) 亀本洋『格差原理　新基礎法叢書1』成文堂、二〇一二年、四二―四三頁。
(27) I. Hirose, *Moral Aggregation*, Oxford University Press, pp. 90-92.
(28) Ibid., p. 91.
(29) JYO, p. 7.
(30) Ibid.
(31) JYO, p. 27.
(32) JYO, p. 58.
(33) IE, pp. 235-236. JYO, p. 59.
(34) IE, pp. 237.
(35) JYO, p. 58.
(36) JYO, p. 61. 亀甲カッコ内は筆者。
(37) JYO, p. 61.
(38) JYO, p. 61. 亀甲カッコ内は筆者。

（39）JYO, p. 21. なおこうしたマッカーリーの方法については、第五節で批判的に検討する。
（40）JYO, p. 63.
（41）JYO, pp. 63-65.
（42）JYO, p. 62.
（43）JYO, pp. 127-128.
（44）JYO, p. 67.
（45）ET, p. 61.
（46）JYO, p. 68. IE, p. 239.
（47）JYO, pp. 68-69. IE, pp. 238-239.
（48）K. Kappel, Equality, Priority and Time, in *Utilitas*, Vol. 9, No. 2（1997）, p. 210.
（49）Ibid., pp. 210-211.
（50）I. Hirose Hirose, Interpersonal Distributive Judgement in *Ethical Theory and Moral Practice*, Vol. 8（2005）, p. 377.
（51）JYO, p. 87.
（52）初出はLindly Lecture. 報告自体は一九九一年に行なわれたもの。再録版はD. Perfit, Equality or Priority?, in M. Clayton & A. Williams eds., *The Ideal of Equality*, Palgrave, 2010. 以下本稿では再録版（EPと略す）を取り上げる。
（53）K. Kappel, Equality, Priority and Time, in *Utilitas*, Vol. 9, No. 2（1997）, 219-225.
（54）D. Mckerlie, Priority and Time, in *Canadian journal of Philosophy*, Vol. 27, No. 3（1997）.
（55）EP, p. 101. EG, ch. 4（邦訳四章）も参照のこと。
（56）EP, p. 105.
（57）EP, p. 106.
（58）JYO, p. 96.
（59）JYO, p. 97.
（60）JYO, p. 97.
（61）JYO, p. 97.

(62) JYO, pp. 97-98.

(63) EP, p. 104. 強調は原文。

(64) JYO, p. 98.

(65) なおマッカーリーは、同時区間平等説を支持する際に人生全体の平等主義を完全に棄却しなかったのと同様に、時間特定優先性説を支持する際も、優先性説を（限定的に）人生全体へ適用する可能性を完全には排除していない（JYO, p. 113）。ただしマッカーリーは「人生全体の優先性説」と「時間特定優先性説」がどのように両立・棲み分けするのか、ということについては十分な説明をしていない。この点はマッカーリーの主張する「短い時間射程」の平等主義の限界の一つであるといえる。この問題は、本稿の課題からやや外れるため、これ以上扱わない。

(66) M. Otuka & A. Voorhoeve, Why It Matters That Some Are Worse Off Than Others: An Argument against the Priority View, in *Philosophy & Public Affairs*, Vol. 37, No. 2（2009）.

(67) Ibid.

(68) JYO, p. 137.

(69) JYO, pp. 138-139.

(70) JYO, p. 143.

(71) JYO, pp. 95-96.

(72) JYO, p. 107.

(73) JYO, p. 108.

(74) JYO, p. 95.

(75) 藤原武男・小塩隆士「幼少期の環境と健康」、川人憲人・橋本英樹・近藤尚己編『社会と健康――健康格差解消に向けた統合科学アプローチ』東京大学出版会、二〇一五年など。

(76) J. Heckman, *Giving Kids a Fair Chance*, MIT Press, 2013（古草秀子訳『幼児教育の経済学』東洋経済新聞社、二〇一五年）。

(77) こうした問題状況は、社会的平等主義の擁護者が問題視する状況とも一致する点がある。なおジュリアナ・ビダダヌアはマッカーリーの中核的主張が、社会的平等主義の擁護者の主張との親和性が高いことを指摘している。ビダダヌアは、「共時的不平等が問題だとするマッカーリーの中核的主張は、今日、マッカーリーが予期していたのとは異なる方法で擁護されうるかもしれない」とした上で、「共時的不平等のケースを受容することの心理的な抵抗は、〔同じ時代を〕重複して生きる人々の間において蔓延っているような不平等な関係性は、どの時点で発生していたとしても道徳的重大性を持つという説明によって最もよく説明されるかもしれない」と指摘している（J. Bidadanure, On Denis Mckerlie's "Equality and Time" in *Ethics*, Vol. 125（2015）p. 1177）。とはいえこのビダダヌアの論評は、あくまでETについての書評におけるものである。時間特定優先性説を支持するマッカーリーの見解も踏まえると、マッカーリーの中核的主張を、「共時的不平等が問題だ」とするもの、と捉えることはできない。また本稿の提示する短い時間射程の理論は、福利の構成要素が持つ時間射程の短さやタイミングに注目するもので、格差や差別の問題性も視野に入れるが、必ずしも「共時的不平等」や目的論的な「不平等な関係性」それ自体を問題視するものではない。

（78）マッカーリーは二〇〇一年の論文"Dimensions of Equality"（DE）において、人の暮らし良さが単一の福利指標で測れない可能性について「平等の幅（breadth）」をめぐる問題として指摘している。しかしマッカーリーはこの論文で、こうした観点を時間射程の問題に要約して理解する方法をとっている（DE, p. 281）。

（79）たとえばジョナサン・ウルフとアヴァナー・デシャリットは、ロールズ正義理論を、多元主義的アプローチを採用する規範理論に位置付けている（J. Wolf & A. De-Shalit, *Disadvantage*, Oxford University Press, 2007, p. 23など）。

◆書評

アリストテレス政治学における市民的互恵性の位置

●――荒木　勝

Kazutaka Inamura, *Justice and Reciprocity in Aristotle's Political Philosophy*（Cambridge University Press 2015, 255p.）

本書は、アリストテレスの政治学に対する包括的な研究書であり、欧米における最新のアリストテレス研究の動向を踏まえ、ケンブリッジ大学古典学部に蝟集する研究ネットワークの研究者たちとの討論を反映した力作である。

アリストテレスの政治学に対する関心は、世界的にもますます大きくなってきている。マッキンタイアーのようなコミュニタリアン、サンデルの正義論、ポーコックに代表される共和主義的言説、ヌスバウムのケイパビリティ理論や正義論が自己の言説の拠り所をアリストテレスに求めていることはその証左であろうが、それだけに、アリストテレス政治学それ自体の検討が深く求められることとなる。本書は、まさにアリストテレスのテキストそれ自体に即した体系的なアリストテレス政治哲学の研究書であり、本書の魅力は、自らのアリストテレス理解に基づいた現代政治哲学の諸潮流への批判を含む内容となっている点である。

本書を貫く基本視点は、アリストテレス政治学の貴族政（アリストクラシイ）的傾向と市民の相互主義reciprocity原理に置かれている。ここでいう貴族政的傾向とは、少数者に基づく統治体制であるが、すぐれた徳、とりわけ正義の徳を身に着けた者たちによる統治ということであり、富に基づく寡頭政（オリガーキー）とは区別される。また市民の相互主義とは、自由で平等な市民たちによる、統治交代制（統治し、統治される）を基軸とした相互主義である。こうした視点からアリストテレス政治学が取り上げる重要論点、とりわけ混合政体、市民的徳、市民的友愛、経済政策の重要な論点を取り上げ、原典に即した解釈の上に立って、現代のアリストテリアンの言説を批判している。

作者のアリストテレス統治理解の根幹は、結論部分に整理された統治様式の整理に見ることができる。それによれば、統治体制を大きく三つに分け、奴隷主的統治despotic rule、家政的統治domestic rule、ポリティカル統治political ruleと分け、それぞれに固有の特質を三つに整理している。著者は、この視点から、アレントのアリストテレス理解を批判し、一方で、アレントの主張とは逆に、家にも正義が存在していること、他方で国家の統治にも市民の経済的便益を図る政策が必要であることを論じている。このアレント批判は説得的である。

しかしこのような統治原理の整理については、二つの問題が生じてくることを指摘しなければならない。第一に、家政的統治とポリティカルな統治との連関である。アリストテレスによれば、

『政治学』第一巻第一二章では、夫の妻に対する統治はポリティカルな統治（ポリティコース）であり、父の子に対する統治は王的統治である、といっている。もちろんそれは交代制でないという点で市民間のポリティカルな統治と同じではないが、自由人の関係に基づく統治であり、また『ニコマコス倫理学』第八巻第一〇章では、夫婦の共同体は貴族政的であり、夫は自己の価値に即して妻を統治するが、妻に適したことは妻に委ねる、とされる。また子の父親統治は、僭主政的でなく、王的統治である、とされている。アリストテレスにおいては、家は、自由人と奴隷からなる複合的組織であり、そこには、自由人の間の統治原理と奴隷主的統治が共存していたと考えられている。そこから、家政の統治はポリーテイアー（国家体制）の統治の似姿（ホモイオーマタ）、範型（パラデイグマ）という言及が出てくるのであろうが、こうした言説をどう整合的に理解したらいいであろうか。

第二に、この点とも深く関連するのであるが、アリストテレス政治学における君主制の位置づけである。A・バーカー以来、アリストトテレス政治学における君主政論は、アリストテレスの理論の不整合を示すものとされてきたが、著者自身の見解もそのような理解であると思われる。確かに市民の定義を政治的審議と裁判の判決に参与する者とし、国家を市民の共同体とする限り、王政は、この国家規定に適合的ではないからである。しかしながら、『政治学』『ニコマコス倫理学』でも、正統な統治として王政が語られ、しかも最善の王政として、絶対的王政（パンバシレイアー）が語られている以上、バーカーのように、王政論をアリストテレス理論の不整合と処理するだけでは、済まされないであろう。とりわけ著者が、配分的正義distributive justiceを、徳に基づく政治的権威political authorityの配分の原理として重要視する論理は、アリストテレスにおいては、最高の徳の担い手に対する政治的権威の付与、すなわち王という地位の保証という論理を引き出しているからである。また返報的正義reciprocal justiceを、平等な市民による、統治、被統治の交代制、並びに交換的正義を基礎づけるものとする見解は、返報的な正義論の解釈として重要な寄与と思われるが、他方で、アリストテレスは、徳において不均等な者たちの間にも返報的な正と愛の実現を措定していると思われる。もしそうだとすれば、徳において不均等（卓越的）に優れている君主の、被統治者への慈愛的統治に対する、被統治者からする君主への尊崇を返報的な愛と正義とする解釈も可能となり、その可能性についても、アリストテレスが言及しているからである（『ニコマコス倫理学』第八巻第一一章）。著者自身もこの点に関する叙述に触れ、アリストテレスの記述の不整合を指摘しているが（一五六頁）、この点の整合的理解が求められるところである。

『政治学』解釈の歴史においても、トマス・アキナス以来、王政論は重要なアリストテレス政治学の要と理解されてきたのであり、また現実政治への理論の有効性から見ても、王政、僭主政を含む概念である君主統治の存在を否定的に処理するだけでは、アリストテレス政治学の現代的意義を語ることはできないであろう。

◆書評

ロシア帝国辺境の「青の国際派」批判

●——今野　元

山本健三『帝国・〈陰謀〉・ナショナリズム——「国民」統合過程のロシア社会とバルト・ドイツ人』（法政大学出版局、二〇一六年）

山本健三（以下「著者」）は一九七一年生まれの政治思想史家で、北海道大学大学院文学研究科で「ロシアの辺境」研究を進める松里公孝などから学び、本書（以下数字は頁数）の原版で博士（学術）号を取得後、島根県立大学で教鞭を執っている。

本書は、帝国に忠実なコスモポリタンだったというバルト・ドイツ人が、スラヴ派露人から帝国破壊の「陰謀」ありと糾弾され、被治者エストニア人、ラトヴィア人からも突き上げられて、二〇世紀前半に故郷を去る過程を描いている。サマーリン・カトコーフ思想の分析を中心に、モスクワ、サンクトペテルブルク、タルトゥ、リガの文書館で貴族文書などを見ているが、論調はポストモダン的で、構築主義、「帝国」論に依拠した「言説」分析になっている。一八六〇年代以降「公共圏」が拡大するなかで、「特権階層」バルト・ドイツ人への「社会的公正」の観点からの批判が、「不自然」、「人為的」な「政治化」、「物語」化を遂げたという。「バルト・ドイツ人問題」と呼ばず、独語 Ostsee に由来する露語 остзейцы 等から「オストゼイ問題」なる造語をしたのは、事態を拙速に民族問題として扱わないためだという。

「第Ⅰ章　ロシア帝国とバルト・ドイツ人」では前史が概観されている。農民や北方十字軍として移住したバルト・ドイツ人は、ラトヴィア人、エストニア人、のちに移住した露人に対して文化的優位に立ち、ロシア帝国下でも現地特権階層として自治を許され、独風生活習慣を維持し、官僚・軍人として帝国に奉仕し、他の帝国内独系住民とも別な意識を懐いたが、エカテリーナ二世が一旦帝国への統合強化に傾いたとする。

「第Ⅱ章　サマーリンによる問題提起とその衝撃」では、『リガからの手紙』（一八四八年）などが紹介される。内務官僚サマーリンは、先に正教が宣布されていたバルト地方を奇襲・征服した独人が、ピョートル大帝から自治権を与えられ、ドイツ本国との一体意識もなく帝国に忠実だと評価されているが、国家内国家を為す有害な存在だと警告したという。更にニコライ一世が、自らバルト地方の統合政策をとりながらも、バルト・ドイツ人との連携を維持し、帝国政府への露人の信頼失墜を恐れて、サマーリンの煽動を叱責したという。

「第Ⅲ章　一八六〇年代後半におけるオストゼイ問題の浮上」では、「オストゼイ問題」の「構築」過程を描いている。クリミア戦争後の拡大した言論空間で、第二次反乱でポーランド系住民の敵視が強まり、続いてドイツ統一が露人の猜疑心を煽り、公然たる反バルト・ドイツ人「出版戦争」が起きて、国家に忠実というイメージが揺らいだという。

「第Ⅳ章〈陰謀〉としてのオストゼイ問題―カトコーフとサマーリンによる概念化―」では、バルト・ドイツ系ジャーナリズムがオストゼイ問題をでっち上げたとするスラヴ派側の「陰謀」説を扱っている。卓越した世論牽引者だったカトコーフは「ドイツ人の陰謀」と「ポーランド人の陰謀」とを関連付け、バルト・ドイツ人に面従腹背の嫌疑をかけ、サマーリンも彼らに正教徒根絶の「陰謀」ありと喧伝し、宮内官クルゼンシュテルンのようなバルト・ドイツ人を当惑させたという。

「第Ⅴ章「隠蔽」されるオストゼイ問題」では、一八七一年以降の「出版戦争」の沈静化について、露ナショナリズムの暴走やシレンらバルト・ドイツ人論客の反論登場を危険視した「貴族党」政府による「隠蔽」だったと指摘されている。

本書がバルト諸民族／露人／波人／バルト・ドイツ人の四つ巴の対立を、サマーリン・シレン論争を軸に一九世紀バルト紛争の様々な史料を用いて詳述した意義は大きい。バルト・ドイツ人批判は、拙著『多民族国家プロイセンの夢』でいう「青の国際派」批判のロシア版でもある。ただ断片的な事例を挙げての「言説」描写、特に「隠蔽」説はなお仮説の域を出ないだろう。「オストゼイ問題」が「構築」されるという論旨のためか、バルト・ドイツ人一般の帝国忠誠が確固たる事実として説かれ、スラヴ派露人の被害妄想が勝手に膨らんだかのような印象がある。露人のみならず独系・波系住民の言動をより深く検討すれば、露人側の不安も強ち「不自然」な「物語」とは言えなくなるかもしれない。その際ヘルダー、コッツェブー、ヴァーグナーの移住など独本土との人的・文化的交流も考慮する必要がある。また「社会的公正」は「政治」的問題ではないという前提、「オストゼイ問題」は民族問題ではないという指摘にも違和感がある。観念的ドイツ像しか持たなかったバルト・ドイツ人が追放され到着した現実のドイツに幻滅し、ナチスに熱狂したという筋書（212）も推測だろう。

幾つか要望を述べたい。（一）本論は一種のドイツ史研究でもあるが、今後はDeutsche Geschichte im Osten Europasや West-östliche Spiegelungenのような独語基本文献も踏まえ、ドイツ事情の知識も英語文献より独語文献に依拠することを期待したい。バルト・ドイツ人の自己認識も、バルクライ・デ・トーリ公爵、カイゼルリング伯爵、ラムスドルフ伯爵、シュテッセル男爵、ハルナック、シーマンなど幅広い事例の検討が欲しい。（二）**германский**を「ゲルマン的」、**немецкий**を「ドイツ的」と訳し分けているが（96・130・146）、露語で「ドイツ」は**Германия**であり、文脈的に見て共に「ドイツ的」を意味するのではないか。（三）「オストゼイ・コスモポリタニズム」というが（97）、民族意識の薄い「根無し草」でもロシア帝国原理に忠実であるなら、バルト・ドイツ人は「コスモポリタン」とは呼べないだろう。（四）バルト・ドイツ人と露人との齟齬の背景には、東西「文化」勾配意識がある点により言及が欲しい。（五）「デルプト」大学（103）とあるが、「ドルパート」（Dorpat）大学という表記が一般的ではないか。

◆書評

自由における市民社会の重要性

●——谷本純一

倉科岳志『イタリア・ファシズムを生きた思想家たち——クローチェと批判的継承者』（岩波書店、二〇一七年）

本書は、ファシズム期を生きたイタリアの思想家ベネデット・クローチェを中心に、その周囲で政治的立場を異にしながらもクローチェとの思想的近似の中で思考を発展させた諸思想家たちの思想の展開について論じられたものである。

本書の構成は、序章においてイタリアにおけるファシズム成立の経緯について概括し、第一章においてファシズム・イデオロギーの成立についてクリスピに対するコッラディーニ、ヴォルペ、クローチェによる認識が取り上げられている。

第二章では、ファシズムを自由主義期の延長線上に位置づけた（五八頁）G・ヴォルペが取り上げられているが、その中でも着目すべき点は、自由主義時代における反議会主義的潮流たるサンディカリズムとナショナリズムへの言及である。ファシスト以外の全政治勢力が結集したレジスタンスの経験をもつイタリアであるが、その一方で、戦間期において自由主義勢力によって支配された議会制が機能不全を起こし、それがファシズムを準備したという点は忘れられてはならず、ヴォルペに着目した著者の視点は評価されるべきであろう。

第三章では、晩年のクローチェについて、「詩」と「文学」の二つの概念を中心に展開され、特に重要と言えるのは「詩」と「詩に反するもの」との対置であろう。八五頁で指摘されるように、「人間は真、美、有用という価値の実現（善）を目指し、そのために他のカテゴリーにも触れるのだが、その際、他のカテゴリーの自律性を尊重しなければならない」のであり、「詩に反するもの」とは筆者によれば、「学問的根拠もなく作家自身も信じていないような差別的内容をまるで本当のことのように語る作品や戦争のためのプロパガンダ作品」（八五頁）であり、それは「悪」である。「詩でないもの」とは「散文的表現」、「修辞的表現」、「芸術のための芸術」などである。そして、クローチェは、言語を「「有用」や「真」といった他の目的に転用した表現」として文学をとらえ（八六頁）、「文学」や「詩」に対し否定的表現を持つ「醜」「頽廃」「悪」という問題が、クローチェのファシズム批判において重要な参照点（八八頁）であることが指摘されている。

本書の中でも特に重要と言えるのが、グラムシについて二章を費やした第四章及び第五章であろう。著者は、グラムシの『獄中ノート』の執筆動機の中心にクローチェを据えている。そして、グラムシのクローチェ批判の理論的準備の第一に「ジャコバン派」が、第二に「市民社会」概念があったことを指摘している。そして、グラムシが、構造と上部構造とにまたがる「市民社会」概念を重視したことに関し、クローチェの視点から、市民社会における へゲモニー概念を「支配の手段から上部構造の文化における革命の手段へと」(一〇八頁)再転換したという点で、クローチェ思想との連続性が強調されている。

もう一点グラムシとクローチェとの関連において重要な要素が「実践の哲学」である。著者は、グラムシがクローチェの歴史記述を意識しながら思想を展開させている(一二六頁)ことを強調する。そして、「実践の哲学」の機能をサバルタン階級の表現に拡大し、クローチェにおけるフランス革命の欠如を批判しつつ、知識人や政治家だけではなく民衆層を含めた市民社会起源の「自己規律社会」をグラムシが提起していることが強調されている。

第六章「晩年のクローチェ(2)」におけるキーワードは「生命性」であり、「ただ生きることは非難できないが、そこから生じてくる悪と戦い続けることが重要」(一四二頁)であることが強調される。この点はまさに、フーコーやアガンベンによる指摘と一致する。「生命性」の克服は、近代以降の政治が常に突き付けられているテーマである。

第七章「晩年のデ・マルティーノ」では、当初ファシストに参加しながら、戦後には共産党に加入したデ・マルティーノが取り上げられ、彼の民俗学におけるグラムシのフォークロア論やサバルタン論との関連での呪術や儀礼に関する論及について述べられている。特に「『世界の終わり』における謎」での、マルティーノによる未開人と精神病患者の比較に関する論及は、Q25におけるグラムシの「社会的エリートにとって従属的諸集団の要素は常に何か野蛮性や病理性を持つものである」(Q25, §1, p. 2279)を髣髴とさせる点である。

著者は、終章で、バーリンを引きながら、「「消極的自由」を権威から守るのは、本質的には政治制度というよりも慣習や世論」(一八五頁)であると指摘するが、いかにマルクス主義を批判していたとしても、バーリンにはマルクス、グラムシの市民社会論との連続性が見られる。実際、マルクスは『聖家族』において、「現実には逆に国家が市民社会によってまとめられているのに、市民的生活は国家によってまとめられるべきであると、いまどき想像するのは、政治的迷信だけである」(邦訳全集②、一二六頁)と述べている。結局のところ、ファシズムを準備したのは、イタリアにおける市民社会の未成熟という歴史的条件であった。スタンスに差はあれ、マルクス、クローチェ、グラムシ、バーリンが市民社会を基準に考えたことは、現代日本を考える上でも非常に有益であり、自由主義と立憲主義との再評価が求められる現代において、本書は大きな示唆をもたらすものであると言えよう。

Q: Antonio Gramsci, *Quaderni del carcere*, edizione critica dell'Istituto Gramsci, a cura di Valentino Gerratana, Einaudi, 1975.

◆書評

失われた社会的紐帯の再生を求めて

●——萩原能久

宇野重規『政治哲学的考察——リベラルとソーシャルの間』（岩波書店、二〇一六年）

本書は「トクヴィルと現代政治哲学」、「フランス政治哲学の可能性」、「政治哲学から社会へ」の三部構成からなるが、まずは第三部から読み始めることをお奨めする。そうすれば著者がトクヴィルに寄せる現代的関心の所在（第一部）や、ロールズを筆頭とする欧米圏の政治哲学への関心が高まっている今日、著者があえてフランス政治哲学に注目することの意義（第二部）がより理解しやすいものになるだろう。その結果、一見雑多な、相互に無関係に思える本書中の諸論考の有機的連関も見えてくるに違いない。

著者は政治哲学を「人間が他の人間とともに生き、社会秩序を創造・形成していく営みを原理的に考察する学問」（二九三頁）と規定する。したがって今日の政治哲学は、孤独の中で一人で生きることのリスクを個人に押し付けようとする「負の個人主義」（カステル）〔本書の別の箇所では「否定的な個人主義」という表現も使用されており統一して欲しかった〕の蔓延から、いかにして社会的紐帯を確保するかという課題を担うことになる。

近代国家は、人種や宗教、階級などのこうした社会的紐帯を私的な事柄として政治の外部に排除する一方、nationという仮構的〈つながり〉を密輸入することでかろうじてその求心力を維持してきた。マキャヴェッリによって宗教や道徳から純化され、自律を成し遂げた近代政治はその後、社会契約論者たちによって法＝権利の確立という形で、抽象的個人の権利に基づく社会の正当化を果たし、さらに第三段階として、歴史の中で自らを創造していこうとする人々の「社会＝歴史的なもの」感覚にささえられて社会の一体性保持が可能になっていたのだが、一八世紀以降のナショナリズムやイデオロギーの擡頭によってこの第三段階の展開は著しく毀損されてしまうことになる。それは労働社会の出現によって、人間が社会的存在であることを確認する学であった政治学が衰退してしまい、他者への関心をモノへの関心に置き換えた経済学の優越をもたらすプロセスと同時進行の現象だった。

かくのごとく希薄化させられてしまった社会的紐帯の再生をめざす著者はしかし、ノスタルジックに歴史の針を逆行させる形での再生も、あるいは社会全体を吸引する権力という幻想を通じて社会の一体性を保持しようとする全体主義的な紐帯の回復も拒絶し、ベックやギデンスとともに、再帰的近代化を前提とする。もはや自明のもの・所与のものでもなくなった人間関係は、個々の人間が日々、自らの責任において維持・創造していかなくてはならないのであるが、その役割を担い（そしてリスクを負わされるのは）個々人だけではない。国家や地方政府による公的社会保障も重要な役割を担うのであり、そこで必要なのは「政治的なもの」の活性化である。それは「個人を自律したものとして他の諸個人や社会から切り離すことよりも、個人の可能性を実現するために、より多くの社会的紐帯を個人に提供すること」（三一一頁）である。著者がトクヴィルに注目するのも、そのための手段として、中間集団や結社が果たす役割が重要であるからに他ならない。

そこで第一部のトクヴィル論の意義が見えてくる。第一部で論じられているのはトクヴィルの思想史的解釈の問題ではなく、現代の政治哲学に対してトクヴィルが与えるインパクトである。もっとも、政治哲学の復権という今日の状況に関連して、著者は「国家なき政治社会」、アメリカの状況と「政治社会なき国家」であるフランスのそれとの間にニュアンスの違いを認める。もともと「リベラル」的に解釈されたトクヴィルの影響が強いアメリカでは近年、政治的な徳とコミュニティの重要性を柱とした「共和主義的」トクヴィルへの関心か高まっているのに対してフランスの事情は異なる。マルクス主義の影響も強く、また中央集権的共和主義の傾向が強かったフランスでは、フュレやルフォールの影響下で共和主義への内在的批判としての「リベラル」なトクヴィル像が再評価されることになった。もっとも著者によると、この両者は正反対の処方箋なのではなく、「ある民主的社会が発展するにあたって、複合的で、かつ効果的に機能する政治社会の存在が不可欠であるとする点」（五二一～二二頁）で同じコインの裏表なのである。

第二部ではバリバールやカストリアディス、ルフォール、ゴーシェといった現代フランスの政治哲学者たちの議論が紹介され、論じられているが、そこでも究極的な論点は、いかにして社会的紐帯の回復を果たすかという問題である。著者はバリバールと共に、脱身体化した現代民主主義社会において政治的活動を創出する政治的自由の営みにその可能性を見出しているし、また人権問題がはたして社会的紐帯を創出するために有効な原動力となるのか、それとも「距離」や「他性」を政治的前面に持ち出すことで逆に討議や共同決定の集団的無能力をもたらすものなのかといった問題がそこで検討されている。

全体主義を拒絶し、人と人のあいだに生じる政治空間の活性化を模索するという点ではアーレントとも相通ずる問題関心を有する著者であるが、頑ななまでに「社会的なもの」の刻印を帯びた労働や経済の問題に背を向けるアーレントとは対照的に、著者が第三部で一九世紀に登場してくる「社会問題」にも目を配り、労働や格差の問題と取り組もうとする、その議論構成のオリジナリティは肯定的に評価されるべきであろう。またトクヴィルに対する評価も、手放しで礼賛するのではなく、彼のバイアスや宗教的権威に対する過剰なまでの擁護に批判的スタンスを取っている著者のバランス感覚にも好感が持てる。

ただ現代社会に対する著者の処方箋が抽象的なものにとどまり、具体性に欠けると感じられたのは、それを生業としていない哲学者に対する評者のないものねだりであろうか。

◆書評

政治哲学者ロールズの新たな肖像

●——大澤　津

田中将人『ロールズの政治哲学——差異の神義論＝正義論』（風行社、二〇一七年）

本書は、近年のロールズ研究において重要な「ロールズとプロテスタンティズムのキリスト教」というテーマを下敷きとしながら、著者の新たなロールズ解釈を提示する意欲作である。重要な洞察が多い本作を支えるのは、後期ロールズの哲学は政治から分離された道徳原理の定立に力点を置く道徳哲学（もしくは応用倫理学）として理解されるべきではなく、むしろ政治体制に内在的な道徳性を積極的に描いた政治哲学として改めて解釈されなおされるべきであり、そのような方向性は、若きロールズの宗教的な関心——和解と神義論——と軌を一にするものであった、という著者の見解である。本書において重要な役割を担うこの見解を支えているのは、政治内在的な道徳の積極的な内容となるべき公共的理性論であろうと評者は推察する。本書評では主としてこの論点について検討すべき点を指摘し、今後の本書をめぐる活発な議論の一助としたい。

一般に、ロールズの政治哲学において最も重要なものは正義の二原理（公正としての正義）であると考えられている。著者の指摘するとおり（243-244）、近年のロールズ解釈において最も影響力を持つサミュエル・フリーマンやポール・ワイスマンの理解も同様である。これを簡単に整理すれば、ロールズ政治哲学の最重要部分をなす理想理論は【A公正としての正義の構想遵守】にあるのであり、【B複数の正義構想のいずれかの遵守】はそれより道徳的望ましさにおいて劣る非理想理論に過ぎないというものであろう。著者はこのような見解に対し、ロールズの精緻な読解をもとに、理想理論の範疇にAのみならずBをも含めるという解釈を提示する。つまり、後期ロールズの公共的理性を中心とする政治哲学においては、公正としての正義を中心にせずとも「政治活動のあるべき全体的な方向性を指し示す」（242）理想理論は可能であり、公共的理性は複数の政治的正義の構想が並び立ち、見解の不一致が存続する状況でこそ得られる——差異を積極的に肯定し包含する——政治的な価値としての正統性をもたらすというのである。このように著者はフリーマンやワイスマンとは異なり、後期ロールズ政治哲学を公正としての正義とは独立しそれを包含しうるプロジェクトとして捉え、正義構想でさえ複数存在することを肯定的に評価するものとして提示する。このような解釈により、哲学的には悲観的後退と考えられがちな後期ロールズの政治哲学は、むしろ多元主義の積極的包摂という清冽な息吹にあふれたものとして再認識される。

評者はこの解釈を高く評価すべきであると考えるが、標準的解釈を擁護することはなお可能だと考えるので、次の点を指摘したい。すなわち、晩年のロールズは確かに、複数の正義構想が並び立つ状況を肯定的に捉えたが、ロールズが肯定した多元主義は、あくまで公正としての正義と基本的諸価値を同じくするような、公正としての正義と家族的関係にあるリベラルな正義の構想だけからなる。ならば、著者がロールズの理想理論として範囲を拡大した複数の正義構想の遵守の望ましさは、公正としての正義の望ましさに依存しているとも考えうる。つまりロールズが正義の政治的諸構想として考えるものは、少なくとも基本的な自由・権利や機会を平等主義的に与えるものでなくてはならないが、こうなると公正としての正義によく似た正義の構想しか出てこないので、Bの望ましさはAの望ましさに基づいているともいえる。ここでは、AとBを理想理論の同じレベルに並べることはできるのかという疑問が生じるだろう。これは今日の政治哲学の方法論論争にまでつながる論点であり、本書を基点とした活発な議論が期待される。

　次に、本書全体の下敷きとなっている差異との和解論（＝神義論、286）についてである。本書を貫く筋書きは、ロールズの政治哲学が現実社会を肯定すべきものとして描き出す試み＝和解論であるという構想である。ここで、人々の思想信条の差異は問題の種というよりリベラルな政治制度を生み出したよきものとして捉えられ、公共的理性はそれを通じて人々が己の思想信条を破棄せずに、寛容を通じてこの僥倖たる世界に住むことを可能にする（294-299）。著者が描く和解の政治哲学は明るい。

　だが、評者はこのようなロールズ政治哲学の背景に、公共的理性を行使できぬ者の断罪があると思えてならない。キリスト教の和解論には、神との契約を破る者としての人間と、神との和解の成就に必要な犠牲（イエス）の二つの要素が含まれる。カール・バルトなどが理解するように、犠牲が必要なのは、和解論には人間の断罪という要素が必ず付きまとうからである。実に、ロールズにも、契約を破る人々としての非道理的人間（公共的理性を持ち得ない人々）と彼らの断罪（非道理的人々の視界からの消滅）という同様のモチーフがある。つまり、ロールズが理想とするよき秩序ある社会は道理的人々の共同体であり、非道理的人々の居場所がほとんどないのだ。キリスト教では、人間の救いがたさが徹底して認識されたがゆえに、それでも愛することができる神という絶対者の介入によって、断罪は和解の希望へと変化した。しかし、ロールズにおいてこのような者は存在せず、非道理的人々はほとんど忘れ去られた上で、道理的人々にとっての理想郷形成の希望が、和解として描かれるだけである。だが、ポピュリストやテロリストなど、時として理解を超えうる他者への対応が必要な現状において、ロールズの和解論は説得的であり続けられるだろうか。

　本書は単なるロールズ研究書を超えた射程を持つ。既存の政治秩序が揺らぎつつある今日、リベラリズムをいかに再構成すべきなのか、政治の根本問題にまで遡って考える糸口を与えてくれる一級の政治哲学書として、広く読まれるべきであろう。

◆書評

分析的平等論のひとつの到達点

●——木部尚志

井上彰『正義・平等・責任——平等主義的正義論の新たなる展開』（岩波書店、二〇一七年）

近年、平等をめぐる議論が政治理論の重要な一角を占めるようになっている。こうした研究の主要なアプローチのひとつが〈分析的政治哲学〉であり、このアプローチを適用する典型例が〈運の平等主義〉であることは、よく知られていよう。本書は、この潮流に定位しつつ、未解決の課題を克服することで、平等主義的正義論を新たに構築しようとする野心的な試みである。

方法論を提示する第一章は、平等の内在的な価値や平等主義の記述的性質の分析に主眼を置く「分析的平等論」の手法を提示する。この手法に対比されるのは、平等の価値をいわば公理として前提にし、この土台の上に理論を構築するロールズ正義論のホーリズムである。著者は、ロールズ以降の平等主義的理論が分析的方法によって進められてきた状況を確認しながら、みずからの課題を分析的平等論に定位させる。つぎに著者は、二つの平等主義的正義論を批判的に考察する。第二章は、ドゥオーキンの資源平等論が哲学的正当化に成功していないことを論じる。第三章では、左派リバタリアンの理論が、能力の違いに起因する不平等にも、また原始取得の正しさを重視する事前主義ゆえに市場の不確実性にも十分に対応できない点が示される。

著者によれば、本書の貢献は主に第四章と第五章にある。第四章が問題視するのは、従来の平等論が、平等の価値の根拠を明示せずに前提とし、それゆえ「なぜ平等なのか」という問いに答えなかった点である。著者は、平等の価値を明確化する課題としてこの根拠問題を捉えたうえで、かかる価値を「宇宙的価値」として提示する。宇宙的価値としての平等は、正義を構成する複数の価値のひとつでなく「正義を超えた究極的価値」であり、「世俗的な世界に根ざすあらゆる価値を超越した」価値を意味する。この価値は、「あらゆる可能世界で見出される純粋に関係的な価値」であるがゆえに、この世界に存在する「一般的コンテクストに根ざした」正義の構想を排除せず、しかも正義の構想が課す自己責任の追及によって不平等が拡大する場合には平等の方向に引き戻す「誘因力」をもつとされる。

第五章は、運に起因する不当な不平等と選択に起因する不当ならざる不平等の区別を重視する〈運の平等主義〉が直面する、自由意志と決定論という対立に関わる。著者は、個人の選択責任と因果的決定論が両立するという理論的立場を採用したうえで、〈信念—欲求—選択実行〉の三要素からなる個人の「合理的能力」の観点から選択責任の範囲を確定する判断基準を導入し、前述の宇宙論的価値としての平等を援用することで、個人の責任を過度に追及することのない平等主義的正義論の展望を素描する。

本書の意義は明らかである。分析的平等論の詳細な議論を紹介し、なおかつ従来の議論の問題点を明らかにしながら、みずからの理論構築の試みを積極的に打ち出すというチャレンジングな課題に取り組んだ点にある。この点に関して、評者は本書を大いに評価したい。本書は分析的平等論のひとつの到達点であり、今後の研究にとって重要な参照文献となるであろう。

野心的な研究がなす貢献のひとつは、様々な問いを喚起することにある。この点に関して、評者は第一章と第四章にとりわけ関心をもつ。第一章に関していえば、ロールズの依拠するホーリズムではなく、価値と意味の分析に主眼を置く方法論を採用すべき理由が十分に説明されていないと考える。本書は、分析的平等論が望ましいことの主たる理由を、平等の価値と意味の分析をおこなう点にみる。しかし、分析的手法がロールズに決定的に欠如している事態を明らかにして、分析的平等論との対比で「ロールズの平等主義的正義論のインパクトを相対化する」（四〇頁）ことに成功したとしても、そのことがホーリズムよりも分析的平等が優位する論拠になるわけではない。例えば、分析的手法を組み込んだホーリズムならばどうか？ この可能性を否定するには、両者の原理的な両立不可能性の論証が必要であろう。たとえホーリズムを採用する所与の理論家において分析の手法が採用されず、公然と拒絶されているとしても、それは二つの手法の原理的な両立不可能性を意味しない。分析的な区別を原理的な次元にまで突き詰めて問う考察こそは、分析的思考の得意な仕事ではなかったか？ これが発揮されて、クワインが総合と分析の二元論的思考に突きつけたホーリズムの挑戦にどのように応えるのかを検討する考察があれば、分析的手法の方法論的頑強性と優位性を主張するのに役立ったであろう。さらに、ロールズとドゥオーキンを特徴づけると著者が考えるホーリズムにたいする批判的考察が十分に展開されていれば、本書の核心部分である「宇宙的価値」をめぐる議論の位置づけは、より明確になったように思われる。

第四章で導入される「宇宙的価値としての平等」という理念は、本書の論争的トピックのひとつとなる。宇宙的価値としての平等は、著者が重視するいくつかの、それ自体が論争的な諸条件（例えば非個人的価値、非多元主義的価値）を満たすものとして導入されている。この導入の仕方は、カントの実践理性の〈要請〉、証明できないが道徳原理の成立に必要とされる自由、魂の不死、神の存在の条件を思い起こさせるとともに、種々の問いを惹起する。この導入の仕方は分析的方法論の枠組み内にあるのか？ 分析的平等論と対置されるホーリズムとどう違うのか？ われわれの道徳的判断とどう整合するのか？ 動機づけ問題に対応できるか？ さらなる根拠問題を生まないのか？ 著者の説明をもっと知りたいと思う。

他の正義論との批判的対峙は、今後の課題であるらしい（六頁）。評者は、そうした対話によって本書の平等論の進展を期待するとともに、対話が専門分化の流れに抗して展開されることを――もっと他流試合を、異種格闘技を！――心から願う次第である。

◆書評

尊厳を守る社会構想としての税の哲学

伊藤恭彦『タックス・ジャスティス――税の政治哲学』(風行社、二〇一七年)

●――早川　誠

ロールズを起点とする政治哲学の実践的意義の一つは、分配的正義を基礎とした福祉国家の擁護にあった。それならば、財政的基礎となる税をどのように位置づけるかは、最重要の課題の一つとなるはずである。実際、『正義論』での分配部門に関する議論は課税制度を扱っており、本書『タックス・ジャスティス』は、このロールズの租税論を発展的に検討したものとなっている。

本書を貫く基本的なテーゼははっきりしている。人間の尊厳を守る政府活動の基盤としてこそ税は正当化される、という考え方である。一般に税と正義という問題設定でイメージされるのは、各人の税負担が公平であること、だろう。だが、著者にとってこの問題は、重要でこそあれ、二次的な問題に過ぎない。「課税の公正はタックス・ジャスティスにおいて重要な論点だが、タックス・ジャスティスそのものではない」(七〇頁)。何が公正であるかを決めるには、公正の内実を決める実体的な基準が必要だからだ。著者は、租税の正義の実体的な基準を、人間の尊厳に置く。市場社会において人間の尊厳を守るためには、市場では実現不可能な価値を社会の共同目的として追求することが必要である。その中には、政府によって実現されるべき価値がある。その政府の活動を支えるのが税である。社会契約論にならって、私たちは契約により政府を作ると考えるならば、その政府を支える税の正しさは契約の内容次第ということになる。つまり、何が正しい税かを決めるためには、政府がなすべきことは何かが決まらなければならない。したがって、「租税法の正当性根拠は政府の正当性根拠と根底においては同じもの」(二〇頁)だとされる。そして、政府の正当性はその政府によって目指されるべきだと私たちが考える社会の構想に依拠するのだから、タックス・ジャスティスは、目指されるべき社会構想から判断されなければならない、ということになる。

この見解は、以前の著者のロールズ解釈から一貫したものでもある。『多元的世界の政治哲学』(有斐閣、二〇〇二年)において、著者はロールズの課税論の最大の意義を、比例的支出税など具体的なシステムの提示にではなく、「租税国家の下で不可避である税という負担を「私」が受容する場合の規範的な根拠を原理的に示そうとした点」(二五六頁)に求めている。この規範的な根拠を、著者は本書で人間の尊厳に求めたのである。

第一章で、市場社会においても人びとは「共同の資材」を利用しており、労働によって生み出された価値がすべて本人の所有になるわけではないこと、また市場社会は完全に自由な競争がおこなわれる場ではなく、そこでの敗北のすべてを本人の責めに帰することはできないこと、が説明されたのち、本書第二章ではいよいよ「正しい税を導く規範」（六八頁）たるタックス・ジャスティスの内容が提示される。第一に、この規範は人間の尊厳を破壊する市場の力を規制しなければならない。市場では、参加者の危害の意図に関係なく、尊厳が損なわれる可能性がある。過度な富の不平等による構造的な不正義の是正は、タックス・ジャスティスの根幹をなす規範である。第二に、敗者や不利な立場にある人びとを支援するエンパワーメントが挙げられる。この観点から、スティグマを与えるような再分配政策は批判されている。第三に、税の中立性は重要な原則だが、他方で市場の帰結が無条件に許容されるべきでもない。実現されるべき社会構想の観点から、それに役立つ行動には減税を、逆にそれを阻害する行動には増税を施す、バッド増税・グッド減税もタックス・ジャスティスの要素となる。以上の三つからはタックス・ジャスティスが市場社会に対して否定的であるように見えるが、必ずしもそうではない。第四に挙げられるのは、市場社会が持つ絆である。「市場は人類史上最も強く広く人びとを社会的分業という形で結びつけている」（一〇一頁）のだから、たとえそこに潜在的な危険性があるとしても、市場社会に含まれる協同の要素を強化していくことが必要になる。そのため、制度的な絆としての普遍的給付が提起されている。

第三章では、タックス・ジャスティスの原則が身近な問題に当てはめられて論じられる。たとえば、租税の回避は、単に社会の共同事業から不当な利得を得ているからではなく、その共同事業の目的である尊厳の保護を裏切り、人間の相互承認を損なっているからこそ批判される。ふるさと納税については、寄附の促進に役立つ制度である点は認められているが、その寄附が実際に人間の尊厳を守るという社会構想の目的に沿った使われ方をしているかどうか、という点で疑問が提示されている。それぞれの行為や政策の評価自体については、従来からの税制論議とさほど変わるところはないだろうが、そうした評価を導く規範的根拠が変化し、また明示されているのである。さらに第四章では、グローバルな貧困と正義の問題にタックス・ジャスティスが応用され、グローバルな税制による市場の「倫理的浄化」（一五六頁）が論じられる。統一的な政治権力の不在から、ラディカルな格差の是正は望めないが、それでもエンパワーメントやバッド減税・グッド減税などの指針はグローバル市場でも必須であると主張される。

租税の正義は、研究蓄積が（少なくとも日本語では）厚くなく、以前のロールズ論や翻訳（マーフィー／ネーゲル『税と正義』名古屋大学出版会、二〇〇六年）、そして本書と、著者の業績が果たしている役割は大きい。他方で、本書の議論についても、普遍的給付が政府の信頼回復と経済成長に資すると論じられる一方、そもそも政府の信頼が見込めない中で普遍的給付を実現する道筋はあるのかなど、今後検討が進むべき重要な論点が多く残されている。これからの正義論研究が進むべき重要な道筋を一つ示した著作と言えるだろう。

◆書評

「新日本」の長い道のり

●——尾原宏之

河野有理『偽史の政治学——新日本政治思想史』（白水社、二〇一六年）

いきなり別の学会の話で恐縮だが、昨年の日本政治学会研究大会の見もののひとつは、本書の著者河野有理が登壇した分科会「政治思想史研究は政治学にどう寄与できるか」だったように思われる。当日は大教室にもかかわらず座席を探すのに苦労するほどの大盛況であった。

この分科会に注目が集まったのは、河野がみずからの報告に「政治思想史研究はまだ存在しているか?」というバーリンをもじった挑発的なタイトルをつけたことも一因だろう。実際、この問いは刺激的である。従来型の政治思想研究の存在意義を疑う「定量的」研究者、そして「定量的」研究に追い詰められているような気がしてならない思想史研究者の双方にとって、とくにそうであったに違いない。河野はこの報告で、厳密な「方法」に基づく「因果推論」ではない「(ただの) 記述」の価値、そしてその「記述」を通して「政治言語の用法」の変遷を追跡し「概念の交通整理」を行う政治思想史研究固有の役割を説いた。

報告のおよそ九ヶ月前に刊行された本書にも、この問題意識が強く投射されている。序章にそう書かれているように、海外から輸入され翻訳される語彙群によって絶えず在来の語彙群を「上書き」しつつ思考してきた近代日本の来歴を理解するためには、入念に思想を「記述」し「概念の交通整理」を行う作業が欠かせない。そのことを実演してみせたのが本書なのである。

だとするならば、最初に問われるべきはその「記述」の質であろう。本書には、実にさまざまな人物が登場する。河野の一貫した関心対象である阪谷素。これまで福澤諭吉と対比的に論じられてきた加藤弘之。岡山孤児院を創設した石井十次。ボーイスカウトに情熱を注いだ後藤新平。家伝の「偽書」を用いてみずからの歴史叙述を練り上げた権藤成卿。人間同士の「触感」にこだわった政治学者神島二郎。そして八〇年代「正統と異端」研究会における丸山眞男。明治の明六社から始まり、大正を経て昭和の戦後で終わる配列になっている。

本書は論集や雑誌に書かれた論考をまとめた書物であり、通史的見通しの下に書かれたわけではない。河野自身「本書が提供することを目指しているのは、時代を通貫するトンネル史観ではなく、各時代に埋まる鉱脈を探査するボーリング史観である」と述べている。したがって、この書物全体を貫く〈なにか〉を言いあてようと躍起になること自体が野暮である。そのような試みは、たとえばラッシュアワーの電車で他人と身体を押しつけあい、互いに肌のぬくもりや心臓の鼓動を感じながらも、「次の行動」への移行が許されていないことに「日本の近代」を見る神島二郎についての「記述」が持つ豊かさを削ぎ落としかねない。後藤新平を論じるなかで言及される、筧克彦における「万歳」発声に対する「いやさか」発声の優位についての「記述」も、またしかりである。本書は、思想の周縁に生まれるチャーミングなエピソードの数々が、思想そのものと決して切り離せないことを示している。河野が方法的な「因果推論」ではない「（ただの）記述」の存在意義を説くのは、この意味でも頷ける。むしろ本書全体の〈方法〉を説明する序章は、その独立した論考としての価値に疑いはないにせよ、本書の各部に示された「記述」の豊かさを汲み尽していないのではないかという疑念を抱く。思想史研究を「その思想家が、何を読み、それをどのように解釈したのか」という「入力」系と、「その思想家が、何を主張し、それによって何をしたか」という「出力」系に切り分ける手際の鮮やかさを見ても、なおそうである。

にもかかわらず、本書を明六社の阪谷素に始まり八〇年代「正統と異端」研究会の丸山眞男に終わる〈通史〉として、字義通りの「新日本」政治思想史として読んでみたい欲望も捨てきれない。第一章は、明六社を「演説」の実践と普及の場とした福澤諭吉ではなく、それを「翻訳」に従事する知識人の「合議」によって政治を語る言葉を確定する「翻訳会議の社」に作り替えようした阪谷に焦点があてられている。そこでの「翻訳会議」の経験は、やがて「合議協力」の場としての「民選議院」につながっていくはずであった。最終章では、六〇年安保以降「夜店」の政治学をやめて「本店」の日本政治思想史に注力したおなじみの丸山像ではなく、『政治の世界』の問題系の復活を含む「後期丸山政治学」とでも呼ぶべき構想を抱いていた丸山が描かれている。丸山は、市民が「制度づくり」に従事することを可能にする「市民の立場から状況を操作する技術としての政治学」の構想を抱くようになっていた。いずれも従来の思想史研究から距離を置くことによって見えてきたことであり、その意味で、たとえ丸山を扱っていたとしても、序章のタイトルを借りて言えば「丸山から遠く離れて」いる。

阪谷の「翻訳会議の社」構想から丸山の市民に開かれた「技術としての政治学」構想に至る思想史として本書を読んだ場合、なにが見えてくるだろうか。河野が言うように、東日本大震災後の言説空間で「曖昧な語義や薄らいだ過去の記憶を鮮明にしようとする努力自体を放棄し、その曖昧さのままに自らの奉じる「政治道徳」に利用しようとする」左右の動きが強まっているとすれば、いま必要なのは阪谷が構想した「翻訳会議の社」であろう。少なくとも、めいめい勝手に使っている言葉の意味を確定し、相互に「乗り入れ可能」なものにする作業は求められる。だがそのことは同時に、丸山の構想にたどり着くまでの道のりが前途遼遠であることを意味している。だから、政治学会で河野が言ったように「政治思想史に失業の日はこない」。しかしそれが、我々が阪谷と丸山の間をさまよっているうちに毎度毎度出発点に戻っているからだとすれば、手放しに喜べることではないだろう。

◆書評

大正思想の豊かな世界

●――苅部　直

飯田泰三『大正知識人の思想風景――「自我」と「社会」の発見とそのゆくえ』（法政大学出版局、二〇一七年）

長らく幻の作品だった博士論文が、四十三年もの時をへて刊行された。もともとは一九七三年度に東京大学大学院法学政治学研究科に提出されたものである。本書の「あとがき」で著者、飯田泰三は、すぐ書籍化しなかった理由として、内容が未完成であったことや、執筆後の多忙さを挙げている。それも事実なのだろうが、学位論文をすぐ本にして学界デビューするという現在のような慣行は、当時の政治学界ではまだ確立していなかったから、博士論文が未刊行のままになっている例は、珍しいものではない。

しかし、本として公刊されなかったにもかかわらず、この作品は後進の研究者に密かに影響を与えてきた。著者自身が、本書に附録として収められた論文「明治ナショナリズムの解体と「文明批評家」像――長谷川如是閑における「文明批評家」の成立」（一九七五～七六年初出）や、講演を活字化した「大正期の総合雑誌と「文明批評家」たち」（佐藤秀夫・山本武利編『日本の近・現代史と歴史教育』築地書館、一九九六年、所収）で、内容を部分的に公表している。

また、国立国会図書館と東京大学法学部図書室に収蔵された提出論文のコピーを閲覧した研究者も、少なくないはずである。評者自身も、大学院時代に和辻哲郎研究をまとめるさい参考にしているが、未刊行論文だったので自著では名前を挙げなかった。いまにして思えばそういう遠慮は不要だったのであり、反省の念をこめながらカミングアウトさせていただく。同じような「飯田チルドレン」は、そもそもあまり多くない大正思想史研究者のうちで、結構な割合を占めるのではないか。

したがって本書の原論文ののち、そこで論じられている思想家について、新たな研究がすでに現れている場合もある。たとえば菅野聡美の「恋愛」論研究、大木康充の土田杏村研究、織田健志の長谷川如是閑研究、さらに「教養派」知識人と阿部次郎をめぐっては、高田里惠子の一連の著作が挙げられるだろう。だが現在のところ空前絶後の人数で多くの思想家をとりあげ、大正思想史の全体像を描きあげた仕事として、この本を超える研究はいまだ登場していない。書かれてから年数がたってはいても、今後もまず参照すべき先行業績であり続けることはまちがいない。

この本が分析対象とするのは、大正期に活躍した「文明批評家」と呼ばれる一群の思想家たちである。章の題名に登場するのは阿部次郎、左右田喜一郎、土田杏村、野村隈畔、中澤臨川、長谷川如是閑といった顔ぶれであるが、それ以外の思想家たちについても言及がある。飯田はこうした「文明批評家」たちを、「明治ナショナリズムの解体」および「レーベン問題の興起」という時代状況のうちに位置づけ、整理する。

日露戦争後、「明治ナショナリズム」に見られたネイションと個人との一体感が分裂し、ばらばらになった「自我」と「社会」とをどう理解し、関係づけるかが知識人の共通の課題となった。その空気のなかから飯田は、「個人意識における内面的主体化」と「社会認識における実証的対象化」という両極の方向を切り出し、その二方向が「政治社会」の「下からの新構築」(五六頁)の論理に統合されることがなく、反対に自我と共同体の「ロマン的融合化」の志向が登場するところに問題性を見いだしている。

本書が読者に提示する重要な指摘は数多いが、ここでは二つの点だけをとりあげておきたい。阿部次郎はこの本のなかでは、「人格」の「内面的主体性」を追求した代表者としてとりあげられている。そしてそうした「人格」を備えた諸々の個人が、利害対立の渦まく「社会」のなかで「ひとつの公共的秩序」を形成してゆく過程を考察せず、個人の道徳的行動と暴力的な無政府状態との二者択一のイメージに帰着してしまった点を飯田は批判する(一六九頁)。しかし他面で、個人の共同体への「ロマン的融合化」の傾向を示す土田杏村と比較する文脈においては、たとえば「他者との共存における「エゴイズム」の支配の現実にたいするリアリスティックな視点」を阿部が備えていたことを、高く評価している(二〇三頁)。

ここには、本多秋五『「白樺派」の文学』(一九五四年)、藤田省三「大正デモクラシー精神の一断面」(一九五九年)といった先行研究が大正期の「人格主義」を批判したのに対して、むしろその「内面」の追求の枠の内でぎりぎりまで、個と個の対立状況と、実践を通じてのその統合という現実主義的な問題を考察したところに、阿部の思想の意義を読み取る視点がある。もちろんそれが長谷川如是閑におけるような「社会認識における実証的対象化」の思考を含んでいなかったことに、飯田は限界を見るのであるが、他面で大正期の「人格主義」の潮流がもっていた豊かな可能性を発掘したとも言えるだろう。

そして第二に、「明治ナショナリズムの解体」という枠組は丸山眞男の論文「明治国家の思想」(一九四九年)から着想を得ているが、本書の分析は同時に丸山に対する鋭い批判にもなっている。明治前半期のナショナリズムを「個人的内面性に媒介された国家主義」として「過大」に評価し、それに対して日露戦争後に登場する「個人主義」や「非政治的」な傾向を否定的にとりあげる丸山の議論には、「若干の無理」があるのではないか(三六五〜三六六頁)。――ある意味では、一九九〇年代に流行したナショナリスト丸山に対する批判を先取りしたような指摘である。

これに対して本書は、有機的な紐帯の感覚を失なった世界で、個人の多様性と秩序とをいかに両立させるかという課題を、大正期の思想家たちに見いだす。まさしく現代における政治思想の普遍的な問いへと連なる系譜が、ここには示されている。

◆書評

戦後第二世代の政治学

●――都築　勉

趙星銀『「大衆」と「市民」の戦後思想――藤田省三と松下圭一』（岩波書店、二〇一七年）

　本書の刊行を知り、手に取って、読み終わるまで、私は驚きの連続であった。今や丸山眞男を通り越して、藤田省三や松下圭一が東大の博士論文の対象になるのだ。なるほど著者が言うように、ともに丸山の強い影響下で政治学の道を歩み始めた藤田と松下は、藤田が一九二七年生まれ、松下が二九年生まれで年齢も二つ違いであり、「「革新」派知識人としての政治的スタンスにおいても……非常に似ている」ように見えるけれども、「思想的内容は……極めて対照的」なのだ（二八頁）。それにしても奥付けにある御経歴や「あとがき」によれば、著者にとって日本語はネイティブな言語ではないと思われるが、この読み書きの堪能さは驚異的だ。藤田も松下もそれぞれに個性的な「悪文」で有名な人なのに。

　著者は藤田と松下が学界・論壇に登場した一九五五―五六年の時期を日本の戦後史の転換点と見ている（xv頁）。したがってそれぞれの人格形成期に遡っての紹介はあるものの、本書の叙述の起点はこの時代に置かれている。そしてプロローグ及び序章と終章の間の四つの章は、いずれも第一節が藤田、第二節が松下の記述に当てられている。大きな論文を書くときの要諦はかえって一貫した問題の限定にあるから、この堅固な構成はもちろん頷ける（ただし以下の紹介では、各々を通して述べる）。単に二人を比較するのでなく、タイトルにあるように、各々の思想における「大衆」と「市民」という二つの鍵概念の関係を明らかにすることが目的だから、土俵の構築はますます重要である。そうした問題の限定に由来する、私のないものねだりの要求については最後に述べる。

　藤田の本格的なデビュー作はもちろん一九五六年の論文「天皇制国家の支配原理」である。藤田はそこで天皇制国家の設計者である伊藤博文の役割に注目した。著者によれば、藤田は伊藤をあくまでも「尊敬すべき敵」とみなしつつ、にもかかわらず「合目的的な権力の運用者としての「政治的人間」」伊藤博文に対する藤田の評価は、一九五六年の初の論文から晩年に至るまでほとんど変わらな」かった（一一八頁）。けれども伊藤は「情緒的な村落共同体の秩序原理」を国家装置の中に持ち込んだために、以後法律や規則に基づき「利害を合理的に調停する方式」としての政治が見失われることになった（一〇四―〇五頁）。藤田は政治家のみならず「市民」に対しても、敗戦直後のような「自然状態」から強い内面的な自覚に基づいて共同の秩序を作り上げる営みを要請した。著者は、藤田の人民主権は「一人一人が絶対君主化するようなイメージに近い」とまで述べている（一九八頁）。

そのような藤田が六〇年安保における「市民」の抵抗を高く評価したのは当然である。けれどもそうした「市民」の行動は持続的なものではなかった。加えて日本経済の高度成長の事態が訪れる。晩年の藤田は、本来異質な「物」との相互交渉の機会である「経験」をできる限り回避し（二八〇頁）、快適さのみを追い求め、「「安楽」への全体主義」の道をひた走る日本人の姿に、警告を発し続けた（二九三頁）。

一九五〇年代に一連のジョン・ロック研究を行いながら、しかし何と言っても松下の名を高からしめたのは五六年の論文「大衆国家の成立とその問題性」であった。それによって始まったのが大衆社会論争だが、松下は大衆社会ではなくあくまでも大衆国家を問題としたのだという著者の指摘（一四七頁）は重要である。すなわち松下は労働者の大衆化・国民化に伴う新たな革新勢力のリーダーシップを求めたのである。そのような松下は六〇年安保の激動にもいささかも高揚することなく（二四二頁）、地方における継続的な実態調査に基づき「地域民主主義」の政策提言に取り組んだ。やがてそれは「シビル・ミニマム」を掲げる自治体改革となって結実する。その過程で「大衆」から出発した松下は、「「市民」的人間型」に言及するようになる（二六二―六七頁）。「市民」から出発して動かぬ「大衆」の姿に失望を深めた藤田とは、逆の歩みだというのが著者の結論である（三三三頁）。

私が思うに、藤田と松下は丸山の影響を受けた政治学者の中では「講座派」的と「労農派」的の両極に位置する。この概念はもちろん日本資本主義論争の両当事者に由来するが、広く捉えれば前者が日本社会の特殊性を論ずるのに対して、後者はどこまでも日本を世界の中で同列に論ずる。前者が経済だけでなく上部構造の領域にも及ぶのに対して、後者はより政策的・技術的な立論を志向する。もともと丸山の中にあった二つの傾向がそれぞれ拡大されたとも言える。明治以来の天皇制の精神構造の存続を指摘する藤田と、「ミッチー・ブーム」以来の大衆天皇制の成立に注目する松下との違い（これは本書でも詳述されている）は象徴的である。したがってこの見解の相違はすぐれて今日的な問題でもある。

私のないものねだりについて言えば、戦後日本の政治学の歴史の中でそもそも丸山によって作られたパラダイムが何であり、それがその後どのような人々によっていかに受け継がれたかの見取図が最初にほしいと思った。その中でこそ藤田と松下の位置付けも意味を持つのではないか。また藤田においてはやはり一九八二年の『精神史的考察』が、松下においては一九七五年の『市民自治の憲法理論』が、それぞれの思想と学問の深化にとって重要な意味を持つと私は思うが、反響も含めてそれらの書物自体の読み方を著者に伺いたいと思った。特に藤田の場合は六〇年代末のイギリス留学時の社会人類学の摂取などにより、それまでの彼の天皇制論からのパラダイム・シフトの兆しが見られると思うのだが、著者のお考えはどうか。藤田は同時代的に山口昌男などの著作をどのように読んだのだろう（西郷信綱との関係については記述があるが）。手がかりがあれば教えていただきたい。

二〇一七年度学会研究会報告

◇二〇一七年度研究会企画について

企画委員長　野口雅弘（成蹊大学）

二〇一七年度（第二四回）の政治思想学会研究会は、「政治思想における「保守」の再検討」を統一テーマとして、早稲田大学（早稲田キャンパス）において、五月二七日（土）と二八日（日）の二日にわたって開催された。

民主党政権の崩壊後に成立した安倍政権はとりわけ「保守色が強い」といわれているし、自らもそのように称している。また、メディアでも、私は「保守」だと自称する論者がたくさん登場し、さまざまな議論を展開している。「安倍首相は自分を保守だというが、あれは本当の保守ではない」というような指摘もよく耳にする。批判する方も、批判される方も「保守」を名乗るという状況にあるが、それぞれどのような「保守」理解に基づいて発言しているのだろうか。

こうした議論の混乱には、いろいろな理由が考えられる。とりわけ冷戦構造の崩壊とグローバル化というコンテクストの変化は大きな影響を及ぼしている。「保守」という語は長らく、冷戦構造を背景として用いられてきた。しかし、一九八九年にベルリンの壁が崩壊して、もう二八年になる。ベルリンの壁が建設された一九六一年から八九年までが二八年なので、壁が存在したのと、ほぼ同じ時間が壁の崩壊以後、経過していることになる。

「保守」というタームを使い続けるにしても、別の分類名称を考案するにしても、この言論状況について考えてみる必要があるのではないか。これが今回の企画の問題意識であった。もちろん、即効性のある、何かわかりやすい提案をしようとしたわけではない。それは、本学会の仕事ではないだろう。しかし、混乱している政治的概念について、それを歴史的に遡り、その概念の古典とされている書物や思想家を検討してみること、あるいは様々な国、文化圏、あるいは異なるコンテクストにおける「保守」という言葉の用いられ方を比較検討してみること、そしてジェンダーやナショナリズムといった現代の様々なトピックに即して「保守」の言説を分析してみること、こうした作業は、私たちの学会でも行うことはできるし、また行うべきである。「政治思想における「保守」の再検討」を統一テーマにしたのは、企画委員としてのこのように考えたからであった。

ここで挙げた三つの課題、つまり古典に当たる、異なるコンテクストを比較する、そして現代の言説を分析するというのが、この研究大会の三つのシンポジウムに対応する。

「シンポジウムI」では、「保守主義の誕生」と題して、このテーマの古典を対象として報告および議論が行われた。まず、しばしば「保守主義の父」とされるエドマンド・バークについての報告、二〇世紀のハイエクとの関連をも視野に入れたモンテスキューについての報告、そして日本政治思想史の文脈で本居宣長、和辻哲郎、小林秀雄についての報告が行われた。

「シンポジウムⅡ」では、「保守の多様性」と題して、戦後アメリカの新保守主義、中国社会主義国家における「保守」と「守旧」、そしてグローバル言説圏、とりわけアメリカのイスラーム言説における保守/リベラルについて報告が行われた。「保守」をめぐる検討は、西洋や日本についてだけはなく、中国やイスラームも含めたさまざまな文脈で試みられる必要がある。議論がうまく噛み合っていなかったとのご指摘もいただいたが、今後の政治思想学会のあり方も展望しつつ、今回の企画委員がとくに力を入れたのがこのシンポジウムであった。

「保守の現在」をテーマにした「シンポジウムⅢ」では、レオ・シュトラウスと宗教的原理主義、ジェンダー・家族、そしてリベラル・ナショナリズムに関する報告が行われた。このシンポジウムでは、現代における「保守」の言説が、それぞれ現代政治理論の最先端の視角から分析された。

保守という難しい課題を多角的に取り上げようとしたことで、議論が拡散して深められず、フラストレーションが溜まったとのご批判も頂戴した。また研究大会までに、それぞれのユニットで研究会を重ねるなどして、議論のすり合わせのような作業をしておけばよかったのではないかというご意見を寄せてくれた会員もいた。企画を担当した者として、重く受けとめている。会員の関心は多様化しており、何を「統一テーマ」にしても、特定領域の専門家が満足できる水準でのやり取りをすることがしだいに難しくなっている。しかし、アクチュアルなテーマについて、一つの研究大会に集って会員が議論するということにはなおも意味があるであろう。シンポジウム、分科会のあり方について考え直す時期に来ているのかもしれない。

自由論題報告にも、多くの応募をいただいた。企画委員で厳正に審査し、十一人に報告をお願いした。テーマや時代が近い報告を集めて、三つの分科会を立てた。今年度は宗教に関連する報告が比較的多く、それをテーマとした分科会が成立したことが一つの特徴となった。私は一部にしか参加できなかったが、どの分科会でもとても中身の濃い議論が行われたとうかがっている。とりわけ司会を担当してくださった辻康夫会員、萩原能久会員、大澤麦会員に御礼申し上げたい。

最後に、力のこもった報告を準備してくださった報告者、討論者、会場で積極的に質問やコメントをしてくださった参加者の皆さまに感謝したい。毎年のことではあるが、会員お一人お一人の力が集まることで、こうした研究大会がなりたっていると改めて実感した。そして企画委員・開催校理事の梅森直之会員をはじめ、会場となった早稲田大学の専任教員、任期付教員、非常勤講師、大学院生、学生アルバイトその他、関係する多くの方々にご尽力いただいた。会場の小野記念講堂もとても使いやすく、評判もよかった。関係者の皆さまに、この場をお借りして心から御礼を申し上げたい。

【シンポジウムⅠ】

保守主義の誕生

司会　野口雅弘（成蹊大学）

「政治思想における「保守」の再検討」を統一テーマとする二〇一七年度（第二四回）の政治思想学会研究会では、テーマに関連する三つのシンポジウムが開催された。最初のシンポジウムは、初日、五月二七日（土）午前に行われた「シンポジウムⅠ 保守主義の誕生」であった。ここでは、政治思想において、保守ないし保守主義を論じるにあたり、「古典」とされてきたイギリス、フランス、日本の思想家が検討された。

最初に、当日入会いただいた佐藤一進会員（京都精華大学）から、「バークは保守主義者なのか」という報告をしていただいた。『保守のアポリアを超えて――共和主義の精神とその変奏』（NTT出版、二〇一四年）の著者であり、エドモンド・バークの政治思想にも詳しい佐藤会員に「保守主義の父」としてのバークについて報告していただき、その後の研究大会の共通了解をつくるというのが、企画委員の意図であった。

ところが佐藤報告は、この「常識」を否定した。「バークについて、その保守主義者としての位置付けを自明視しないことによって、今日の保守主義の意味内容の拡散傾向、ないし保守主義の輪郭の融解の一つの遠因を析出」するというのが、彼の問題設定だった。そして「市場の力が人間に代わって歴史をつくる」（ポーコック（犬塚元監訳）『島々の発見』名古屋大学出版会、二〇一三年、三七一頁）とすれば、「保守主義者は構造においても価値においても保守することはできなくなる。というより、保守する意志は放棄される。すなわち、保守主義者は保守主義者でなくなる」というのが、この報告の結論となった。

第二に、『モンテスキューの政治理論――自由の歴史的位相』（早稲田大学出版部、一九九六年）の著者である押村高会員（青山学院大学）から「伝統の発見、社会の保全、統治の持続――モンテスキューは保守主義の先駆者か」とのタイトルでご報告いただいた。保守主義は（フランス）革命に対するリアクションとして始まったと、しばしば言われている。こうした言説においては、革命以前、それどころかルソーの『社会契約論』以前のモンテスキューを保守の政治思想家として描くことは難しいということになる。しかしこの報告で押村は、「伝統の発見」、「社会の保全」、そして「統治の持続」という三点に注目しながら、モンテスキューを「保守主義の先駆」として解釈した。

こうした読解がとりわけ興味深いのは、ここで示された保守主義が二〇世紀の思想家ハイエクによって正確に掴み取られ、受け継がれているところにある。押村報告では、ハイエク『法、立法、自由』の冒頭で引用されている『法の精神』の一節に言及がなされた。「個々の叡知的存在は、みずからが作った法律をもちうるが、みずからが作ったものではない法律をもつ」（第一部第一編第一章、岩波文庫、上、四一頁)。ハイエクが「立法と(慣習)法の混同」や「構成主義の妄想」を批判するのは、こうした「保守主義」を基礎にしているのである。

第三は、米原謙会員(中国人民大学講座教授)による報告「日本における保守主義思想の地下水脈 ——自然・言語・歴史」であった。保守主義の古典的な思想家として、バークやモンテスキューを挙げることには、それほど大きな反対はないと思われる。しかし、日本政治思想史のなかで、どのように保守主義を論じるべきなのかについて、企画委員のなかでも結論が出ず、日本思想史の分野で多くの著作を執筆されており、『国体論はなぜ生まれたか』(ミネルヴァ書房、二〇一五年)という近著もある米原会員にすべてお任せした。

米原報告では、「国体論という素朴で退屈極まりない議論」は回避され、本居宣長、和辻哲郎、小林秀雄という三人が取り上げられた。「万世一系の皇統、祖先崇拝、天皇(あるいは上位者)への忠誠、他国より優れているというエスノセントリズム、理論(理屈)より「ありのまま」が尊いという価値観、できごとを宿命と受け取る歴史観、古代日本語(歴史的仮名遣い)への拘り」など、「近現代の保守主義者の発想の基本的な要素はすべて」、宣長の思想に包含されており、それらが和辻、小林に引き継がれていくとの解釈が提示された。こうした「保守主義思想の地下水脈」が、とくに自然、歴史、言語をキーワードにして検討された。

討論者の犬塚元会員(法政大学)は、「思想史学において保守主義を有意義に論じるために」というペーパーを配布してコメント・質問をした。「バークは保守主義の創設者」という言説は、一九一二年にセシルによって「つくられた」ものであることが指摘され、そうした歴史性・構築性を自覚せずに、保守主義を本質主義的(あるいは「反多元主義的」)に語ることへの疑問が示された。

もちろんこうした指摘は、「保守主義」に関する言説だけに当てはまるわけではない。しかし、「進歩主義 vs. 保守主義」という二〇世紀につくられた図式を自明視する傾向が、とりわけ「保守」をめぐる議論において根強いことは否定できない。ただし、翌日の「シンポジウムⅢ」のコメンテーターに立った宇野重規会員(東京大学)が、別の文脈で述べていたように、こうした構築性を強調すると、アナクロニズムは回避できるが、「時代や社会を超えた比較は限定的」になってもしまう。「政治思想における方法」は前年の政治思想学会研究会のテーマであったが、今年度も方法をめぐる論争が継続する形となった。

フロアからも活発な発言をいただいた。その一つとして、バークの『フランス革命の省察』のドイツ語訳の重要性に言及しながら、ドイツ系の報告がなかったことへの疑問が出された。ぜひ別の機会に、企画を引き継いでいただければ幸いである。

司会の力不足もあり、当日はタイム・キーピングをするので精一杯で、うまく議論をまとめることができなかった。不手際をお詫びするとともに、充実した原稿を準備してくださった報告者、討論者、そして参加してくださった皆さまに、この場をお借りして御礼申し上げたい。

【シンポジウムⅡ】

保守の多様性

司会　梅森直之（早稲田大学）

成立から現在に至るまで、政治思想学会の主要な関心がヨーロッパにおける政治思想の発展と展開に向けられていたことは否定できない。しかしながら、現在の「保守」をめぐる問題が、グローバルな現象として析出されている以上、問われなければならないのは、「西洋」の経験に基づいて生み出されてきた思想の解釈枠組みそのものではなかろうか。シンポジウムⅡ「保守の多様性」は、あえてヨーロッパと日本をその主題から外し、「アメリカ」、「中国」、「イスラーム」という場を議論の中心におくことを試みた。「多様性」という言葉には、「保守」の多様なあらわれだけでなく、現在の「保守」をめぐる問題を議論するための、認識論的・方法論的な「多様性」の探求という意味が込められていた。

井上弘貴会員（神戸大学）の報告「戦後アメリカ社会の変容と新保守主義——ニュー・クラスをめぐる議論を中心に」は、いわゆる「ネオコン」と総称されるアメリカの知識人たち、とりわけその第一世代であるアーヴィング・クリストル、ノーマン・ポドレッツ、ジーン・J・カークパトリックの三名の思想を、第二次世界大戦以後のアメリカ合衆国の国内社会の変容という歴史的動態のなかに位置づけなおし、新保守主義と呼ばれる思想潮流が戦後アメリカにおいて形成されるに至った契機を知識社会学的に再検討するものであった。井上報告は、従来タカ派的な外交政策により注目を集めてきたこの思想潮流を、その源流にまでさかのぼり、そこにリベラルからの「転向」という契機を見いだし、その意義を考察した点に特色を持つものであった。こうした視座は、「保守」という思想を、「リベラル」との動的な対抗・派生関係の内にとらえ直そうとしたもので、今日における「保守」の生成と発展を考えるうえで、貴重な論点を提起したものであった。

石井知章会員（明治大学）の報告「中国社会主義国家における保守と守旧——「左派」を軸とする思想状況をめぐり」は、現代中国における「保守」を議論する前提として、「守旧」、「左派」、「右派」などの関連するカテゴリーがどのような政治的ニュアンスを伴って用いられてきたかを分析した。石井は、清末の「変法派」梁啓超や康有為らが、立憲政体の樹立を実現する手段として、儒教を「孔子教」として国教化する方向を模索していたことに注意を促す。石井は、かれらの運動を、近・現代中国において、「守旧」と区別された意味での「保守主義」が形成された最初でおそらく唯一の契機であったと評価した。石井は、こうした「秘教的儒教」の構想が、毛沢東思想にも受け継がれる一方、それが文化大革命を通じた広汎な破壊・混乱・停滞をもたらすことにより、こんにちまで続く中国固有のイデオロギー対立の図式が誕生したと指摘する。それは、毛沢東主義を中心に「革命的」であることが「左派＝保守」とされる一方、鄧小平など一定の市場主義を取り入れた経済政策をとる「改革」派を「右派＝革新」とする対立の構図であった。

池内恵会員（東京大学）の報告「グローバル言説圏における『イスラーム』をめぐるリベラル／保守の位相」は、アメリカにおけるイスラームをめぐる言説の変容に焦点をあて、イスラームという問題圏と「保守」という問題圏の架橋を試みたものであった。池内によれば、米国におけるイスラーム研究におけるリベラル派は、「イスラーム例外論」を批判することにその政治的立場をおいていた。しかし池内は、近年リベラル派の中から、そうした「例外論」を肯定するような議論が登場している事実に注意を促す。池内は、こうした新しいイスラーム認識を、「リベラルの保守化」としてではなく、中東の政治や思想の実態の認識という意味で、従来の通説・通念に比してより正確であると評価する一方、その台頭の契機を、二〇一一年の「アラブの春」とその後の政治的変動のうちに求める。こうした経験が、米国思想における「イスラーム認識」の変化を促し、それがリベラル／保守のそれぞれの内実と両者の関係を変化させる一方、それが米国の学術・論壇・メディアが持つグローバルな影響力を背景に中東などイスラーム「現地」の思想に影響を及ぼしていくことになった。ここで問われたのは、アメリカとイスラーム諸国双方において、リベラル／保守の相互規程的な生成と変容を導いていく「グローバル言説圏」の様態であった。

こうした三報告に対して、コメンテーターの添谷育志会員（明治学院大学名誉教授）は、「グローバル言説圏」における「保守」を論ずるには、ヨーロッパで生まれた「保守対進歩（革新）」という基軸だけでは不十分であると応じ、それにかわる新しい解釈枠組みの提案を行った。それは、「保守」を「正統」と読み替え、その読み替えをとおして従来の「保守対革新（＝進歩）」の図式を改訂することであった。添谷は「保守思想」の核心を、政治的統治体における「正統＝オーソドクシー」を保守することであると述べ、「正統」を、当該政治的統治体の構成員の各時点における「正統なるもの」への「信憑」として定義した。こうした添谷の応答は、現在の保守の多様なあらわれを、いかにして相互に連関する問題として読み解きうるのかという思想的課題に対し、重要な示唆を与えるものであった。

思えば、この企画を立てたのちの世界情勢の変化は、まことに目まぐるしいものであった。イギリスのEU離脱問題、トランプ大統領の登場から、シリア空爆、そして現在の北朝鮮をめぐるアメリカと中国の協調と対立など、本シンポジウムの報告テーマと密接に関連する事態が雪崩をうって進行した。こうした状況のなか、保守の多様性という現在の思想的課題をグローバルに読み解くための有益な視座を提供して下さった報告者ならびにコメンテーターの方々に、あらためてお礼を申し上げたい。

【シンポジウムⅢ】

保守の現在

司会　森川輝一（京都大学）

現代政治に登場する多様な「保守（主義）」の言説を批判的に分析することで、「保守の現在」を浮き彫りにすること、またそこから、今日私たちが真に保ち守るべきものは何かを改めて捉え直すこと。これが本シンポジウムの狙いであった。具体的には、布施哲会員（名古屋大学）による「原理主義と〈反〉保守主義――レオ・シュトラウスの視座」、樫村愛子氏（愛知大学・非会員）による「ジェンダー・家族をめぐる保守」、施光恒会員（九州大学）による「新自由主義、ナショナリズム、保守主義――リベラルな「脱グローバル化」の探究」、の三つの報告が行われ、次いで討論者の宇野重規会員（東京大学）のコメントをもとに、フロアを交えて活発な質疑応答が行われた。報告者、討論者、会場から議論に加わって下さった方々に、なかでも、非会員にもかかわらず報告をお引き受け下さった樫村氏には、この場を借りて、改めて心より御礼申し上げたく思う。

布施報告は、「ネオコンの教祖＝シュトラウス」という嫌疑を、シュトラウスその人が保守しようとした原理に立ち戻って覆す。その原理とは、西洋政治思想史の二つの始源、すなわちイェルサレムに発する啓示宗教とアテナイで誕生した哲学であり、両者の「根源的な不調和」である。宗教が絶対的権威（神）への無条件的な服従を求めるのに対し、哲学とはあらゆる権威への服従を拒否して知への愛に殉ずる生き方であり、両者は互いに相容れないが、多数者の意見を恃みとする政治という営みと対立する点では通底する。翻って中世以降の世界は、宗教と哲学が融合して統治の技術――フーコーのいう「司牧権力」――へと頽落してゆく過程にすぎない。論敵にして友人であったコジェーヴのいう「歴史の終焉」は、実は古代末期から始まっていたわけだが、こうしたシュトラウスの「確信犯的なアナクロニズム」は現代なお有効なのか。そうした宇野会員やフロアからの問いに対し、布施会員からは、ネオコンを含む政治主義およびそれを支える順応主義を根源的に批判するという意義とともに、アルチュセールのマキャヴェリ論に影響を与えたと思しきシュトラウスが、始まりへの回帰を拓く「切断」としての革命を待望していた可能性が示唆された。

樫村報告では、ラカン派社会学の視座から、再帰的近代を支えるジェンダーおよび家族という「幻想の強力な装置」の危機が検討された。近代家族は、愛（のみ）に準拠した装置として自由な個人という幻想の足場となり、また国家と市場に人材を供給する構成的外部として、「男／女らしさ」というジェンダー幻想を強化しながら近代社会を支えてきたが、資本主義がポスト近代化する中で、今や解体されつつある。他者との紐帯を失った個々人は「むき出し」の人的資本として選別過程に放り込まれ、フェミニズムが進めてきたジェンダーや家族の脱構築でさえ、イメージとして商品化され、消費される。こうした事態は、再帰的個人の確立が不十分なまま、家族国家観を媒介に「イエ」を近代化過程に埋め込んできた日本では、新自由主義的経済政策（に耐え得る強い個人の創出）と「伝統」的家族（への個人の従属）の復活を同時に唱える自称保守派の言説が示すように、分裂した反応を齎している。これに対して樫村氏は、ジェンダーや家族を自己と他者の関係性として再構築する「望ましい保守戦略」を目指し、家族を自発的・再帰的コミュニティとして捉える視座を提示する。フロアからも「シェアハウスの住人同士も『家族』たり得るのでは」といったユニークな意見が提示され、活発な議論が交わされた。

施報告は、リベラルなナショナリズムの可能性を検討する。新自由主義者は「保守」を名乗るが、その含意は市場経済の無批判な肯定であり、冷戦期における共産主義への対抗言説を無自覚に引き継いでいる。だが、冷戦以後の市場のグローバル化が齎したのは、ナショナルな枠組みを超えた資本の移動と増殖、および労働力の流動化と経済格差の拡大であり、各国国内の社会的連帯を寸断して排外的ナショナリズムの興隆を招いている。これに対して施会員は、開かれたリベラルな文化としてのナショナリティの可能性を示す。すなわち、人は自らが生まれた共同体の言語や文化に拘束される、という保守主義的人間観に棹差しつつ、自文化への拘束が絶対的なものではなく、むしろ他文化の承認と交流を通じて発展するという「関係主義的理解」を取ることで、野放図なグローバル化と狭隘な自国中心主義の双方に対抗し得るのである。だが、ナショナルな文化の重視はリベラリズムの普遍主義的志向と両立し得るか、また、排外的ポピュリズムとの差異化は可能なのか。こうした問いに対して、施会員からは、リベラリズムの「公正」という半ば普遍的な価値によるナショナリズムの制約、および、半ば無意識に共有されたナショナルな文化を、絶えず他者に向けて言語化するという再帰的実践の重要性が提示された。

宇野会員が鋭く指摘した通り、「保守」の名を冠して雑多な言説が混在する今日の世界では、「保守」という主題設定の意義や有効性そのものが絶えず問い直されねばならない。いわば「保守の現在」とは、保守とは何かの絶えざる問い直しのうちにある。保守主義とは、再帰的近代の深まりとともに意識化された思考様式である。今日の私たちはそれを、保守とは何かを不断に問い、保守とは何かを問う自分（たち）は何者なのかを倦むことなく問い続けることで、引き継いでゆくべきではないか。結論というには凡庸過ぎるようにも思われるが、保守を自称・自任する人々の多くが、そうした再帰的問いかけを閑却して「自分たちこそ真の保守！」という自己愛的な主張に耽溺している現在、私たちが正気を保ち、良識を守るために、あながち無益な指摘ではないであろう。

〔自由論題　分科会A〕

司会　辻　康夫（北海道大学）

本分科会では、鹿子生浩輝会員（東北大学）による「ルネサンス・フィレンツェの政治思想――マキァヴェッリとグィッチァルディーニの共和国理論」、柏崎正憲会員（東京外国語大学）による「自由、勤勉、安全――ジョン・ロックのリベラル国家における合理性と共通善」、熊谷英人会員（明治学院大学）による「フィヒテ、マキアヴェッリを読む――『統治』の論理へ」、松井陽征会員（明治大学）による「M・オークショットの政治思想における『保守的なもの』再考――『人間営為論（行為論）』における近代国家と教育の関係をめぐる考察を中心にして」の四つの報告が行われた。

鹿子生報告は、メディチ家復帰後のフィレンツェにおいて共和政を擁護した、マキァヴェッリとグィッチァルディーニの政治思想を分析し、両者の共通性とともに微妙な相違を明らかにする。グィッチァルディーニは、民主政の欠点を補うために貴族政の要素を重視する。市民軍の設立、歴史事例の引用方法、キリスト教と政治の論理の緊張関係、対外政策についても、原理的な思考を重視するマキァヴェッリと、現実の状況に対応して慎重な議論を行うグィッチアルディーニの間の、重要な差異が指摘される。

熊谷報告はフィヒテの思想の展開における、マキアヴェッリの影響を検討する。前期の思想においては、法と道徳の論理が峻別され、統治者の役割は現実の国家を理想国家に近づけることとされつつも、統治者の直面する現実問題についての議論は少ない。フィヒテがマキアヴェッリに見出したのは、無秩序な人間世界において法と暴力を用いて秩序をもたらす「統治」の論理である。彼はマキアヴェッリ流の「人間の悪性」や、「運命」などの観念に大きな修正を加えつつも「統治」の論理を自らの思想にとりこみ、これが『共和国草稿』など後期の統治構想につながるとされる。

柏崎報告は、ロックの『統治論』における帰属ないし成員資格の観念を分析する。ロックの同意理論は慣習的な支配や不平等の合理化という要素も持つ。またそれは国家の起源に関する哲学的仮説にとどまらず、個人による現実の同意を強調し、その撤回の可能性も含意されている。このように構成されたロックの議論は、他方で排除の契機も持っており、第一に勤勉の美徳を欠いた怠惰な貧民や、安全への脅威となりうる外国人、カトリック教徒、無神論者などは排除の対象になったとされる。

松井報告は、オークショットの思想の展開を分析する。彼の思想は「伝統」を中心とする前期から、「プラクティス」を中核とする後期へと、自由主義的性格を強めたと解釈されることがあるが、本報告は両者の根本的な連続性を強調する。オークショットにおいて特徴的なのはその思想史の解釈である。オークショットは近代において公民的結合が脅かされていることを認識するとともに、古代・中世・近代の様々な思想家の独特の解釈を通じて、受け継がれるべき思想的伝統を示したものと考えられる。

会場からは多くの質問・コメントがよせられ活発な議論が行われた。報告者および参加者の皆様に感謝申し上げたい。

〔自由論題　分科会B〕

司会　萩原能久（慶應義塾大学）

本分科会では馬路智仁会員（早稲田大学）による「トランスアトランティックな共鳴――アルフレッド・ジマーン（1879-1957）とホラス・カレン（1882-1974）の多文化共生論」、阿部崇史会員（東京大学大学院）による「過酷な政策批判に対する運の平等主義からの非多元主義的応答の可能性――選択と運の併存と仮想保険アプローチ」、内藤葉子会員（関西大学）による「マリアンネ・ヴェーバーにおける倫理的主体としての女性像の構築――ドイツ・リベラリズムと女性運動の交差点から」の三つの報告が行われた。馬路会員と内藤会員は『政治思想研究』の最新号である第17号にも論考を発表しており、その高い意欲が窺える。

馬路報告ではアハド・ハアムの競争的模倣論に触発され、諸民族のアメリカにおける共生を説いたカレンと、アメリカはブリテッシュ・コモンウエルスの一部ではなくその縮図であると考え、国家とは区別される文化的・精神的結合体として民族を考えたジマーンの比較が試みられた。こうした思想的共鳴はみられるものの、多元性に関する米・欧の相似性を説くカレンと国家と民族の二元論に立ち、民族自決ではなく〈帝国〉を重視したジマーンの間には相違も認められることが指摘された。

阿部報告では、運の平等主義の立場に対して、それが運／選択を過度に排他的に捉えるため過酷な政策に走りがちであるとする過剰性批判に応答しようとする試みであった。そこで阿部会員はまず、根拠付け原理と分配原理を区別する必要を説き、「平均人」を想定したドウォーキンの仮想保険アプローチの有効性を確認する。このアプローチは完全補償を行わないので、個人の「選択」を促進するという利点を有することも指摘された。

内藤報告ではドイツ・リベラリズムとドイツ女性運動の文脈にマリアンネを置き、彼女の学問と実践（ＢＤＦ）の連関について報告がなされた。まずカント・フィヒテを受容しつつ、マリアンネは男性の単なる手段ではなく、自身が目的でもある女性の人格を構想したが、同時に彼女はそこに家父長イデオロギーの残滓も見出していた。ついで近代化問題であるが、一方で夫マックスの家共同体解体論（家計と経営の分離）を受容しつつ、女性の身体的差異や歴史的経緯を重視せず、女性の自律を説いたジンメルにも一定の評価を与えていた。その上で女性の自己形成と世界形成という二つの問題を連動させて構想し、様々な具体的政策提案を行っていたマリアンネの姿が浮き彫りにされた。

いずれの報告も刺激的で、会場からも多くの質問やコメントが寄せられ、活発な議論がかわされる充実した時間を持つことができた。報告者および参加者の会員諸兄に感謝申し上げたい。

〔自由論題　分科会C〕

司会　大澤　麦（首都大学東京）

本分科会では、岡田拓也会員（日本学術振興会海外特別研究員）「ジェレミー・テイラーの寛容論――アングリカンの系譜の中で」、小田英会員（元早稲田大学助手）「宗教改革における中世のキリスト教共同体から近代の主権論への転換?」、関口佐紀会員（日本学術振興会特別研究員DC2）「ルソーの市民形成論における狂信者と無神論者の位置づけ――《moi》概念を中心として」、原田健二朗会員（慶應義塾大学）「近年の政治神学における「教会論的転回」――S・ハワーワスとJ・ミルバンクを中心に」の四つの研究報告が行われた。

第一報告は、ピューリタン革命期のアングリカン聖職者J・テイラーの寛容論の特質を、特に一六三〇年代の知識人集団グレート・テュウ・サークルに参加した二人の思想家、W・チリングワースとT・ホッブズの思想との対比によって浮かび上がらせる試みであった。質疑では、同サークルのH・ハモンドとの関係、そして同時代のカトリシズムやアングリカニズムにおけるテイラーの立ち位置に関わる質問などが出された。

第二報告は、中世キリスト教共同体が主権論や国教会原理によって掘り崩されていく際の、反教皇主義的理論に着目した。特に教皇主義者R・ベラルミーノに対するW・バークリおよびT・ホッブズの批判の意義が詳述された。質疑では、キリスト教共同体から主権国家への移行という、本報告の構図に関わる質問、またウナム・サンクタム等の教皇勅書の意味についての質問などが寄せられた。

第三報告は、ルソーによる狂信者と無神論者の対比に関わる記述に注目し、そこから国家共同体と市民の形成におけるエゴイズムの問題を抽出するとともに、ルソーの社会契約におけるその克服の構想が論じられた。質疑では、問題の起点となった狂信者の実態と位置づけ、また議論の背後にあったルソーとヴォルテールとの関係などが議論になった。

第四報告は、「教会論的転回」あるいは「政治的教会論」と呼ばれる今日の有力な政治神学の潮流の意義を、その代表的論者であるS・ハワーワスとJ・ミルバンクの思想のうちに探った。これによれば、近代自由主義の隆盛の中で公共性を剝奪されて私事化したキリスト教こそ、逆説的にも、完全な共同体としての教会を介して独自の政治原理を体現するとされる。質疑では、そうした政治的教会の日々の実践の在り方、また現実の政治的・倫理的諸問題への対応に関する問題などが提起された。

以上、本分科会は三時間の枠の中に四人の若手研究者による力のこもった研究報告を盛り込むという、大変タイトなスケジュールで遂行された。自由論題の分科会であることから時代もテーマも多岐に亘っていたが、すべて政治思想と宗教の関係に関心を寄せる報告であったために、図らずもセッションとしての纏まりが見出されたように思う。フロアには常時二〇名以上の来場者があり、多くの質問が寄せられ、熱のこもった討論が展開された。

執筆者紹介〔掲載順〕

佐藤一進
一九七八年生。神戸学院大学法学部准教授。京都大学博士（人間・環境学）。『保守のアポリアを超えて――共和主義の精神とその変奏』（NTT出版、二〇一四年）。

押村　高
一九五六年生。青山学院大学副学長・国際政治経済学部教授。博士（政治学）。『国際政治思想――生存、秩序、正義』（勁草書房、二〇一一年）、『国家のパラドクス――ナショナルなものの再考』（法政大学出版局、二〇一三年）。

井上弘貴
一九七三年生。神戸大学大学院国際文化学研究科准教授。博士（政治学）。『ジョン・デューイとアメリカの責任』（木鐸社、二〇〇八年）、「ニューディールの挑戦、ニューディールへの挑戦――リベラリズムの転機と合衆国の知識人たち」（『政治思想研究』第一二号、二〇一二年）。

池内　恵
一九七三年生。東京大学先端科学技術研究センター准教授。『現代アラブの社会思想――終末論とイスラーム主義』（講談社、二〇〇二年）、『イスラーム国の衝撃』（文藝春秋、二〇一五年）。

石井知章
一九六〇年生、明治大学商学部教授、政治学（博士）。『現代中国のリベラリズム思潮』（編書、藤原書店、二〇一五年）、『現代中国と市民社会』（緒形康・鈴木賢と共編著、勉誠出版、二〇一六年）。

ユーブルラン
一九七五年生。ソウル大学校社会科学研究院研究員。博士（法学）。The Eroding of the idea of herding the people and the emergence of a self-asserting people – The loss of mutual trust in the late Chosun dynasty, *The Korean review of political thought*, Vol. 22, No. 1, 2016, pp. 9-35; Meiji Bushido – Reconsideration of the Formation of Self-identity in Modern East Asia, *Korean political science review*, Vol. 51, No. 4, 2017, pp. 217-234.

松尾隆佑
一九八三年生。法政大学法学部兼任講師。博士（政治学）。「影響を受ける者が決定せよ――ステークホルダー・デモクラシーの規範的正当化」（『年報政治学』二〇一六―Ⅱ、二〇一六年）、「ステークホールディング論の史的展開と批判的再構成――普遍主義的な資産ベース福祉によるシティズンシップ保障の構想」（『政治思想研究』第一五号、二〇一五年）。

上村　剛
一九八八年生。東京大学大学院法学政治学研究科博士課程。「一八世紀後半の英国における責任論の胎動――ジェイムズ・

バーの政治思想を中心に」（『国家学会雑誌』第一三〇巻第五―六号、二〇一七年）。

水谷　仁

一九八四年生。愛知県立大学非常勤講師。博士（法学）。「もうひとつのアジア――竹内好の朝鮮像」（*Nagoya University Asian Law Bulletin*, No. 2, Sep. 2016）。

松本彩花

一九八九年生。北海道大学大学院法学研究科助教。博士（法学）。「カール・シュミットにおける民主主義論の成立過程㈠――第二帝政末期からヴァイマル共和政中期まで」（『北大法学論集』第六八巻第六号、二〇一八年）。

田中将人

一九八二年生。早稲田大学政治経済学部非常勤講師。博士（政治学）。『ロールズの政治哲学――差異の神義論＝正義論』（風行社、二〇一七年）。

阿部崇史

一九八七年生。東京大学大学院総合文化研究科国際社会科学専攻博士課程。

角崎洋平

一九七九年生。日本福祉大学社会福祉学部准教授。博士（学術）。「選択結果の過酷性をめぐる一考察――福祉国家における自由・責任・リベラリズム」（『立命館言語文化研究』第二四巻第四号、二〇一三年）、「借りて生きる福祉の構想」（後藤玲子編『正義（福祉＋α）』ミネルヴァ書房、二〇一六年）。

荒木　勝

一九四九年生。岡山大学名誉教授。学術博士。『アリストテレス政治哲学の重層性』（創文社、二〇一一年）、「政治主体の形成における「自由」の考察――アリストテレス自由論を手掛かりに」（『新しい政治主体像を求めて』法政大学出版局、二〇一四年）。

今野　元

一九七三年生。愛知県立大学外国語学部教授。Dr. phil.（ベルリン大学）。博士（法学）（東京大学）。『教皇ベネディクトゥス一六世――「キリスト教的ヨーロッパ」の逆襲』（東京大学出版会、二〇一五年）、『多民族国家プロイセンの夢――「青の国際派」とヨーロッパ秩序』（名古屋大学出版会、二〇〇九年）。

谷本純一

一九七八年生。福岡教育大学教育学部准教授。博士（政治学）。『市民社会と立憲主義』（共著、法政大学出版局、二〇一二年）、『境界線の法と政治』（共著、法政大学出版局、二〇一六年）。

萩原能久

一九五六年生。慶應義塾大学法学部教授。『アーレントと二〇世紀の経験』（慶應義塾大学出版会、二〇一七年）、『ポスト・ウォー・シティズンシップの思想的基盤』（慶應義塾大学出版会、二〇〇八年）。

大澤　津

一九七九年生。北九州市立大学法学部政策科学科准教授。Ph. D.（Political Science）.「分配の原理と分配の制度――ロールズの財産所有制民主主義をめぐって」（『政治思想研究』第一一号、二〇一一年）、「ロールズ正義論と『意味ある仕事』」（『法哲学年報 2012』、二〇一三年）。

木部尚志

一九六四年生。国際基督教大学教授。Dr. rer. soc（政治学）.『平等の政治理論』（風行社、二〇一五年）、『ルターの政治思想』（早稲田大学出版部、二〇〇〇年）。

早川　誠

一九六八年生。立正大学法学部教授。博士（法学）。『代表制という思想』（風行社、二〇一四年）、「石橋湛山の議会制論とジャーナリズム論」（『自由思想』第一四二号、石橋湛山記念財団、二〇一六年）。

尾原宏之

一九七三年生。甲南大学法学部准教授。博士（政治学）。『娯楽番組を創った男――丸山鐵雄と〈サラリーマン表現者〉の誕生』（白水社、二〇一六年）、『軍事と公論――明治元老院の政治思想』（慶應義塾大学出版会、二〇一三年）。

苅部　直

一九六五年生。東京大学法学部教授。『歴史という皮膚』（岩波書店、二〇一一年）、『秩序の夢――政治思想論集』（筑摩書房、二〇一三年）。

都築　勉

一九五二年生。『丸山眞男への道案内』（吉田書店、二〇一三年）、『丸山眞男、その人――歴史認識と政治思想』（世織書房、二〇一七年）。

●政治思想学会規約

第一条　本会は政治思想学会（Japanese Conference for the Study of Political Thought）と称する。

第二条　本会は、政治思想に関する研究を促進し、研究者相互の交流を図ることを目的とする。

第三条　本会は、前条の目的を達成するため、次の活動を行なう。

（1）研究者相互の連絡および協力の促進

（2）研究会・講演会などの開催

（3）国内および国外の関連諸学会との交流および協力

（4）その他、理事会において適当と認めた活動

第四条　本会の会員は、政治思想を研究する者で、会員二名の推薦を受け、理事会において入会を認められたものとする。

第五条　会員は理事会の定めた会費を納めなければならない。会費を滞納した者は、理事会において退会したものとみなすことができる。

第六条　本会の運営のため、以下の役員を置く。

（1）理事　若干名　内一名を代表理事とする。

（2）監事　二名

第七条　理事および監事は総会において選任し、代表理事は理事会において互選する。

第八条　代表理事、理事および監事の任期は二年とし、再任を妨げない。

第九条　代表理事は本会を代表する。理事は理事会を組織し、会務を執行する。理事会は理事の中から若干名を互選し、これに日常の会務の執行を委任することができる。

第十条　監事は会計および会務の執行を監査する。

第十一条　理事会は毎年少なくとも一回、総会を召集しなければならない。理事会は、必要と認めたときは、臨時総会を招集することができる。総会の招集に際しては、理事会は遅くとも一カ月前までに書面によって会員に通知しなければならない。総会の議決は出席会員の多数決による。

第十二条　本規約は、総会においてその出席会員の三分の二以上の同意がなければ、変更することができない。

付則　本規約は一九九四年五月二八日より発効する。

【論文公募のお知らせ】

『政治思想研究』編集委員会では、第一九号の刊行（二〇一九年五月予定）にむけて準備を進めています。つきましては、それに掲載する論文を下記の要領で公募いたします。多数のご応募を期待します。

1　**投稿資格**

査読用原稿の提出の時点で、本会の会員であること。また原則として修士号を取得していること。ただし、『政治思想研究』本号に公募論文もしくは依頼論文（書評および学会要旨などは除く）が掲載された者は、次号には応募することができない。

2　**応募論文**

応募論文は未刊行のものに限る。ただし、インターネット上で他者のコメントを求めるために発表したものはこの限りではない。

3　**エントリー手続**

応募希望者は、二〇一八年七月十五日までに、編集委員会宛（kimura@law.kyushu-u.ac.jp）に、①応募論文のタイトル（仮題でも可）、②執筆者氏名、③メールアドレス、④現職（または在学先）を知らせること。ただし、やむを得ない事情があってこの手続きを踏んでいない場合でも、下記の締切までに応募した論文は受け付ける。

4　**審査用原稿の提出**

原則として、電子ファイルを電子メールに添付して提出すること。

締切　二〇一八年八月三十一日

メールの「件名」に、「公募論文」と記すこと。

次の二つのアドレスの両方に、同一のファイルを送付すること。kimura@law.kyushu-u.ac.jp　nenpoeditor@yahoo.co.jp

5　**提出するもの**：ファイルの形式は、原則として「Word」にすること。

（1）論文（審査用原稿）

審査における公平を期するために、著者を特定できないように配慮すること（「拙稿」などの表現や、特定大学の研究会や研究費への言及を避けること。また、電子ファイルのファイル情報（プロパティ欄など）の中に、作成者名などが残らないように注意すること）。

ファイル名には、論文の題名をつけること。題名が十五文字を超える場合には、簡略化すること（ファイル名には著者の名前を入れないこと）。

例：「社会契約説の理論史的ならびに現代的意義」→「社会契約説の意義.doc」

（2）論文の内容についてのA４用紙一枚程度のレジュメ

（3）以下の事項を記載した「応募用紙」

（「応募用紙」は本学会ホームページからダウンロードできるが、任意のA４用紙に以下の八項目を記入したものでもよい）。

①応募論文のタイトル、②執筆者氏名、③連絡先の住所とメールアドレス、④生年、⑤学部卒業年（西暦）月、⑥修士以上の学位（取得年・取得大学）をすべて、⑦現職（または在学先）、⑧主要業績（五点以内。書誌情報も明記のこと）。

6　**審査用原稿の様式**

（1）原稿の字数は、本文と注を含めて三万二四〇〇字以内とする。この字数を超えた論文は受理しない。この字数の中には、改行や章・節の変更にともなう余白も含まれるが、論文タイトルとサブタイトルは含まれない。なお、欧文は半角入力にして、欧文二字を和文一字分として数える。

（2）論文タイトルとサブタイトルのみを記載した「表紙」を付けること。

（3）A4用紙へのプリントアウトを想定して作成すること。

（4）本文及び注は、一行四〇字、一ページ三〇行で、なるべく行間を広くとる。注は文末にまとめる。横組みでも縦組みでもよい。詳しくは「執筆要領」に従うこと（なお、この様式の場合、三万二四〇〇字は二七枚になる）。

（5）図や表を使用する場合には、それが占めるスペースを字数換算して、制限字数を計算すること（原稿に明記すること）。使用料が必要なものは使用できない。また印刷方法や著作権の関係で掲載ができない場合もある。

7　**審査**

編集委員会において外部のレフェリーの評価も併せて審査した上で掲載の可否を決定する。応募者には十月下旬頃に結果を通知する。また編集委員会が原稿の手直しを求めることもある。

8　**最終原稿**

十二月初旬に提出する。編集委員会から修正要求がある場合には、それに対応することが求められるが、それ以外の点については、大幅な改稿は認めない。

9　**転載**

他の刊行物に転載する場合は、予め編集委員会に転載許可を求め、初出が本誌である旨を明記すること。

10　**ホームページ上での公開**

本誌に掲載された論文は、原則としてホームページ上でも公開される。

以上

【政治思想学会研究奨励賞】

本賞は『政治思想研究』に掲載を認められた応募論文に対して授与されるものである。

・ただし、応募時点で政治思想に関する研究歴が一五年程度までの政治思想学会会員に限る。
・受賞は一回限りとする。
・受賞者には賞状と賞金（金五万円）を授与する。
・政治思想学会懇親会で受賞者の紹介をおこない、その場に本人が出席している場合は、挨拶をしてもらう。

【執筆要領】

1　入稿はWord形式のファイルで行うこと。ただし特殊なソフトを使用しているためPDF形式でなければ不都合が生じる場合は、PDF形式も認める。

2　見出しは、大見出し（漢数字一、二……）、中見出し（アラビア数字1、2……）、小見出し（(1)、(2)……）を用い、必要な場合にはさらに小さな見出し（i、ii……）をつけることができるが、章、節、項などは使わないこと。

3　注は、文末に（1）、（2）……と付す。

4　引用・参考文献の示し方は以下の通りである。

①洋書単行本の場合

K. Marx, *Grundrisse der Kritik der politischen Ökonomie*, Diez Verlag, 1953, S. 75-6（高木監訳『経済学批判要綱』（一）、大月書店、一九五八年、七九頁）.

②洋雑誌掲載論文の場合

E. Tokei, Lukács and Hungarian Culture, in *The New Hungarian Quarterly*, Vol. 13, No. 47（1972）p. 108.

③和書単行本の場合

丸山眞男『現代政治の思想と行動』第二版、未來社、一九六四年、一四〇頁。

④和雑誌掲載論文の場合

坂本慶一「プルードンの地域主義思想」、『現代思想』第五巻第八号、一九七七年、九八頁以下。

5　引用・参考文献として欧文文献を示す場合を除いて、原則として数字は漢数字を使う。

6　「、」や「。」、また「　」（　）等の括弧類は全角のものを使う。

7　校正は印刷上の誤り、不備の訂正のみにとどめ、校正段階での新たな加筆・訂正は認めない。

8　『政治思想研究』は縦組みであるが、本要領を遵守していれば横組み入力でも差し支えない。

9　「書評」および「学会研究会報告」は、一ページの字数が二九字×二四行×二段（すなわち二九字×四八行）という定型を採用するので、二九字×○行という体裁で入力する。

10　その他、形式面については第六号以降の方式を踏襲する。

政治思想における「保守」の再検討（政治思想研究　第18号）

2018年5月1日　第1刷発行

編　　者　政治思想学会（代表理事　飯田文雄）
学会事務局　〒819-0395　福岡県福岡市西区元岡744
九州大学大学院比較社会文化研究院　鏑木政彦研究室内
E-mail：admin-jcspt@scs.kyushu-u.ac.jp
学会ホームページ：http://www.jcspt.jp/
発 行 者　犬塚　満
発 行 所　株式会社 風 行 社
〒101－0052　東京都千代田区神田小川町３―26―20
Tel.・Fax. 03-6672-4001／振替 00190-1-537252
印刷／製本　モリモト印刷
装丁　古村奈々

ISBN978-4-86258-120-4　C3031　Printed in Japan